SÔNIA CAMPANER MIGUEL FERRARI (ORG.)

FILOSOFIA POLÍTICA

Av. das Nações Unidas, 7221, 1º Andar
Pinheiros – São Paulo – SP – CEP: 05425-902

SAC | Dúvidas referente a conteúdo editorial, material de apoio e reclamações:
sac.sets@somoseducacao.com.br

Direção executiva	Flávia Alves Bravin
Direção editorial	Renata Pascual Müller
Gerência editorial	Rita de Cássia S. Puoço
Coordenação editorial	Fernando Alves
Edição	Ana Laura Valerio
	Neto Bach
	Thiago Fraga
Produção editorial	Alline Garcia Bullara
	Amanda Mota Loyola
	Daniela Nogueira Secondo
	Estela Janiski Zumbano
Serviços editoriais	Juliana Bojczuk Fermino
Preparação	Elaine Fares
Revisão	Beatriz Simões
Diagramação e capa	Caio Cardoso
Adaptação da 2ª tiragem	Daniela Nogueira Secondo
Impressão e acabamento	Gráfica Paym

ERP 303.001.001.002

ISBN 978-85-7144-017-3

DADOS INTERNACIONAIS DE CATALOGAÇÃO NA PUBLICAÇÃO (CIP)
ANGÉLICA ILACQUA CRB-8/7057

Filosofia política / Sônia Campaner Miguel Ferrari (org.) ; Carlos Eduardo Meirelles Matheus...[et al]. – São Paulo : Saraiva Educação, 2019.

Bibliografia
ISBN 978-85-7144-017-3

1. Filosofia política 2. Política 3. Filosofia 4. Filósofos I. Ferrari, Sônia Campaner Miguel II. Matheus, Carlos Eduardo Meirelles

19-0539   CDD 320.01
                CDU 321.01

Índices para catálogo sistemático:
1. Filosofia política

Copyright © Sônia Campaner Miguel Ferrari (ORG.), Carlos Eduardo Meirelles Matheus, Cassiano Terra Rodrigues, Dalva Aparecida Garcia, Eduardo Henrique Annize Liron, Jonnefer Francisco Barbosa, José Assunção Fernandes Leite, Maria Constança Peres Pissarra, Paulo Henrique Fernandes Silveira, Yolanda Gloria Gamboa Muñoz.

2019 Saraiva Educação
Todos os direitos reservados.

1ª edição
1ª tiragem: 2019
2ª tiragem: 2019

Nenhuma parte desta publicação poderá ser reproduzida por qualquer meio ou forma sem a prévia autorização da Saraiva Educação. A violação dos direitos autorais é crime estabelecido na Lei n. 9.610/98 e punido pelo art. 184 do Código Penal.

COD. OBRA 623784   CL 651067   CAE 654361

» Agradecimentos

Agradeço aos professores colaboradores, sem os quais este livro não seria possível. Agradeço tanto o esforço na realização do curso, que deu origem a esta obra, como também a disponibilidade de todos em fazer com que ela pudesse vir a ser publicada.

Agradeço à Pontifícia Universidade Católica de São Paulo (PUC-SP) por se constituir num espaço democrático de discussão e exposição de ideias e tornar possível a realização e divulgação das pesquisas docentes.

Sônia Campaner
Organizadora

Sobre os autores

Sônia Campaner Miguel Ferrari (Org.)

Doutora em Filosofia pela Universidade Estadual de Campinas (Unicamp). Mestre e Graduada em Filosofia pela Universidade de São Paulo (USP). Professora de Filosofia na Pontifícia Universidade Católica de São Paulo (PUC-SP) desde 1992, onde também atua como professora colaboradora do programa de pós-graduação dessa área. Desde 1999, integra o grupo de pesquisa em Ética e Filosofia Política da PUC-SP, que se dedica a investigar temas como o poder e a justiça. Seu trabalho de investigação está atualmente voltado para questões éticas e estéticas da contemporaneidade.

Carlos Matheus

Doutor em Filosofia pela Pontifícia Universidade Católica de São Paulo (PUC-SP). Bacharel em Direito pela Universidade de São Paulo (USP). É professor de Ética e Filosofia Política. Foi professor titular do Departamento de Filosofia da PUC-SP, diretor técnico do Instituto Gallup de Opinião Pública e participante do Projeto World Values Survey (WVS) da Universidade de Michigan, nos Estados Unidos. É membro do Grupo de Ética e Filosofia Política da PUC-SP.

Cassiano Terra Rodrigues

Doutor em Filosofia pela Pontifícia Universidade Católica de São Paulo (PUC-SP). Bacharel e mestre em Filosofia pela Universidade Estadual de Campinas (Unicamp). Professor do Instituto Tecnológico da Aeronáutica (ITA), em São José dos Campos. Foi também professor do curso de Audiovisual do Centro Universitário Senac-SP e do Departamento de Filosofia da (PUC-SP).

Dalva Aparecida Garcia

Professora do Departamento de Filosofia da Pontifícia Universidade Católica de São Paulo (PUC-SP) e da Escola Estadual Fernão Dias Paes. Graduada em Filosofia pela Universidade Estadual Paulista (Unesp) e pós-graduada em Filosofia pela Faculdade de Educação da Universidade de São Paulo (FEUSP).

Eduardo Henrique Annize Liron

Graduado em Relações Internacionais pela Pontifícia Universidade Católica de São Paulo (PUC-SP) e em Cinema Digital pela Universidade Metodista de São Paulo. Participou como bolsista do Instituto Nacional de Ciência e Tecnologia para Estudos sobre os Estados Unidos (INCT-Ineu) pelo período de um ano e meio. Atualmente atua em cinema, tendo como principal foco a área de documentários.

Jonnefer Francisco Barbosa

Professor do Departamento de Filosofia e do Programa de Estudos Pós-Graduados em Filosofia da Pontifícia Universidade Católica de São Paulo (PUC-SP). Professor convidado da Universidade Autônoma do México (UNAM) e do Núcleo de Estudos en Gubernamentalidad da Universidade do Chile. Autor de *Política e Tempo em Giorgio Agamben* (2014) e *Marginário* (2015).

José Assunção Fernandes Leite

Graduado em Filosofia pela Universidade Federal do Maranhão (UFMA), mestre e doutor em Filosofia pela Pontifícia Universidade Católica de São Paulo (PUC-SP). Professor de Filosofia da UFMA desde 1994. Integra o grupo de pesquisa sobre Ética e Filosofia Política da PUC-SP, que se dedica a investigar temas como poder e justiça. Participa também do grupo de pesquisa Gpolis, do departamento de pós-graduação em Políticas Públicas da UFMA. Seu trabalho de investigação está atualmente voltado para a filosofia grega, especificamente Platão e o estudo da ideologia.

Maria Constança Peres Pissarra

Graduada em Filosofia pela Universidade de São Paulo (USP) e em Língua Francesa pela Université de Nancy I. Fez mestrado em Filosofia na Pontifícia Universidade Católica de São Paulo (PUC-SP) e doutorado em Filosofia pela USP. É docente do Departamento de Filosofia da PUC-SP e pesquisadora associada do Diversitas/Faculdade de Filosofia, Letras e Ciências Humanas da USP. Tem experiência na área de Filosofia, com ênfase em Filosofia Política, atuando principalmente nos seguintes temas: liberdade, filosofia, natureza, ética e poder. Membro colaboradora da edição do tricentenário das *Oeuvres completes*, de Jean-Jacques Rousseau, sob a direção de Jacques Berchtold, François Jacob e Yannick Séité (www.classiques-garnier.com). É coordenadora do Grupo de Pesquisa de Ética e Filosofia Política e editora da revista *Poliética*.

Paulo Henrique Fernandes Silveira

Doutor em Filosofia pela Universidade de São Paulo (USP). Docente e pesquisador na Faculdade de Educação da Universidade de São Paulo (FEUSP). Escreveu *Medicina da alma*: artes do viver e discursos terapêuticos (2012). Publicou, também, artigos e capítulos sobre o helenismo e sua influência no pensamento moderno e contemporâneo. Coordena o Grupo de Estudos sobre Educação, Filosofia, Engajamento e Emancipação, da FEUSP, e faz parte do Grupo de Pesquisa em Direitos Humanos, Democracia, Política e Memória, do Instituto de Estudos Brasileiros (IEB) da USP.

Yolanda Gloria Gamboa Muñoz

Graduada em Filosofia e Educação na Universidad de Chile. Posteriormente cursou o mestrado em Filosofia na Pontifícia Universidade Católica de São Paulo (PUC-SP) e o doutorado em Ética e Filosofia Política na Universidade de São Paulo (USP). Atualmente é professora do Departamento de Filosofia da PUC-SP e pesquisadora colaboradora no Instituto de Filosofia e Ciências Humanas da Universidade Estadual de Campinas (Unicamp). Trabalha temáticas relacionais na esteira de Nietzsche e participa dos Grupos: Ética e Filosofia Política (coordenando o subgrupo Nietzsche e o pensamento atual), Grupo de Pesquisa Michel Foucault e Filosofia Francesa Contemporânea. É autora de diversas publicações sobre Michel Foucault, Paul Veyne e Nietzsche. Atualmente pesquisa relacionalmente Isócrates e Nietzsche.

Sumário

CAPÍTULO 1

Platão: a justiça e a injustiça e seus reflexos na cidade, 1

1.1 Introdução, 2

1.2 As teses sobre a justiça, 2

1.3 A cidade e o reflexo da justiça e da injustiça, 8

1.4 Texto para análise, 15

    1.4.1 Estudo do texto, 16

1.5 Estudo das noções, 16

    1.5.1 Justiça, 16

    1.5.2 Injustiça, 17

    1.5.3 *Pólis*, 17

    1.5.4 Estamento, 17

    1.5.5 Logos, 17

    1.5.6 Alma (*psyché*), 17

    1.5.7 Teoria do conhecimento, 17

    1.5.8 Personagens históricos, 17

    1.5.9 Pireu, 18

    1.5.10 Moral tradicional, 18

    1.5.11 Nobre mentira, 18

    1.5.12 Retórica, 18

    1.5.13 Tragédia, 18

    1.5.14 Forma de governo, 18

    1.5.15 Prazer, 19

1.6 Proposta de tema de dissertação, 19

1.7 Propostas de temas para estudo, 19

CAPÍTULO 2

A felicidade na ética e na política de Aristóteles, 21

2.1 Introdução, 22

2.2 A obra de Aristóteles, 22

2.3 Bens e maneiras de viver, 24

2.4 Virtude e prudência, 29

2.5 Justiça e amizade, 35

2.6 Regimes e suas corrupções, 39

X » Filosofia Política

2.7   Texto para análise, 43
    2.7.1   Estudo do texto, 45
2.8   Estudo das noções, 45
    2.8.1   A noção de amizade (*philía*), 45
    2.8.2   A noção de virtude (*areté*), 45
    2.8.3   A noção de justiça (*díke* ou *dikaiosýne*), 46
    2.8.4   Argumentos, 46
2.9   Proposta de tema para dissertação, 46
2.10 Propostas de temas para estudo, 47

CAPÍTULO 3

A formação dos Estados modernos e a questão da soberania, 49

3.1   Introdução, 50
3.2   Apresentação e delimitação da questão, 51
3.3   Raízes da modernidade, 52
3.4   Soberania e ruptura: a contribuição de Maquiavel, 61
3.5   A teoria da soberania de Jean Bodin, 64
3.6   Considerações, 65
3.7   Textos para análise, 67
3.8   Roteiro de estudos, 69
3.9   Conceitos-chave, 69
3.10 Propostas de tema para dissertação, 70

CAPÍTULO 4

Hobbes e Locke: racionalidade e representação política, 71

4.1   Introdução, 72
4.2   Racionalidade como forma de representação, 73
4.3   Thomas Hobbes – O contrato social como um constructo da razão, 75
4.4   John Locke – representação e representatividade, 82
4.5   Textos para análise, 88
    4.5.1   Estudo do Texto 1, 89
    4.5.2   Estudo dos Textos 2 e 3, 90
    4.5.3   Estudo do Texto 4, 91
4.6   Proposta de tema de dissertação, 91

CAPÍTULO 5

Montesquieu e Rousseau, 95

5.1   Introdução, 96
    5.1.1   Montesquieu – Um mundo em crise, 96
    5.1.2   O espírito das leis, 98
    5.1.3   A teoria dos climas, 102
5.2   Jean-Jacques Rousseau: vontade geral e participação, 103
    5.2.1   O fundamento Imanente da soberania e a origem da desigualdade, 103
    5.2.2   Contrato social e vontade geral, 105
5.3   Textos para análise, 111
    5.3.1   Estudo do Texto 1, 112
    5.3.2   Estudo do Texto 2, 113

CAPÍTULO 6

Apontamentos sobre política e direito na filosofia de Immanuel Kant, 117

6.1   Introdução, 118
6.2   Metafísica dos costumes, 120
6.3   Universos da moralidade e da legalidade, 121
6.4   O conceito de liberdade na ótica kantiana, 122
6.5   Teoria do direito kantiana, 124
6.5   Considerações, 129
6.6   Textos para análise, 129
    6.6.1   Estudo co texto, 131
6.7   Estudo das noções, 131
    6.7.1   Autonomia, 131
    6.7.2   Heteronomia, 131
6.8   Proposta de tema de dissertação, 132
6.9   Propostas de temas para estudo, 132

CAPÍTULO 7

Marx, um pensador em sintonia com seu tempo, 135

7.1   Introdução, 136
7.2   Os três níveis: ideológico, político, econômico, 137
    7.2.1   Nível ideológico, 137
    7.2.2   Nível político, 139
    7.2.3   Nível econômico, 142
7.3   O fetichismo da mercadoria, 143

7.4 Texto para análise, 144
    7.4.1 Estudo do texto, 145

7.5 Estudo das noções, 145
    7.5.1 A noção de fetichismo da mercadoria, 145
    7.5.2 A noção de valor, 145
    7.5.3 A noção de trabalho, 146
    7.5.4 Argumentos, 146

7.6 Proposta de tema de dissertação, 147

7.7 Propostas de temas para estudo, 147

CAPÍTULO 8

Racionalidade, técnica, política, 149

8.1 Introdução, 150

8.2 Weber, 151

8.3 Textos para análise, 154
    8.3.1 Estudo dos textos, 159

8.4 Estudo das noções, 159

8.5 Proposta de tema de dissertação, 159

8.6 Marcuse, 160

8.7 Textos para análise, 163
    8.7.1 Estudo do texto, 165

8.8 Proposta de tema de dissertação, 165

8.9 Habermas, 166

8.10 Textos para análise, 171
    8.10.1 Estudo do texto, 174

8.11 Proposta de tema de dissertação, 174

CAPÍTULO 9

A teoria crítica da escola de Frankfurt: emancipação e crítica ao esclarecimento, 181

9.1 Introdução, 182

9.2 Filosofia: uma triste ciência, 183

9.3 Crítica à razão instrumental, 184

9.4 O que é possível depois da crítica, 186

9.5 A possibilidade de crítica na sociedade industrial, 189

9.6 Indústria cultural e poder político, 193

9.7 Marcuse: a dimensão estética, 197

9.8 Textos para análise, 200
    9.8.1 Estudo do Texto 1, 201

9.9 Estudo das noções, 201

9.9.1 Esclarecimento e conhecimento, 201

9.9.2 Dominação da natureza, 202

9.9.3 Razão e autoconservação ou felicidade, 203

9.9.4 Argumentos, 204

9.10 Propostas de tema de dissertação, 204

9.10.1 Estudo do Texto 2, 205

9.11 Estudo das noções, 206

9.11.1 Unidade: a face do esquematismo kantiano na indústria cultural e o estilo, 206

9.11.2 A previsibilidade ou eterno retorno do mesmo, 206

9.11.3 Cultura como mercadoria, 206

9.11.4 Argumentos, 206

9.12 Propostas de tema de dissertação, 207

9.12.1 Estudo do Texto 3, 208

9.13 Estudo das noções, 208

9.13.1 Sociedade industrial adiantada, 208

9.13.2 Pensamento unidimensional e pensamento dialético, 209

9.13.3 Recusa absoluta, 209

9.13.4 Argumentos, 210

9.14 Propostas de tema de dissertação, 210

CAPÍTULO 10

Foucault: perigos, resistências e armadilhas, 215

10.1 Introdução, 216

10.2 Ordenações discursográficas e relações, 216

10.3 Diagnósticos, poder e perigos, 218

10.4 A resistência, 220

10.5 Murmúrio discursográfico, auto-ordenações e armadilhas, 222

10.6 Texto para análise, 224

10.6.1 Estudo do texto, 225

10.7 Proposta de tema de dissertação, 226

10.8 Proposta de temas para estudo, 226

CAPÍTULO 11

John Rawls e o pensamento neoliberal, 231

11.1 Introdução, 232

11.2 Origens históricas do neoliberalismo, 233

11.3 O renascimento do liberalismo, 235

11.4 Noção neoliberal de justiça: Hans Kelsen e John Rawls, 239

11.5 Neoliberalismo, individualismo e desestatização, 243

11.6   Textos para análise, 247

    11.6.1 Estudo dos textos, 249

11.7   Proposta de tema de dissertação, 249

CAPÍTULO 12

Sloterdijk, 251

12.1   Introdução, 252

12.2   A época nacionalista e a ascensão de um novo homem político, 253

12.3   A era social-democrata e os dois niilismos, 259

12.4   Apatia política: democracia e Estado, 264

12.5   Texto para análise, 272

    12.5.1 Estudo do texto, 274

12.6   Estudo das noções, 274

    12.6.1 A noção de pertencimento político, 274

    12.6.2 A noção de hiperpolítica, 274

    12.6.3 A noção de Grande, 275

    12.6.4 A noção de apatia política, 275

    12.6.5 Argumentos, 275

12.7   Proposta de tema de dissertação, 275

12.8   Proposta de temas para estudo, 276

Introdução

O presente volume resulta do conteúdo do curso de extensão ministrado por professores do Departamento de Filosofia da Pontifícia Universidade Católica de São Paulo (PUC-SP) e de temas desenvolvidos por professores convidados de outras instituições de Ensino Superior. Assim como ocorre com tal curso, objetiva-se, com esta publicação, apresentar ao estudante um itinerário de leitura e reflexão que lhe forneça um instrumental para pensar sobre si mesmo: *pensar o que é* e também *determinar aquilo que deve ser*, resultando em um esforço no sentido de ultrapassar o senso comum contemporâneo. Desse modo, justificam-se as releituras tanto de filósofos políticos contemporâneos quanto de Aristóteles, Hobbes ou Hume, ao mesmo tempo que consideramos férteis as leituras de Platão e Maquiavel.

Um dos motivos que nos levaram a organizar um livro sobre esse tema foi a própria situação da reflexão filosófica sobre a política hoje. Nos últimos anos do século XX, a filosofia política renasceu das cinzas e, da mesma forma que a filosofia moral e a filosofia do direito, ela foi beneficiada pela crise contemporânea do cientificismo. O declínio experimentado pela filosofia política esteve associado, segundo Leo Strauss, ao advento do positivismo. Para ele, a filosofia moderna cometeu os erros de se renunciar a calcar a ordem da cidade sobre a ordem do mundo e de ressaltar os valores da razão e da vontade humanas. Assim, o renascimento da filosofia política só poderia acontecer se, antes de tudo, ela se desembaraçasse do impasse moderno e se reaproximasse de seu passado grego ou hebraico.

Ao contrário, para Alain Renaut, a filosofia política realizou seu propósito. Desde sua origem, quando foi nomeada por Aristóteles, seu problema central era a indagação pelo soberano legítimo, ou seja, a quem cabia legitimamente o poder. A resposta a essa pergunta foi dada por Rousseau ao afirmar a soberania do povo. Depois dele, não há mais por que indagar qual é o soberano legítimo, mas sim quais devem ser as relações entre o Estado e a sociedade, melhor dizendo, quais são os limites dessa relação e se devem existir, principalmente em se tratando de um Estado democrático.

Durante as décadas de 1950 e 1960, pouco se falou em filosofia política. Alguns pensadores, como Sartre e Merleau-Ponty, centravam seus debates no marxismo. Outros, como Adorno e Horkheimer, na formulação de uma teoria crítica da sociedade. Pode-se mesmo afirmar que o que determinou o encontro desses pensadores com a filosofia política foram, antes, as circunstâncias próprias de sua época, marcadas pela trajetória do marxismo e da utopia comunista, da crítica à socie-dade produtora de mercadorias. No entanto, o debate acerca do marxismo, do modelo de sociedade calcado na produção e na reprodução do capital e da cul-tura que lhe corresponde, é uma chave importante para entender o registro no qual se baseou a discussão sobre a filosofia política nesse período. Por outro lado, mais tarde, a implosão do sistema comunista com a queda do Muro de Berlim re-percutiu sobre a filosofia política. O debate, durante muito tempo dominado pelo confronto entre os valores da democracia liberal e o assalto contra eles lançado pelo marxismo, pôde, finalmente, ser retomado em outras bases. A reflexão des-locou-se tanto em direção à questão das suscetíveis modificações provocadas pelos princípios liberais como em direção a alternativas ao individualismo liberal além do socialismo autoritário.

Alain Renaut e Luc Ferry, autores de *La pensée 68*,[1] analisaram a "tentação anti-humanista" e mesmo antimoderna de autores considerados pós-modernos. Lançado quase 20 anos após o movimento de maio de 1968 (o livro foi publicado em 1985), trata-se de uma crítica eloquente ao pensamento de filósofos que têm reconhecidamente seus nomes ligados a esse movimento. Suas críticas são então dirigidas a quatro deles, especificamente: a Michel Foucault e a seu nietzschianis-mo e desejo de celebrar as "marginalidades"; a Pierre Bourdieu e a seu marxismo pretensamente científico e totalitário; ao freudismo francês de Lacan, que em sua interpretação da psicanálise nega a autonomia do sujeito; e a Derrida, cuja obra é considerada por eles uma repetição da obra de Martin Heidegger. Em que pese a dureza das críticas, a referência é aqui feita no sentido de indicar uma tentativa de retomar a discussão acerca da filosofia política, de onde ela teria parado antes dos reveses sofridos diante das guerras mundiais na Europa e de seus efeitos, como a Guerra Fria e as guerras levadas pelos Estados Unidos (nas décadas de 1950 e 1960) a países do Oriente Próximo e do Extremo Oriente como forma de garantir territórios no jogo de xadrez disputado pelas duas potências no período (Estados Unidos e União Soviética).

Tal retomada é considerada novamente necessária após a queda do Muro de Berlim, em 9 de novembro de 1989, uma data-chave que caracteriza a época da mundialização do capitalismo e da promoção pelo discurso – nem sempre consi-derando a democracia como o melhor regime possível – e após o ataque às Torres Gêmeas em 2001.

A proposta aqui é então pensarmos a trajetória da filosofia política que antece-de esses acontecimentos para avaliar, em outro momento, o pensamento desses autores criticados por Renaut e Ferry, que influenciaram intensamente a filoso-fia, teceram ferrenhas críticas à modernidade e ainda hoje são muito discutidos. Essa compreensão da filosofia política é importante para que se possa recolocar

---

1   RENAUT, A.; FERRY, L. *La pensée 68*. Paris: Gallimard, 1985.

a pergunta: *O que é filosofia política*? – e obter caminhos de reflexão que não se limitem a fazer um inventário das ideias políticas preexistentes.

O que serve de apoio à trajetória aqui percorrida é o fato de que as categorias nas quais pensamos a experiência política saíram da filosofia moderna, cuja discussão pode, por isso, contribuir para elucidar nossa condição política. A filosofia pode auxiliar no conhecimento que as sociedades democráticas podem ter de si mesmas, mas não de forma arqueológica ou histórica. É preciso renovar suas categorias. Na época moderna, a filosofia política foi dominada por dois problemas maiores – o da síntese entre a liberdade e o poder e aquele da formação de unidades políticas coerentes com base em um conjunto finito de indivíduos formalmente iguais – que encontraram sua "solução" no desenvolvimento combinado da democracia representativa, do Estado-Nação e do direito internacional moderno. Ora, o período em que vivemos, que se apresenta como o da afirmação do princípio moderno dos direitos, é igualmente aquele de um enfraquecimento das formas políticas nascidas da primeira modernidade: resta saber se esse movimento pode ser tão claramente pensado quanto o da formação do Estado moderno.

Os textos aqui apresentados perfazem um caminho que passa tanto por autores isolados, como Platão e Aristóteles, quanto por questões que estão presentes em um conjunto de autores, como a da racionalidade política ou a da soberania. Em cada um deles apresentamos uma introdução com reflexões sobre os problemas relativos à discussão política, um trecho escolhido da obra do autor em questão (ou autores) e uma exposição dos principais conceitos constantes do fragmento reproduzido. A seguir, há propostas de temas de reflexão que podem ser desenvolvidos pelo estudante, além de uma lista de referências mínima para posterior aprofundamento.

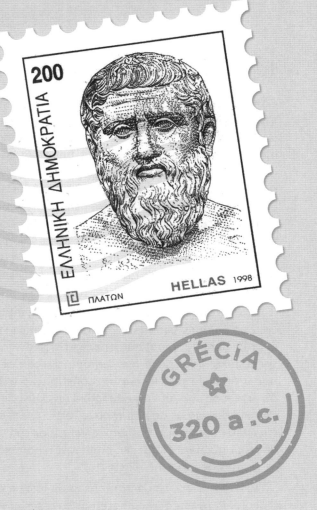

CAPÍTULO 1

Platão:
a justiça e a injustiça e seus reflexos na cidade

JOSÉ ASSUNÇÃO FERNANDES LEITE

1.1 Introdução

Como se sabe, todo filósofo é herdeiro de seu tempo, e Platão não foge a essa regra. Vivendo em uma Atenas politicamente conturbada e em crise pós-guerra – a Guerra do Peloponeso –, o referido filósofo tem como objetivo pensar uma boa ordem e medida para essa cidade. Atenas tinha perdido a guerra e se encontrava em total desordem, governada por um grupo de oligarcas indicados por Esparta que se tornaram tiranos na cidade. É nessa situação de desorganização política que Platão se encontra, e se faz necessário pensar uma forma de governo capaz de tornar os homens melhores, quer como indivíduos, quer como cidadãos. Esse é o projeto intentado por Platão ao fundar uma cidade em lógos, isto é, uma cidade que possibilite a inclusão de todos considerados cidadãos e onde cada um exerça uma função em benefício próprio e do grupo. Ou seja, ao visar não só à felicidade para si, mas ao bem comum, a ideia é que essa felicidade consequentemente se reflita na cidade.

Esse projeto está exposto em sua obra intitulada *A República*[1] e nela Platão nos conduz às mais variadas veredas do pensar filosófico. Ele nos convida a pensar sobre a alma (psique) humana, a justiça e a injustiça, que será o nosso caminho a ser seguido aqui. Leva-nos também a tratar de sua teoria do conhecimento, de sua pedagogia, de suas formas de constituição e das causas do declínio dos governos; da arte e de sua função educativa na *pólis*; da escatologia, ou melhor dizendo, do destino das almas no pós-morte. Todas essas questões deverão ser pensadas, pois elas vão constituir o homem, e este, por sua vez, é o elemento que constitui a cidade. Logo, para Platão, ao conhecer o homem, automaticamente compreende-se as formas de governo existentes.

Visaremos aqui à compreensão da justiça e da injustiça na filosofia do referido filósofo. Para tanto, recolheremos as teses apresentadas no Livro I de *A República* e abordaremos seu reflexo nas formas de agir dos homens, além de tratarmos de suas consequências. Por fim, apresentaremos a tese de Platão e observaremos sua aplicação na cidade.

1.2 As teses sobre a justiça

A primeira tese apresentada é a do ancião Céfalo, personagem da obra – como se sabe, uma das características da escrita de Platão é ser dialogada, o que demonstra a influência da literatura de sua época (a tragédia) no seu modo de escrever. Como pode ser observado no Livro I, ele constrói um cenário para investigar, por meio de seus personagens históricos, alguns problemas. Dessa forma, descreve

---

1   PLATÃO. *A República*. Trad. Maria Helena da Rocha Pereira. 8. ed. Porto, Portugal: Fundação Clouste Gulbenkian, 1972.

nesse primeiro livro a descida de Sócrates, personagem condutor do diálogo, até o Porto de Pireu, em Atenas, para assistir ao festejo que lá ocorria em homenagem à deusa Benedes.

Quando Sócrates está retornando do festejo junto a Glauco e Admanto, que o acompanham, eles são convidados por Polemarco, filho de Céfalo, um ancião que habita no porto, a ficar até a noite e assistir à corrida de bigas e à procissão. Ao chegar à casa de Céfalo, Sócrates inicia uma conversa com o anfitrião e dialogam sobre o problema da velhice, comentando que ela impossibilita os homens de se deslocarem para certos lugares e de percorrer longas distâncias devido à fragilidade física que ocasiona. Essa conversa se dá pelo fato de Céfalo expor que, com o tempo, os prazeres mudam, uns ficam para trás e outros aparecem – entre estes estaria o prazer da conversa, pois, segundo ele, o tempo faz o homem pensar sobre sua vida, isto é, pensar se teve um bom percurso ou se foi injusto com alguém. E isso se deveria ao medo que temos da morte.

Além da velhice e do medo da morte, outra questão que surge é acerca da vida tranquila, a saber: Quem tem uma vida tranquila é só aquele que possui riquezas? Isso faz Sócrates acusar Céfalo de ter uma vida tranquila por ter posses, tal acusação, entretanto, é refutada pelo ancião ao afirmar que possuir riquezas não equivale a estar em paz, posto que isso depende da natureza do caráter de cada um e não dos seus haveres. Argumenta também que a riqueza é boa para ajudar as pessoas a enfrentar as dificuldades da vida, a pagar suas contas e restituir o que se toma emprestado, bem como honrar as dívidas com os deuses.

Dessa conversa, então, aparece a primeira tese sobre o que seria a justiça: "dizer a verdade e restituir aquilo que se toma de alguém".[2] Essa ideia, do poeta Simónides, foi apreendida pelo ancião, o que demonstra ser derivada de uma moral tradicional dos gregos. Só que o filósofo vai precisar investigar a aplicabilidade dessa tese em uma cidade. Ela, no seu todo, não está errada, mas precisa ser compreendida, até porque sem sua compreensão pode-se causar danos terríveis aos cidadãos.

Vejamos então como se daria a aplicação dessa tese, defendida por Céfalo, caso alguém a tivesse que seguir. Digamos que você tem dois amigos e que, por uma questão qualquer, eles se desentendam. Então, um se esconde e você sabe onde ele está e o outro o procura por desejar matá-lo. Nesse caso, é justo que você diga a verdade, isto é, onde seu amigo está escondido pelo simples fato de dizer a verdade?

Em outro momento, digamos que uma pessoa tenha lhe confiado a posse de uma arma qualquer e que você, sabendo que ela não é sua, reconhece que a qualquer momento deve restituí-la ao dono. Mas, em certo fim de semana, o dono da arma, alcoolizado, arruma uma briga com a esposa e resolve matá-la. Ele então vai

---

2   PLATÃO, 1972, 331d.

procurá-lo para que lhe devolva a arma, o que é justo, pois pertence a ele. Mas de fato isso é justo? Ora, essa tese não pode ser a expressão da justiça para Platão, ela precisa ser repensada, pois dessa forma ela causará problemas para a cidade, deve haver outra forma de restituir o bem, como veremos.

Para o referido filósofo, a definição de justiça dada por Céfalo apresenta incoerência, pois, dependendo da circunstância, pode ou não ser justo agir conforme a tese. Mesmo concordando com Céfalo que a verdade é importante, Platão esclarece, posteriormente, ao tratar da "nobre mentira", que esta (a mentira), quando usada com nobreza, pode ser útil aos homens como remédio ou medicamento para a alma. Tal qual faz o médico, que pode mentir para o bem do paciente, os dirigentes da *pólis* podem usar a mentira caso isso resulte em alguma vantagem para a comunidade.

Do que se observa: dizer a verdade não é uma regra universal que deve ser cumprida a qualquer custo. Mas será justo ou não dizer a verdade de acordo com as circunstâncias, quando o bem coletivo assim o exigir? Para muitos homens, assim como para Céfalo, o agir de forma justa é motivado pelo medo de uma vida futura, pós-morte. Essa ação não visa ao bem comum, mas à recompensa futura que o ser justo pode trazer, evitando-se, concomitantemente, as punições que o ser injusto pode acarretar.

Depois de apresentada essa tese, o ancião se afasta do diálogo para fazer os rituais festivos da casa e deixa seu filho, Polemarco, "herdeiro da conversa", que, em um primeiro momento, mantém a tese deixada pelo pai, mas logo em seguida, após ser arguido por Sócrates, apresenta a segunda tese.

Considerando o problema da tese primeira, exposta por Céfalo, Sócrates passa a investigar a segunda, apresentada por Polemarco, para quem a justiça seria: "fazer bem aos amigos e mal aos inimigos".[3] Essa é uma afirmação que nos parece ser muito comum entre os homens, agir de uma forma que ajude os amigos e prejudique os inimigos. Esse pensamento faz parte da cultura não só do povo grego, mas também das culturas em geral e parece se assentar como fundamento da ação de alguns homens. Para o filósofo, ela precisa ser investigada também. Vejamos então a aplicação dessa afirmação.

A investigação inicia-se com a observação das técnicas, uma vez que a justiça é considerada aqui como uma habilidade. Toda técnica surge da necessidade que brota nos homens, nesse caso, a justiça também nasce assim. A função da medicina, por exemplo, é curar os doentes, foi para esse fim que ela se originou. Entretanto, é o médico quem tem o saber de como curar e de fazer o contrário, fazer adoecer e matar. Portanto, se ele age conforme a tese de fazer bem aos amigos e mal aos inimigos, ele é o melhor para dar a vida e para tirá-la.

---

3   PLATÃO, 1972, 332d.

Dessa forma, fica implícito que toda técnica traz em si seu contrário – pode fazer o bem e o mal –, porém seu uso natural seria em prol do bem, pois ela se originou das necessidades humanas, no caso, da necessidade de se ter saúde. Sendo assim, se alguém age contra esse uso, não pode ser justo, pois algo não pode ser e não ser justo ao mesmo tempo, sob o mesmo aspecto. Por isso não se pode fazer bem e mal e ser considerado justo, isso precisa ser revisto.

Outra coisa que chama a atenção do filósofo com relação a essa tese é a ação aparente dos homens como forma de manterem suas relações com os outros, por isso é necessário saber quem realmente é amigo e quem não é. Isto se deve ao fato de alguns homens agirem de forma aparente para atingir determinados objetivos, isto é, fingindo ser amigo. Isso pode levar a julgamentos equivocados. Alguém pode, eventualmente, dizer que sua atitude está equivocada, por não aceitar seus atos, mas isso não significa necessariamente que seja seu inimigo, apesar de ele poder ser julgado dessa forma; por outro lado, um inimigo pode aprovar suas ações apenas para obter benefícios, como é o caso dos bajuladores. Então, é justo prejudicar alguém apenas por não concordar com seu referencial de conduta ou por expressar um pensamento divergente?

Se ensinarmos a alguém que ser justo é agir dessa forma, fazendo mal a uns e bem a outros, estaremos cometendo, segundo Platão, um equívoco terrível, pois um homem justo não pratica o mal com relação a ninguém. Portanto, essa conduta não pode ser ensinada em uma *pólis* que deseja ser justa, deve ser rejeitada, pois não consegue construir seres humanos melhores, além de dificultar a união entre eles. Uma vez que alguém internalize essa tese, poderá tornar-se abominável, pois agirá pela aparência da pessoa e não fundamentada no que ela é, assim, poderá transforma-se em um verdadeiro tirano.

Assim como a medicina é uma técnica, uma habilidade apreendida pelos homens, também o é a justiça para o personagem Polemarco. Logo, se os homens aprendem o que é ser justo, então se deve ter cuidado com o que lhes será ensinado sobre justiça, pois, uma vez internalizado na alma humana, é muito difícil um conceito ser dela retirado. Desse modo, deve-se verificar a base educativa de um povo para compreender qual ou quais condutas foram internalizadas na alma e que o faz agir de determinada forma, pensando serem justas, muito embora possam, pelo contrário, ser injustas. Feitas essas considerações, vejamos a terceira tese.

O terceiro personagem a expor uma tese é o sofista Trasímaco, que afirma de imediato ser a justiça "a conveniência do mais forte".[4] Dada a tese, Sócrates primeiro vai investigar o que seria essa conveniência. Em um primeiro momento, podemos pensar em alguém que, fisicamente mais forte que os outros, possa impor sua vontade aos demais em determinada situação. Esse é um caso em que se está

---

4   PLATÃO, 1972, 338c.

sendo conveniente usar a força física. Ora, seria justo termos uma ordem social em que os mais fortes fisicamente imponham aos mais fracos o que deve ser feito?

A ponderação do filósofo fragiliza a tese defendida por Trasímaco, isso não significa, no entanto, que esse pensar não seja, de alguma forma, imposto em um corpo social nas relações interpessoais ou em outros modelos, com efeito, é um caso a ser investigado.

Segue, então, o diálogo e é apresentada outra interpretação dessa tese pelo sofista, a saber: o mais forte seria o governo e então ele estabeleceria o que é conveniente para todos. Logo, é o governo que determina, de acordo com as leis, o que todos devem fazer em benefício do próprio governo e não de si mesmos, pois são fracos. Esse fenômeno poder ser detectado em todas as cidades e é observado que o governo só estabelece leis que favoreçam a si próprio. Dessa forma, a justiça consiste em os governados executarem aquilo que é vantagem para os governantes e, consequentemente, os governantes determinarem o que os governados devem cumprir. Assim, em todas as cidades, o princípio da justiça é sempre o mesmo: o que é vantajoso para o governo constituído.[5]

Mas seria isso mesmo? Será que os governos instituídos visam a seus benefícios e não aos da grande maioria? Se o governar é uma técnica, tal qual a medicina, a culinária etc., então o governo, ao que parece, surge da necessidade dos homens de beneficiar uma população, ou seja, beneficiar a todos, os fortes e os fracos. Outra questão a ser observada é que toda técnica, para ser aplicada, depende de conhecimento e é levantada a seguinte hipótese por Sócrates: e se esse mais forte, que é o governo, pela falta de conhecimento, equivocando-se na elaboração de suas leis, produzisse tanto leis boas quanto ruins, isto não faria com que a população se colocasse de forma contrária ao governo? Evidentemente, nesse sentido, seria justo os governados prejudicarem o governo, uma vez que as leis estabelecidas teriam sido instituídas pelo próprio governante. Pelo que se pode observar, os homens constantemente cometem equívocos de toda sorte e com os governantes não seria diferente.

Para se defender do ataque socrático, acerca do erro do governante, Trasímaco vai por um caminho semelhante e argumenta que, comumente, diz-se que o médico, o piloto, o cozinheiro ou, ainda, o governante errou. Mas, no sentido exato, o termo não se aplica da mesma maneira, pois piloto é aquele que conhece a arte do manejo da embarcação ou do carro etc., enquanto conhecedor da técnica do pilotar, age de acordo com tal técnica. Da mesma forma, o governante não vai se equivocar se for um técnico na arte de governar. Nesse caso, não pode errar, caso seja um governante de fato.

Aquele que erra em relação à técnica de governar não é um verdadeiro governante. Daí se conclui, segundo o sofista, que o governo não pode estabelecer leis

---

5   PLATÃO, 1972, 339a.

Capítulo 1 » **Platão: a justiça e a injustiça e seus reflexos na cidade** » **7**

contrárias a seu próprio benefício, pois ele só legisla em seu benefício. E o governante, enquanto um verdadeiro técnico, não pode errar, pois é detentor de um conhecimento muito próprio. Por esse motivo, nunca vai estabelecer como justo aquilo que é danoso ao governo. Se o governante promulgar leis que prejudiquem o próprio governo, isso indica que ele não é um autêntico governante.

Uma vez feita essa exposição pelo sofista, falta-lhe explicar a Sócrates uma coisa: se as técnicas surgem em detrimento dos mais fracos ou dos mais fortes.

Fica confuso para Sócrates entender a justiça como a vantagem do mais forte, sobretudo quando este é o governo, visando a sua vantagem própria e não podendo errar. Pelo que se pode investigar, nenhuma técnica procura ou determina o que é vantajoso para o mais forte, e sim para o mais fraco que é por ele governado. Basta observar, por exemplo, o uso da medicina, que inicialmente visava a quem tinha doenças, e não aos saudáveis, por conseguinte, surgiu para atender às necessidades dos mais fracos.

É nesse sentido que Sócrates contradiz o pensamento do sofista, pois a medicina não procura o interesse da medicina, mas do corpo e assim ocorre com outras artes. Dessa forma, nenhuma arte se ocupa, nesse aspecto, consigo mesma, mas com o objeto a que se dedica.[6]

O que se vê nesse discurso é um embate retórico dos significados atribuídos à justiça. O sofista adota o entendimento de que as técnicas e o uso dos saberes visam ao benefício próprio, o que o leva a considerar Sócrates como ingênuo por compreender a justiça como o benefício dos mais fracos e o justo como aquele que assim procede. Sócrates, por sua vez, não aceita que a justiça e a injustiça se deem desse modo, seja na cidade, seja nas relações entre os cidadãos.

Para o sofista, Sócrates pode pedir auxílio a quem quer que seja e que defenda essa moralidade tradicional, que defenda a justiça como uma virtude, mas todos constatarão o mesmo fenômeno e a mesma realidade: os mais fortes dominam os mais fracos; os mais fortes levam vantagem em tudo e os mais fracos sofrem o prejuízo. Nenhum deles será capaz de defender a justiça de forma plausível, porque todos estão conscientes de que o justo se dá sempre mal, ao passo que o injusto se dá bem em qualquer circunstância ou relação.

No pensar do sofista, a justiça socrática é apenas uma hipocrisia social, haja vista que, na verdade, todos gostariam mesmo de proceder injustamente, de tirar proveito da injustiça, e se muitos não a praticam, não é por desconhecerem que ela proporcione vantagens, mas pelo medo de sofrerem suas consequências. E afirma que se dermos poder para um homem justo e para um homem injusto, os dois vão se encontrar no mesmo ponto, buscando cada um a própria vantagem.

Trasímaco inverte os valores das duas ideias – o da justiça e o da injustiça –, pois identifica a injustiça como uma virtude e a justiça como um vício. Sócrates,

---

6   PLATÃO, 1972, 342c.

8 » Filosofia Política

então, terá de provar que esses significados estão equivocados, pois, assim como cada técnica procura uma justa medida para ser o que é da melhor forma possível, assim deve ser o homem sábio, uma vez que ele é o reflexo da justiça. Já o homem injusto é desmedido, excessivo.

Nessa perspectiva, apresenta-se a justiça como virtude e, ao mesmo tempo, como medida, simetria e harmonia. A injustiça, por seu turno, é o contrário: é desmedida, excessiva e assimétrica. Resta saber, então: Quem é o mais feliz dos homens, o justo ou o injusto? Essa é uma questão que saberemos ao plasmar a cidade pensada por Platão, mas antes ele deverá expor também o que é a justiça em si mesma, pois o que foi até aqui exposto sobre ela são recolhimentos históricos de como os homens vêm se relacionando no que se refere a questões políticas e em suas relações mais particulares, que, por sua vez, refletem no contexto da cidade.

Temos então expostas três teses históricas: 1) dizer a verdade e restituir o que se toma de alguém; 2) fazer bem aos amigos e mal aos inimigos; 3) ter como base a conveniência do mais forte. Essas teses se personificam em práticas que denominamos de justiça, mas esta, por si mesma, não foi exposta. O que está exposto é uma prática que chamamos de justiça e seu contrário, a injustiça. Platão considera que a grande maioria dos homens não consegue enxergar a coisa em sua essência, mas se ela for plasmada em algo maior, poderão observar sua manifestação e, quem sabe, conseguir ver o que se esconde por trás da aparência, neste caso, em uma cidade justa se conseguirá ver a justiça. Para isso, ele precisará mostrar a origem e a organização da cidade a fim de que possamos visualizar a justiça e a injustiça nelas mesmas.

1.3 A cidade e o reflexo da justiça e da injustiça

Neste momento, o filósofo começa a criar em *logos* a cidade.[7] Inicia demonstrando o que leva os homens a viver em sociedade, o que para ele é a necessidade, que segue uma ordem de prioridade: a primeira de todas é a obtenção de alimentos, essencial para a existência e a vida. Em seguida, vem a habitação, fundamental para a proteção das intempéries da natureza e de outros animais; por último, vestuário e coisas do gênero. Essas são necessidades básicas e naturais para os homens e de nada mais eles necessitarão para sua existência.

Outras condições fundamentais da *pólis* é que cada homem execute seu trabalho de forma específica e que o usufruto seja comum a todos. Pensando dessa forma, o lavrador, o cozinheiro, sapateiro etc. vão produzir o necessário para seu

---

7   PLATÃO, 1972, 369d.

Capítulo 1 » **Platão: a justiça e a injustiça e seus reflexos na cidade** » **9**

uso e para os demais. Não se produzirá excedentes, e sim só o que for preciso para o uso de todos os habitantes dessa *pólis*. É um tipo de comunismo: todos terão o comum, o que é necessário e viverão de forma simples, dedicando-se apenas a um trabalho em benefício de todos.

Quando visualizamos uma cidade assim, observamos, logo de imediato, que nela não há riquezas e que os homens deverão viver sem se preocupar com produção excedente. Logo sobrará tempo para viver e celebrar a vida com seus semelhantes. Portanto, não terão de se preocupar com a cobiça do outro, pois todos terão suas necessidades básicas atendidas. Entretanto, percebe-se, também, que é uma forma de vida muito simples. Nesse caso, não é preciso verificar a justiça nessa cidade, não há necessidade, porque a própria ordem estabelecida nela, como boa ordem, já é a justiça plasmada. O que os homens não conseguem é visualizá-la.

Por perceber essa característica peculiar aos homens – de não entenderem conceitos filosóficos –, o filósofo utiliza-se da imagem como recurso para demonstrar o que pretende que os outros entendam. Daí ter criado em pensamento uma cidade, o que representa a organização de conceitos na sua concretude. Esses recursos serão muito utilizados pela filosofia no seu percurso histórico filosófico.

À medida que os homens foram se habituando a uma forma de viver em que a produção de riquezas passou a integrar sua realidade, a forma de vida simples, assentada no contentamento com o necessário, não mais conseguiu ser mantida. Platão passa, então, a ampliar o modelo da cidade simples para uma mais complexa, que, produzindo o que não é necessário, torna-se luxuosa. A base dessa cidade, como de todas as outras, é o trabalho de manutenção da vida: a agricultura e as artesanias. Se a pretensão é ter uma cidade de luxo, ela vai precisar de muitos artesãos para satisfazer às necessidades criadas, por exemplo, confecção de joias e coisas supérfluas do gênero, variedades de cardápios etc. O mais importante de tudo é a cidade ser organizada de uma forma tal que possibilite a todos participar das atividades necessárias para seu funcionamento, sem excluir ninguém.

Para que isso possa acontecer, alguns fatores deverão ser considerados. O primeiro é a potencialidade (ou a capacidade, tendência, habilidade) inerente a cada um para um tipo de técnica ou arte. O segundo é a educação e, por fim, a forma de governo. Desse modo, essa sociedade deve ser organizada em estamentos, ou melhor dizendo, em classes. Mas isso não significa que uma classe seja mais importante do que a outra, uma precisa da outra, o que prevalece é a unidade da cidade e não interesses individuais. As classes se originam da própria necessidade da cidade. A primeira classe, constituída pelos artesãos, é fundamental, pois eles produzirão os excedentes, gerando riquezas. Em função disso, necessariamente, precisarão de proteção, pois ninguém garante a eles que outras cidades não cobicem seus haveres. Temos então uma classe que produz e outra que protege, mas falta a classe que educa – essa é a classe do governante. Ela surge para educar os homens para as suas funções na cidade, organizando cada um em um estamento de acordo com sua habilidade. Platão pensa que essa é a pior função a ser exercida na *pólis*.

Quanto à potencialidade ou habilidade que serve como base para a ordenação dos estamentos, trata-se de uma questão complexa, posto que, inata, independe da decisão ou da vontade dos homens. A razão disso é que existe algo na natureza que é considerado divino, em que o homem não tem como interferir. Nesse caso, não somos nós que modelamos a alma dos homens, isso depende do cosmos ou dos deuses. Cabe a nós a possibilidade, a tentativa de unir semelhantes para ver se nascem descendentes iguais em termos de habilidade, pois isso é observado na natureza – espécies gerando descendentes semelhantes –, o que, por sua vez, é um dos requisitos da cidade. No entanto, como já foi exposto, a habilidade transcende o ciclo genético: semelhantes geram filhos com semelhantes, porém nada garante que o filho seja potencialmente igual aos pais.

Outro fator importante é que os filhos não são da família, com pai e mãe, mas filhos da cidade. Caberá a ela educar seu cidadão para que tenha uma ordem constituída, segundo a qual todos trabalharão em benefício de todos. Consequentemente, o maior bem desse povo deve ser a cidade, e o grande desafio do filósofo é exatamente manter uma unidade apesar das diferenças.

Entra, nesse caso, para a ordenação da *pólis*, a educação, que deve ser exclusivamente de responsabilidade da própria *pólis*. Se todos que nascem nessa cidade são filhos dela, então, de início, deverão receber uma educação que seja comum a todos, aplicada por meio do mito. Ela ficará a cargo de algumas mulheres, que vão cuidar das crianças para a cidade, mas só narrarão a elas o mito instituído pelo governo, pois isso possibilitará que internalizem, desde a infância, o sentimento de pertencimento àquele lugar e de estarem ligadas às outras pelo laço da amizade. Eis um ponto que preocupa muito o filósofo: o que se pretende internalizar na alma de alguém, que modelo de cidade e que forma de governo, pois uma vez que um modelo é plantado na alma e ela se acostuma com ele, ou fica corrompida e não se consegue mais arrancá-lo ou se terá uma alma com boa medida e proporção. Por esse motivo, Platão não só se preocupa com o modelo social como também com o sentimento que se vai gerar nesse cidadão.

Poderíamos perguntar, agora, se uma classe não vai contra a outra. Mais uma vez entrará em cena o papel da educação. Primeiro existe um sentimento que deve ser comum a todos – o de amizade – e isso se deve por serem, por natureza, irmãos, filhos do mesmo lugar e do mesmo deus. Esse sentimento deve ser gerado com a narrativa do mito, que deve ser contado a todos desde a infância. E deve ser enfatizado que o deus, ao ter modelado cada um, plantou em sua alma uma potencialidade muito própria para que seja exercida em benefício de todos. Assim, um depende do outro e ninguém executa mais que uma função – essa é uma lei da cidade fundamentada no "mito das raças" e que justifica também as diferenças das potencialidades, que deverão ser exercidas da melhor maneira possível. Dessa forma, os melhores artesãos, os melhores guerreiros serão modelo para os

Capítulo 1 » **Platão: a justiça e a injustiça e seus reflexos na cidade** » **11**

demais. Do mesmo modo, o governo deverá exercer sua função, não tendo como objetivo interesses particulares, deve legislar em benefício de todos.

O sentimento da amizade vai ser construído com o mito, contudo outras virtudes ou *aretés* deverão brotar na alma de cada um. São elas as seguintes: temperança, coragem e sabedoria. Todas essas virtudes são essenciais. Uma pode ser mais acentuada em alguns homens do que outras, porém todas devem constituir a alma de cada um. Tal é o que se observa nos estamentos, em que, por exemplo, um artesão de vestuário depende das três virtudes para exercer sua técnica, embora nele predomine a temperança. Primeiro, deve saber, ao produzir um vestuário, o que é medida e proporção para a padronização de uma modelagem, pois nessa arte a harmonia entre partes é fundamental. Em seguida, precisa de coragem para exercer seu trabalho, ter o que se chama de ânimo para o trabalho. Por fim, deve conhecer todas as condições básicas para produzir seu objeto.

A produção é um processo e, de fato, uma arte que é capaz de dar "condição de ser" a algo que ainda não era do ponto de vista material, por exemplo, tem-se linhas e fios, e o homem os transforma em tecido e, no tecido, imprime a forma das roupas. Esse é um processo complexo e que exige conhecimento. Pode-se ter a forma, a ideia, no entanto, dar uma concretude a ela não é para todo mundo, e sim para alguns, no caso, os artesãos. Para Platão, esses artesãos são pessoas que dominam uma técnica muito especial, pois conseguem concretizar as ideias, e isso se deve ao fato de terem a temperança como *areté* predominante na alma. Por essa razão não é possível olhar para nenhum dos estamentos como se fosse desprezível, haja vista cada um ter uma função essencial para a *pólis*.

Quanto à classe dos guardiões, exige-se dela mais a coragem, entretanto, ela dependerá das outras duas virtudes, a saber: a temperança e a sabedoria, para ser bem exercida, sob pena de tornar-se uma força cega e sem limites, podendo gerar as maiores atrocidades. Por isso é exigido que o guardião tenha coragem, porém que use da prudência no agir e da sabedoria para diferenciar amigos de inimigos; além disso, que saiba o momento de atacar e de se recolher, assim como de ser capaz de criar estratégias para a proteção da cidade. Logo, ele não conseguirá exercer sua função apenas com uma virtude, precisa das três.

Por fim, o governante terá a virtude da sabedoria predominante, posto que terá em ação a parte logística da alma; todavia, como já expusemos, ele dependerá das outras duas sabedorias, caso contrário, também cairá em excesso, o que significa que não terá equilíbrio de si mesmo e, portanto, não terá condição de governar a cidade, já que ela precisa estar em harmonia com suas partes ou classes, da mesma forma que deverão estar em harmonia todos os seus habitantes.

Sendo assim, há um processo constante de evolução e de formação. É uma *pólis* que procura tornar o homem o melhor possível, tanto em suas características pessoais quanto em relação ao grupo. Por isso todos serão educadores, todos deverão ser bons modelos. Isso deve ser feito porque os homens seguem modelos e um mau modelo destrói a unidade e, consequentemente, o conjunto.

Nesse caso, o governante será o responsável por manter a ordem, o que Platão sabe não ser fácil para ele. Primeiro, porque o governante deve ser um sujeito bem ordenado na alma – não como alma, mas como potências que existem nela – e consciente da atuação de cada uma dessas forças. Além disso, deve ser capaz de persuadir os homens de que esse modelo de cidade é o melhor. Dessa forma, o trabalho do filósofo é equilibrar as unidades formando os conjuntos. O reflexo dessa harmonia se reflete na *pólis*. Nesse aspecto, o filósofo é simbolicamente a imagem mítica de Zeus. É aquele que tem a larga visão do cosmos para governar as partes. Essa deve ser a função do governante: educar e legislar.

Todo esse percurso de organização passa pelo processo educativo dos cidadãos, em que cada um demonstrará sua habilidade para executar uma técnica no percurso de formação e, por conseguinte, adequar-se-á a um estamento. Nessa perspectiva, o artesão aprende com o artesão, o guardião aprende com o guardião e o futuro governante aprende com o governante. É uma cidade onde todos são responsáveis por todos, todos são educadores nas suas habilidades e, assim, a cidade inclui todos.

Uma das questões mais comentadas de Platão nessa organização é o fato de ter indicado o filósofo como o governante. É exatamente aí que o referido filósofo vai se afastar da ideia de governo histórico. O que ele vai sugerir como forma de um bom governo é a aristocracia. Como se sabe, uma aristocracia é o governo dos melhores e, especificamente neste caso, os melhores são todos os cidadãos ao exercerem suas habilidades. Ora, por conta disso foi mais uma vez criticado, sob a acusação de ter construído uma cidade de técnicos. Contudo, não se pode deixar de considerar que a cidade é constituída não apenas pelo governante, mas por todas as classes que dela participam. Não se tem aqui, no caso de Platão, uma aristocracia por nascimento – filho de fulano segue sendo o melhor pela sua origem –, pois os *aristós* são todos, exercendo suas habilidades da melhor forma possível.

O que vai fazer a grande diferença é que, ao exercer cada um sua habilidade com excelência, construirão, ao mesmo tempo, o melhor para si (pois estarão modelando o próprio caráter) e para todos, pois, ao ser o melhor para mim, torno-me também o melhor para o outro e, nessa medida, a cidade se tornará a melhor para todos.

Mas onde fica a justiça nesse caso? Se a cidade, em cada estamento, é corajosa, temperante e sábia, parece-nos que falta expor algo sobre a justiça, que é, onde ela se encontra enquanto potência.

O reflexo da justiça está na própria organização da cidade, desse modo, ser justo é exercer apenas uma função específica da melhor forma possível. Portanto, o artesão é educado para ser o melhor artesão, assim como o guardião é educado para ser o melhor também em sua função. Se as duas primeiras classes são boas, o governo não poderá fugir à regra. Logo, o que se visualiza é uma cidade em que cada um exerce aquilo que se adéqua a sua habilidade de nascimento e, dessa forma, a cidade incluirá a todos. *Nesse aspecto, a justiça é a regra, a norma.* Essa acepção da justiça é utilizada pelos juristas no intuito de estabelecer e fazer valer as coisas consideracas as melhores para a sociedade em dado momento de seu desenvolvimento. Refere-se à prática histórica dos homens que descobrem o jurídico como esfera que contém as normas e as funções que a todos obriga, e que são expostas nos diálogos e tribunais. Tem-se, pois, a visão ampliada da justiça, falta agora encontrá-la na sua unidade.

Platão, após ter encontrado a sabedoria, a temperança e a coragem na cidade,[8] afirma que a justiça é a força que produz homens e cidades,[9] porém, expôs isso de forma harmônica. Reuniu, harmoniosamente, os três elementos diferentes da alma, na medida em que são três as potências que fazem parte do homem: o logístico (razão), o irascível (os ímpetos) e a concupiscência (as necessidades físicas) –, processo de equilíbrio capaz de ser realizado mediante uma boa condução da educação orientada pelo governo.

Essa ideia da justiça como uma força que produz é antiga, já se encontrava em Hesíodo, poeta greço, na terceira cosmogonia, em que ele narra a união de Zeus, filho de Reia e Croros, com várias deusas, no ciclo de geração e integração de poderes adquiridos pelas relações matrimoniais. Do segundo matrimônio, Zeus, aquele que tudo vê e tudo sabe e que tem inteligência apurada, une-se a Thémis, filha de Geia e Ouranos, que traz a potência dos pais em sua natureza, e ela é aquela que tem por excelência a justiça enquanto ordem estabelecida, a ordem interna dos seres.

É no mito que encontramos essa ideia de Platão de justiça como força que transcende a historicidade, ela é anterior aos homens, ela está no cosmos como ordem e medida de tudo. Nesse aspecto, ele se afasta das teses anteriores expostas pelos personagens Céfalo, Polemarco e Trasímaco, que são recolhimentos históricos de uma moral tradicional. Ele inicia uma análise mais psicológica, como se pode dizer hoje, do homem. Dessa forma, analisa a ordem política em outra esfera.

Fica agora a seguinte pergunta: E quanto às ideias anteriores, elas são totalmente abandonadas por Platão? Em parte sim, em parte não. Por exemplo, a cidade ou seu governante nem sempre deve dizer a verdade, até mesmo porque nem sempre a tem. Não obstante, caberá ao governante utilizar a mentira com o fim de auxiliar os homens em sua ordenação, em outros casos ela é vista sem nobreza e, por conseguinte, não deve ser praticada.

Quanto à primeira tese, que apresenta a justiça como restituição, tal é o que a cidade justa fará: dar a cada um o que lhe é devido, de acordo com sua potência, para que se torne o melhor para si mesmo e para os outros. Essa restituição

---

8   PLATÃO, 1972, 435b.
9   PLATÃO, 1972, 443b.

transcende apenas o ato material de repor o que se toma de alguém, consistindo em dar o que é devido a todos de acordo com suas necessidades.

No que se refere à segunda tese, que afirma que a justiça é fazer bem aos amigos e mal aos inimigos, deverá ser a lei a instância regulamentadora das relações externas com outras cidades. No caso de guerra, essa lei terá sua validade, mas deverão ser obedecidos critérios de como lidar com o outro. Isso é algo que cada cidade fará ao entrar em guerra: ou matará seu adversário ou apenas o saqueará. Um acordo deverá ser estabelecido, não se vai agir pela aparência nem com os outros nem com outros governos.

Com relação à terceira tese, isto é, a justiça como a lei do mais forte e o mais forte sendo o governo, isso se verifica também funcionando na cidade, só que o governo não visa ao seu bem próprio, mas ao bem dos cidadãos, pois, como toda técnica, deve exercer sua função para aquilo que foi criado, então o governante trabalha para os governados visando à excelência de cada um. Ora, uma vez que o governante dispõe da capacidade logística de persuadir a todos, evidentemente, ele é o mais forte, todavia, isso não deve significar utilizar o outro em benefício próprio.

Dessa forma, Platão plasma nessa imagem uma cidade que poderia ser justa, entretanto, sabe que os homens, por serem dotados de vícios, não teriam condições de viver assim. Deixa, porém, o modelo para um dia, quem sabe, repensada a cidade, possa ser aplicado.

Encontrando a justiça e seu reflexo na *pólis*, ainda falta localizar a injustiça, então vejamos. Como tudo na natureza está em fluxo, ou seja, nada permanece, crê, assim, o filósofo que a tendência de uma cidade justa é também mudar sua forma de governo e sua imagem. Isso se deve a um fator já exposto anteriormente, o da constituição da alma dos homens. Para governar da melhor forma possível, o governante deve conhecer a alma de cada um dos governados e essa é uma potência própria do filósofo. O problema é que não se tem como saber se os filhos que nascem de um filósofo herdarão do pai a mesma habilidade logística e, mesmo que a herde, se será capaz de pô-la em ordem. Essa é uma habilidade para poucos e, caso não tenha continuidade na formação do governante-filósofo, não se terá, então, um bom governo.

Esse é o primeiro passo para a decadência das formas de governo. Digo decadência porque o próprio Platão considera as outras formas de governo inferiores à aristocracia. A primeira mudança é a forma de governo que ele denomina de timocracia, na qual o desejo da posse prevalece, mas ainda resguarda certa semelhança com a primeira. Em seguida, vem a oligarquia, o governo dos grupos de proprietários. É um governo que gerará muitos pobres e a decadência dessa forma de governo se deve, precisamente, a essa geração de pobreza. Do conflito entre ricos e pobres aparece a democracia, que é um governo de uma maioria, mas também desejoso de posses. E, por fim, a democracia vai gerar um tipo de governante que não confia em ninguém e é desejoso de todas as posses para si. Enquanto pessoa,

Capítulo 1 » **Platão: a justiça e a injustiça e seus reflexos na cidade** » **15**

ele não conseguiu harmonizar as três potências: razão, ímpetos e necessidades. Ela estará em guerra interna constante, será escravo dos próprios desejos, colocará os cidadãos da cidade como escravos do governo e estará em guerras constantes também com outras cidades, por suas riquezas e terras. Essa desordem interna do governante vai se externar na perfeita injustiça do governo. É na tirania que a injustiça encontra sua perfeita presença, graças à desordem interna do governante.

Pelo que podemos observar, Platão, em um primeiro momento, expõe o que a justiça é e o que ela é capaz de fazer, tanto em nível individual como coletivo: ela une, equilibra, apazigua e harmoniza. Nesse caso, encontramos também a felicidade. Quanto à injustiça, ela faz o contrário: destrói, desorganiza, gera guerra. Portanto, é nessa forma de governo que se encontra a extrema infelicidade.

1.4 Texto para análise

A República - Livro I

Trasímaco — (339e) E cada governo faz as leis para seu próprio proveito: a democracia, leis democráticas; a tirania, leis tirânicas, e as outras a mesma coisa; estabelecidas estas leis, declaram justo, para os governados, o seu próprio interesse, e castigam quem o transgride como violador da lei, culpando-o de injustiça. Aqui tens, homem excelente, o que afirmo: em todas as cidades o justo é a mesma coisa, isto é, o que é vantajoso para o governo constituído; ora, este é o mais forte, de onde se segue, para um homem de bom raciocínio, que em todos os lugares o justo é a mesma coisa: o interesse do mais forte. [...]

Trasímaco — (340d–341a) Estás de má-fé a discutir, ó Sócrates, quando discutes. Por acaso consideras médico aquele que se engana em relação aos doentes, no mesmo instante e enquanto se engana? Ou calculador aquele que comete um erro de cálculo, no preciso momento em que comete o erro? Não. É um modo de falar, acredito, quando dizemos: o médico se enganou, o calculador e o escriba se enganaram. Mas julgo que nenhum deles, na medida em que é o que o denominamos, jamais se engana; de modo que, para falar com precisão, visto que queres ser preciso, nenhum artesão se engana. Aquele que se engana o faz quando a ciência o abandona, no instante em que não é mais artesão; assim, artesão, sábio ou governante, ninguém se engana no exercício das suas funções, apesar de todos dizerem que o médico se enganou que o governante se enganou. Portanto, admito que te tenha respondido há pouco neste sentido; mas, para me expressar de forma mais exata, o governante, enquanto governante, não se engana, não comete um erro ao fazer passar por lei o seu maior interesse, que deve ser realizado pelo governado. Deste modo, como no início, afirmo que a justiça consiste em fazer o que é vantajoso para o mais forte.

1.4.1 Estudo do texto

O trecho escolhido tem como questão central a definição de justiça. Ele faz parte do diálogo entre Sócrates e o sofista Trasímaco. O sofista apresenta a terceira tese da obra ao afirmar que "a justiça é a vantagem do mais forte". Como não deixa de ser, o que Platão tem como objetivo no diálogo entre Sócrates e Trasímaco é investigar se a justiça é ou não o poder do mais forte em sua própria vantagem. Para o sofista, em sua experiência histórica, a justiça sempre foi o que o governo determina em seu próprio benefício. Para Platão, inverter essa ideia significa atrelar o governo ao conceito de técnica. E, sendo uma técnica, o governo possui um saber próprio e, por isso, não pode se enganar na sua aplicação. Portanto, tanto no governo quanto na medicina, a justiça vai se expressar como a boa execução de cada uma. Ao fazer esse atrelamento do governo à técnica, fica determinado que ele surja para resolver as necessidades humanas. Por exemplo, a arte médica se originou para resolver a questão da saúde, logo quem necessita dela é quem precisa de saúde. Dessa mesma forma ele pensa sobre o governo. Quanto à justiça, ela é parte constituinte do governo enquanto força que mantém todos unidos, contudo não em vantagem do governante, mas dos governados. Só que a percepção de Trasímaco é histórica, como já expusemos, e parece que os governos sempre agiram assim. Entretanto, a visão de Platão é outra, é o que chamamos hoje de percepção psicológica de governo. Não se pode deixar de considerar que o governo é o exercício do poder, não como Trasímaco pensava, em benefício próprio, mas dos mais fracos, ou seja, dos governados.

1.5 Estudo das noções

1.5.1 Justiça

Para Platão, a justiça é a sustentação da sua ética e da política. Para ele, a justiça no homem, enquanto unidade, consiste na harmonia ou equilíbrio das três partes da alma (irascível, concupiscível e logística), em que cada qual exerce sua função. Já na cidade ela se personifica no aperfeiçoamento de cada estamento ao cumprir sua devida função em benefício de todos.

1.5.2 Injustiça

Segundo Platão, a injustiça é uma força que age de forma contrária à justiça. Ela desorganiza, desarmoniza e desequilibra as três partes da alma, e isso pode se dar em cada homem. Na cidade, sua expressão completa está na forma de governo tirânico (veja o Livro IX de *A República*).

1.5.3 *Pólis*

Esse termo indica a cidade ou cidade-Estado, como se chama hoje. Para os gregos, era a unidade política onde os homens realizavam suas atividades como cidadãos.

1.5.4 Estamento

Em *A República*, estamento é a classe social em que cada um vai desenvolver suas habilidades na cidade.

1.5.5 Logos

É a expressão da razão e da racionalidade. É, portanto, a palavra, o discurso, o pensamento, o raciocínio, a definição etc. Esse termo tem uma vasta significação.

1.5.6 Alma (*psyché*)

É um termo complexo na literatura filosófica grega. Platão, em seus diálogos, faz diferentes distinções sobre ela, mas em *A República* ele a apresenta como uma força que vai desempenhar as seguintes funções na vida humana: superintender, governar, deliberar e todos os demais atos da mesma espécie.[10]

1.5.7 Teoria do conhecimento

É uma especulação ou reflexão acerca de como o homem conhece as coisas. Platão, nos Livro VI e VII de *A República*, expõe sua teoria do conhecimento, a famosa teoria das ideias e a alegoria da caverna, em que ele explica a forma como nós conhecemos.

1.5.8 Personagens históricos

A tragédia grega é constituída por personagens míticos que formavam o imaginário daquele povo. Por exemplo, temos Medeia, Édipo, Electra, Orestes etc. Platão, ao escrever seus diálogos, recorre a pessoas da sua convivência e a outras com quem não convive, mas que fizeram parte da história do povo grego, para expor suas ideias. Entra elas, destaca-se seu mestre Sócrates, que sempre aparece como condutor do diálogo.

---

10   PLATÃO, 1972, 353d.

1.5.9 Pireu

Era um porto de Atenas onde ficava a frota naval ateniense e o comércio por-
tuário. Nesse local habitavam os metecos ou estrangeiros que vinham morar na
cidade a convite de alguns dos governantes. Sabe-se que Céfalo, um dos personagens de *A República*, veio a esse porto a convite de Péricles.

1.5.10 Moral tradicional

Relativo aos costumes de um povo, àquilo que se pratica como forma de vida e
que é muito antigo, mas que continua perdurando como prática social. No caso
dos gregos, quem se responsabilizava pela manutenção desses costumes eram os
poetas, entre eles, Platão cita em sua obra Simónides, considerado como grande
sábio de sua época.

1.5.11 Nobre mentira

Platão denomina de nobre mentira o fundamento utilizado por ele para justificar a
origem da cidade justa. Isso geralmente é feito quando não se sabe a origem, então
se conta um mito. Nesse caso, ele vai narrar "o mito das raças", encontrado no poeta
Hesíodo, mais especificamente em sua obra poética *Os trabalhos e os dias*.[11]

1.5.12 Retórica

É a arte da palavra e do discurso visando à persuasão. No caso do embate entre
Sócrates e Trasímaco no Livro I de *A República*, diz-se ser um embate retórico.

1.5.13 Tragédia

Forma de arte grega em que eram expostos ao público espetáculos teatrais anuais
nos quais os trágicos concorriam pela melhor peça. O filósofo Aristóteles, em sua
obra *Poética*,[12] define a tragédia como "imitação de acontecimentos que provocam
piedade e terror e que dão início à purificação destas emoções" (6, 1449 b 23). Esses
sentimentos de piedade e terror são despertados no espectador quando ele observa
no personagem a situação de perigo em que se encontra e o fatalismo no final.

1.5.14 Forma de governo

Estrutura segundo a qual determinado povo vai se organizar politicamente. Na
obra *A República*, Platão expõe cinco formas de governo. A primeira, e considerada justa por ele, é a aristocracia. É o governo em que os melhores deliberam.

---

11 HESÍODO. *Os trabalhos e os dias*. Trad. e comentários de Mary de Camargo Neves Lafer. 3. ed. São Paulo:
Iluminuras, 1996.

12 ARISTÓTELES. *Poética*. Trad. e comentários de Eudoro de Souza. São Paulo: Abril Cultural, 1993.

Nesse caso específico, o filósofo personifica esse "melhor", logo é o mais indicado para governar. A segunda é a timocracia, forma de governo fundada sobre a honra. A terceira é a oligarquia, fundada na riqueza. A quarta é a democracia, fundada na liberdade levada ao excesso. E, por fim, a tirania, assentada na violência derivada da licenciosidade, na qual se dissolve a liberdade.

1.5.15 Prazer

É um estado de caráter físico ou psíquico – ou, ao mesmo tempo, físico e psíquico –, que se constitui como um dado originário e imediato da experiência.

1.6 Proposta de tema de dissertação

Tema: A justiça e a injustiça e suas consequências em uma *pólis*.

Seguem perguntas que podem orientar a elaboração da dissertação.

» O que é justiça e injustiça para Platão? De que forma elas são percebidas?
» Como elas se manifestam nos homens? Qual é a função do governante?

1.7 Propostas de temas para estudo

» Qual é a relação entre ética e política para Platão?
» Quais métodos Platão expõe em *A República*?
» Disserte sobre a visão de alma de Platão.
» O que Platão toma como referência para organizar a cidade em três estamentos?

Platão
Biografia e principais obras

Platão, filósofo grego, nasceu em Atenas no ano de 428 a.C. (ou 427 a.C., não se sabe ao certo) e morreu em 347 a.C. Platão é um apelido que, em grego, significa "largo, amplo", o nome verdadeiro do filósofo era Arístocles. Descendia de uma família aristocrática e tradicional na política ateniense: seu pai, Ariston, era descendente de Codrus, o último rei de Atenas; e sua mãe, Perictione, tinha ligações familiares com Sólon. Ele tinha dois irmãos, Adimanto e Gláucon, que figuram como personagens em sua obra *A República*.

Pela tradição familiar, esperava-se que seguisse a política, no entanto, as corrupções e a violência dos partidos na Atenas de seu tempo levaram-no a se afastar desse caminho e a se dedicar à filosofia.

O grande acontecimento da vida de Platão foi seu encontro com Sócrates, com quem conviveu durante nove anos consecutivos. A morte do seu mestre em 399 a.C., logo depois do governo dos 30 tiranos, fez Platão se afastar do centro da *pólis* e criar a Academia para ensinar e estudar filosofia.

Platão escreveu vários diálogos, alguns com inspiração socrática. São eles: *Apologia, Carmides, Criton, Eutidemo, Eutifron, Górgias, Hipias Maior, Hipias Menor, Íon, Laques, Lísis, Menexeno, Protágoras, A República, Ménon, Banquete, Fédon, Fedro, Parmênides, Teeteto, Timeu, Crítias, Sofista, Político, Filebo, Leis.*

Referência básica

PLATÃO. *A República*. Trad. Maria Helena da Rocha Pereira. 8. ed. Porto, Portugal: Fundação Clouste Gulbenkian, 1972.

Referências complementares

ANDRADE, R. G. *Platão*: o cosmo, o homem e a cidade. Petrópolis: Vozes, 1993.

ARISTÓTELES. *Poética*. Trad. e comentários de Eudoro de Souza. São Paulo: Abril Cultural, 1993.

HARE, R. M. *O pensamento de Platão*. Trad. Carlos Diniz. Lisboa: Presença, 1998.

HESÍODO. *Os trabalhos e os dias*. Trad. e comentários de Mary de Camargo Neves Lafer. 3. ed. São Paulo: Iluminuras, 1996.

JAEGER, W. W. *Paideia*: a formação do homem grego. Trad. Arthur M. Pereira. 3. ed. São Paulo: Martins Fontes, 1994.

MAIRE, G. *Platão*. Trad. Rui Pacheco. Lisboa: Edições 70, 1998.

PAPPAS, N. *A República de Platão*. Trad. Abílio Queiroz. Lisboa: Edições 70, 1995.

REALE, G. *História da filosofia antiga*. Trad. Henrique C. de Lima Vaz e Marcelo Perine. São Paulo: Loyola, 1995. v. II e V.

ROBINSON, T. M. *A psicologia de Platão*. Trad. Marcelo Marques. São Paulo: Loyola, 2007.

CAPÍTULO 2

A felicidade na ética e na política de Aristóteles

PAULO HENRIQUE FERNANDES SILVEIRA

2.1 Introdução

Para Aristóteles, os preceitos que norteiam a ação moral também devem direcionar a decisão política. Isso significa que, para esse filósofo, a política é uma extensão da ética. Os ideais e os comportamentos que moldam o caráter de uma pessoa devem se fazer presentes em todas as relações sociais. Em dois livros fundamentais para a filosofia, *Ética Nicomaqueia* (ou *Ética a Nicômacos*) e *Política* (ou *Políticos*),[1] Aristóteles considera a felicidade um bem a ser procurado tanto pela ética quanto pela política. Entre as maneiras de viver, aquela que promete uma felicidade completa é a vida política na qual se possa cultivar a virtude e a amizade. A virtude é a disposição racional para escolher, em cada situação, uma ação que evite o excesso e a falta, em outras palavras, uma ação justa que não nos sobreponha aos outros e não nos faça omissos ou indiferentes. Aristóteles percebe, no cerne da ética e da política, a necessidade de superar o individualismo e o amor próprio. Aqueles que se realizam na vida política desejam o interesse comum como uma maneira de conquistar sua própria felicidade. Desse modo, procurando ser feliz, o homem acaba lutando pela felicidade de seus amigos, de sua família e de todas as pessoas que fazem parte da sua comunidade. Com base na ideia de que a política deve salvaguardar o interesse comum e a felicidade coletiva, Aristóteles analisa os regimes políticos e suas formas de corrupção. A princípio, o interesse comum é preservado na monarquia, em que uma única pessoa governa; na aristocracia, em que os melhores governam; e na república, em que a maioria governa. Nas formas corrompidas desses regimes – a saber, na tirania, na oligarquia e na democracia –, os governantes só se preocupam com seus interesses pessoais ou com os interesses de determinados grupos e ignoram o interesse comum. Leis injustas e desigualdades sociais facilitam a corrupção dos regimes. Para evitá-las, Aristóteles defende uma educação que aproxime a felicidade da virtude e da amizade.

2.2 A obra de Aristóteles

Numa série de textos, Aristóteles reconhece ter elaborado alguns discursos ou tratados para instigar a reflexão e o debate entre seus alunos, e outros, que ele chamou de exotéricos (*exoterikoi lógoi*), com o intuito de divulgar suas ideias para pessoas que não frequentavam sua escola. Por muito tempo, ele foi admirado por leigos e filósofos que conheciam tão somente esses discursos exotéricos. Coube

---

1   Nota do autor: seguirei as traduções de *Ética Nicomaqueia* e *Política* indicadas na bibliografia, respectivamente: *Ética a Nicômacos*. Trad. Mário da Gama Cury. Brasília: UnB, 2001; *Política*. Trad. Mário da Gama Cury. Brasília: UnB, 1985. Quando considerar relevante, modificarei essas versões valendo-me das edições bilíngues publicadas pela Harvard University Press. Citarei determinadas passagens fazendo referência ao livro, capítulo, página, coluna e linha, conforme a numeração adotada por Immanuel Bekker no *Corpus Aristotelicum*. Alguns conceitos serão transliterados para o alfabeto romano tendo como perspectiva as normas estabelecidas pela Sociedade Brasileira de Estudos Clássicos (SBEC), *Revista Clássica*, p. 298-299, 2006.

a um discípulo tardio, Andrônico de Rodes, resgatar a importância de toda a sua obra. Há fortes indícios de que esse mesmo discípulo tenha determinado os títulos da maior parte de seus livros.

Em meados do século XIX, sob a coordenação do filólogo Immanuel Bekker, a Academia de Ciências da Prússia organizou o *Corpus Aristotelicum*, com todos os escritos do filósofo e da sua escola conhecidos até aquele momento. Desses, alguns foram redigidos por Aristóteles, outros foram ditados por ele e ainda há os registrados por anônimos após sua morte.

Os livros do *Corpus Aristotelicum* que tratam direta ou indiretamente dos temas éticos e políticos são: *Protréptico*; *Ética Nicomaqueia* (ou *Ética a Nicômacos*); *Ética Eudêmia* (ou *Ética a Eudêmio*); a *Magna Moralia* (ou *Grande Moral*); *Sobre as virtudes e os vícios*; *Política* (ou *Políticos*); *A Constituição de Atenas* e *Econômicos*. Ao que tudo indica, a *Magna Moralia*, o *Sobre as virtudes e os vícios* e os *Econômicos* não foram redigidos nem ditados pelo filósofo. A ética e a política, como o próprio Aristóteles assevera,[2] estavam presentes em seus textos exotéricos, mas, dentre suas obras que hoje conhecemos e que discorrem sobre esses temas, apenas o *Protréptico* e a *Constituição de Atenas* têm essa estrutura. Mesmo discutindo outros assuntos, a *Metafísica*, o *De Anima* e a *Retórica* aproximam-se desses temas ao analisarem as motivações do comportamento humano. As principais questões, argumentos e conceitos da ética e da política aristotélicas, os quais pretendo apresentar neste texto, encontram-se em quatro conjuntos de tratados que foram preparados para seus alunos: *Ética Nicomaqueia*, *Ética Eudêmia*, *Retórica* e *Política*.

No fim da *Ética Nicomaqueia*, Aristóteles sustenta que uma filosofia que concerne às coisas humanas só estaria completa com um estudo que lhe permitisse "distinguir o melhor tipo de regime ou constituição (*politeía*) e saber qual organização, leis (*nómois*) e costumes (*éthesi*) cada regime deve colocar em prática."[3] Não resta dúvida de que seus tratados relacionam os temas éticos aos temas políticos e, em vários aspectos, a *Política* é uma sequência da *Ética Nicomaqueia*. Para o filósofo, os preceitos que norteiam a ação moral também devem direcionar a decisão política. Essa tese não encontraria muitos defensores hoje em dia. Um dos livros que marcam a modernidade, *A fábula das abelhas: vícios privados, benefícios públicos*, do escritor e economista Bernard Mandeville,[4] parece sugerir um divórcio entre a ética e a política. Por certo, alguém pode ter as melhores virtudes morais e não ser um bom político. Esse economista, porém, defende uma ideia ainda mais desconcertante. Para ele, as decisões sempre têm uma motivação egoísta, e apenas casualmente se fazem benéficas aos outros. Nesse sentido, se

---

2   ARISTÓTELES. *Ética a Nicômacos*. Trad. Mario da Gama Cury. Brasília: UnB, 2001. I. 5. 1096a3.

3   ARISTÓTELES, 200⁻, X. 9. 1181b21-2.

4   MANDEVILLE, B. *La fábula de las abejas*: o los vícios privados hacen la prosperidade pública. Trad. José F. Mora. Madrid: Fundo de Cultura Económica, 1997.

todas as escolhas seguem interesses particulares, do ponto de vista social, pouco importa quais sejam as intenções ou os ideais que inspiram os governantes.[5]

Assumindo outra posição, Aristóteles acredita que o bem verdadeiro é o mesmo tanto para um indivíduo (*heîs*) como para uma cidade (*pólis*) e, "embora seja apreciável assegurá-lo para uma única pessoa, é mais nobre e divino assegurá-lo para um povo ou nação (*éthnei*) e para as cidades".[6] Não se trata de o indivíduo ignorar seus interesses ou sua própria felicidade, mas de procurar ser feliz com os outros. Aqui nos é apresentado um dos princípios fundamentais da ética e da política aristotélicas: *a necessidade de ensinar os cidadãos e os governantes a reconhecer e a desejar bens que possam ser compartilhados.*

2.3 Bens e maneiras de viver

Para que o discurso racional (*lógos*) e o ensino (*didakhé*) da política sejam eficazes, observa Aristóteles: "é preciso primeiro cultivar a alma do discípulo com certos costumes".[7] Comumente, agimos conforme paixões ou emoções (*páthe*) que nos fazem procurar o prazer (*hedoné*) e evitar a dor (*lýpe*). Os costumes registram na memória daquele que desejou as coisas boas e repudiou as ruins lembranças positivas e prazerosas, que oferecem uma alternativa à irreflexão passional. Aqueles que não foram educados desse modo "vivem segundo a paixão (*katà páthos*), sem escutar a razão".[8] Seguindo essa diretriz, Aristóteles oferece a seus alunos cursos sobre a ética antes de lhes ensinar a política.

No segundo livro da *Ética Nicomaqueia*, o adjetivo **ethikós** é definido como: "aquilo que resulta do costume".[9] Etimologicamente, *ethikós* diz respeito ao caráter ou maneira de ser habitual (*êthos*), com a vogal longa **eta** transliterada aqui por **e**, e não ao costume ou comportamento (*éthos*), que leva acento na vogal breve épsilon, **é**.[10] Nas primeiras páginas do mesmo livro, Aristóteles afirma querer investigar "algo que concerne à política ou cidadania (*politiké*)".[11] Trata-se, portanto, de uma ética com fins políticos ou, mais especificamente, de um estudo sobre os

---

5   Na interpretação de Renato Janine Ribeiro, o objetivo de Mandeville é mostrar "como ações que visam a um fim, este não político, mas privado, econômico, interesseiro, egoísta, podem ser canalizadas de modo a produzir indiretamente fins que, do ponto de vista social, sejam positivos". (RIBEIRO, R. As duas éticas ou a ação possível. In: ___. *A sociedade contra o social*: o alto custo da vida pública no Brasil. São Paulo: Companhia das Letras, 2000. p. 197.)

6   ARISTÓTELES, 2001, I. 2. 1094b9-10.

7   ARISTÓTELES, 2001, X. 9. 1179b24-25.

8   ARISTÓTELES, 2001, X. 9. 1179b27-28.

9   ARISTÓTELES, 2001, II. 1. 1103a17.

10 Para Miguel Spinelli: "A diferenciação entre *éthos* e *éthos* se deu bem cedo no contexto da cultura grega. O *éthos*, grafado com eta, remonta a Homero, e o *éthos*, com epsílon, a Ésquilo, o fundador da tragédia grega". (SPINELLI, M. Sobre as diferenças entre éthos com epsílon e êthos com eta. *Revista Trans/form/Ação*, v. 32 (2), p. 9, 2009.)

11 ARISTÓTELES, 2001, I. 2. 1094b11.

Capítulo 2 » **A felicidade na ética e na política de Aristóteles** » **25**

costumes que devem preparar o homem bom (*anér agathós*), o cidadão honesto (*polítes spoudaíos*), o estadista (*politikós*) e o governante (*árkhon*) prudentes
(*phrónimoi*). Essas maneiras de ser não nascem com as pessoas. Por isso, defende
Aristóteles, cabe à educação formar o caráter dos jovens.[12]

A ética aristotélica inicia discorrendo sobre os bens que os homens procuram
em suas vidas: "Toda arte (*tékhne*) e toda investigação (*méthodos*), como também
toda ação (*prâxis*) e toda escolha deliberada (*prohairesis*),[13] têm em mira um bem
qualquer; por isso se falou belamente que o bem é aquilo a que tudo tende".[14]
De lugar em lugar e de tempos em tempos, as pessoas almejam fins e coisas diferentes; para fulano, o bem é um, para beltrano, outro, e assim sucessivamente.
Todavia, parece haver no homem o ímpeto de procurar o bem para o qual todos
tendem naturalmente. Nesses termos, temos e não temos escolha, pois das tantas
coisas que se pode querer, somente o bem verdadeiro e soberano (*téleion agathòn*) é capaz de cessar a procura: "segue-se que o objeto desejado por quem não
faz a escolha correta não é objeto do querer (*bouletòn*)".[15]

Muitos se perdem nesse caminho, lamenta Aristóteles, porque querem tudo
que lhes promete prazer.[16] Pode-se cogitar que, vivendo dessa maneira, dificilmente as pessoas entrariam num acordo sobre o que seja o bem do homem.
Nessa questão, o filósofo parece retomar o debate entre Protágoras, para quem
não há outro critério (*kritérion*) ou medida (*métron*) senão o que aparece a cada
um, e Platão, que acredita na existência de uma medida para além do humano.
Aristóteles vislumbra outra perspectiva: "para o homem honesto (*spoudaíoi*), o
objeto do querer é o bem segundo a verdade (*kat'alétheian*); para o indolente
(*phaúloi*), o aleatório (*tò tykhón*)".[17]

De qualquer modo, adverte Aristóteles, são raros os homens que fazem dos
seus atos a imagem do bem verdadeiro. Afora as diferenças entre o que parece
ser o bem a cada pessoa, existem vários e diferentes fins conforme a arte e a ciência praticadas. Para o médico, a saúde é o objetivo (*télos*) a ser alcançado; para o

---

12 ARISTÓTELES. *Política*. Trad. Mário da Gama Cury. Brasília: UnB, 1985. III. 2. 1276b16-1277b32; ARISTÓTELES,
    2001, II. 1. 1103a18-20. Num ensaio sobre a amizade, Olgária Matos faz outra análise dessa passagem: "*Ethos*
    será entendido segundo uma aproximação entre caráter e hábito, é o costume que desenvolve um caráter,
    pois realizamos nossa excelência e virtude (*areté*) praticando ações virtuosas, indissociáveis da busca do
    prazer e da fuga à dor." (MATOS, O. Ethos e a amizade. *Discretas esperanças*: reflexões filosóficas sobre o
    mundo contemporâneo. São Paulo: Nova Alexandria, 2006, p. 148.)

13 As palavras gregas *haíresis* e *prohairesis* traduzem, igualmente, escolha. No entanto, como elucida Marco
    Zingano, "o *pró* de *prohairesis* designa o escolher A *de preferência a* B ou C ou D". (ZINGANO. M. Deliberação
    e indeterminação em Aristóteles. In: ___. *Estudos de ética antiga*. São Paulo: Discurso Editorial, 2007. p.
    275). Por essa razão, seguindo Zingano, verterei *haíresis* por escolha e *prohairesis* por escolha deliberada.

14 ARISTÓTELES, 2001, I. 1. 1094a1-3. Na sequência do texto, Aristóteles confirma essa posição: "para as coisas
    que fazemos existe algum fim que desejamos por ele mesmo e tudo o mais é desejado no interesse desse
    fim". (ARISTÓTELES, 2001, I. 1. 1094a18-19). No final da obra, cita o autor que inspira essa ideia: "Eudoxo
    pensava que o prazer é o bem porque via todos os seres, tanto racionais como irracionais, tender para ele".
    (ARISTÓTELES, 2001, X. 2. 1172b9-11).

15 ARISTÓTELES, 2001, III. 4. 1113a17-18.

16 ARISTÓTELES, 2001, III. 4. 1113a34.

17 ARISTÓTELES, 2001, III. 4. 1113a25-26.

construtor naval, o barco; para o estrategista, a vitória; para o economista, a rique-za.[18] Certos artistas consideram o produto de suas atividades um bem e imaginam que ele seja mais importante que os demais. Entretanto, se há um bem para o qual todos os homens tendem naturalmente, outros bens que também merecem ser desejados, como a saúde e a riqueza, devem ser desejados por causa dele, pois o bem verdadeiro deve ser desejado por si mesmo e não por outra razão. Uma vez que o homem honesto sabe o que quer, "o verdadeiro (*alethés*) em cada coisa",[19] mesmo que ele seja um médico ou um economista, esse homem poderá perseguir os respectivos fins dessas ciências sem descuidar da verdade.[20] Vale ressaltar que nenhuma dessas ciências investiga o bem em si mesmo. Somente a política, por ser uma ciência arquitetônica, "legisla sobre o que é preciso fazer e o que é certo evitar e envolve com o seu próprio fim os das outras ciências, a ponto dele se tornar o bem humano".[21] O bem soberano é o fim da política, e a formação do caráter das pessoas, que é um dos objetivos da ética, também está inserida em sua arquitetura.

Logo no início da sua exposição sobre a ciência política, Aristóteles reconhece que ela não tem a mesma exatidão (*akribés*) das outras ciências, pois as ações belas e justas que ela investiga admitem grande variedade e flutuação de opiniões. E mais: ao contrário do que poderíamos supor, bens como a riqueza e a cora-gem podem provocar a ruína das pessoas.[22] No sétimo livro da *Ética Nicomaqueia*, Aristóteles apresenta o método que ele julga adequado a essa ciência: "passare-mos em revista os fatos tal como eles aparecem (*tà phainómena*), e após discutir as dificuldades, tentaremos provar o melhor possível a validade de todas as opi-niões reputáveis (*tà éndoxa*)".[23]

Sobre o bem maior, tanto os homens mais humildes quanto os de fina estirpe concordam em chamá-lo de felicidade (*eudaimonía*), "e entendem que viver bem e agir bem é o mesmo que ser feliz".[24] Nos costumes e nas opiniões, Aristóteles

---

18 ARISTÓTELES, 2001, I. 1. 1094a6-9.

19 ARISTÓTELES, 2001, III. 4. 1113a32.

20 A tese de que todas as pessoas tendem para o mesmo bem não implica que este exclua tudo o mais que seja bom. É o que explica Zingano: "Este bem é (formalmente) único, mas ao mesmo tempo (materialmente) múltiplo." (ZINGANO, M. Eudaimonia e bem supremo em Aristóteles. In: ___. *Estudos de ética antiga*. São Paulo: Discurso Editorial, 2007. p. 103).

21 ARISTÓTELES, 2001, III. 4. 1113a32.

22 ARISTÓTELES, 2001, I. 3. 1094b14-19.

23 ARISTÓTELES, 2001, VII. 1. 1145b3-5. Como outros temas que surgem da obra de Aristóteles, há uma vasta bibliografia sobre as ciências e os métodos deste autor; especificamente, sobre o método endoxal, que se baseia nas opiniões reputáveis, indico dois textos: "Como justificar proposições éticas: o método de Aristóteles", de KRAUT, R. *Aristóteles*: a ética a Nicômaco. Trad. A. Storck. Porto Alegre: Artmed, 2009, e "Aristóteles e os métodos da ética", de Jonathan Barnes, que figura no livro de ZINGANO, M. (Org.). *Sobre a ética nicomaqueia de Aristóteles*. Trad. P. Ferreira et. al. São Paulo: Odysseus, 2010.

24 ARISTÓTELES, 2001, I. 3. 1095a19-22. A palavra *eudaimonía* teve um uso popular na Grécia Antiga, como analisa David Ross: "Aristóteles aceita do 'vulgo' o ponto de vista segundo o qual o fim é a *euda-monía*. Originariamente, o adjetivo correspondente significava 'velado por um bom gênio', mas, no grego comum, a palavra designa simplesmente a sorte, muitas vezes com referência especial à prosperidade exterior." (ROSS, D. *Aristóteles*. Trad. L. Teixeira. Lisboa: Publicações Dom Quixote, 1987. p. 196). Na *Ética Nicomaqueia*, a *eudaimonía* depende muito mais do esforço ou da seriedade (*spoudé*) do que da prosperi-dade (ARISTÓTELES, 2001. X. 6. 1177a2-3).

Capítulo 2 » **A felicidade na ética e na política de Aristóteles** » **27**

identifica três maneiras de viver principais: a vida voltada para os prazeres e divertimentos (*bíos apolaustikós*), a vida política (*bíos politikós*) e a vida contemplativa (*bíos theoretikós*). Algumas pessoas, especialmente, as grosseiras e servis, preferem a primeira maneira de viver e supõem que o bem e a felicidade encontram-se nos passatempos (*diagogai*). Essa opinião é pautada pelos costumes dos homens de dinheiro e de poder que gastam seu tempo com essas coisas. Pessoas mais sofisticadas e ativas, sobretudo as que se dedicam à política, elegem a honra (*timé*) como o objetivo das suas existências; mas esse bem é superficial, "visto depender mais de quem o confere do que de quem o recebe, enquanto que o bem nos parece ser algo próprio de um homem e que dificilmente lhe poderia ser arrebatado".[25] Normalmente, quem só se preocupa com sua honra deseja o reconhecimento daqueles que o conhecem a fim de convencer a si mesmo de que é bom e virtuoso. Talvez, então, indaga o filósofo, a finalidade da vida política seja adquirir determinadas virtudes. Contudo, isso não é o suficiente para alguém ser feliz, pois uma pessoa que seja senhora de muitas virtudes pode passar a vida sem praticá-las.

Na tentativa de superar essas dificuldades, Aristóteles identifica a atividade que seria propriamente humana. Todos os seres vivos podem exercer uma série de funções, no entanto, "a função do homem (*érgon anthrópou*) é uma atividade da alma (*psykhês enérgeia*) segundo a razão (*katà lógon*), ou que não ocorre sem razão".[26] Com essa tese, o filósofo apresenta uma definição que dialoga com as opiniões reputáveis: "O bem humano (*anthrópinon agathòn*) é uma atividade da alma segundo a virtude (*kat' aretén*), e se houverem várias virtudes, segundo a melhor (*katà tèn arísten*) e mais perfeita (*teleiotáten*)."[27]

Ao contrário do que Platão ensinava na sua Academia, o bem e a felicidade que Aristóteles procura podem e devem ser alcançados nesta vida.[28] É feliz aquele que leva uma existência cujo fim não é o prazer ou a honra, mas o pleno exercício das suas virtudes. Essa maneira de viver é prazerosa por si mesma,[29] e é digna de elogios e honras.[30] O bem que realiza essa felicidade preenche duas condições: ele

---

25 ARISTÓTELES, 2001, I. 3. 1095b24-26.

26 ARISTÓTELES, 2001, I. 7. 1098a7-8. Alguns intérpretes entendem que essa ideia sobre o próprio do homem funcione como um princípio teleológico de ordem metafísica ou naturalista, enquanto outros defendem que, fiel ao método endoxal, Aristóteles tenha lhe conferido o estatuto de uma simples opinião. A respeito dessa questão, o leitor pode contar com o ensaio de Pierre Destrée: "Como demonstrar o próprio do homem?", que se encontra no livro *Sobre a Ética Nicomaqueia de Aristóteles* (ZINGANO, 2010).

27 ARISTÓTELES, 2001, I. 7. 1098a16-18.

28 ARISTÓTELES, 2001, I. 6. 1096b34. Devemos a Aristoxeno de Tarento, músico e filósofo discípulo de Aristóteles, o relato sobre a decepção dos alunos que ouviram Platão falar sobre o bem: "Cada um, com efeito, ia (até a sua escola) acreditando que aprenderia alguma coisa sobre o que são considerados os bens humanos, como riqueza, saúde, força física, de maneira geral, alguma felicidade extraordinária; mas quando ficou claro que os discursos de Platão versavam sobre as matemáticas, isto é, sobre os Números, sobre a Geometria e sobre a Astronomia e, enfim, que o Bem é o Um, então isso lhes pareceu, eu penso, alguma coisa inteiramente estranha; por isso, uns desprezaram o tema, outros o censuraram." Aristoxeno, *Elementa Harmonica*, 39.8-40.4, citado por Destrée em *Sobre a Ética Nicomaqueia de Aristóteles* (ZINGANO, 2010, p. 390, n. 21).

29 ARISTÓTELES, 2001, I. 8. 1099a16,

30 ARISTÓTELES, 2001, I. 12. 1101b32-33.

é final ou perfeito (*téleios*), porque é a razão última da sua procura, e é autossuficiente (*autárkes*), pois com ele a pessoa não precisará de mais nada para ser feliz.[31] Permaneceria infeliz e entediada a pessoa que, numa sequência de insucessos, só se deparasse com bens aparentes que a remetessem a outros bens aparentes; "se assim fosse, avançaríamos ao infinito, posto que o desejo seria vão e vazio".[32]

De qualquer forma, esse homem virtuoso pouco pode fazer contra as dores ou angústias (*lðpai*) provocadas pelas vicissitudes do corpo (*sôma*) e da fortuna (*týkhe*): "a pessoa mais próspera pode ser vítima de grandes calamidades na velhice, como se conta de Príamo nos poemas troianos, e ninguém considera feliz quem sofreu tais infortúnios (*týkhais*) e terminou miseravelmente (*athlíos*)".[33] Apesar dos pesares, conclui Aristóteles, um homem bem-aventurado (*makários*), bom (*agathós*) e sensato (*énphron*) não se faz de sofredor ou miserável (*áthlios*) e suporta decentemente (*euskhemónos*) sua fortuna.[34]

Somente no fim da *Ética Nicomaqueia*, Aristóteles analisa a terceira maneira de viver que ele já anunciara muito antes: a dos sábios que se dedicam à contemplação da verdade (*theoría*). Estes praticam a virtude que o filósofo afirma ser uma atividade divina (*theoû enérgeia*) que se diferencia das outras virtudes pela beatitude ou bem-aventurança (*makaría*). Além disso, a contemplação é uma atividade prazerosa para aqueles que enxergam a verdade.[35] E como se não bastasse, essa virtude intelectual (*aretè dianoetiké*) é mais autossuficiente do que qualquer virtude moral (*aretè ethiké*),

> [...] pois o homem justo (*díkaios*) precisa ter com quem e para quem agir justamente, e o temperante (*sóphron*), o corajoso (*andreîos*) e cada um daqueles que se encontram na mesma situação; mas o sábio (*sophòs*), mesmo estando consigo mesmo, pode contemplar (*theoreîn*).[36]

Isso não significa que o sábio seja feliz sozinho. Ao contrário dos animais irracionais e dos deuses, "o ser humano nasceu para a política".[37] Numa comunidade

---

31 ARISTÓTELES, 2001, I. 7. 1097a33-b15.
32 ARISTÓTELES, 2001, I. 1. 1094a20-21.
33 ARISTÓTELES, 2001, I. 9. 1100a6-9.
34 ARISTÓTELES, 2001, I. 10. 1100b33-1101a5.
35 ARISTÓTELES, 2001, X. 7. 1177a26-27.
36 ARISTÓTELES, 2001, X. 7. 1177a30-33. Muitos estudiosos interpretam esse entrecho como se apenas a contemplação fosse uma virtude perfeita e completa. Nesses termos, as virtudes morais não fariam ninguém feliz, ou, pelo menos, não tanto quanto a contemplação. Sobre esse problema, indico o texto de Zingano: "Eudaimonia e contemplação na ética aristotélica", presente na coletânea *Estudos de ética antiga* (2007).
37 ARISTÓTELES, 2001, I. 7. 1097b11; IX. 9. 1169b18.

ou coletividade (*koinonía*), sob o impacto da justiça (*díke*), que é uma virtude social, nos diferenciamos de uns e de outros e conhecemos a nós mesmos.[38]

2.4 Virtude e prudência

Alguns parágrafos antes de terminar o primeiro livro da *Ética Nicomaqueia*, que trata sobre "O que é bom para o homem", Aristóteles apresenta o tema que o ocupará até o fim dessa obra:

> [...] dado que a felicidade é certa atividade da alma segundo a virtude perfeita, deve-se investigá-la, pois assim, presumivelmente, teremos uma visão melhor da felicidade. Ao que parece, o verdadeiro estadista também se preocupa especialmente com ela, posto que ele pretende tornar os cidadãos bons e obedientes à lei.[39]

O segundo livro da *Ética Nicomaqueia* apresenta uma ampla definição da virtude moral; o terceiro e o quarto analisam algumas virtudes particulares; o quinto trata da justiça, uma virtude fundamental para a vida política; o sexto discorre sobre determinadas virtudes intelectuais, entre elas, a prudência (*phrónesis*); o sétimo discute a incontinência, a perversidade e outros caráteres que se opõem à virtude; o oitavo e o nono investigam a amizade (*philía*), que é uma virtude ou é algo acompanhado pela virtude e o décimo retoma a investigação sobre a felicidade e a virtude perfeita.

Faz parte da natureza humana a possibilidade de apreender e de aperfeiçoar as virtudes mediante costumes e comportamentos. Sem essa capacidade (*dýnamis*), certamente não conseguiríamos agir bem. Entretanto, como ocorre na aprendizagem das artes, "aprendemos fazendo, assim como alguns homens se tornam construtores construindo casas e os citaristas tocando cítara; praticando atos justos, nos tornamos justos".[40] Salvo engano, Aristóteles sugere que alguém pode conhecer a virtude em teoria e, no dia a dia, agir de outro modo.[41] Não é difícil imaginar exemplos e situações que refletem essa ideia: quando um pai procura ensinar

---

38 ARISTÓTELES, 1985, I. 2. 1253a37. Num livro dedicado ao tema da felicidade, Franklin Leopoldo e Silva faz uma síntese dessas ideias: "Aristóteles acredita que o maior desígnio da vida coletiva é proporcionar aos indivíduos a condição de realizar a identidade: cultivar a razão, se possível até os limites da contemplação da Verdade absoluta. O que leva a um estado de felicidade que pode, até mesmo, aproximar o humano do divino." (SILVA, F. *Felicidade* – dos filósofos pré-socráticos aos contemporâneos. São Paulo: Claridade, 2007. p. 31).

39 ARISTÓTELES, 2001, I. 13. 1102a5-10.

40 ARISTÓTELES, 2001, II. 1. 1103a33-b1.

41 Para Myles Burnyeat, a ética aristotélica é uma resposta ao intelectualismo da doutrina socrática, que considera a razão e o conhecimento suficientes para formar pessoas virtuosas. Atento ao iminente fracasso dessa educação: "Aristóteles reage enfatizando a importância dos princípios e do desenvolvimento gradual de bons hábitos e sentimentos." (BURNYEAT, M. Aprender a ser bom segundo Aristóteles. In: ZINGANO, M. (Org.). *Sobre a ética nicomaqueia de Aristóteles*. Trad. P. Ferreira et. al. São Paulo: Odysseus, 2010. p. 156).

o filho a ser uma pessoa sincera, mas não esconde que trapaceia seus colegas de trabalho, ou quando um professor enaltece a dedicação dos seus alunos, mas suas aulas deixam claro seu apego à preguiça, nesses casos, a teoria permanece na contramão da prática. Avesso a todo tipo de mal-entendido, Aristóteles delimita o campo da sua investigação: "não nos preparamos para saber o que é a virtude, mas para nos tornarmos bons".[42] Se quisessem de fato oferecer uma boa educação, aquele pai e aquele professor deveriam agir tal como eles pensam e dizem ser o certo. Desse ponto de vista, nada impede que os comportamentos de homens humildes e que andam de pés descalços, como Sócrates, possam ensinar mais sobre as virtudes do que os gestos e as palavras refinadas das pessoas cultas e abastadas.

Do mesmo modo que os hábitos de um construtor ou de um citarista moldam suas mãos, dedos e unhas, os comportamentos de uma pessoa acostumada a enfrentar seus medos e desejos marcam sua maneira de ser (*êthos*) e sua disposição (*héxis*) para lidar com as pessoas e com as adversidades da vida. A certa altura da *Ética Nicomaqueia*, Aristóteles cita o poeta Eveno de Paros, cujos versos sustentam que o hábito exercitado ao longo do tempo "acaba sendo uma natureza para os homens".[43] Para quem pretenda criar uma disposição para a ação virtuosa, "acostumar-se a isso ou aquilo desde jovem não é de somenos importância, ao contrário, faz muita diferença, ou melhor, faz toda a diferença".[44]

A comparação entre a aprendizagem das artes e o ensino das virtudes admite outros desenlaces. Uma pessoa pode entender as proporções de uma construção ou a harmonia de uma música sem ser capaz de produzir nada de semelhante. Certas habilidades exigem horas e horas de prática. Aumenta o encanto quando aqueles que as realizam fazem parecer simples e natural o que lhes demandou tempo e esforço. Por vezes, pessoas talentosas se aproximam da perfeição sem conhecerem os critérios que regem as artes que praticam, porém, enfatiza Aristóteles, os jovens precisam de algo que lhes sirva de norte para suas ações.

Como o muito ou o pouco exercício físico desfazem a robustez e a quantidade indevida de alimentos e bebidas prejudica a saúde, as virtudes são destruídas quando não se respeita uma medida. Nesse sentido, "quem teme ou foge de tudo e nada suporta, torna-se covarde, e quem em geral nada teme, mas tudo enfrenta, torna-se temerário".[45] As disposições virtuosas se corrompem quando ocorre o excesso (*hyperpolé*) ou a falta (*éndeia*). Seguindo essa pista, Aristóteles cogita que entre ambos exista um meio termo (*méson*), ou seja, uma mediedade ou mediania

---

42   ARISTÓTELES, 2001, II. 2. 1103b27-28. Nessa mesma perspectiva, assegura Aristóteles: "o fim da política não é o conhecimento (*gnôsis*), mas a ação (*práxis*)". (ARISTÓTELES, 2001, I. 3. 1095a5-6).

43   ARISTÓTELES, 2001, VII. 10. 1152a33.

44   ARISTÓTELES, 2001, II. 1. 1103b23-25.

45   ARISTÓTELES, 2001, II. 2. 1104a20-22.

Capítulo 2 » **A felicidade na ética e na política de Aristóteles** » **31**

(*mesótes*) nas emoções (*páthe*) e nas ações (*práxeis*), tal qual a reta razão (*orthòs lógos*) a delimite.[46]

Não é uma tarefa simples determinar a mediedade nas emoções e nas ações. Como os que praticam a medicina ou a navegação, afirma Aristóteles: "aqueles que agem devem sempre considerar o momento oportuno (*tòn kairón*)".[47] Existe o meio termo de uma situação ou de uma coisa (*prâgma*) e existe o meio-termo relativo a nós (*pròs hemâs*). No primeiro caso, sejam quais forem as pessoas envolvidas na ação, o meio-termo será o mesmo, "por exemplo, se dez é muito e dois é pouco, toma-se o seis como meio termo da coisa, pois ultrapassa e é ultrapassado de modo igual; este meio termo ocorre segundo a proporção aritmética".[48] No entanto, dependendo do momento e das características das pessoas, o meio-termo pode variar:

> [...] com efeito, se a alguém comer dez minas de peso é muito e duas é pouco, não é verdade que o treinador prescreverá seis minas, pois talvez esse tanto seja pouco ou muito para quem as receba, para Mílon será pouco, para o principiante nos exercícios será muito.[49]

Provavelmente, inspirado na medicina hipocrática, que foi pioneira ao receitar dosagens diferentes de remédio conforme a idade, o peso, e as condições de cada paciente, Aristóteles reconhece as diferenças pessoais em sua teoria da mediedade. Não sendo possível utilizar a proporção aritmética no meio-termo de todas as ações, sua teoria esbarra no relativismo. Mais uma vez, o filósofo enfrenta o dito de Protágoras, segundo o qual o homem é a medida de todas as coisas.

Há muitas interpretações sobre o relativismo desse meio-termo relativo a nós.[50] Na falta de melhor alternativa, os especialistas tentam extrair princípios e ideias do exemplo sugerido por Aristóteles. Pois bem, assim como o montante de alimentos de um lutador do tamanho de Mílon não deve ser igual ao de um principiante, talvez seja lícito inferir que exista um meio-termo para cada pessoa, e que uma ação específica possa ser virtuosa para uns e viciosa para outros. Por essa interpretação, teríamos um relativismo radical. Entrementes, pode-se entender que o relativo a nós se refere à humanidade em geral e que qualquer homem nas condições desse ou daquele esportista comeria o mesmo tanto. Também seria

---

46 ARISTÓTELES, 2001, II. 2. 1103b32; VI. 1. 1138b20.

47 ARISTÓTELES, 2001, II. 2. 1104a8-9.

48 ARISTÓTELES, 2001, II. 5. 1106a32-35.

49 ARISTÓTELES, 2001, II. 5. 1106a35-b4.

50 Para o desenvolvimento dessa questão, indico ao leitor o artigo "O meio relativo a *nós* em Aristóteles", de João Hobbus, que oferece um bom panorama do debate que se travou sobre as possíveis interpretações da mediedade. Esse artigo foi publicado em 2007 pela *Ética – Revista Internacional de Filosofia Moral*, volume 6.

admissível pressupor uma relação entre o que é oferecido a Mílon e o que é oferecido ao principiante, cabendo ao treinador dar a todos os lutadores uma porção equivalente. Desse modo, ainda que a quantidade de alimentos varie, seja por causa da altura, seja por causa do peso dos atletas, a medida será proporcionalmente a mesma. Esses argumentos bastam para negar qualquer aproximação entre essa mediedade e o malfamado relativismo de Protágoras. Enfim, a virtude não varia arbitrariamente de pessoa a pessoa. Além disso, somente um homem prudente e de ciência tem condições de escolher o meio-termo relativo a nós.

Enganam-se aqueles que advogam a necessidade de se separar a virtude de toda e qualquer forma de emoção. Para ser virtuoso, um homem não precisa se tornar impassível (*apathés*). A virtude reflete uma disposição ou um modo de se portar frente às ações, emoções, prazeres e dores. Nesse sentido, "é temperante quem se abstém dos prazeres corporais e se alegra por esse mesmo motivo, ao passo que quem se apoquenta com isso é intemperante".[51] De qualquer forma, alerta Aristóteles, "por causa do prazer fazemos coisas vis e por causa da dor nos abstemos das ações belas".[52] Por essa razão, as pessoas devem ser educadas desde jovens para procurarem a mediedade em suas ações e sentirem prazer fazendo o que é certo.[53]

Após fazer essas reflexões, Aristóteles formula uma definição: "A virtude é, portanto, uma disposição para escolher por deliberação (*prohairetiké*), que consiste na mediedade relativa a nós, delimitada por uma razão, tal como o prudente (*phrónimos*) a delimitaria".[54] Por suposto, para ser um homem virtuoso, além de ter a disposição para escolher por deliberação, é necessário agir bem e pelas razões corretas.[55] Afinal, as pessoas podem se omitir mesmo sabendo o que escolher, ou podem fazer boas ações, mas por razões escusas, como o comerciante que devolve o troco correto para posar de honesto. Só conhece a felicidade e o prazer de ser virtuoso aquele que age preocupado, unicamente, em alcançar a mediedade, nada mais deve pautar suas escolhas.

Para a maior parte das emoções e das ações, há um meio-termo, por exemplo: "a respeito do dar e receber bens, a mediedade é a generosidade, o excesso e a

---

51 ARISTÓTELES, 2001, II. 2. 1104b5-7.

52 ARISTÓTELES, 2001, II. 2. 1104b9-11.

53 Para Dorothea Frede, pesquisadora da Universidade de Berkeley, uma das vantagens da concepção aristotélica do prazer é liberar as ações moralmente boas da suspeita de esconder um egoísmo hedonista: "Se ajudo alguém, segundo a explicação de Aristóteles, não o faço para obter, para mim, prazer pelo fato de estar ajudando, mas sim porque essa é a ação correta naquelas circunstâncias." (FREDE, D. Prazer e dor na ética aristotélica. In: KRAUT, R. (Org.). *Aristóteles*: a ética a Nicômaco. Trad. A. Storck. Porto Alegre: Artmed, 2009. p. 241).

54 ARISTÓTELES, 2001, II. 6. 1106b36-1107a2.

55 Em sua minuciosa análise da virtude moral, Lucas Angioni afirma: "Não há dúvida de que Aristóteles não consideraria como virtuoso um fulano que, embora sempre escolhesse atos virtuosos, pelas razões adequadas (isto é, por aceitar o valor moral intrínseco desses atos), jamais passasse à ação propriamente dita. A escolha moralmente correta é apenas condição necessária, mas não suficiente, para ser virtuoso". ANGIONI, L. Notas sobre a definição de virtude moral em Aristóteles (*EN* 1106b36-1107a2). *Journal of Ancient Philosophy*, São Paulo, v. III, issue 1, p. 3, 2009.

Capítulo 2 » **A felicidade na ética e na política de Aristóteles** » **33**

falta são o esbanjamento e a avareza".[56] Nem sempre existe um nome para determinado vício, como o daqueles que restringem demais seus prazeres. Às vezes, o vício é tão incomum que ninguém se dá ao trabalho de nomeá-lo. Mas certas emoções e ações não possuem mesmo uma mediedade, como a malevolência, a inveja, o adultério, o roubo e o assassinato. A respeito da sinceridade, o próprio Aristóteles estabelece os nomes, sendo veraz quem se encontra na mediedade; presunçoso quem vai ao excesso e dissimulado quem permanece em falta. Nada impede que se criem tantos nomes quantas forem as virtudes. O que não pode é a pessoa se refugiar no discurso, "agindo como os doentes que ouvem atentamente os médicos, mas não fazem o que lhes é prescrito".[57] Em suma, não se trata, apenas, de saber empregar os nomes das virtudes e dos vícios; para ser bom, é preciso ter a disposição de escolher por deliberação e agir tal como um homem prudente o faria.

Note-se que a prudência tem um papel de destaque na definição da virtude apresentada no segundo livro da *Ética Nicomaqueia*, mas ela só é analisada em detalhes no sexto livro dessa obra, depois de Aristóteles explicar todas as virtudes particulares. Aqui paira uma questão: Para um homem ser virtuoso, ele também precisa ser prudente ou basta agir tal como o prudente? As pessoas prudentes são capazes de deliberar sobre o que é bom (*agathós*) e interessante (*symphéron*) para elas e para o homem em geral, e assim como Péricles, "aqueles que administram bem suas casas (*oikonomikoùs*) e suas cidades (*politikoús*) possuem essas mesmas qualidades".[58] No terceiro livro da *Política*, ao investigar as qualidades necessárias a um bom cidadão, Aristóteles conclui que "a prudência é a única virtude específica de um governante".[59] Aqueles que não governam podem viver bem sem essa virtude. Até os grandes sábios, como Tales e Anaximandro, que conhecem coisas extraordinárias, admiráveis, difíceis e divinas, desconhecem o que lhes é interessante, "pois nem sequer se preocupam com os bens humanos".[60] Pode-se admitir, portanto, que alguém seja virtuoso e feliz, sem ser prudente ao deliberar sobre o que lhes seja interessante ou conveniente.

Na definição de Aristóteles: "a prudência é uma disposição que, acompanhada de uma razão determinada (*alethê metà lógou*), torna possível a ação na esfera do que é bom ou mau para os homens".[61] Sorrateiramente, o filósofo modifica a formulação outrora sustentada por Sócrates e Platão.[62] A prudência deixa de ser uma ação segundo a razão (*katà lógon*), como esses queriam, para ser uma disposição à ação acompanhada de uma razão (*metà lógou*). Parece que não, mas há

---

56 ARISTÓTELES, 2001, II. 7. 1107b8-10.
57 ARISTÓTELES, 2001, II. 3. 1105b14-16.
58 ARISTÓTELES, 2001, VI. 5. 1140b10-11.
59 ARISTÓTELES, 1985, III. 4. 1277b25-26.
60 ARISTÓTELES, 2001, VI. 7. 1141b8-9.
61 ARISTÓTELES, 2001, VI. 5. 1140b4-6; b20-21.
62 ARISTÓTELES, 2001, VI. 13. 1144b24-27.

34 » Filosofia Política

diferenças no significado dessas duas expressões. Ao afirmarem que a prudência é segundo a razão, aqueles filósofos pressupunham que a compreensão racional fosse suficiente para o aprendizado da virtude.[63] A razão não influencia as decisões dos que não têm disposição para a ação virtuosa. Por outro lado, quem possui essa disposição não precisa da razão para ser prudente, mas de razões determinadas que o acompanhem em sua escolha deliberada. Uma pessoa boa e sábia pode ter essa disposição sem ter a experiência (*empeiría*) e a habilidade (*deinótes*) necessárias à prática da prudência.[64] Só se torna prudente quem foi educado para ser bom e tem a astúcia (*panourgía*) de escolher o que é conveniente.[65]

Não à toa, Aristóteles dedica um livro à explicação dos dois principais caracteres que se contrapõem à prudência: a incontinência ou acrasia (*akrasía*) e a intemperança ou perversidade (*akolasía*). Faltaria força de vontade (*krátos*) para os acráticos resistirem aos seus desejos ou apetites (*epithymíes*) e correção ou limite (*kólasis*) nas decisões tomadas pelos perversos. Para uns e outros, não falta conhecimento (*epistéme*) do que, em cada situação, seria o certo fazer. Ao contrário do que Sócrates e Platão defendem, para Aristóteles, tanto os vícios da alma quanto os do corpo são voluntários (*ekoúsioi*), e quem os tem é responsável (*aítios*) pelo que faz.[66] No sentido inverso ao dos prudentes, por vezes, os acráticos e os perversos são habilidosos (*deinoí*) para conseguirem o que querem.[67] A maior diferença entre eles é que o acrático pode se arrepender (*metamélo*) e mudar de posição ou perspectiva (*mélo*), enquanto o perverso é incurável (*aníatos*), pois jamais se arrepende de coisa alguma.[68]

É importante frisar, outrossim, que diferente da sabedoria (*sophía*), a prudência não se refere às coisas divinas, mas às coisas humanas que são objetos de deliberação.[69] Se, por um lado, Aristóteles elogia a beatitude e a felicidade daqueles

---

63   Uma vez mais, sigo as análises de Zingano: "Para Sócrates e Platão, a razão comanda sem poder ser vasculejada pelas paixões; pode ser o caso que esteja ausente – para um, isso impede qualquer utilidade; para outro, isso afeta somente a dignidade – , mas, se estiver presente, não há como não se fazer ouvir." (ZINGANO, M. Agir *secundum rationem* ou *cum ratione*?. In: ____. *Estudos de ética antiga*, São Paulo: Discurso Editorial, 2007. p. 379-380).

64   ARISTÓTELES, 2001, VI. 7. 1141b14-19.

65   ARISTÓTELES, 2001, VI. 12. 1144a23-28.

66   ARISTÓTELES, 2001, III. 5. 1114a21-23.

67   ARISTÓTELES, 2001, VII. 10. 1152a9-10.

68   ARISTÓTELES, 2001, VII. 7. 1150a21-22.

69   ARISTÓTELES, 2001, VI. 7. 1141b8-9. Em seu livro sobre o desenvolvimento das ideias de Aristóteles, publicado em 1923, Werner Jaeger sustenta que, na *Ética Nicomaqueia*, a prudência deixa de estar atrelada à contemplação do que é eterno, como estava em Platão, para repousar em assuntos práticos e mundanos. Na evolução dos textos de Aristóteles, a ética se desviaria de uma culminação teológica, "encontrando um princípio próprio na prudência moral prática". (JAEGER, 1997, p. 452). Contra essa interpretação, num livro dedicado ao tema da prudência aristotélica, publicado em 1963, Pierre Aubenque compreende que Aristóteles não faz opção pela vida política em detrimento da vida contemplativa, como Jaeger sugere, mas concebe o desafio da existência na confluência dessas duas vidas: "guiado, sobretudo, pela sabedoria, ou seja, pela contemplação do divino distante, liberto de esperanças vãs, de ambições desmesuradas, voltado às tarefas reais, embora sempre guiado pelo horizonte transcendente, o homem é convidado a cumprir, no interior da sua condição mortal, o que ele sabe, no entanto, não poder cumprir como tal". (AUBENQUE, P. *A prudência em Aristóteles*. Trad. M. Lopes. São Paulo: Discurso Editorial, 2003. p. 276).

Capítulo 2 » **A felicidade na ética e na política de Aristóteles** » **35**

que contemplam as mais longínquas verdades, como Tales e Anaximandro, por outro, ele atrela a virtude moral às habilidades cultivadas na experiência cotidiana. No entanto, conclui o filósofo, "seria absurdo considerar a política ou a prudência como a mais excelente das ciências, se o homem não é o que há de melhor no universo".[70] Poder-se-ia pensar que os conhecimentos dos sábios são de pouca ou nenhuma valia para essa vida na qual nos interrogamos e deliberamos, não sobre o movimento regular dos astros e das estrelas, mas sobre nossas paixões e nossos desejos que oscilam ao vento dos acontecimentos. À imagem do divino, o homem é o autor de suas ações e, apesar das muitas desventuras, pode ser feliz como Príamo:

> [...] que age sempre da melhor maneira possível, em qualquer circunstância, do mesmo modo que um bom comandante organiza o mais eficazmente o exército de que dispõe para uma guerra e um bom sapateiro procura fazer o melhor calçado com o couro que possui.[71]

2.5 Justiça e amizade

Aristóteles reserva o quinto livro da *Ética Nicomaqueia* para a discussão sobre a justiça (*díke* ou *dikaiosýne*), tratado que ele repete no quarto livro da *Ética Eudêmia*. Além desse texto, a justiça figura como um dos temas centrais na análise dos regimes políticos que aparece no terceiro livro da *Política*. Antes de mais nada, é preciso destacar que a justiça é uma virtude fundamental para o exercício das demais virtudes, posto que somos justos quando retribuímos uma ação virtuosa com uma ação virtuosa semelhante. Porém, diferentemente das outras virtudes, que podem se manter como uma mera disposição do sujeito, só há justiça "enquanto se está em relação com o outro (*hêi pròs héteron*)".[72] A justiça é fundamental para a formação do caráter, pois, sendo justos com os que são virtuosos conosco, aprendemos a ser virtuosos. Por aí se compreende a proximidade entre a justiça e a amizade. Quanto mais nos tornamos amigos de uma pessoa, mais nos preocupamos em retribuir as ações virtuosas que ela possa nos dirigir. Torna-se um bom amigo aquele que aprende a ser virtuoso em suas relações. Curiosamente, entre grandes amigos, não existe nenhuma necessidade da justiça, uma vez que ela já faz parte dessas amizades.[73] Numa comunidade de amigos, a justiça surge como que naturalmente.

---

70 ARISTÓTELES, 2001, VI. 7. 1141a20-22.
71 ARISTÓTELES, 2001, I. 10. 1101a2-5.
72 ARISTÓTELES, 2001, V. 1. 1130a12-13.
73 ARISTÓTELES, 2001, VIII. 1. 1155a26-27.

36 » Filosofia Política

Como todas as virtudes, a justiça visa à mediedade, mas ela não tem como as demais um vício para a falta e outro para o excesso. Seu vício, a injustiça (*adikía*), ocupa os dois extremos.[74] A palavra **injusto** (*ádikos*) pode referir-se tanto ao que transgride a lei (*nómos*) quanto ao que é desigual (*ánisos*): "daí que o justo seja aquele que respeita a lei e a igualdade, e o injusto o que desrespeita a lei e a igualdade".[75] Essa definição parte do pressuposto de que a legislação (*nomothesía*) seja justa, em outras palavras: "que produza ou preserve a felicidade e os seus elementos para a comunidade política (*politikêi koinoníai*)".[76] Uma pessoa é totalmente injusta quando viola a lei como um todo e age contra a felicidade da sua comunidade. Além dessa injustiça completa ou total (*hólos*), há a injustiça específica ou particular (*méros*) daqueles que não respeitam a igualdade.

Com base nessa distinção, que parece ter escapado aos seus antecessores, Aristóteles faz uma análise detalhada da aplicação da justiça particular. Para o filósofo, dois tipos de proporção (*análogon*) funcionam como critério de igualdade: o geométrico, que fundamenta a justiça distributiva (*dianemetiké*), e o aritmético, que está na base da justiça corretiva ou comutativa (*diorthotiké*). A justiça distributiva segue a proporção geométrica ao tratar da "divisão das honras, dinheiro ou qualquer coisa compartilhada entre os membros de uma comunidade política".[77] Tal como os sócios de uma empresa que recebem lucros proporcionais às suas ações, o cidadão deve receber da sua comunidade a reputação e o dinheiro de acordo com seu mérito (*kat' axían*). Nesse caso, nem sempre cada cidadão terá direito a uma quantidade idêntica de bens.[78] A outra justiça particular, a corretiva, procura reparar alguma forma de injustiça. Diferente da distributiva, a justiça corretiva trata das transações privadas (*synallágmata*), ou seja, das transações entre os cidadãos, tanto em relações voluntárias, como a compra e a venda de bens ou o empréstimo de dinheiro, quanto nas involuntárias, como o homicídio, o furto, o adultério, o falso testemunho e outras formas de violência.[79] Nessas transações, "não importa que um homem bom tenha espoliado a um mau ou o contrário, ou que um homem bom ou mau tenha cometido um adultério: a lei observa apenas a natureza do dano e trata ambas as partes como iguais".[80]

Após apresentar as formas da justiça particular, Aristóteles faz um breve comentário sobre a reciprocidade (*antipeponthòs*), que para os pitagóricos e para

---

74 ARISTÓTELES, 2001, V. 5. 1133b32-1134a1.

75 ARISTÓTELES, 2001, V. 1. 1129a34-35.

76 ARISTÓTELES, 2001, V. 1. 1129b17-19.

77 ARISTÓTELES, 2001, V. 2. 1130b30-32.

78 ARISTÓTELES, 2001, V. 3. 1131a24-29. Na opinião de Ross, é preciso conhecer um pouco de história para compreender a importância desse modo de calcular a igualdade: "A teoria da justiça distributiva soa um tanto estranha aos nossos ouvidos. Não estamos habituados a considerar o Estado como um distribuidor de riqueza entre os cidadãos. Pensamos nele mais como um distribuidor de fardos sob a forma de impostos. No entanto, na Grécia, o cidadão considerava-se, tal como foi dito, mais como um acionista do Estado do que como um contribuinte." (ROSS, 1987, p. 216).

79 ARISTÓTELES, 2001, V. 3. 1131a4-9.

80 ARISTÓTELES, 2001, V. 4. 1132a2-5.

Capítulo 2 » **A felicidade na ética e na política de Aristóteles** » **37**

boa parte da população é a forma perfeita de justiça.[81] Para os que a defendem: "se um homem sofrer o que fez, a justiça será feita".[82] A princípio, a reciprocidade pode ter tanto a função corretiva quanto distributiva, porém, diferentemente das justiças particulares, ela toma como justa, apenas, a retribuição que seja exatamente igual. Às vezes, é melhor não aplicar essa forma de justiça: "se um magistrado (*arkhé*) infligiu um ferimento a outrem, não deve ser ferido em represália, mas se alguém feriu um magistrado, não apenas deve ser ferido como deve ser castigado".[83] Por outro lado, seria equivocado exigir a igualdade nas transações comerciais. Não seria justo, por exemplo, retribuir com a mesma quantidade de sapatos uma determinada quantidade de alimentos recebida.[84] Uma cidade que só utilizasse essa forma de justiça não cumpriria o papel de unir as pessoas. Na tentativa de solucionar essas dificuldades, Aristóteles sugere que "a reciprocidade deva fazer-se seguindo uma proporção (*kath' analogían*) e não visando uma igualdade (*kath' isóteta*), pois é pela reciprocidade proporcional que a cidade se mantém unida".[85]

Tanto a justiça política, que organiza as transações na cidade, quanto a justiça doméstica (*oikonomiké*), que estabelece as normas para aqueles que são da mesma família ou da mesma casa (*oikía*), têm a função de preservar as relações entre as pessoas.[86] Segundo Aristóteles, "a natureza não faz nada em vão".[87] Nascemos com a capacidade de nos comunicar e com a necessidade de viver em comunidade. Nas primeiras linhas da *Política*, Aristóteles define as comunidades como associações de pessoas que agem tendo em vista o que lhes parece ser um bem.[88] No terceiro livro dessa obra, ele insiste que a justiça deve ser o bem político, o interesse comum das pessoas que formam uma comunidade.[89] Dentre as formas de comunidades, a família é a mais natural, posto que "o homem não é um animal ensimesmado, mas nasceu para a associação com aqueles que são seus parentes naturais".[90] Nesses termos, "o homem não é somente um animal político, ele é também um animal familiar".[91] A administração doméstica (*oikonomía*)

---

81 ARISTÓTELES, 2001, V. 5. 1132b21-22.
82 ARISTÓTELES, 2001, V. 5. 1132b27.
83 ARISTÓTELES, 2001, V. 5. 1132b28-30.
84 ARISTÓTELES, 2001, V. 5. 1133a22-24.
85 ARISTÓTELES, 2001, V. 5. 1132b32-34.
86 Não há sociedade civil sem justiça: "A virtude da justiça (*dikaiosýne*) está na essência da política, pois a justiça (*díke*) instaura uma ordem na comunidade política e discrimina o que é o justo (*dikaíou*)." (ARISTÓTELES, 1985, I. 2. 1253a37-39). Sobre a importância dessa virtude na formação das comunidades, Francis Wolf afirma: "a justiça não é uma virtude entre outras, mas a virtude da comunidade, aquela que regula as relações entre os seus membros, graças à qual uma comunidade existe ou pode continuar existindo". (WOLF, F. *Aristóteles e a Política*. Trad. T. Stummer; L. Watanabe. São Paulo: Discurso Editorial, 1999. p. 41).
87 ARISTÓTELES, 1985, I. 2. 1253a10.
88 ARISTÓTELES, 1985 1. 1252a1-6.
89 ARISTÓTELES, 1985, III. 12. 1282b16-17.
90 ARISTÓTELES, 2001, VII. 10. 1242a25-26.
91 ARISTÓTELES, 2001, VII. 10. 1242a22-23.

38 » Filosofia Política

antecede a administração política (*politeía*) e a cidade é uma junção de famílias que se faz necessária à subsistência dos homens. Faz parte da natureza humana procurar uma autossuficiência (*autárkeia*) que somente essa forma de comunidade pode propiciar, mas Aristóteles vai além: "a cidade foi constituída para a sobrevivência, mas subsiste para o viver bem (*eû zên*)".[92] Quando se dá conta que não consegue sobreviver e, muito menos, ser feliz na solidão, o homem resolve se dedicar à sua família e à sua cidade.

Ao apontar para a importância da justiça na família, na cidade ou em qualquer outra comunidade, Aristóteles está também alertando para a necessidade da amizade: "uma associação tem a dimensão da amizade, como também da justiça que existe entre os que dela participam".[93] Numa passagem da *Ética Eudêmia*, ele chega a sustentar que "a justiça e a amizade são a mesma coisa, ou são quase a mesma coisa".[94] Não há relação de amizade sem justiça: "buscar como temos de nos comportar com o amigo é buscar uma certa justiça, pois, em geral, toda justiça está em relação com um amigo".[95] Ficamos sensíveis e atentos à justiça e à injustiça conforme o grau ou o tipo de amizade que cultivamos: "é pior negar dinheiro a um companheiro do que a um cidadão; é mais grave não socorrer a um irmão do que a um estranho; é mais chocante apunhalar seu pai do que a um outro qualquer".[96] Assim como a justiça, a amizade procura manter as pessoas unidas. Onde houver uma amizade, ali existirá alguma forma de justiça e de comunidade.[97] Ainda que tenha outros bens, como riqueza, reputação e poder, sem um amigo, ninguém desejaria viver.[98] Por isso mesmo, argumenta Aristóteles: "a tarefa da política consiste, sobretudo, em produzir amizade".[99]

Certamente, os tratados aristotélicos sobre a amizade – oitavo e nono livros da *Ética Nicomaqueia* e sétimo livro da *Ética Eudêmia* – estão entre os textos que mais influenciaram o pensamento ocidental. No início de um desses livros, o filósofo define a amizade como sendo "uma virtude ou algo acompanhado da virtude, além de ser o mais necessário para a vida".[100] Nas relações entre amigos que não prescindem do bem querer, a amizade é uma virtude, nas demais relações, a amizade é acompanhada de alguma virtude, pelo menos, da justiça. A amizade pode ocorrer tanto na relação amorosa entre pais e filhos como na relação passageira

---

92 ARISTÓTELES, 2001, I. 2. 1252b29-31). Em sua tradução da *Política*, Jules Tricot faz o seguinte comentário a esse parágrafo: "Não somente *ad vivendum* (para viver), mas *ad bene vivendum* (para viver bem), para a felicidade da existência. A expressão *tò eû zên* tem o sentido de *eudaimonía*." (ARISTÓTELES. *La politique*. Trad. J. Tricot. Paris: Vrin, 2005. p. 27. nota 4.)

93 ARISTÓTELES, 2001, VIII. 9. 1159b29-31.

94 ARISTÓTELES, 2001, VII. 1. 1234b30-31.

95 ARISTÓTELES, 2001, VII. 10. 1242a19-20.

96 ARISTÓTELES, 2001, VIII. 9. 1160a4-7.

97 ARISTÓTELES, 2001, VII. 10. 1242a27-28.

98 ARISTÓTELES, 2001, VIII. 1. 1155a5-8.

99 ARISTÓTELES, 2001, VII. 1. 1234b22-23.

100 ARISTÓTELES, 2001, VIII. 1. 1155a3-5.

Capítulo 2 » **A felicidade na ética e na política de Aristóteles** » **39**

entre comerciantes e consumidores. Todavia, pontua Aristóteles, há uma única "amizade perfeita (*teleía*), a dos homens bons (*tôn agathôn*) e iguais em virtude".[101] Essa forma de amizade principia quando desejamos todo bem ao amigo e nos preocupamos com a sua felicidade.

É difícil querermos "o bem do amigo em vista do amigo".[102] Há situações em que podemos querer que um amigo arrume um emprego e pague a dívida que tem conosco, como podemos querer que ele esteja contente e torne sua presença prazerosa para nós. Nesses casos, mesmo que os bens pudessem beneficiá-lo, não os teríamos desejado em vista do amigo, mas pensando em nossos próprios interesses.[103] Nisso distinguem-se os que são altruístas ou benevolentes (*eûnoi*) daqueles que só pensam em si mesmos.[104] São mais comuns, porém, as relações nas quais as pessoas não amam umas às outras, "mas o que lhes é vantajoso (*lysiteloûs*)".[105] Essas são as amizades que visam algo útil (*khrésimos*) ou agradável (*hedús*). Ao contrário das amizades verdadeiras, que podem durar uma vida inteira, essas amizades se rompem tão logo o que era útil ou agradável deixa de existir.[106] Nas relações motivadas pelo que é vantajoso, as quais Aristóteles chama de amizades políticas, a justiça não surge naturalmente, por isso elas demandam um contrato (*homología*). O mesmo não acontece nas amizades éticas entre companheiros que se conhecem há tempos e confiam uns nos outros. Contudo, reconhece o filósofo, quem vive numa grande cidade precisa lidar com todas as formas de amizade.

2.6 Regimes e suas corrupções

Na maior parte dos casos, as amizades formam comunidades que visam a algum interesse específico:

> [...] por exemplo, os marinheiros empreendem uma viagem para adquirir dinheiro ou algo semelhante; os soldados vão à guerra aspirando riquezas, a vitória ou a conquista de uma cidade, e assim também os membros de uma tribo ou de um demo.[107]

---

101 ARISTÓTELES, 2001, VIII. 3. 1156b7-8.

102 ARISTÓTELES, 2001, VIII. 2. 1155b31.

103 ARISTÓTELES, 2001, IX. 5. 1167a14-18.

104 ARISTÓTELES, 2001, VIII. 2. 1155b32-34. Sobre essa característica das relações, esclarece Zingano: "O elemento de altruísmo é acentuado na amizade segundo a virtude, pois se busca o bem ao amigo *enquanto tal*, na integralidade de sua pessoa." (ZINGANO, M. Amizade, unidade focal e semelhança. In: ___. *Estudos de ética antiga*. São Paulo: Discurso Editorial, 2007. p. 464, nota 1).

105 ARISTÓTELES, 2001, VIII. 4. 1157a16.

106 ARISTÓTELES, 2001, IX. 3. 1165b1-3.

107 ARISTÓTELES, 2001, VII. 9. 1160a14-18. A respeito dessa organização social, Tricot faz a seguinte análise: "A população da Ática foi dividida em dez tribos (*pylaí*), cada tribo em três trítias (*trittýes*), e cada trítia em demos." (In: *Éthique à Nicomaque*. Trad. J. Tricot. Paris: Vrin, 1997. p. 409, nota 3). Com essa divisão, feita por Clístenes em 508 a.C., as tribos tiveram seu poder pulverizado pelos demos.

A comunidade política integra várias outras comunidades com o intuito de salvaguardar o interesse comum (*tò koinòn symphéron*). Uma cidade não deve ser, apenas, um amontoado de pessoas dividindo o mesmo espaço, ela também pode ser uma comunidade de amigos que decidem viver uns com os outros, "uma vez que a amizade é a escolha deliberada de viver junto (*syzên*)".[108]

As cidades instigam amizades entre pessoas que procuram o prazer promovendo festas religiosas e outros eventos sociais.[109] Com as transações do comércio, elas geram amizades baseadas na utilidade.[110] Para fomentar amizades virtuosas, é importante que as cidades procurem coibir todo tipo de egoísmo. Atento a esse princípio, em 464d-e da *República*,[111] Platão defende que o cidadão não possua nada de seu, a não ser o próprio corpo. Essa tese ratifica o antigo provérbio: "entre amigos, todas as coisas são comuns".[112] Por outro lado, acrescenta Aristóteles: "é muito gratificante socorrer e agradar os amigos (*phílois*), os estrangeiros (*xénois*) e os companheiros (*hetaírois*),[113] o que não ocorreria sem a propriedade privada (*ktéseos idías*)".[114] Para preservar tanto a virtude dos amigos que hospedam quanto a dos que compartilham seus bens materiais, as cidades podem organizar as residências de tal maneira que, mesmo sendo privadas, elas tenham um uso comum. No campo, por exemplo, seria possível socializar as terras, os animais, a mão de obra e a produção.[115]

A justiça e as amizades não apenas edificam as comunidades políticas como inspiram os regimes e constituições (*politeíai*). Dos oito tratados que formam a *Política*, de Aristóteles, cinco deles abordam diretamente esse tema. O primeiro livro investiga as relações entre as estruturas das famílias e das cidades; o segundo dialoga com as posições defendidas por Platão na *República* sobre uma série de questões ligadas à cidadania; o terceiro apresenta um panorama completo dos regimes; o quarto analisa a corrupção dos regimes, o quinto destaca os fatores que podem preservar ou arruinar um regime; o sexto retoma a discussão sobre os piores regimes; o sétimo faz uma reflexão sobre o regime ideal e o oitavo discorre sobre a importância da educação para quem vive numa sociedade.

A principal função de um regime é organizar as diversas magistraturas (*arkhai*) de uma cidade, sobretudo, o governo (*políteuma*), que é soberano frente às outras

---

108 ARISTÓTELES, 1985, III. 9. 1280b38-39; ARISTÓTELES, 2001, IX. 12. 1171b32-35.

109 ARISTÓTELES, 2001, VIII. 9. 1160a19-20.

110 ARISTÓTELES, 2001, 10. 1242b31-34.

111 PLATÃO. *A República*. Trad. M. Pereira. Porto: Fundação Calouste Gulbenkian, 1972.

112 ARISTÓTELES, 2001, VIII. 9. 1159b31.

113 Segundo David Konstan, os gregos compreendiam a hospitalidade (*xenia*) como uma forma de amizade cujo objetivo era sedimentar o laço diplomático entre estrangeiros aliados: "Enquanto termo específico para as relações entre os Estados amigos, no período clássico, *phílos* com frequência é substituído por *xénos*, para designar amigos pessoais que vêm de regiões estrangeiras." (KONSTAN, D. *A amizade no mundo clássico*. Trad. M. Fiker. São Paulo: Odysseus, 2005. p. 120.)

114 ARISTÓTELES, 1985, II. 5. 1263b5-7.

115 ARISTÓTELES, 1985, II. 5. 1263a35-39.

Capítulo 2 » **A felicidade na ética e na política de Aristóteles** » **41**

esferas do poder.[116] Os regimes diferem, justamente, pela determinação de quais e de quantas pessoas devem governar:

> [...] costuma-se chamar de realeza (*basileían*) as monarquias (*monarkhiôn*) que visam o interesse comum; quando mais de uma pessoa, ainda que poucas, detêm o poder, tem-se uma aristocracia (*aristokratían*), onde os melhores (*arístous*) governam procurando o melhor para a cidade e para os que dela participam; e quando a maioria (*plêthos*) governa aspirando o interesse comum, o regime recebe um nome compartilhado por todos os regimes: república (*politeía*).[117]

A justiça impera nessas três formas corretas (*orthaí*) de regime que visam, igualmente, ao interesse dos cidadãos.

Em seus tratados sobre a ética, Aristóteles compara esses regimes políticos às amizades que existem entre pessoas que fazem parte de uma mesma família.[118] A monarquia assemelha-se à amizade do pai pelos filhos; a aristocracia, à do marido pela esposa; e a democracia, ao companheirismo dos irmãos, e assim como um conflito de interesses pode acabar com uma relação de amizade ou com uma família, os regimes fatalmente se corrompem quando os governantes ignoram o interesse comum. Nesses termos, a tirania (*tyrannís*) é uma transgressão da monarquia, a oligarquia (*oligarkhía*) é um desvio da aristocracia e a democracia (*demokratía*) é uma corrupção da república,

> [...] pois a tirania é uma monarquia orientada para os interesses do próprio monarca, a oligarquia, para os interesses daqueles que têm recursos (*eupóron*), e a democracia, para os interesses daqueles que carecem de recursos (*apóron*).[119]

Numa certa perspectiva, a tirania é pior do que a oligarquia, que é pior do que a democracia, pois a tirania segue os interesses de uma única pessoa, a oligarquia compromete-se com os interesses de poucos (*olígon*), e a democracia volta-se para os interesses dos pobres que, as mais das vezes, constituem a maior parcela da sociedade.[120]

Morar numa cidade não garante cidadania a ninguém. Independentemente do regime, cidadão é "aquele que tem a possibilidade (*exousía*) de participar do

---

116 ARISTÓTELES, 1985, III. 6. 1278b8-11.

117 ARISTÓTELES, 1985, III. 7. 1279a32-39.

118 ARISTÓTELES, 2001, VII. 11; ARISTÓTELES. *Éthique à Eudème*. Trad. V. Décarie; R. Houde-Sauvé. Paris: Vrin, 2007. VII. 9.

119 ARISTÓTELES, 1985, III. 2. 1279b6-9.

120 ARISTÓTELES, 1985, IV. 2. 1289a38-1289b5.

poder deliberativo ou judiciário (*bouleutikês è kritikês*)".[121] Na Grécia Antiga, normalmente, os filhos de pai e mãe cidadãos tinham suas cidadanias reconhecidas.[122] No entanto, para ser um bom cidadão, acrescenta Aristóteles, é preciso ter a capacidade "de bem governar e de bem obedecer".[123] Seguindo esse princípio, na monarquia, o governante deve ser a pessoa mais virtuosa da cidade. Na aristocracia, os melhores, dentre aqueles que não labutam e têm tempo para cultivar a virtude, costumam assumir o poder.[124] Nas cidades repletas de pessoas virtuosas, os cidadãos clamam por um regime político no qual todos possam fazer parte.[125]

Para governar com justiça, é preciso compreender e respeitar o interesse comum. Esse certamente não é o caso dos regimes tirânicos, em que uma única pessoa governa "despoticamente (*despotikôs*) e tendo como arbítrio a própria vontade".[126] Segundo Aristóteles, "nenhum homem livre (*eleuthéron*) se submete espontaneamente a esse tipo de governo".[127] O despotismo perpetua-se nas cidades em que os tiranos conseguem implementar três medidas básicas: impedir que os súditos cultivem o pensamento e a reflexão; instigar a desconfiança de uns pelos outros; proibir que eles exerçam atividades políticas.[128] Trata-se de coibir qualquer manifestação contrária a esses governos, cujas resoluções, em sua maioria, visam, apenas, aumentar a fortuna e a glória dos tiranos.

Não raro, os déspotas alcançam o poder fazendo uso da demagogia (*demagogía*), isto é, da habilidade para direcionar a opinião (*dóxa*) dos cidadãos.[129] Trocando em miúdos, "o demagogo é um adulador (*kólax*) do povo".[130] Em seus tratados sobre a retórica, Aristóteles deixa clara a diferença entre a amizade (*philía*) e a adulação (*kolakeía*): enquanto o amigo não se furta de apontar as virtudes e os vícios de quem ele quer bem, o adulador aparenta só perceber coisas admiráveis nas pessoas que ele deseja conquistar a confiança.[131] Fingindo ser amigo e protetor do povo (*demotikós*), o adulador abre espaço para construir um governo tirânico

---

121 ARISTÓTELES, 1985, III. 1. 1275b18-19. No manuscrito original, essa frase leva a conjunção "é", que traduz "ou". Harris Rackham considera pertinente substituí-la pela conjunção "*kaí*", que traduz "e" (ARISTÓTELES. *Politics*. Trad. H. Rackham. Cambridge: The Loeb Classical Library, 2005. p. 178, nota 2). Em suas traduções, Jules Tricot e Pierre Pellegrin preservam a disjuntiva. Em nota explicativa para essa passagem, Tricot destaca que a palavra *exousía* pode significar tanto uma "possibilidade" quanto uma "vocação". (ARISTÓTELES. *La politique*. Trad. J. Tricot. Paris: Vrin, 2005. p. 171, nota 3.)

122 ARISTÓTELES, 1985, III. 2. 1275b22-23.

123 ARISTÓTELES, 1985, III. 4. 1277a27.

124 ARISTÓTELES, 1985, III. 5. 1278a20-21.

125 ARISTÓTELES, 1985, III. 15. 1286b11-13.

126 ARISTÓTELES, 1985, IV. 10. 1295a16-17.

127 ARISTÓTELES, 1985, IV. 10. 1295a22-23. Na *Política*, Aristóteles sustenta que a liberdade (*eleuthería*) é o princípio fundamental da democracia, sendo um dos seus aspectos "o ser governado e o governar alternadamente." (ARISTÓTELES, 1985, VI, II, 1317b2-3).

128 ARISTÓTELES, 1985, V. 11. 1314a15-29.

129 ARISTÓTELES, 1985, IV. 4. 1292a27.

130 ARISTÓTELES, 1985, V. 11. 1313b40.

131 ARISTÓTELES, *Retórica*. Trad. M. Alexandre Jr.; P. A. Alberto. Pena. Lisboa: Casa da Moeda, 2005. I. 11. 1371a22-24.

Capítulo 2 » **A felicidade na ética e na política de Aristóteles** » **43**

e despótico. É comum surgirem líderes demagogos dentre os pobres.[132] Muitos ganham respaldo popular manifestando hostilidade contra os ricos.[133] Todavia, tão logo os demagogos assumem o governo, abandonam as reivindicações dos pobres e passam a cuidar dos seus próprios interesses. Enfim, na origem das formas corrompidas de regime, há uma dinâmica social na qual ricos e pobres parecem ser vítimas fáceis da adulação.

Ainda que sejam bastante diferentes, a tirania, a oligarquia e a democracia[134] são regimes que afastam os cidadãos da amizade e da justiça. Defendendo os interesses particulares dos tiranos, dos ricos ou dos pobres, os governos reforçam as divisões da sociedade fomentando intrigas e conflitos. A vida em tais formas de coletividade leva muitas pessoas a desejar a solidão. Porém, há remédios para a demagogia e para o despotismo que quase sempre os acompanham. As cidades em que predomina a classe média (*mése*), percebe Aristóteles, são menos vulneráveis à corrupção dos regimes, pois a redução das desigualdades sociais impede a formação de governos sectários.[135] Além disso, uma sociedade com uma divisão de classes menos acentuada acaba restringindo a área de manobra dos aduladores. De todo modo, somente uma cidade que contenha e coloque em prática boas leis (*eunomíai*) estará realmente defendida dos desmandos dos seus governantes.[136]

2.7 Texto para análise

ÉTICA A NICÔMACOS – LIVRO VIII[137]

Depois do que dissemos segue-se naturalmente uma discussão da amizade, visto que ela é uma virtude ou implica virtude, sendo, além disso, sumamente necessária à vida. Porque sem amigos ninguém escolheria viver, ainda que possuísse todos os outros bens. E acredita-se, mesmo, que os ricos e aqueles que exercem autoridade e poder são os que mais precisam de amigos; pois de que serve tanta prosperidade sem um ensejo de fazer bem, se este se faz principalmente e sob a forma mais louvável aos amigos? Ou como se pode manter e salvaguardar a prosperidade sem amigos? Quanto maior é ela, mais perigos corre.

---

132 ARISTÓTELES, 1985, V. 10. 1310b12.

133 ARISTÓTELES, 1985, V. 5. 1305a21-28.

134 É importante ressaltar que Aristóteles chama de democracia o regime ou constituição no qual os pobres governam priorizando seus interesses em detrimento do interesse comum. Por outro lado, argumenta Aubenque, uma vez que a cidade feliz, segundo o próprio Aristóteles, deve ser uma sociedade de amigos, a república (*politeía*), ou o que hoje chamaríamos de democracia, na qual todos deliberam conjuntamente, é a melhor forma de constituição (AUBENQUE, P. Aristote et la démocratie. In: ___; TORDESILLAS, A. (Org.). *Aristote politique:* études sur la politique d'Aristote. Paris: Presses Universitaires de France, 1993. p. 264).

135 ARISTÓTELES, 1985, IV. 11. 1296a7-13.

136 ARISTÓTELES, 1985, IV. 8. 1294a3-7.

137 ARISTÓTELES, 1984, 1135a-1155b, p. 179-180.

Por outro lado, na pobreza e nos demais infortúnios os homens pensam que os amigos são o seu único refúgio. A amizade também ajuda os jovens a afastar-se do erro, e aos mais velhos, atendendo-lhes às necessidades e suprindo as atividades que declinam por efeito dos anos. Aos que estão no vigor da idade ela estimula à prática de nobres ações, pois na companhia de amigos – "dois que andam juntos" [Homero, *Odisseia*, XVII, v. 218. (N. do T.)] – os homens são mais capazes tanto de agir como de pensar.

E também os pais parecem senti-la naturalmente pelos filhos e os filhos pelos pais, não só entre os homens, mas entre as aves e a maioria dos animais. Membros da mesma raça a sentem uns pelos outros, e especialmente os homens; por isso louvamos os amigos de seu semelhante. Até em nossas viagens podemos ver quanto cada homem é chegado e caro a todos os outros. A amizade também parece manter unidos os Estados, e dir-se-ia que os legisladores têm mais amor à amizade do que à justiça, pois aquilo a que visam acima de tudo é à unanimidade, que tem pontos de semelhança com a amizade; e repelem o facciosismo como se fosse o seu maior inimigo. E quando os homens são amigos não necessitam de justiça, ao passo que os justos necessitam também da amizade; e considera-se que amais genuína forma de justiça é uma espécie de amizade.

Não é ela, contudo, apenas necessária, mas também nobre, porquanto louvamos os que amam os seus amigos e considera-se uma bela coisa ter muitos deles. E pensamos, por outro lado, que as mesmas pessoas são homens bons e amigos.

Ora, certos pontos atinentes à amizade são matéria de debate. Alguns a definem como uma espécie de afinidade e dizem que as pessoas semelhantes são amigas, donde os aforismos "igual com igual", "cada ovelha com sua parelha", etc.; outros, pelo contrário, dizem que "dois do mesmo ofício nunca estão de acordo". E investigam esta questão buscando causas mais profundas e mais físicas, dizendo Eurípedes que "a terra resseca ama a chuva, e o majestoso céu, quando prenhe de chuva, adora cair sobre a terra" [Fragmento 898, 7-10, Nauck. (N. T.)], e Heráclito: "o que se opõe é que ajuda", e "denotas diferentes nasce a melodia mais bela", e ainda: "todas as coisas são geradas pela luta" [Fragmentos 8, Diels. (N. T.)]; ao passo que Empédocles, juntamente com outros, exprime a opinião contrária de que o semelhante busca o semelhante.

Quanto aos problemas físicos, podemos deixá-los de parte, pois não pertencem à presente investigação. Examinemos os que são humanos e envolvem caráter e sentimento, por exemplo: se a amizade pode nascer entre duas pessoas quaisquer, se podem ser amigos os maus, e se existe uma só espécie de amizade, ou mais. Os que pensam que só existe uma porque a amizade admite graus baseiam-se num indício inadequado, visto que mesmo as coisas que diferem em espécie admitem graus. Este assunto já foi discutido por nós anteriormente.

2.7.1 Estudo do texto

Essa passagem abre o oitavo livro da *Ética a Nicômacos* ou *Ética nicomaqueia*. O texto apresenta uma reflexão sobre a amizade, que Aristóteles pensa ser uma virtude ou algo que implica uma virtude. No primeiro livro dessa obra, o filósofo afirma que a felicidade é conquistada com o exercício da virtude, que é o bem maior dos homens. Mesmo que certas virtudes possam ser praticadas solitariamente, é mais nobre e divino compartilhar esse bem com toda a cidade. As amizades podem instigar a prática de muitas virtudes, mas elas nem sequer existiriam sem a virtude social da justiça, que instaura e mantém as associações. De certo modo, portanto, a amizade e a justiça se confundem. Algumas formas de amizade são úteis para a organização do comércio entre os cidadãos, outras são fundamentais para sua existência e felicidade. Na companhia de um amigo, argumenta Aristóteles, desenvolvemos nossa capacidade de pensar e de agir. Por essas razões, os governantes devem promover a amizade e a justiça.

2.8 Estudo das noções

2.8.1 A noção de amizade (*philía*)

Nesse capítulo, Aristóteles define a amizade como algo sem o qual ninguém escolheria viver. A amizade é importante para todas as classes sociais. As pessoas ricas precisam cultivar amizades, pois de nada vale a prosperidade sem a possibilidade de fazer o bem; os pobres necessitam ainda mais dos amigos, pois no infortúnio eles são seu último refúgio. As amizades participam de todas as fases da vida de um homem. Elas auxiliam os jovens contra o erro, estimulam os adultos a praticar boas ações e ajudam os mais velhos nas atividades difíceis para aqueles que têm idade avançada. Nas famílias, há uma amizade natural entre pais e filhos. Nas cidades, a amizade preserva a união dos cidadãos e ajuda a evitar os conflitos e os sectarismos.

2.8.2 A noção de virtude (*areté*)

O texto indica a existência de uma relação intrínseca entre a amizade e a virtude. A amizade fomenta a generosidade e a benevolência. Além disso, auxiliando os jovens em sua educação e formação e estimulando as boas ações de um modo geral, os amigos tornam-se virtuosos. Enfim, a amizade é apresentada como uma forma de relação que propicia e desenvolve a reflexão e a prática da virtude.

2.8.3 A noção de justiça (*díke* ou *dikaiosýne*)

Assim como a amizade, a justiça é fundamental para os governantes e para legisladores, pois ela viabiliza o acordo entre os cidadãos e gera uma unanimidade. Num Estado ou numa cidade onde os cidadãos são amigos, os governantes não precisam se preocupar com a justiça, uma vez que ela já faz parte da amizade. Aristóteles chega a afirmar que a mais genuína forma de justiça é uma espécie de amizade.

2.8.4 Argumentos

Para Aristóteles, aquilo que estrutura e mantém as famílias, os demos e as tribos – a amizade, a virtude e a justiça – também deve ser considerado de suma importância nas constituições dos Estados e das cidades. Da amizade pode-se depreender a virtude e a justiça, posto que ela abre espaço para as ações virtuosas e justas. Por essa razão, muitos governantes amam a amizade mais do que qualquer outra coisa. Entre pessoas ou animais de uma mesma família, a amizade parece ser natural, mas entre pessoas de famílias diferentes, a amizade precisa ser instaurada. O desafio dos governantes e dos Estados é justamente esse: tornar possível a amizade entre pessoas que não são semelhantes. Para o filósofo, sem a amizade e, de certo modo, sem a virtude e a justiça, ninguém desejaria viver, ainda que possuísse outros bens.

2.9 Proposta de tema para dissertação

Seguem propostas de um tema que pode ser desenvolvido com base no texto estudado e de outros temas pertinentes ao trecho e que podem ser desenvolvidos com o auxílio de outras leituras.

Tema: A relação entre amizade, virtude e justiça

Perguntas que podem orientar a elaboração da dissertação:

» Como a amizade entre pessoas de uma mesma família pode funcionar como modelo para a amizade entre cidadãos?

» Em quais situações uma amizade pode gerar ações virtuosas?

» Quando a amizade se confunde com a justiça?

2.10 Propostas de temas para estudo

» Estabeleça uma relação entre a ética e a política.
» Como a educação da virtude pressupõe a amizade?
» Explique a importância da amizade para a família e para o Estado.
» Por que a amizade é um bem fundamental?

Aristóteles
Biografia e principais obras

Poucos momentos da história foram tão relevantes para as artes, para as ciências, para a política e para filosofia quanto a idade clássica, no quinto século antes Cristo. Foi nesse tempo que surgiram os grandes poetas trágicos, como Ésquilo (525-456 a.C.), Sófocles (496-406 a.C.) e Eurípides (485-406 a.C.), o médico Hipócrates (460-370 a.C.), o estadista Péricles (495-429 a.C.), os mestres da retórica Górgias (485-380 a.C.) e Protágoras (480-410 a.C.), e o filósofo Sócrates (470-399 a.C.). Muitos desenvolveram seus trabalhos em Atenas, que se tornaria, por essa razão, o berço da cultura ocidental. No quarto século antes de Cristo, ainda sob o impacto criativo da idade clássica, Atenas foi o palco de um dos encontros mais interessantes da filosofia. Com apenas 17 anos, Aristóteles (384-322 a.C.) parte de Estagira, sua cidade natal, para Atenas, a fim de estudar na Academia, escola dirigida por Platão (428-347 a.C.). Mais do que simplesmente aprender os ensinamentos do seu mestre, Aristóteles elaborou uma obra comparável à de Platão. Com a morte deste, Aristóteles construiu em Atenas sua própria escola, o Liceu, e ali escreveu textos fundamentais sobre o céu, a natureza, os animais, a lógica, a alma, as paixões, a poesia, a ética e a política. Por ser de uma família importante na corte da Macedônia, em 343 a.C., Aristóteles tornou-se preceptor de Alexandre, o Grande, quando este tinha 13 anos. Historiadores relatam que Aristóteles ensinava ética e política ao seu ilustre e poderoso aluno, narrando e explicando algumas passagens da *Ilíada* e da *Odisseia*, de Homero. Articulando erudição e brilhantismo, a filosofia aristotélica influencia profundamente o pensamento ocidental.

Referências básicas

ARISTÓTELES. *Art of rhetoric*. Trad. John Fresse. Cambridge: The Loeb Classical Library, 2006.

_____. *Ética a Nicômaco*. In: *Os Pensadores*. Trad. Leonel Vallandro e Gerd. Bornheim. São Paulo: Abril Cultural, 1984.

_____. *Ética a Nicômacos*. Trad. Mario da Gama Cury. Brasília: UnB, 2001. I. 5. 1096a3.

_____. *Éthique à Eudème*. Trad. Vianney Décarie; Renée. Houde-Sauvé. Paris: Vrin, 2007.

_____. *Éthique à Nicomaque*. Trad. Jules Tricot. Paris: Vrin, 1997.

_____. *Eudemian ethics*. Trad. Harris Rackham. Cambridge: The Loeb Classical Library, 2004.

_____. *La politique*. Trad. Jules Tricot. Paris: Vrin, 2005.

_____. *Nicomachean ethics*. Trad. Harris. Rackham. Cambridge: The Loeb Classical Library, 2003.

_____. *Política*. Trad. Mario da Gama Cury. Brasília: UnB, 1985.

_____. *Politics*. Trad. Harris Rackham. Cambridge: The Loeb Classical Library, 2005.

_____. *Retórica*. Trad. Manuel Alexandre Jr.; Paulo Alberto. Pena. Lisboa: Casa da Moeda, 2005.

_____. *Rhétorique*. Trad. Pierre. Chiron. Paris: Flamarion, 2007.

Referências complementares

ANGIONI, L. Notas sobre a definição de virtude moral em Aristóteles (*EN* 1106b36-1107a2). *Journal of Ancient Philosophy*, São Paulo, v. III, issue 1, 2009.

AUBENQUE, P. *A prudência em Aristóteles*. Trad. Marisa Lopes. São Paulo: Discurso Editorial, 2003.

_____; TORDESILLAS, A. (Org.). *Aristote politique*: études sur la politique d'Aristote. Paris: Presses Universitaires de France, 1993.

BURNYEAT, M. Aprender a ser bom segundo Aristóteles. In: ZINGANO, M. (Org.). *Sobre a ética nicomaqueia de Aristóteles*. Trad. P. Ferreira et. al. São Paulo: Odysseus, 2010.

FREDE, D. Prazer e dor na ética aristotélica. In: KRAUT, R. (Org.). *Aristóteles*: a ética a Nicômaco. Trad. A. Storck. Porto Alegre: Artmed, 2009.

HOBBUS, J. O meio relativo a *nós* em Aristóteles. *Revista Internacional de Filosofia Moral*, Florianópolis, v. 6, 2007.

JAEGER, W. *Aristóteles:* bases para la historia de su desarollo intelectual. Trad. José Gaos. México: Fondo de Cultura Económica, 1997.

_____. *Paideia* – a formação do homem grego. Trad. Artur M. Parreira. São Paulo: Martins Fontes, 1995.

KONSTAN, D. *A amizade no mundo clássico*. Trad. Márcia E. Fiker. São Paulo: Odysseus, 2005.

KRAUT, R. (Org.). *Aristóteles*: a ética a Nicômaco. Trad. Alfredo Storck. Porto Alegre: Artmed, 2009.

MANDEVILLE, B. *La fábula de las abejas*: o los vícios privados hacen la prosperidade pública. Trad. José F. Mora. Madrid: Fundo de Cultura Económica, 1997.

MATOS, O. Ethos e a amizade. In: _____. *Discretas esperanças*: reflexões filosóficas sobre o mundo contemporâneo. São Paulo: Nova Alexandria, 2006, p. 148

PLATÃO. *A República*. Trad. M. Pereira. Porto: Fundação Calouste Gulbenkian, 1972.

RIBEIRO, R. As duas éticas ou a ação possível. In: _____. *A sociedade contra o social*: o alto custo da vida pública no Brasil. São Paulo: Companhia das Letras, 2000.

ROSS, D. *Aristóteles*. Trad. Lívio Teixeira. Lisboa: Publicações Dom Quixote, 1987.

SILVA, F. *Felicidade* – dos filósofos pré-socráticos aos contemporâneos. São Paulo: Claridade, 2007.

SOCIEDADE BRASILEIRA DE ESTUDOS CLÁSSICOS (SBEC). *Revista Clássica*, p. 298-299, 2006.

SPINELLI, M. Sobre as diferenças entre éthos com epsílon e êthos com eta. *Revista Trans/form/Ação*, Campinas, v. 32 (2), 2009.

WOLF, F. *Aristóteles e a política*. Trad. Thereza Stummer; Lygia Watanabe. São Paulo: Discurso Editorial, 1999.

ZINGANO, M. Agir *secundum rationem* ou *cum ratione*?. In: _____. *Estudos de ética antiga*, São Paulo: Discurso Editorial, 2007.

_____. *Estudos de ética antiga*. São Paulo: Discurso Editorial, 2007.

_____. (Org.). *Sobre a ética nicomaqueia de Aristóteles*. Trad. Paulo Ferreira et. al. São Paulo: Odysseus, 2010.

CAPÍTULO 3

A formação dos Estados modernos e a questão da soberania

MARIA CONSTANÇA PERES PISSARRA

3.1 Introdução

A referência à modernidade como a emergência das luzes em oposição às trevas medievais, embora seja uma afirmação já desgastada e uma polêmica infrutífera no campo das ideias, ainda hoje encontra alguns defensores que entendem terem as derradeiras luzes da Idade Média se apagado quando a ela se opôs a aurora da época moderna. Mas esse não é o aspecto que proponho, hoje, para aqui discutir. Pelo contrário, mais do que o juízo de valor – preconceituoso porque se entende superior – de um período histórico em relação a outro, interessa-me hoje, neste texto, refletir sobre o conceito de soberania, conceito esse, sem dúvida, identificador da modernidade, mas que teve suas raízes algum tempo antes – mais precisamente na crise desencadeada no século XIII.

Assim, primeiramente procurarei explicitar os principais pontos desse conceito para, a seguir, buscar seus antecedentes. Finalmente, para melhor entender essa proximidade entre a noção de soberania e sua intrínseca relação com o Estado moderno e a crise medieval ocorrida no século XIII, farei referências pontuais aos textos de dois autores, Guilherme de Ockham e Jean Bodin, para a eles contrapor a ruptura representada por Maquiavel no que diz respeito à noção de soberania.

Antes de prosseguir, para melhor delimitar historicamente a época moderna e as questões por ela provocadas, é importante assinalar ao menos cinco pontos determinantes deste processo:

a) a Reforma Protestante e a descoberta da América foram os acontecimentos históricos que inauguraram a modernidade;

b) como consequência, religiosa e jurídica, a tolerância constitui-se um tema de fundamental importância: por um lado, toda discussão sobre o direito de posse sobre as novas terras descobertas, o direito sobre as riquezas até então encontradas, o direito sobre os mares e o encontro com esse outro, o índio, distinto do europeu; de outro lado, a divisão da Igreja Católica trouxe novo alento às guerras religiosas, provocando também a reflexão sobre essa alteridade que professava outra fé;

c) do ponto de vista econômico, os pequenos mercadores representativos da economia de trocas gradualmente cedem lugar ao mercantilismo e ao mercado, ou seja, cedem lugar ao capitalismo;

d) do lado político, a principal alteração foi a consolidação dos Estados nacionais e a emergência de um novo soberano não mais apoiado pelos juramentos de honra e de fidelidade de seus cavaleiros, mas por tropas mercenárias;

e) do ponto de vista filosófico, a modernidade representa a regulamentação de todo o sistema social pela razão.

3.2 Apresentação e delimitação da questão

O princípio da soberania política surgiu no mundo ocidental a partir dos conflitos entre o poder civil e o poder religioso. Não ocorreu, por exemplo, entre os povos islâmicos, nos quais o poder religioso está inteiramente atrelado ao poder civil, tampouco entre o povo judaico, na Antiguidade, pelo mesmo motivo. Entre os gregos, a noção de soberania também não frutificou porque a autonomia das cidades-Estado era dada por aceita, embora houvesse guerras nas quais ocorria disputa de territórios e de hegemonia militar. O que ali houve foi, sim, uma profunda reflexão filosófica a respeito da maneira pela qual essa soberania (não explicitamente elaborada) deveria ser exercida em cada cidade.

Da Grécia clássica ao mundo medieval também não é possível vislumbrar qualquer oportunidade histórica para o surgimento do conceito de soberania. A decadência daquela foi ocasionada pela emergência dos sucessivos impérios, nos quais não cabia a noção de soberania. Entre o império de Alexandre e o de César, o elemento comum consistiu sempre no esmagamento da *autonomia* das comunidades locais, não apenas pelas armas como também pela dominação política, pela escravatura e pela fixação de impostos.

Foi somente com o surgimento dos feudos, dos castelos e das pequenas comunidades que ocupavam grande parte do mundo medieval que surgiram as condições para a formação da noção de soberania. Por longos séculos, o poder civil ficara submisso ao poder religioso. Carlos Magno[1] é o exemplo acabado desse modelo em que o papa "consagrava" o rei e este se submetia ao poder papal, numa identificação recíproca entre poder temporal e poder sobrenatural. A teoria do "direito divino dos reis" representou esta confluência entre o teológico e o político.

Quando esse equilíbrio desmoronou, terminou a Idade Média. O poder temporal passou a buscar uma autonomia que o levou a conflitos insuperáveis com o poder religioso. Tais conflitos foram marcados por interferências mútuas, que acabaram resultando na separação definitiva entre o mundo político e o mundo eclesiástico.

A teoria da soberania nacional veio precisamente em auxílio daqueles que pleiteavam essa separação, com a clara e explícita intenção de suprimir a interferência do centro religioso – Roma – nas diversas comunidades que começavam a se diferenciar pelas línguas, pelos costumes e principalmente pela maneira de se organizar politicamente.[2]

---

1   Carlos Magno ou Carlos I (742-814) foi rei dos francos no período de 768 a 814 e imperador do Ocidente entre 800 e 814.

2   Com essas mudanças, ficava para trás o ideal das monarquias universais encarnadas pelo Império Romano e pelo seu sucessor, o Sacro Império Romano Germânico.

O tipo de poder ao qual corresponde a expressão "Estado moderno" apareceu progressivamente e se consolidou entre os séculos XVI e XVIII, em oposição às monarquias tradicionais da Europa Medieval. Esse Estado aspirava a um poder racional, organizado em um quadro geográfico limitado pela existência de outros Estados da mesma natureza. Internamente, seu objetivo era fazer reinar a ordem em seu território, além de garantir a segurança das pessoas que nele viviam e de seus bens. Externamente, foi a capacidade de assegurar sua soberania e seu poder em meio às ambições dos outros Estados. A expressão latina *res publica* (a coisa pública) foi gradativamente substituída, primeiro, por *status rei publicae* (a situação dos assuntos públicos) e, depois, apenas por *status* (Estado).

Ao antigo ideal moral ou religioso sucedeu um movimento realista para consolidar a ordem e a soberania e superar o poder individualizado que antes pertencia a uma pessoa até a aparição dos Estados no século XIII. Em oposição à fragmentação do mundo medieval, a época moderna procedeu à unificação do poder, concentrando-o em uma instância única e coesa.

Se, a princípio, o *soberano* substituía o *suserano*, que designava apenas uma pessoa – o rei – gradativamente, essa expressão – *soberano* – estendeu-se a outras noções que o Estado representava, tais como povo e nação. A palavra **soberania** correspondia, na Idade Média, à expressão latina *superanus*, que, por sua vez, derivava de *superus*, isto é, "superior", refere-se ao direito exclusivo de exercer autoridade política sobre determinado grupo de povos ou uma região. O soberano era, assim, o representante do Estado, o que explica o aparecimento conjunto dos dois conceitos.

Ora, mas isso significa afirmar que a concepção moderna de soberania teve suas raízes no passado. Com essa afirmação, podemos passar ao ponto seguinte, ou seja, às raízes da modernidade.

3.3 Raízes da modernidade

Por que raízes e não origens, poderíamos nos perguntar? Segundo Henrique Vaz, essa "metáfora da raiz" é mais adequada para explicitar a formação da modernidade, pois buscar suas raízes é voltar ao século XIII, "no qual a civilização medieval teve seu apogeu e iniciou o seu declínio".[3]

E seria essa uma questão pertinente? – pergunta Pe. Vaz. Sua resposta afirmativa parte de uma crítica à suposição, há muito aceita, de que:

> [a] aurora da modernidade se tenha levantado ao apagarem-se as últimas luzes
> da Idade Média ou ainda, para usar uma comparação preferida pelos humanistas

---

3   VAZ, H. C. de L. *Raízes da modernidade* – Escritos de filosofia VII. São Paulo: Loyola, 2002. p.31.

Capítulo 3 » **A formação dos Estados modernos e a questão da soberania** » **53**

da Renascença, quando a noite medieval chegou ao fim. A história, porém, *não conhece essa sucessão abrupta de trevas e luz e, sob muitos aspectos, a Idade Média aparece, aos olhos da historiografia contemporânea, como a antemanhã dos tempos modernos, na qual já se delineiam alguns dos contornos que irão configurar um novo ciclo de civilização do Ocidente.*[4]

Assim, para melhor entender esse complexo processo, muito mais de continuidade do que de ruptura, no entendimento de Henrique Vaz, é melhor recorrer à metáfora da raiz, pois:

> Na verdade, serão sementes de ideias e problemas lançados no solo medieval que irão crescer, desenvolver-se e expandir-se sob a ação de múltiplos fatores na sociedade e na cultura, vindo a formar a grande árvore simbólica da modernidade. Ora, será no solo intelectual do Século XIII, que poderemos identificar mais claramente a presença dessas sementes e descobrir a primeira germinação das raízes da árvore futura.[5]

Mesmo que a palavra *stato* só tenha sido utilizada pela primeira vez, com sentido político, por Maquiavel[6] – voltarei mais tarde a esse ponto –, se quisermos de fato compreender sua formação, é preciso regredir até à Baixa Idade Média, para aí refletir sobre o confronto entre o *imperium* e o *sacerdotium*.

No século XI, o convívio entre o império e o papado torna-se conflituoso quando este passa a reclamar para si poderes temporais, pelos quais a ordem terrena deveria subordinar-se à ordem divina. Alegava-se mesmo a existência de um documento – *A doação de Constantino* – pelo qual o imperador teria dado ao papa a metade ocidental do Império. Tanto o papado quanto o Sacro Império Romano- -Germânico reclamavam para si um poder universal. Os princípios de autonomia da Igreja frente ao poder temporal promulgados pelo papa Gregório VII, em 1075, foram fundamentais para esse embate ao delimitar o poder laico à justiça e às finanças dos reinos, que deveriam, no mais, permanecer sob a tutela da Igreja Católica. Delineavam-se, assim, três forças: o papado (*sacerdotium*), o império (*imperium*) e os reinos (*regna*). Paralelamente a essa disputa, encontramos, no século XII, um "renascimento" do direito romano como o direito oficial do Império Romano. Assim, além do significado político daquele conflito hegemônico, houve também um significado cultural resultante do novo interesse pelo estudo do direito romano, para o qual foi fundamental a contribuição da Escola de Bolonha. Nesta,

---

4   VAZ, 2002, p. 31.

5   VAZ, 2002, p. 31.

6   MAQUIAVEL, N. *O príncipe*. São Paulo: Abril Cultural, 1973.

formaram-se grandes juristas, glosadores e comentadores do *Corpus Iuris Civilis*, publicado entre 529 e 534 por ordem do imperador bizantino Justiniano I, para salvaguardar a herança do direito romano. Esse renascimento deu força à defesa do poder imperial, pois, além da reorganização jurídico-legislativa promovida por aqueles estudiosos, passou a destacar o governante como *princeps*, único detentor da *plenitudo potestatis*. Mas a reação do papado não se fez esperar e passou a adotar o direito romano nas questões temporais, enquanto o direito canônico continuava a responder pelas questões espirituais. Essa junção deu origem ao chamado *direito comum*. Como resultado desse jogo de poder, outro componente ajudou a desequilibrar a balança do lado do papado: os reinos emergentes buscaram nele o apoio para sua afirmação.

As mudanças decorreram da ação dos burocratas diretamente ligados ao poder, dos novos atores urbanos presentes nas corporações de ofícios, dos intelectuais financiados pela Igreja ou pela nobreza, dos novos movimentos religiosos opostos à atuação única da Igreja. Por outro lado, a colaboração de filósofos, teólogos e juristas auxiliava a reflexão sobre as novas bases de poder e de seus limites.

Paulatinamente, a partir do confronto entre a ação e a teoria, constituíram-se os fundamentos jurídicos e ideológicos das partes envolvidas no conflito, isto é, de uma nova forma de poder, confrontos esses que já começaram a ocorrer no Império Romano, quando da expansão da Igreja Católica. Para os medievais, faziam parte do Império todos aqueles que eram romanos e cristãos, pois *extra ecclesiam non est imperium*.[7]

Mas nem sempre a comunidade universal dos cristãos conviveu em tão grande harmonia enquanto se formava uma *ratio specifica* do Estado, hoje traduzida como soberania, embora desde o século X já ocorressem mudanças relevantes para essa transformação, com uma maior difusão do cristianismo, como bem exemplifica a Questão das Investiduras e sua polêmica sobre quem era de fato o poder supremo – o imperador ou o papa –, não havendo ainda, naquele momento, qualquer conflito com a ideia de comunidade universal cristã.

A Guerra das Investiduras iniciou-se em 1076 com uma carta do imperador Henrique IV ao papa Gregório VII questionando sua condição. Esse confronto encerrou o modelo carolíngio da relação entre Igreja e Estado. Até o exercício de Gregório VII como papa (1073-1085), a Igreja Católica era mais uma comunidade espiritual do que uma organização jurídica centralizada em Roma. Mas, com ele e sua política de expansão do cristianismo pelo Ocidente, houve mudanças, com consequências jurídicas e políticas significativas para o aumento da autoridade papal, até então muito mais uma autoridade moral. Para tal mudança foi determinante a publicação, em 1075, do seu *Dictatus Papae*, no qual afirmava, entre outras coisas, que só o bispo de Roma poderia ser chamado de universal de direito, só

---

7   "Fora da Igreja não há poder."

Capítulo 3 » **A formação dos Estados modernos e a questão da soberania** » **55**

ele poderia depor e nomear bispos, só ele pode legislar de acordo com as necessidades do tempo e só ele pode depor os imperadores! Publicado o documento, o imperador Henrique IV respondeu com uma carta publicada no ano seguinte, assinada também por 26 bispos do Império, cujo começo era:

> Henrique rei não por usurpação, mas por sagrada ordenação de Deus, a Hildebranco, atualmente não papa mas falso monge. Mereceste este tratamento por causa da confusão que levantaste, pois não deixaste intocada qualquer ordem da greja que pudeste transformar em fonte de confusão, não de honra, de maldição e não de benção [...][8]

A criação e a imposição da lei como atributo da autoridade só se pôs como questão depois da recuperação dos escritos de Aristóteles (entre outros), da sua posterior síntese tomista e da retomada do direito romano. Só então se constituiu a ideia de um poder absoluto para fazer leis e aplicá-las, deixando para trás esse soberano que não era rei de um território inteiro, como viria a ser o soberano moderno.

A figura desse legislador aproximou-se da noção moderna de Estado, muitas vezes confundindo-se com ela.

> Portanto, que o rei seja efetivamente imperador *in regno suo*, não reconhecendo nenhum poder terreno superior em todas as questões políticas, esta é a propriedade fundamental da soberania e também o primeiro pré-requisito da concepção moderna de poder estatal.[9]

Administrar a justiça de acordo com os usos e costumes era tarefa única do rei, pois não devia obedecer só a Deus, mas também às leis consuetudinárias do seu reino. E essa ideia da necessidade de condições refreadoras do poder representou uma importante herança do mundo medieval, mesmo que a forma de organização social tenha mudado.

A essa nova organização do poder fez-se necessária uma nova ordem jurídica, que garantisse as pretensões daqueles que afirmaram possuí-lo de forma absoluta e excludente, sempre em defesa dos interesses dos reinos que governavam, decidindo com base em uma analogia com o direito privado, passando o interesse próprio a garantir a fonte absoluta do direito.

Aproximavam-se duas noções aparentemente diferentes:

---

8   GEARY, P. J. *Readings in Medieval History*. Peterborough: Broadview Press, 2015. p. 641-642.

9   TORRES, J. C. B. *Figuras do Estado moderno*. São Paulo: Brasiliense, 1988. p. 47.

» o direito individual, superior a qualquer outro porque é absoluto, que levará posteriormente à ideia de *res publica* e de Estado, e

» a noção medieval de absoluta defesa do reino, decorrente do fato de o rei ser um servidor da lei.

Compreender a aproximação dessas diferenças significa refletir sobre as alterações que resultaram na modernidade, em um novo sistema de poder, identificando o que movia essa disputa pelo poder – ou melhor, essas disputas –, uma vez que elas ocorriam entre o império, o papado, os reis, a nobreza. E, não necessariamente, nessa ordem: o papa confrontava-se com o imperador e os soberanos, estes, por sua vez, disputavam o poder entre si, mas também disputavam-no com o imperador, e assim sucessivamente...

Cada uma dessas autoridades almejava o poder sobre as sociedades, defendendo uma verticalização de umas sobre as outras, provocando uma confusa superposição de normas em nome de uma hierarquia que cada um, com base em suas prerrogativas, procurava fundamentar. A teoria do direito divino, segundo a qual "não há poder que não venha de Deus e os que existem foram instituídos por Deus", como afirmava São Paulo na *Epístola aos romanos*,[10] estava, em parte, superada. Tratava-se da doutrina que defendia que tanto o imperador quanto o papa e os reis tinham um poder que decorria diretamente de Deus.

O problema novo que se apresentava era a necessidade de distinção entre as autoridades humanas que decorriam diretamente do poder divino e qualquer outra autoridade: receber o poder de Deus, sem qualquer mediação humana, equivale a um *plena potestas*, que pode fazer as alterações que julgar necessárias nas leis instituídas pelos homens. A dificuldade toda estava em decidir quem ocuparia esse lugar privilegiado: o que inicialmente fora apenas a soberania do papa passou a ser também a soberania dos soberanos temporais.

Portanto, passou a existir um problema de **jurisdição**: era preciso decidir quem tinha poder para julgar e punir os delitos civis e os delitos contra a fé. A delimitação da extensão desse poder procurava estabelecer sua jurisdição territorial, ou seja, quem efetivamente era soberano. Três pontos comuns[11] podem ser aí associados às transformações ocorridas na época medieval: a formação de novas unidades políticas, a estabilidade e a impessoalidade adquirida por essas novas unidades e o entendimento da necessidade de uma autoridade única.

Um dado fundamental para entender essas mudanças, como lembra Jacques Le Goff,[12] foi o surgimento dos intelectuais, que não foi um movimento restrito à

---

10   Epistola aos romanos 13:1. Português. In: *Bíblia sagrada*. São Paulo: Edições Paulinas, 1976. p. 1245.

11   STRAYER, J. *As origens medievais do Estado moderno*. Lisboa: Gradiva, s/d.

12   LE GOFF, J. *Os intelectuais na Idade Média*. São Paulo: Brasiliense, 1989.

Capítulo 3 » **A formação dos Estados modernos e a questão da soberania** » **57**

elite já existente. Esse movimento começou com o surgimento das universidades,[13] particularmente as de Bolonha, Paris e Oxford.

Esses novos centros tornaram-se efetivamente centros de debate, de discussão, dos quais o pensamento "sai" para influenciar a sociedade, retornando para ser novamente retomado e discutido. Eram universidades autônomas, com pretensões internacionais, nas quais se discutia a gratuidade ou não do ensino, por exemplo, para garantir maior acesso dos estudantes, gratuidade essa defendida pela Igreja em troca da sua direção espiritual.

E foi exatamente quando as universidades se vergaram ao poder do dinheiro dos reis ou da Igreja[14] que o declínio delas começou, não só pelo seu enredamento em uma discussão muito mais pragmática e monetarista, mas, principalmente, porque essas discussões ocuparam o lugar antes habitado pela reflexão, pelo dinamismo do pensamento, pela liberdade.

O século XIII, pela sua complexidade, aponta para uma etapa final da Idade Média, interpretada negativamente porque engendrou o intelectual humanista ao mesmo tempo que provocou o desaparecimento do universitário, já totalmente voltado para a concepção do seu ofício como um trabalho e envolvido com os setores privilegiados da sociedade. Mas foi também o período mais fértil e criativo, resultante do deslocamento do poder religioso para o poder secular.

Portanto, temos no século XIII, "a civilização que avança para atingir a plenitude de suas virtualidades criadoras e a da civilização que anuncia a exaustão de suas forças".[15] Ou seja, de um lado, as universidades influenciadas pela ciência greco-árabe, com um alto nível de perfeição formal no uso dos instrumentos lógicos, vendo a ciência experimental dar seus primeiros passos, reformulando as bases da educação acadêmica, integrando as artes liberais no corpo didático da filosofia..., enfim, a ciência teológica elevando-se à altitude das grandes sínteses daquele final de século, como mostra a obra maior de Tomás de Aquino, a *Suma teológica*. Por outro lado, toda essa expansão e a complexidade intelectual são acompanhadas por sucessivas crises – como a entrada das obras de Aristóteles na Universidade de Paris, o confronto entre a filosofia e a teologia.[16]

Para fechar esse levantamento de algumas questões que nos permitiriam falar com mais precisão de raízes da modernidade é importante lembrar que "será no século XIV que começarão a crescer as primeiras raízes das sementes lançadas

---

13 "Resta a esses artesãos do espírito, engendrados no desenvolvimento urbano, do século XII, organizarem-se dentro de um grande movimento corporativo, coroado pelo movimento comunal. Essas corporações de mestres e estudantes serão no sentido estrito da palavra as universidades. Esta será a obra do século XIII" (LE GOFF, 1989, p. 58).

14 "O intelectual que conquistou seu lugar na cidade se mostra, entretanto, incapaz, face às alternativas que, se abrem diante dele, de escolher as soluções do futuro. Dentro de uma série de crises que se poderiam denominar de crescimento, e que, são os sinais da maturidade, ele não sabe optar pelo rejuvenescimento, e se instalará nas estruturas sociais e nos hábitos intelectuais nos quais submergirá" (LE GOFF, 1989, p. 60).

15 VAZ, 2002, p. 32.

16 Questões aqui apenas enumeradas, mas que não serão discutidas.

no século XIII",[17] tornando-se esse século ao mesmo tempo solo fértil de notáveis criações intelectuais e "tempo de crise".

Desse novo intelectual dedicado à reflexão sobre as questões levantadas por essa crise, Guilherme de Ockham[18] é um exemplo revelador por ocupar um lugar privilegiado ao dedicar-se – seguindo um caminho já aberto por Duns Scott[19] – à reflexão sobre a separação entre a razão e a fé.

Esse pensador inglês foi um crítico do papado ou, melhor dizendo, foi um crítico feroz daquilo que entendia serem erros dos pontífices quanto à usurpação de suas funções no exercício do poder, pois "o papa, que é juiz, médico e sacerdote, [deve saber] explicitamente que poder tem e que poder não tem sobre os outros, a fim de não vir a julgar alguém com direito usurpado".[20]

Não reconhecia a subordinação do poder temporal ao poder religioso, entendendo que o povo era a fonte originária da autoridade. A legitimidade da jurisdição do poder não era, então, limitada pela fé. As discussões teológicas que envolviam essa polêmica tornaram-se um tema recorrente em seus escritos. Suas obras filosóficas, políticas e jurídicas estão relacionadas, tendo contribuído de maneira significativa para a filosofia do direito, com sua discussão sobre o *nominalismo*, por oposição ao realismo de Tomás de Aquino. Nas suas reflexões sobre as fontes do direito e sua estrutura, encontram-se, já, elementos do positivismo jurídico e do direito subjetivo individual.

Duas questões[21] aqui nos auxiliam em uma síntese do pensamento do Ockham:

1. Contra o quê Ockham escreveu?

   São Tomás atribuía uma realidade aos indivíduos e também aos "universais", como os gêneros e as espécies, que, além de conceitos, teriam existência real. Há uma ordem no mundo real, na qual cada um dos seres singulares ocupam um lugar, estabelecendo um sistema de relações que independe dos próprios indivíduos, existindo objetivamente, ou seja, ele defendia a ideia de um **realismo**. Já para Ockham, era absurdo pensar a ordem natural como algo fixo.

---

17 VAZ, 2002, p. 33.

18 Embora não se tenha muita certeza sobre sua biografia, acredita-se que tenha nascido na vila de Ockham, na Inglaterra, entre 1280 e 1290, tendo ingressado ainda jovem na ordem franciscana. Acredita-se que tenha falecido entre 1349 e 1350, vítima da peste negra. Sua principal obra, o *Brevilóquio sobre o Principado Tirânico*, foi escrita entre 1340 e 1341.

19 Johannes Duns Scotus, teólogo inglês da Ordem dos Franciscanos, nasceu em 1266 em Maxion, Escócia, e morreu em Colônia, na Alemanha, em 1308. Foi um crítico severo do pensamento de Tomás de Aquino ao afirmar a separação entre a fé e a razão. Deus, enquanto tal, é objeto apenas da teologia, da mesma forma que o Ser, enquanto tal, é objeto da metafísica.

20 OCKHAM, G. *Brevilóquio sobre o principado tirânico*. Petrópolis: Vozes, 1988. livro I, cap. 3, p. 33-34.

21 Ver a esse respeito: VILLEY, M. *La formation de la pensée juridique moderne*. Cours d'Histoire de la philosophie du droit. Paris: PUF, 1975. p. 203-207.

2. Qual era, então, seu ensinamento?

Ao privilegiar o singular em benefício do geral, Ockham leva às últimas consequências as críticas já feitas por Aristóteles a Platão. As noções gerais não existem, não existe "o homem", mas João, Pedro, Maria etc. Não existe a natureza das coisas ou do homem, apenas os indivíduos particulares têm existência real.

Considera "universais" uma expressão da linguagem; não passam de nomes que têm como função nos ajudar a perceber, em conjunto, fenômenos isolados. Logo, o conhecimento verdadeiro é o do indivíduo e não o do universal; de forma oposta aos tomistas, aquilo que para estes era do âmbito do ser, para Ockam limitava-se à linguagem e ao pensamento. Na realidade, só existem coisas individuais, simples e diferentes umas das outras.

Mas quais as consequências dessa nova proposta filosófica? Primeiro, Ockham distanciou-se dos preceitos da teologia católica, em relação ao dogma da Santíssima Trindade e em relação à análise dos atributos da essência divina – não há atitudes separadas de Deus, mas apenas nomes por meio dos quais o nomeamos, como misericordioso (e não a misericórdia), justo (e não a justiça), entre outros. Igualmente, rejeitou a afirmação tomista da prova racional de Deus, pois só a fé nos leva ao conhecimento dele. Filosofia e fé estão separadas. O objeto da razão humana são as coisas individuais tais como foram criadas por Deus, e não os universais.

Em segundo lugar, a influência nominalista é perceptível também no direito, ao rejeitar o direito natural presente no direito romano e retomado pela escolástica. O direito deve importar-se com o indivíduo, com seus direitos individuais, com a vontade positiva[22] dos indivíduos, pois só assim será possível estabelecer um ordenamento jurídico. No lugar da observação da natureza e da leitura de sua ordem, Ockham propõe a observação do indivíduo. Essa influência deu-se lentamente:

> [...] foi necessário que as novas tendências lógicas e a nova visão do mundo que a filosofia de Ockham haviam introduzido na escola fizessem lentamente seu caminho na educação dos sábios. Igualmente na dos juristas. Mas a estrutura do direito moderno só pode se explicar voltando-se a essa fonte, a essas premissas metafísicas elaboradas pelas escolas da idade Média até o seu zênite. Sua lógica, sua metafísica, embora apenas transmitidas ao direito de modo lento e indireto, são, pois, o aporte maior de Ockham à história do direito.[23]

Torna-se mais clara a influência de Ockham na modernidade se atentamos para a marcante presença de sua filosofia em sua reflexão jurídica, ou seja, como só

---

22 Para Villey, o positivismo jurídico foi uma decorrência do nominalismo.

23 VILLEY, 1975, p. 210.

as *res positivae* singulares podem ser objeto do conhecimento, a fonte do direito só pode ser a vontade individual, e não a ordem natural. Nesse sentido é que se pode aproximar o positivismo jurídico moderno do nominalismo, embora não como uma simples transcrição de uma teoria à outra.

Entre o mundo medieval e o mundo moderno, a noção de "direito positivo" sofreu alterações significativas que, embora não caiba aqui discutir, cito apenas para exemplificar que essa expressão se originou na escolástica humanista da Escola de Chartres, foi retomada por Pedro Abelardo, pelos glosadores e, posteriormente, por Tomás de Aquino. Reaparecia, assim, como influência de novas fontes profanas,[24] a filosofia clássica do direito natural, como correspondente da noção de *dikaion nomikon*, isto é, o justo deriva das leis postas (*legem ponere*). Já o positivismo moderno[25] privilegia o direito positivo, decorrente do direito natural, como aquele que pode criar a lei, e esta, a ordem jurídica.

Para Ockham, acima de tudo, está a liberdade de Deus, absoluta. Mas, como a única realidade é o indivíduo, só a vontade e o poder deste podem ser a origem de toda ordem do direito, embora haja leis divinas expressas nos textos sagrados.

Se, de um lado, reconhece o poder de Deus, também reconhece que há um poder dos homens, daí é preciso explicitar a origem do *imperium* e do *dominium* para verificar "por qual direito o domínio das coisas temporais e sua jurisdição foram introduzidas".[26] Deus concedeu aos homens, inicialmente, quando tudo era comum a todos, um domínio coletivo sobre tudo, um direito de apropriação, pois "há um domínio das coisas temporais que é divino, [...] outro que é humano e divide-se em dois: comum a todo gênero humano, e próprio".[27] Mas, e as propriedades, como foram elas distribuídas? Não o foram por Deus, mas Ele deu aos homens outro poder, o de instituir chefes e a estes coube a tarefa de estabelecer limites entre as diferentes propriedades, para que seus proprietários possam coexistir, definindo o limite da jurisdição.

Igualmente não foi Deus que deu ao príncipe o direito de governar os homens, mas estes é que delegaram a ele o poder legislativo e, com isso, o direito para fazer as leis que estabelecerão a legalidade. Ao mesmo tempo que atribui aos homens a competência para instituir a autoridade política, Ockham também aponta para sua responsabilidade para com esse poder:

> [...] os direitos positivos dos indivíduos preencheram o vazio resultante da perda
> do direito natural. Agora, a ordem social aparece constituída não por uma rede

---

24 Platão, Cícero, Aristóteles (principalmente) e o direito romano.

25 Para alguns, sua primeira manifestação está no pensamento de Thomas Hobbes.

26 OCKHAM, 1988, livro III, cap. 7, p. 111.

27 OCKHAM, 1988, livro III, cap. 7, p. 111.

de proporções entre os objetos divididos entre as pessoas, mas por um sistema de poderes subordinados uns aos outros e das leis decorrentes desses poderes.[28]

Os direitos naturais dos homens de usar o que a natureza lhes oferecia, de estabelecer as leis e de eleger seus governantes eram inalienáveis e não poderiam ser usurpados pelo príncipe nem negados pelo papa. Desde a criação, os homens detinham o poder de dispor de tudo que encontrassem para sua sobrevivência: essa reta razão só não fundava a posse individual – o *dominium* – sobre tais bens; essa só foi possível depois da queda, depois do pecado original, quando o homem, ao ser expulso do Paraíso, perdeu a situação ideal em que vivia e a apropriação privada tornou-se necessária e útil à sobrevivência. Esse *dominium* foi dado a todos os homens indistintamente, sem que a Igreja tivesse qualquer ascendência sobre as coisas deste mundo.[29]

3.4 Soberania e ruptura: a contribuição de Maquiavel

A obra *O Príncipe*,[30] de **Nicolau Maquiavel**,[31] como grande representante do pensamento renascentista, foi impregnada pela ideia de ruptura que essa nova noção de soberania representou.

A inovação principal do pensamento maquiaveliano é a criação de um Estado ao qual não basta existir, é preciso que possa manter-se. Não se trata de questionar seus fins; seu interesse é objetivo, posto que visa a uma política das práticas reais e não ideais, ou seja, interessa-lhe refletir sobre o bem comum real e não o ideal. Assim, a soberania nada mais é para Maquiavel do que a doutrina política desse Estado.

Em *Comentários sobre a primeira década de Tito Lívio*, Maquiavel refere-se à concepção estática da história como uma concepção universalista:

> [...] quem quer estudar a história contemporânea e da antiguidade verá que os mesmos desejos e as mesmas paixões reinaram e reinam ainda em todos os

---

28 VILLEY, 1975, p. 260-261.

29 Dada sua complexidade e desdobramentos, este texto não tem a pretensão de esgotar o pensamento de Ockham, pretende apenas levantar algumas questões relativas à contribuição do seu pensamento para a formação da noção de soberania na modernidade.

30 "Todos os Estados, todos os domínios que tem havido e que há sobre os homens foram e são repúblicas ou principados." Maquiavel usa os dois termos – "Estados" e "domínios" – como sinônimos, isto é, como governo ou regime. MAQUIAVEL, N. *O Príncipe*. São Paulo: Abril Cultural, 1973. cap. I, p. 11.

31 *Niccolò Machiavelli* nasceu em Florença, em 3 de maio de 1469, e morreu na mesma cidade, em 21 de junho de 1527. Sua principal obra, *Il Principe*, foi escrita em 1513, embora só publicada postumamente, em 1532.

governos, em todos os povos. Por isso é fácil, para quem estuda com profundidade os acontecimentos pretéritos, prever o que o futuro reserva a cada Estado, propondo os remédios já utilizados pelos antigos ou, caso isto não seja possível, imaginando novos remédios, baseados na semelhança dos acontecimentos.[32]

Como homem da Renascença que é, sua concepção da história é universalista, seu interesse são os fatos recorrentes, posto que não mudam e são atemporais. Estabelece, pois, uma ruptura com o sistema feudal, "símbolo dessa ordem cósmica universal estabelecida por Deus e que é, portanto, eterna e imutável".[33]

Não lhe interessa o comportamento moral do governante, mas suas ações necessárias para conservar o poder e evitar qualquer tipo de discórdia e de conspiração destruidora da ordem necessária à manutenção da soberania. É preciso construir uma arte política e não juízos morais sobre o príncipe, pois não é a legitimidade ou a usurpação que o fazem capaz ou incapaz da ação política necessária a cada situação:

> Ao príncipe torna-se necessário, porém, saber empregar convenientemente o animal e o homem. Isto foi ensinado à socapa aos príncipes, pelos antigos escritores, que relatam o que aconteceu com Aquiles e outros príncipes antigos, entregues aos cuidados do centauro Quiron, que os educou. É que isso (ter um preceptor metade animal, metade homem) significa que o príncipe sabe empregar uma e outra natureza. E uma sem a outra é origem da instabilidade. Sendo, portanto, um príncipe obrigado a bem servir-se da natureza da besta, deve dela tirar as qualidades da raposa e do leão, pois este não tem defesa nenhuma contra as armadilhas, e a raposa, contra os lobos. Precisa, pois, ser raposa para conhecer as armadilhas, e leão para aterrorizar os lobos.[34]

Capaz de tudo fazer, a *virtù* do bom governante não equivale a construir um Estado ideal, mas em realizar os objetivos propostos conforme as possibilidades concretas.

> Todos esses [Moisés, Ciro, Rômulo, Teseu e semelhantes] encontram no seu caminho inúmeros obstáculos e perigos, e é-lhes mister superá-los com a virtude [virtù]. Mas uma vez que os superaram e começaram a ser venerados, então,

---

32 MAQUIAVEL, N. *Comentários sobre a primeira década de Tito Lívio*. Brasília: UnB, 1982. Livro I, cap. XXXIX, p. 129.

33 CASSIRER, E. *O mito do Estado*. São Paulo: Codex, 2003. p. 164.

34 MAQUIAVEL, 1973, cap. XVIII, p. 79.

Capítulo 3 » **A formação dos Estados modernos e a questão da soberania** » **63**

tendo destruído os que lhes invejaram a condição de príncipe, ficam poderosos, seguros, honrados e felizes.[35]

Há uma dupla novidade introduzida por Maquiavel, como segue.

1. A definição teórica do problema político: é o primeiro a definir a política como exercício do poder: este precisa ser conquistado e mantido no Estado.

> Todavia, como é meu intento escrever coisa útil para os que se interessarem, pareceu-me mais conveniente procurar a verdade pelo efeito que delas se possa imaginar.[36]

2. A prática política como instituidora de uma nova ordem: a reintrodução da noção de necessidade na definição da política torna possível a definição do domínio político como um conjunto de práticas, ou seja, como uma nova ordem.

> Digo, pois, que no principado completamente novo, onde exista um novo príncipe, encontra-se menor ou maior dificuldade para mantê-lo, segundo seja mais ou menos virtuoso quem o conquiste. E porque o elevar-se de particular a príncipe pressupõe ou virtude ou boa sorte, parece que uma ou outra dessas duas razões mitigue em parte muitas dificuldades; não obstante, tem-se observado, aquele que menos se apoiou na sorte reteve o poder mais seguramente.[37]

Maquiavel rompeu com toda tradição política anterior a ele, isto é, com o universalismo teológico da Idade Média, ao afirmar a independência da esfera política, uma vez que para ele o Estado só pode resultar do ato instituidor pelo qual o príncipe estabelece os princípios do exercício do poder. Ao recusar qualquer base transcendental para a política, afirma a força da *virtù*, própria da natureza humana, mas audaciosamente presente nos grandes homens da história da humanidade. E porque a natureza humana não muda e é sempre a mesma, os homens em todos os tempos recorrerão àquilo que for possível recorrer para alcançar seus fins. Segundo Simone Goyard-Fabre:

> [...] num mundo sem ideias e sem valores parecido com uma selva, esses são os meios mais seguros para que um príncipe ou, da mesma maneira, uma República, firme cada vez mais sua potência não sem se erguer, num gesto tão belo quanto

---

35 MAQUIAVEL, 1973, cap. VI, p. 30.
36 MAQUIAVEL, 1973, cap XV, p. 69.
37 MAQUIAVEL, 1973, cap VI, p. 29.

64 » Filosofia Política

dramático, contra a Fortuna, senhora do destino. No caso, o importante é ter êxito – é preciso preservar o Estado, fazê-lo perdurar aumentando-lhe a grandeza.[38]

Estava consumada a separação entre a moral e a política.

3.5 A teoria da soberania de Jean Bodin

Mas foi com **Jean Bodin**[39] que o conceito de soberania emergiu pela primeira vez no sentido moderno acima apontado, no seu texto *Les six livres de la République*.[40] Para ele, tratava-se de estabelecer a definição da palavra **soberania**, pois, até então, nenhum jurisconsulto nem filosofo político a tinha definido, pois não equivale a nenhuma noção da legislação romana ou do *imperium*. "La souveraineté est la puissance absolue et perpétuelle d'une République [...] c'est-à-dire la plus grande puissance de commander",[41] isto é, ela é o alicerce do Estado. Em sua opinião, o que faltava não era a "palavra" soberania, que já existia.[42]

Talvez com certa razão, em outro dos seus livros, Bodin referia-se à importância de seu pensamento: "Ce point éclairci, beaucoup de questions obscures et difficiles au sujet de la République sont résolues. Et, cependant, il a été omis par Aristote et ceux qui ont écrit au sujet de la République".[43]

Esse mesmo raciocínio foi por ele retomado depois, quando mais uma vez afirmou: "il est icy besoin de former la definition de souveraineté, par cel qu'il n'y a ni jurisconsulte, ni philosophe politique, qui l'ait definie; j'açoit que c'est le point principal et le plus necessaire d'êstre entendu au traité de la République".[44]

Nessas frases, Bodin não define uma realidade totalmente nova, própria apenas dos Estados modernos. Mas tem a clareza da novidade de sua definição de soberania com base na análise do que tinham sido as diferentes repúblicas até

---

38 GOYARD-FABRE, S. *Os princípios filosóficos do direito político moderno*. São Paulo: Martins Fontes, 1999. p. 17.

39 Economista e jurista francês (1530-1596).

40 BODIN, J. *Les six livres de la République*. Paris: Fayard, 1986.

41 "A soberania é o poder absoluto e perpétuo de uma República [...] isto é, o maior poder de comandar" (BODIN, 1986, livro I, cap. I, p. 27).

42 Nicole d'Oresme (1325-1382), bispo de Lisieux, já utilizara essa expressão, bem como a palavra **soberano**, que nomeava aquele que a exercia, na sua tradução francesa da obra *Política*, de Aristóteles.

43 "Esclarecido esse ponto, muitas questões obscuras e difíceis sobre a noção de República são resolvidas. E, entretanto, foi omitido por Aristóteles e por aqueles que escreveram sobre a noção de República." (MESNARD, P. Methodus ad facilem historiarum cognitionen. In: ___. *Oeuvre Philosophique de Jean Bodin*. Paris: PUF, 1951. cap. 6, p. 359 – por se tratar de uma reprodução da edição de 1593, a grafia foi mantida).

44 "Trata-se de estabelecer a definição de soberania, posta que não há nem jurisconsulto, nem filósofo político, que a tenha definido; asseguro que este é o ponto principal e o mais necessário de ser entendido no tratado sobre a república" (BODIN, 1986, livro I, cap. 8, p. 179).

Capítulo 3 » **A formação dos Estados modernos e a questão da soberania** » **65**

aquela época. Maquiavel formulou o problema político em termos de poder de Estado, já a Bodin coube definir esse poder como potência soberana.

Bodin constrói o conceito de soberania diferentemente dos jusnaturalistas, principalmente ao não dar importância ao problema de origem, uma vez que ela é resultado da própria história. Ao afirmar que a soberania é o poder perpétuo e absoluto de uma República, é fundamental explicitar o que é cada um desses conceitos.

A República é perpétua porque não pode ser limitada pelo tempo; só sem esse limite um Estado ou República são soberanos.

O poder de uma República é absoluto, porque:

» é superior – o poder soberano não é igual nem inferior a outro poder;

» é independente – o poder soberano tem liberdade de ação;

» é incondicionado – o poder soberano não se submete a obrigações;

» é ilimitado – se o poder é soberano, não pode ser limitado.

Os direitos do poder soberano são: o poder de legislar sem o consentimento dos súditos e sem que tenha que se submeter a um poder superior; fazer a guerra e fazer a paz; estabelecer o valor da moeda; impor taxas e impostos. Mas se o poder soberano é ilimitado em relação às leis civis, o mesmo não pode ser afirmado em relação às leis naturais, ou seja, o poder soberano não é arbitrário, posto que está submetido às leis divinas e naturais que expressam a vontade de Deus. Tanto a lei divina eterna e imutável quanto a lei natural são condições naturais fundamentais para a criação do príncipe.

A soberania é o princípio da república para Bodin. A república que só um comanda é mais segura. O que determina sua existência é o reconhecimento do poder soberano. Ao refletir sobre a soberania, Bodin debate os limites do poder político tendo como fundamento os conceitos e argumentos jurídicos, posto que se trata da supremacia da soberania frente aos outros poderes da república.

3.6 Considerações

Com o advento da modernidade, a lei tornava-se

> [...] cada vez mais, o principal instrumento de organização da sociedade; mesmo assim, a exigência de justiça e de proteção dos direitos individuais, intrínseca à concepção medieval do direito, fez-se novamente presente. Num primeiro momento, através das grandes doutrinas jusnaturalistas que, defendendo a existência de um direito pré-estatal ou natural, procuravam salvaguardar a exigência de racionalidade, por considerarem que é a veritas e não a auctoritas que legitima a

lei; em seguida, através das grandes constituições escritas na época da revolução democrática que puseram um freio jurídico à soberania, proclamando os direitos invioláveis do cidadão.[45]

A preocupação com a unidade do poder soberano marcou, então, aquilo que pode ser chamado da concepção moderna de soberania.

Com o Estado moderno, abre-se um espaço entre o rei e seus súditos que será ocupado pela administração, criando um fosso que gradativamente separará um soberano onipotente na esfera pública de um indivíduo limitado à esfera privada. O soberano moderno é aquele que faz a lei, não podendo ser limitado por ela porque está *supra legem*; ao criar a lei, o direito estatiza-se porque corresponde à ordem do soberano, e não a qualquer outra fonte.

Para o mundo moderno, esse poder soberano era único, não reconhecia nenhum superior: só ele podia fazer a lei e aplicá-la para, depois, revogá-la, se assim fosse necessário. Em substituição à superioridade escalonada do mundo feudal – em oposição à sociedade medieval que se debatia entre a pretensão universalista do poder do papa e do imperador e a fragmentação que o feudalismo representava em pequenos poderes locais –, a noção moderna de soberania, pelo contrário, apontou a necessidade de um centro uno de poder, isto é, um núcleo central de comando e decisão de uma sociedade que, de acordo apenas com sua vontade, expressa pelo poder soberano, tem a legitimidade para a definição e o estabelecimento do bem comum, sob pena de desaparecer, se algum poder interno ou externo a ele se sobrepuser. Gradativamente, foi se constituindo a ideia de uma centralização política, administrativa e militar, que recusava a submissão ao papa e ao imperador e reclamava para si uma autoridade sobre os pequenos reinos, lançando as bases do que seria o Estado moderno, ao recusar o policentrismo do poder, em nome da unidade, do estabelecimento da exclusividade do poder político.[46]

Na herança que os modernos receberam, aos poucos, a noção de poder desligava-se de uma origem divina e, gradativamente, o povo tornava-se sua origem, como afirmavam Francisco Suarez[47] e Francisco de Vitoria,[48] ou seja, a noção de um poder atribuído por Deus ao povo e por este aos reis. Isso era suficiente para incomodar os defensores da ideia do direito divino dos reis, como Robert Filmer no seu texto *Patriarca*. Pouco tempo depois, Thomas Hobbes, John Locke

---

45 BOBBIO, N.; MATTEUCCI, N.; PASQUINO, G. *Dicionário de política*. Brasília: UnB, 1992. Vol. II, p. 1182.

46 Essas reflexões foram preliminarmente apresentadas pelo Grupo de Trabalho Ética e Filosofia Política no 1º encontro nacional promovido pela Anpof, em 2003.

47 Jesuíta espanhol (1548-1617), foi um homem de ampla formação – filósofo, jurista – e um dos grandes pensadores do jusnaturalismo dos séculos XVI e XVII.

48 Teólogo espanhol (1492-1546) e um dos fundadores da tradição filosófica da chamada Escola de Salamanca.

Capítulo 3 » **A formação dos Estados modernos e a questão da soberania** » **67**

e Jean-Jacques Rousseau – que vocês verão a seguir – já não precisarão invocar uma origem divina do poder popular.

3.7 Textos para análise

TEXTO 1

República é um reto governo de vários lares e do que lhes é comum, com poder soberano. [...]

A soberania é o poder absoluto e perpétuo de uma República, [...] palavra que se usa tanto em relação aos particulares quanto em relação aos que manipulam todos os negócios de estado de uma República. [...] É necessário formular a definição de soberania porque não há jurisconsulto nem filosofo político que a tenha definido.

E dado que dissemos que República é um reto governo de várias famílias e daquilo que lhes é comum com poder soberano, é necessário esclarecer o que significa poder soberano. Disse que esse poder é perpétuo: porque pode acontecer que se dê poder absoluto a um ou a vários por certo tempo, o qual expirado, eles nada mais são do que súditos.[49]

TEXTO 2

Todos os Estados, todos os governos que tiveram e têm autoridade sobre os homens, foram e são ou repúblicas ou principados. Os principados são: ou hereditários, quando seu sangue senhorial é nobre há já longo tempo, ou novos. Os novos podem ser totalmente novos, como foi Milão com Francisco Sforza, ou o são como membros acrescidos ao Estado hereditário do príncipe que os adquire, como é o reino de Nápoles em relação ao rei da Espanha. Estes domínios assim obtidos estão acostumados, ou a viver submetidos a um príncipe, ou a ser livres, sendo adquiridos com tropas de outrem ou com as próprias, bem como pela fortuna ou por virtude.

Não se admire alguém se, na exposição que irei fazer a respeito dos principados completamente novos de príncipe e de Estado, apontar exemplos de grandes personagens; por que, palmilhando os homens, quase sempre, as estradas batidas pelos outros, procedendo nas suas ações por imitações, não sendo possível seguir fielmente as trilhas alheias nem alcançar a virtude

---

49   BODIN, 1986, livro I, cap. I, p. VIII.

do que se imita, deve um homem prudente seguir sempre pelas sendas percorridas pelos que se tornaram grandes e imitar aqueles que foram excelentes, isto para que, não sendo possível chegar à virtude destes, pelo menos daí venha a auferir algum proveito; deve fazer como os arqueiros hábeis que, considerando muito distante o ponto que desejam atingir e sabendo até onde vai a capacidade de seu arco, fazem mira bem mais alto que o local visado, não para alcançar com sua flecha tanta altura, mas para poder com o auxílio de tão elevada mira atingir o seu alvo.

Digo, pois, que no principado completamente novo, onde exista um novo príncipe, encontra-se menor ou maior dificuldade para mantê-lo, segundo seja mais ou menos virtuoso quem o conquiste. E porque o elevar-se de particular a príncipe pressupõe ou virtude ou boa sorte, parece que uma ou outra dessas duas razões mitigue em parte muitas dificuldades; não obstante, tem-se observado, aquele que menos se apoiou na sorte reteve o poder mais seguramente.[50]

TEXTO 3

Que poder, quanto, em que caso e sobre quem o papa possui, por direito divino e concedido só por Cristo, compete principalmente aos teólogos investigar, não a outros, a não ser na medida em que são levados a tomar algo de teologia [...] De fato, as obras de Cristo estão inseridas nas Escrituras divinas; logo, compete aos teólogos, investigadores das escrituras, tratar de quanto poder o papa possui por direito divino e a mandato de Cristo.[51]

Foi dado por Deus, sem o ministério e a cooperação humana, o poder de instituir chefes com jurisdição temporal, pois a jurisdição temporal pertence ao número daqueles bens necessários e úteis para viver-se bem e politicamente [...] O duplo poder, de apropriar-se das coisas temporais e de instituir chefes com jurisdição temporal, foi dado imediatamente por Deus não somente aos fiéis, mas também aos infiéis.[52]

---

50 MAQUIAVEL, 1973, cap. VI, p. 22.

51 OCKHAM, 1988, p. 37.

52 OCKHAM, 1988, p. 113.

3.8 Roteiro de estudos

» Explicitar o sentido de soberania.

» Explicitar o sentido de poder soberano e poder perpétuo, destacando semelhanças e diferenças.

» Explicitar o que é principado.

» Explicitar o que é o príncipe prudente.

» Explicitar o que é *fortuna* e *virtù*.

» Explicitar o sentido de direito divino.

» Explicitar o que é jurisdição temporal.

3.9 Conceitos-chave

» ESTADO: historicamente, a noção de Estado se constituiu na Europa entre os séculos XIII e XVIII. Essa forma de organização de poder, também chamada de Estado Moderno, traduz-se pela centralização do poder cuja base concreta assenta em um território. Muito embora a questão das investiduras seja fundamental para se compreender essa emergência, pois facilitou a fragmentação do mundo cristão – a *Res Publica Christiana* caracterizada por uma unidade política e religiosa – o nascimento do Estado não é fácil de determinar. Ao mesmo tempo que as monarquias europeias se consolidavam, também se definia o perfil do Estado. Mas, foi com as revoluções dos séculos XVII e XVIII que de fato se consolidou o sentido moderno de Estado, ao afirmarem a vontade popular como soberana e o Estado seu único representante.

» REPÚBLICA: originalmente, os gregos usavam "politeia" para expressarem a organização política da sociedade; posteriormente, os romanos estabeleceram a expressão "res publica" para definirem a coisa pública, foi na modernidade que seu significado se estabeleceu como uma forma constitucional a expressar o ideal da liberdade cívica.

» SOBERANIA: o conflito entre o papado e o imperador ao final do mundo medieval é fundamental para a compreensão da noção moderna de soberania, pois ali já estava posta a questão de saber quem detinha o poder sobre o mundo conhecido – a autoridade espiritual ou a autoridade política. Portanto, trava-se de definir quem tinha prerrogativa do comando que, gradativamente evoluiu para o conceito moderno ainda hoje presente da ideia de soberania limitada por uma ideia de justiça estabelecida pelos homens em sociedade.

3.10 Propostas de tema para dissertação

Tema: Elementos ideológicos que constituem a noção de Estado moderno?

Perguntas que podem orientar a redação da dissertação:

» Qual a marca histórica da soberania?

» Por que a soberania é a forma moderna do poder intemporal?

» Qual a lógica interna da soberania?

Tema: Soberania e estado-nação

Perguntas que podem orientar a redação da dissertação:

» A soberania é um poder territorializado?

» Quando surge a noção e soberania?

» É possível afirmar que o significado de soberania foi sempre único?

Referências

BARROS, A. R. de. *A teoria da soberania de Jean Bodin*. São Paulo: Unimarco, 2001.

BÍBLIA. Português. *Bíblia sagrada*. São Paulo: Edições Paulinas, 1976.

BIGNOTO, N. *Maquiavel republicano*. São Paulo: Loyola, 1991.

BODIN, J. *Les six livres de la République*. Paris: Fayard, 1986.

CASSIRER, E. *O mito do Estado*. São Paulo: Codex, 2003.

GEARY, P. J. *Readings in Medieval History*. Peterborough: Broadview Press, 2015.

GOYARD-FABRE, S. *Os princípios filosóficos do direito político moderno*. São Paulo: Martins Fontes, 1999.

KRISTSCH, R. *A noção de soberania*. São Paulo: Humanitas; Imprensa Oficial do Estado de São Paulo, 2002.

LE GOFF, J. *Os intelectuais na Idade Média*. São Paulo: Brasiliense, 1989.

LIMA LOPES, J. R. de. *O direito na história*. São Paulo: Max Limonad, 2000.

MAIRET, G. *Les grandes oeuvres politiques*. Paris: Le Librairie Générale Française, 1993.

MAQUIAVEL, N. *Comentários sobre a primeira década de Tito Lívio*. Brasília: UnB, 1982.

_____. *O Príncipe*. São Paulo: Abril Cultural, 1973.

MESNARD, P. Methodus ad facilem historiarum cognitionen. In: _____. *Oeuvre Philosophique de Jean Bodin*. Paris: PUF, 1951.

OCKHAM, G. de. *Brevilóquio sobre o principado tirânico*. Petrópolis: Vozes, 1988.

SKINNER, Q. *As fundações do pensamento político moderno*. São Paulo: Cia. das Letras, 1998.

SPITZ, J.-F. *Bodin et la souveraineté*. Paris: PUF, 1988.

STRAYER, J. *As origens medievais do Estado moderno*. Lisboa: Gradiva, [s.d.].

TORRES, J. C. B. *Figuras do Estado moderno*. São Paulo: Brasiliense, 1988.

VAZ, H. C. de L. *Raízes da modernidade* – Escritos de filosofia VII. São Paulo: Loyola, 2002.

VILLEY, M. *La formation de la pensée juridique moderne*. Cours d'Histoire de la philosophie du droit. Paris: PUF, 1975.

CAPÍTULO 4

Hobbes e Locke:
racionalidade e representação política

DALVA APARECIDA GARCIA

4.1 Introdução

A abordagem de autores tão diversos e complexos requer, sem dúvida alguma, um recorte capaz de alicerçar uma síntese que dê conta de abarcar similaridades e diferenças conceituais relevantes. Similaridades que fixem um traço comum, capaz de unir pensadores em torno de um conceito norteador, como o conceito de "contrato social", que pode abranger as obras de Hobbes e Locke, no que se refere aos escritos políticos e à fundamentação racional do Estado, bem como ressaltar uma terminologia que se repete, tal como "sociedade civil e estado de natureza". Da mesma forma, podem servir como uma ponte entre as vertentes da história do pensamento, como a que vincula Locke e Montesquieu à importância da divisão de poderes. Todavia, os "ismos" em filosofia, se, por um lado, podem alinhavar contextos em torno do espírito de uma época ou dos problemas que emergem de um período histórico; por outro lado, podem simplificar demasiadamente a densidade de obras específicas. Em suma, se o contorno nos oferece uma chave para a leitura, pode também borrar a tonalidade das tintas da escrita de cada autor.

Mas como não há como se furtar desses riscos iminentes por maior que sejam o cuidado e o rigor que consigamos obter, optamos, pelo menos em um primeiro momento deste escrito, por oferecer ao leitor um convite à leitura das principais obras desses polêmicos e fundamentais pensadores. Tal convite busca inserir, em linhas gerais, as obras tratadas em um traçado dos problemas históricos e filosóficos que emergem no período. No caso de Hobbes e Locke, a questão da representatividade política se vincula à crença na possibilidade de uma representação racional que fundamentaria o grande racionalismo do século XVII.

O modelo matemático se constituiu em uma aposta na investigação de um método seguro para se pensar todo e qualquer conhecimento, o que, em última análise, sustenta a imagem do contrato social e do Estado civil e político como um artifício da razão em seu procedimento de cálculo a fim de resgatar uma unidade que só poderia ser reconstituída pelos caminhos da razão e seus consequentes instrumentos políticos e jurídicos. No caso de Rousseau e Montesquieu, a concepção de racionalidade mantém seu vínculo com o século XVII, mas não se exime da crítica e da concepção de autonomia do pensamento, bandeiras de uma filosofia militante comum no Iluminismo do século XVIII.

4.2 Racionalidade como forma de representação

O século XVII se configura como um período de mudanças radicais em todas as esferas que ainda podiam manter um sentido de unidade do homem moderno com a ordem estabelecida. Todavia, é preciso considerar que as revoluções epistemológicas, religiosas e políticas que surpreenderam o mundo europeu nesse século, pondo fim aos cânones sedimentados pela tradição, foram, de alguma forma, o resultado de um lastro de transformações que tiveram origem com o surgimento de uma nova ordem econômica e política marcada pelo capitalismo comercial, fortalecimento da burguesia ascendente, formação de Estados Nacionais, humanismo renascentista e dissolução do pensamento escolástico. Mas não podemos negar que as revoluções que marcam o século XVII foram tão intensas que definitivamente alteraram a identidade do homem moderno e, consequentemente, suas relações com a natureza, o poder e, principalmente, as maneiras de lidar com o conhecimento de si, do mundo e da sociedade.

Podemos destacar, no curso das transformações radicais desse século, três movimentos de ruptura que redirecionaram os problemas filosóficos para a crença na racionalidade como forma de representação segura diante de um mundo de mudanças e incertezas, uma vez que as certezas sedimentadas pouco a pouco se desfazem nas contingências e atrocidades da história.

1. A denominada Revolução Copernicana: em 1543, Nicolau Copérnico publicou a obra *As revoluções dos orbes celestes*,[1] lançando as bases da teoria heliocêntrica, que coloca em xeque a concepção geocêntrica de Ptolomeu, com raízes na concepção de mundo ordenada presente na filosofia aristotélica, mas é no século de XVII que as descobertas de Galileu e Kepler intensificaram a ruptura preconizada por Copérnico. Em lugar de um Cosmos ordenado, dotado de centro, limitado e fundado em hierarquias de perfeição (portanto, na qualidade dos objetos), um Cosmos infinito, aberto no tempo e no espaço, que questiona a própria concepção de experiência fundamentada no limite dos sentidos humanos – que não poderia mais se configurar como garantia para o conhecimento. Em suma, rompe-se a concepção de um centro ou ponto fixo, uma ordem que poderia ser extraída da própria hierarquia da natureza e pudesse fundamentar qualquer ordenamento político ou do conhecimento. No lugar da explicitação qualitativa ou finalística dos fenômenos, a concepção de relações mecânicas de causa e efeito segundo leis universais, válida para todos os fenômenos, independentemente de suas qualidades para nossos sentidos.

---

1   Publicada em português pela Calouste Gulbenkian em 1996.

2. A Reforma Protestante: movimento inaugurado pelo monge alemão Martinho Lutero no século XVI com a publicação de 95 teses a favor das necessidades de uma revisão dos dogmas e contra os abusos da Igreja Católica que culmina com um longo, e não menos sangrento, movimento de ruptura com as diretrizes de um poder religioso centralizado. A iniciativa da reforma luterana, seguida da reforma calvinista, cria uma infinidade de tendências, seitas e interpretações diversificadas dos dogmas e certezas da cristandade. A sólida centralidade de uma unidade religiosa se desfaz em meio às disputas algumas vezes mais políticas do que teológicas, como a que fez Henrique VIII na Inglaterra ao romper com os sacramentos e liturgias tradicionais, dissociar-se do poder papal por meio da Reforma Anglicana. Em suma, as guerras religiosas que ocorreram no século XVII abalaram, de forma marcante, a ideia de uma unidade europeia como unidade político-religiosa.

3. A Revolução Inglesa: com a morte de Elizabeth I, da Dinastia Tudor (1603), filha de Henrique VIII (1491-1547), a coroa Inglesa passou para Jaime I, da Dinastia Stuart. O mérito de Henrique VIII e Elizabeth I era o de ter uma extrema habilidade de fortalecer o domínio inglês com o apoio do Parlamento formado pela Câmara dos Lordes e a Câmara dos Comuns e aproveitar-se da força da burguesia ascendente para referendar o domínio mercantil da Inglaterra, bem como aprovar desapropriações, conceder monopólios e lançar as bases da Revolução Industrial. Os sucessores dos Tudor, Jaime I e Carlos I, da Escócia, encontraram a burguesia e o parlamento fortalecidos e, graças ao acirramento de conflitos religiosos que envolviam católicos e protestantes e que tinham, como pano de fundo, interesses econômicos divergentes de novos setores emergentes da sociedade inglesa, naufragaram a Inglaterra numa crise política sem precedentes. A Primeira Monarquia Stuart, empenhada em implantar um programa político de caráter absolutista, desconsiderando o clima ideológico e a correlação de forças desfavorável a esse projeto, possibilitou condições para a emergência de uma Guerra Civil (1642-1648), que envolveu os partidários do rei e do parlamento e levou à condenação de Carlos I, em 1649, e ao governo ditatorial do chefe do exército "revolucionário" Oliver Cromwell (1649-1658). Todavia, o governo de Cromwell não sobreviveu à morte de seu fundador, os impostos dispendiosos para manter o exército no poder e a configuração de um poder centralizado encaminharam a Inglaterra a um período de restauração da monarquia com o governo de Carlos II e de seu filho Jaime II. Embora se declarassem reis pela vontade divina, os limites do poder absoluto fundamentado na origem divina e no patriarcado seriam definitivamente traçados pela Revolução Gloriosa de 1688. Maria Stuart e Guilherme de Orange assumiram a coroa inglesa, poder esse outorgado e fundamentado no parlamento.

As radicais transformações do século XVII desfizeram a configuração de ordem, unidade e centralidade contida na natureza das coisas, tal qual se entendia na tradição filosófica. Não se pode mais apostar na centralidade do Cosmos, na unidade religiosa ou na ordenação política. A razão passa a ser o instrumento para se entender o conhecimento como forma de representação. Frente à diversidade de um mundo que não denota uma homogeneidade em si mesma, impõe-se a busca de novos caminhos para o conhecimento. Tantos são os caminhos como os filósofos que os buscam. Todavia, não há como se furtar de uma ideia norteadora: o método procura, no ideal matemático, um modelo para o conhecimento inteiramente dominado pela inteligência.

Desta forma, é possível entender os desdobramentos da ideia de representação na esfera política. Trata-se de buscar um nexo causal que justifique, pela ordem das razões, a necessidade do Estado, sua configuração capaz de dar conta da legitimidade do poder político.

4.3 Thomas Hobbes – O contrato social como um constructo da razão

Thomas Hobbes nasceu na Inglaterra em 5 de abril de 1588. Filho de um clérigo, o autor teve seus estudos custeados pelo tio. Por volta dos 14 anos, ingressou em Magdalen Hall, em Oxford. Em 1608, foi indicado para ser preceptor do filho de Willian Cavendish, futuro primeiro conde de Devonshire. Em 1610, empreendeu com seu aluno sua primeira viagem à França e à Itália. Dedicado aos estudos de idiomas estrangeiros, literatura e história, Hobbes traduziu a obra de Tucídides, *História da Guerra do Peloponeso*, publicada em 1624. De 1621 a 1626, como secretário de Francis Bacon, iniciou sua incursão pela Filosofia. De 1631 a 1642, novamente a serviço da família Cavendish, Hobbes fez sua segunda viagem ao continente europeu. Nesse período, o contato com intelectuais próximos ao padre Mersenne, mentor de Descartes na França, e o com Galileu, na Itália, foi extremamente importante para sua filosofia. Hobbes retornou à Inglaterra em 1637, às vésperas da guerra civil. Decidiu publicar primeiro o *De cive*, que circulou em cópia manuscrita em 1640 com o título *Elementos da lei natural e política*. Em 1640, retirou-se para Paris, onde passou os 11 anos seguintes. Procurou o círculo de Mersenne, escreveu "Objeções às Ideias de Descartes" e, em 1642, publicou *De cive*. Quatro anos depois, o príncipe de Gales, o futuro Carlos II, em Paris, convidou-o para ensinar-lhe matemática e Hobbes voltou para os temas políticos. Em 1651, publicou sua obra-prima, o *Leviatã*.[2] Carlos I tinha sido executado e Carlos II estava exilado; na obra,

---

2   HOBBES, T. *Leviatã* – Ou matéria, forma e poder de um Estado eclesiástico e civil. Trad. João Paulo Monteiro e Maria Beatriz Nizza da Silva. São Paulo: Abril Cultural, 1988. (Coleção Os Pensadores).

tentou definir as situações em que seria possível legitimamente a submissão a um novo soberano, o que precipitou as controvérsias em torno de suas inspirações políticas e religiosas e resultou em sua expulsão da corte inglesa exilada em Paris. Hobbes regressou à Inglaterra em 1652, encontrando-a dominada por Cromwell. Publicou, em 1654, a obra *Sobre o corpo* e, em 1658, *Sobre o homem*. Com a restauração da monarquia inglesa, em 1660, Hobbes voltou a ser admitido na corte, com uma pensão oferecida por Carlos II. Em seus últimos anos, Hobbes retomou o estudo dos clássicos, publicando uma tradução de *Odisseia*, em 1675, e da *Ilíada*, no ano seguinte. Morreu em 1679.

A originalidade de Hobbes na esfera política está na construção de uma cadeia de argumentos racionais capazes de legitimar o Estado como artifício da razão. Na primeira parte de seu *Leviatã*, busca responder ao enigma da própria natureza humana. Em oposição à teoria aristotélica do homem como *bios politikós*, a pretensa naturalidade da sociabilidade é questionada, pois, para o autor, o motor da ação humana se dirige para a preservação da vida e a satisfação das paixões. As influências do mecanicismo e do empirismo experimentalista de Bacon, somadas à crença na capacidade da razão, permitem a Hobbes traçar o desenho de uma natureza humana competitiva.

Tal traçado fundamenta-se na tentativa de Hobbes de fundar uma ciência da natureza humana que, em um primeiro momento, reside na possibilidade de o homem "ler a si mesmo", como afirma o próprio Hobbes na Introdução do *Leviatã*:

> Pretendia ensinar-nos que, a partir da semelhança entre os pensamentos e paixões de tão diferentes homens, quem quer que olhe pra dentro de si mesmo, e examine o que faz, o que pensa, opina, raciocina, espera, receia, etc., e porque motivos o faz, poderá por esse meio ler e conhecer quais são os pensamentos e paixões de todos os outros homens, em circunstâncias idênticas.[3]

Afirma Hobbes que, embora os objetos das paixões humanas sejam diversos, as paixões são as mesmas. Decifrar o desígnio das ações humanas sem compará-las às nossas, em particular, seria o mesmo que decifrar sem uma chave ou método, o que resultaria em deixar-se enganar. Na busca dessa chave de análise, por vezes fundamentada na indução, Hobbes afirma que os homens não sentem prazer nenhum na convivência com os demais, na luta pela sua conservação e, em busca de seus prazeres, esforçam-se por subjugar e destruir os demais.

O pressuposto do "individualismo" é a marca da igualdade dos homens, desígnio da própria natureza humana, pois, segundo Hobbes, não há diferenças

---

3   HOBBES, 1988, p. 3.

Capítulo 4 » **Hobbes e Locke: racionalidade e representação política** » **77**

consideráveis entre os homens quanto às faculdades do corpo e do espírito que lhes permitam aspirar a algo que outro não possa alcançar.

Da igualdade da natureza humana às capacidades físicas e espirituais deriva a igualdade do homem para atingir seus fins: a conservação da vida e a satisfação das paixões. Sendo assim, se dois homens desejam a mesma coisa e é impossível que ambos a obtenham, um torna-se inimigo do outro. Ora, dado que todos os homens são iguais e se dirigem para a satisfação das mesmas paixões, o resultado dessa equação é a desconfiança generalizada de todos contra todos: antecipar as ações para a defesa de si mesmo, antes do ataque possível e provável do outro, é não só prudente mas também razoável. Ainda mais quando se considera que a ação humana, bem como qualquer movimento, é livre desde que não haja impedimentos externos ou resistência.

Livres e iguais na natureza, os homens desconhecem qualquer lei ou fundamento jurídico em sua própria defesa, a não ser a própria lei da natureza, preceito da razão que "proíbe a um homem fazer tudo que possa destruir sua vida ou privá-lo dos meios necessários para sua conservação".[4] Mas é justamente a lei da natureza, em um primeiro momento, que justifica a configuração de um estado de guerra e desconfiança de todos contra todos, uma vez que, isolados, os homens só podem buscar na própria defesa o instrumento de sua preservação. E a melhor defesa é o ataque, segundo o autor.

Chegamos a uma contradição da própria razão. Em busca da garantia da vida e dos meios para preservá-la, a guerra é o único resultado possível, dada a ausência de um poder legítimo capaz de limitar as paixões humanas que conduzem facilmente à discórdia, ao conflito e à guerra.

Hobbes identifica como causas primordiais da discórdia, em sua análise da natureza humana: a competição, que leva os homens a atacar uns aos outros em busca do lucro, a desconfiança, que visa à sua própria segurança e, por fim, à glória, que faz com os homens entrem em conflitos em nome de sua reputação.

O direito natural, para o autor, fundamenta-se na liberdade que cada homem tem de agir conforme puder ou quiser. Neste sentido, lei e direito são termos contrários na filosofia hobbesiana: enquanto a lei determina ou obriga, o direito implica o poder de agir ou se omitir conforme sua razão. Isso significa afirmar que cada homem tem o direito, para sua própria preservação e contra seus inimigos, a tudo, incluindo ao corpo dos outros. Mediante tais pressupostos, configura-se um cenário de guerra de todos contra todos. O cenário da guerra é o cenário da mais profunda miséria e insegurança humana: não há garantia de propriedade, pois só pode pertencer a um homem aquilo que ele for capaz de conseguir e enquanto for capaz de assegurar, assim como não há justo ou injusto, pois as noções de bem e mal não podem ter validade se não há um poder comum e legítimo que determine

---

4   HOBBES, 1988, p. 78

a lei. Na guerra, a supressão da vida é um argumento válido, assim como os saques, a força ou a fraude. Na guerra, valeria a lei do mais forte? O pressuposto da igualdade das condições do homem na natureza elimina por completo essa possibilidade, não há na natureza alguém mais forte ou inteligente capaz de viver uma vida tranquila.

Frente à descrição da mísera condição humana, poderíamos afirmar que, para Hobbes, os homens são maus por natureza? A questão não se coloca, uma vez que, para o autor, as noções de bem ou mal, justo ou injusto não fazem parte das faculdades do corpo ou do espírito humano da mesma forma que os sentidos e as paixões. Na ausência de limites não há como julgar o bem e o mal, pois "onde não há poder comum não há lei e onde não há lei não há injustiça".[5]

Para aqueles que consideram tão sórdidas as inferências do autor sobre a condição humana quanto o é sua descrição do estado de natureza como um contínuo estado de guerra, Hobbes nos convida novamente a ler a nós mesmos e a considerar nossas experiências: Acaso fechamos nossas portas e cofres, mesmo sabendo que há poder e leis que nos protegem, porque confiamos uns nos outros?

É como se Hobbes nos respondesse que os mecanismos das paixões humanas não podem ser julgados quando se coloca em questão a conservação do homem, mas dado que o conflito e a guerra, consequência da condição humana, colocam em risco a vida e a prosperidade é preciso derivar da própria razão os mecanismos para obter a paz. É da derivação da própria lei da natureza – que proíbe ao homem fazer tudo o que possa destruir sua vida – que emerge a primeira e fundamental regra da razão: buscar por todos os meios a paz. Em busca da finalidade da paz que, em primeira instância, coincide com a conservação da vida é que se justifica, no cálculo da razão, o contrato social como ferramenta da racionalidade. Por meio do contrato, os homens que buscam a paz concordam em renunciar ao seu direito sobre todas as coisas, pois, enquanto os detiverem todos os direitos que lhes conferem a natureza, permanecerão em condição de guerra.

A configuração do contrato ou pacto só pode resultar numa transferência mútua de direitos: em troca da paz e da segurança os homens concordam em abdicar de seu direito natural e de sua liberdade desde que todos os demais também o façam. Mas a garantia do cumprimento do contrato não pode estar à deriva da confiança dos homens uns nos outros, pois a menor suspeita do não cumprimento por parte de alguns anularia o pacto firmado. A solução para o impasse seria estabelecer um poder comum, situado acima dos contratantes, com direito e força para impor o cumprimento do contrato. Na condição de simples natureza, no qual os homens são iguais, o primeiro que aderisse ao contrato sem a garantia de que os demais o fizessem estaria se colocando em risco, sendo assim, o Estado civil seria a solução mais acertada para o impasse.

---

5   HOBBES, 1988, p. 77.

Capítulo 4 » **Hobbes e Locke: racionalidade e representação política** » **79**

Muito embora a regra da razão, reconhecida como lei da natureza, indique a profunda contradição por parte daqueles que não cumprem o pacto, uma vez que ele é derivado do consentimento racional dos que buscam a paz como meio de assegurar a própria sobrevivência, ele ainda não é instrumento suficiente para realizar sua finalidade, que é a segurança.

Por outro lado, é do cumprimento dos pactos que os homens celebram o que, para Hobbes, deriva a verdadeira fonte da justiça. Justo é cumprir o pacto. Também todas as demais virtudes, como a gratidão, a complacência, o perdão, a equidade, a parcialidade, nada mais são do que um exercício de cálculo da razão a fim de evitar conflitos e alcançar a paz. Afirma Hobbes que a filosofia moral nada mais é do que a ciência das leis que determina o que é bom ou ruim para a conservação da sociedade.

Em suma, para Hobbes a doutrina das leis naturais constitui a verdadeira ciência das virtudes morais, que nada mais são do que meios para uma vida pacífica e sociável. Mas, nos adverte Hobbes, as leis naturais são de fato regras da razão, conclusões ou teoremas que contribuem para evitar os conflitos e conservar a vida. Desta forma, enquanto ditames da razão, as leis naturais "obrigam in foro interno, enquanto desejo que sejam cumpridas, mas nem sempre obrigam in foro externo, enquanto desejo de pô-las em prática".[6] Afirma Hobbes que aquele que seguisse os ditames da razão numa época e num lugar onde ninguém mais o fizesse tornar-se-ia presa fácil para os demais e provocaria sua própria ruína, contrariando assim o fundamento das leis naturais.

Considerando que a lei propriamente dita é a palavra daquele que tem o direito de mando sobre os outros, mas que, dada a igualdade natural entre os homens, ninguém na natureza teria esse direito, exceto Deus, seria preciso buscar na representação um artifício. É preciso personificar o poder de mando por meio de um Estado. "E personificar é representar, seja a si mesmo ou a outro: e daquele que representa outro diz-se que é portador de sua pessoa ou que age em seu nome."[7]

Mais do que um pacto, é preciso instituir um poder comum acima dos contratantes com força suficiente para reduzir as diversas vontades a uma só, pois para Hobbes a unidade de muitos representados só pode se dar via representante. A união de um pequeno número de pessoas não seria capaz de oferecer segurança aos homens, pois bastaria um número um pouco maior do outro lado para incitar a guerra. Tal tarefa também não poderia ser de toda uma multidão, porque as divergências entre os homens quanto ao uso e aplicação da força levariam a conflitos particulares, fazendo-os se tornar inimigos uns dos outros. Um governo provisório que afastasse a comunidade de um inimigo comum também não seria remédio

---

6   HOBBES, 1988, p. 94.

7   HOBBES, 1988, p. 96.

acertado, pois seria inevitável que as diferenças entre os interesses ressurgissem após a união que conduziu à vitória.

A força capaz de assegurar a paz e a segurança não poderia estar na simples união entre os homens dada a inconstância das paixões, estaria na instituição de um Estado soberano, na geração do grande Leviatã, um Deus mortal, forjado pela razão, afirma Hobbes, "a qual devemos, abaixo do Deus Imortal, nossa paz e defesa".[8]

Ele coloca na soberania o alicerce do edifício de um Estado capaz de se colocar acima dos interesses conflituosos dos contratantes. Sendo os súditos autores de todos os atos e decisões do soberano instituído, negar as decisões do soberano seria negar a si mesmo, ou melhor, negar a orientação da racionalidade, que entende que quem deseja os fins (a paz e a segurança) deve desejar os meios para alcançá-los (a soberania do Estado). Ao soberano cabe o poder de ser juiz das doutrinas contrárias à paz, bem como decidir sobre possíveis controvérsias, prescrever regras que determinem e protejam a propriedade, escolher ministros, magistrados e funcionários, fazer a guerra ou a paz com outras nações e, enfim, recompensar ou punir os cidadãos.

Dado todos os poderes ilimitados do soberano, poderíamos refutar a tese hobbesiana que atribui ao Estado um poder absoluto, tornando a vida do súdito miserável, pois está sujeita aos apetites e paixões daquele ou daqueles que detêm o poder. Hobbes não nega os inconvenientes de estarmos submetidos ao poder, todavia os inconvenientes de qualquer forma de governo, seja este monárquico, aristocrático ou democrático, são ainda menores do que as calamidades que geram a guerra civil.

Neste sentido, as diversas formas de governo (monarquia, aristocracia ou democracia) não se diferenciam quanto ao poder. Se a soberania está nas mãos de um, de uma assembleia de poucos ou de muitos, o poder é sempre o mesmo, sob todas as formas, se elas forem suficientemente perfeitas para proteger os súditos. Mas qual seria a perfeita?

Ao analisar as formas de governo, o autor rompe a cadeia de argumentos dedutivos que o conduz da análise da condição humana à necessidade de um Estado soberano, para estabelecer um raciocínio por analogia. Trata-se de comparar os convenientes e inconvenientes das formas de governo. O pressuposto é que quem quer que seja a pessoa portadora da pessoa do povo, ou membro da assembleia que dela é portadora, ela é, antes, portadora de sua pessoa natural. Sendo assim, embora possa ter todo o cuidado com a pessoa política que representa, ela tem cuidado maior no sentido de favorecer a si mesma e aos seus.

---

8   HOBBES, 1988, p. 106.

A proximidade entre interesse pessoal e interesse público em uma monarquia é maior do que na democracia ou na aristocracia, pois a honra e a reputação de um monarca provêm unicamente da força e da reputação dos seus súditos. Em uma democracia ou aristocracia a prosperidade pública contribui menos para a fortuna pessoal de alguém corrupto.

Se um monarca recebe conselhos de quem lhe interessa, tem a possibilidade de ouvir pessoas com conhecimento sobre um assunto, já nas assembleias só são admitidas pessoas que têm esse direito, o que nem sempre implica conhecimento.

Se as resoluções do monarca estão sujeitas à sua inconstância (própria da natureza humana), as resoluções das assembleias somam-se à inconstância do número. Se o monarca pode favorecer seus protegidos, nas assembleias o número de favorecidos pode ser maior.

Ora, se o "Grande Leviatã" é um artifício capaz de reapresentar a unidade que não se encontra entre os homens na condição de simples natureza, a indivisibilidade do poder se faz necessária e, neste caso, é natural que Hobbes veja mais convenientes na monarquia do que na democracia. Mas não pode deixar de declarar o direito de sucessão como um dos grandes problemas da monarquia, afinal, a legitimidade da sucessão da Dinastia Stuart mergulha a Inglaterra de Hobbes na guerra civil. Talvez por isso, ao descrever a condição de guerra de todos os homens contra todos, Hobbes afirma: "Seja como for, é fácil conceber qual o gênero de vida quando não havia poder comum a recear, através do gênero de vida em que os homens que anteriormente viveram em governo pacífico costumam deixar-se cair, numa guerra civil."[9]

O remédio amargo e eficiente contra os conflitos da guerra civil é a soberania e a força do Estado. Lição indigesta, mas oportuna de Hobbes: se clamamos pelo fim dos conflitos e por segurança ao Estado, é necessário suportar os tentáculos do poder:

> Todos os homens são dotados por natureza de grandes lentes de aumento (ou seja, as paixões e o amor de si) através das quais todo pequeno pagamento aparece como um imenso fardo; mas são destituídos daquelas lentes prospectivas (a saber, a ciência moral e civil) que permitem ver de longe as misérias que os ameaçam, e que sem tais pagamentos não podem ser evitadas.[10]

---

9   HOBBES, 1988, p. 76.
10   HOBBES, 1988, p. 113.

4.4 John Locke – representação e representatividade

John Locke nasceu em 29 de agosto de 1632, no seio de uma família de burgueses comerciantes. Em 1648, seu pai participou ativamente da Revolução Puritana, alistando-se no exército do Parlamento. Estudou em Oxford e, depois de estudos diversificados, optou pela Medicina. Trabalhando como médico particular do conde de Shaftesbury, Locke ingressou nos círculos políticos. Em 1672, Shaftesbury, que representava na política os anseios do Parlamento, ascendeu ao cargo de chanceler e Locke assumiu um cargo como secretário. A oposição do conde às pretensões absolutistas de Carlos II fez com que Locke abandonasse suas atividades políticas vinculadas ao conde e viajasse para a França. Quando voltou à Inglaterra, em 1679, encontrou-a em grande agitação. Shaftesbury, líder da oposição contra Carlos II, depois de preso, voltara a fazer parte do cenário político e requisitava novamente os serviços de Locke. Mas, em 1681, foi acusado de liderar uma rebelião contra o rei e foi exilado na Holanda, junto com Locke. As principais obras de Locke só seriam publicadas após seu retorno para a Inglaterra, após a Revolução Gloriosa. Locke voltou no mesmo navio que trazia Maria Stuart e Guilherme de Orange. Entre 1689 e 1690, publicou sua *Carta sobre a tolerância*, que gerou muita polêmica, pois defendia a liberdade de escolha religiosa do indivíduo e a ideia de um Estado laico. Foi também nesse período que publicou o *Primeiro Tratado sobre o Governo Civil*, em que combate a tese de Robert Filmer (1588-1653), segundo a qual os monarcas teriam o poder legitimado pelo patriarcado, uma vez que seriam os descendentes diretos dos grandes pais da humanidade determinados por Deus, ou seja, Adão e Eva. Já no *Segundo tratado sobre o governo civil*,[11] Locke se dedicou à investigação da origem do poder político, fundada no consentimento entre os homens a fim de garantir seus direitos naturais. É nessa obra que ele lança os alicerces de uma democracia liberal e representativa, que influenciará economistas como Adam Smith. Em 1690, editou o *Ensaio sobre o entendimento humano*, em que combate com o mesmo afinco as teses do inatismo, que afirmavam que já existia no espírito humano algumas ideias não oriundas da experiência, como a ideia de Deus. Para o autor, é preciso determinar os limites do conhecimento humano, bem como sua origem, que só advir da própria experiência, fundamentando a corrente denominada empirismo. Em 1696, Locke assumiu ao cargo de Comissário da Câmara de Comércio, ao qual renunciou após quatro anos, já com saúde debilitada. Ele morreu em 27 de outubro de 1704.

Apesar de polêmicos, os escritos políticos de Locke influenciaram sobremaneira a concepção do Estado, não apenas como solução racional para uma vida

---

11 LOCKE, J. *Segundo tratado sobre o governo civil*. Trad. E. Jacy Monteiro. São Paulo: Abril Cultural, 1991. (Coleção Os Pensadores).

social íntegra e tranquila, como já fizera Hobbes, mas também como instância representativa dos direitos individuais dos cidadãos. Mesmo sendo Locke representante da burguesia ascendente e, de alguma forma, envolvido com as lutas contra o absolutismo monárquico, se, por um lado, por meio de sua filosofia política, ele expressa os anseios de uma classe social que tem na propriedade privada sua sustentação, por outro representa também uma luta acirrada contra o poder fundamentado pela tradição religiosa que despreza o consentimento de homens dotados de razão e portadores de direitos naturais. Sendo assim, para o autor o poder político não pode extrapolar a finalidade que justificaria suas origens, pois assim como é de suma importância investigar os limites do conhecimento humano e suas efetivas possibilidades, também é preciso tornar claros os limites da representação do poder.

No *Primeiro Tratado sobre o Governo Civil*, o combate se faz em torno da ideia do pátrio poder, tese desenvolvida em *O patriarca*, de 1680, por Sir. Robert Filmer, que defende a monarquia absoluta como direito divino concedido aos monarcas e a seus descendentes como legítimos soberanos porque são os pais da humanidade. De forma quase irônica, Locke declara que racionalmente os argumentos que sustentam que a fonte do poder que deriva "do domínio privado e da jurisdição paterna de Adão"[12] não poderiam ser seriamente considerados, uma vez que, mesmo supondo que Adão tivesse o direito natural de mando e poder sobre seus filhos, nada garantiria que estes também o tivessem; mesmo que tal direito existisse, na ausência de uma lei natural ou positiva de Deus legitimando o direito de sucessão, não haveria como saber quem poderia herdá-lo. Ora, dado que todos somos filhos de Adão e Eva, e diante da impossibilidade de determinar dentre as raças da humanidade qual é a mais antiga, alguém que buscasse a legitimidade do poder na ideia do patriarcado estaria focado em princípios falsos e preconceituosos.

No *Segundo tratado sobre o governo civil*,[13] Locke se propõe a investigar outra hipótese capaz de justificar a origem do poder político. Considera que tal poder não pode se confundir com o poder de pais sobre filhos, de senhores sobre escravos, ou do marido sobre a mulher. Trata-se do poder estabelecido mediante o consentimento da comunidade para fazer leis, estabelecer penalidades para regular e preservar a propriedade e, finalmente, de empregar a força da comunidade em prol do bem público.

Assim como Hobbes, Locke inicia sua investigação com a descrição de uma hipotética situação em que os homens viveriam de acordo com a natureza. O denominado Estado de natureza seria um estado de perfeita liberdade para os homens ordenarem suas ações ou posses, sem depender do consentimento de qualquer um. Mas, em oposição ao conceito de liberdade de Hobbes, a liberdade

---

12 LOCKE, 1991, p. 39.
13 LOCKE, 1991.

natural, para Locke, não se confunde com o que ele denomina licenciosidade, pois, apesar de ter liberdade plena para dispor de sua própria pessoa ou posses, não teria a liberdade de destruir-se ou a qualquer outra criatura. A igualdade é outro pressuposto do Estado de natureza, pois nesse estado ninguém teria poder ou jurisdição que outros da mesma espécie e com as mesmas faculdades, não estando, portanto, subordinados a ninguém. A lei natural, que é a própria razão, determina que ninguém poderia prejudicar a outrem na vida, na saúde, na liberdade ou nas posses. Nesse contexto, a liberdade teria seu limite na própria determinação da lei da natureza, que configura o direito natural do homem à vida, à integridade e às posses que conseguir obter.

Sendo assim, dada a igualdade entre os homens e mediante o fato de que a lei de natureza, como qualquer outra lei, não teria sentido algum se alguém não pudesse ter o poder de executá-la, qualquer um teria o direito de castigar o transgressor caso houvesse violação dessa lei. Eis, para o autor, um dos principais inconvenientes do Estado de natureza: cada qual sendo juiz e executor da lei de natureza poderia castigar os infratores à mercê de suas paixões e da forma que julgasse conveniente, inclusive com a morte. A parcialidade dos juízos humanos, somada ao desejo de vingança e inclinação para o mal, só poderia resultar em confusão e desordem, assim sendo, a constituição de um Estado civil seria a solução mais racional para os impasses que poderiam constituir um Estado de guerra. Todavia, adverte Locke, abandonar os inconvenientes do Estado de natureza para nos submetermos a um Estado absolutista, governado por alguém que também julga em causa própria e submete os súditos a sua própria vontade, impedindo a liberdade para qualquer questionamento, seria colocar-se em situação pior do que a do Estado de natureza, pois, pelo menos na natureza, cada qual teria que assumir a responsabilidade de seus atos perante os outros. Fica claro que, em Locke, não se trata apenas de conceber o Estado civil como a solução para que se abandone o Estado de natureza e seus inconvenientes, trata-se de impor limites à forma e constituição do Estado civil a fim de garantir os direitos naturais já amparados pela razão. Só mediante o consentimento entre os homens para formar uma comunidade é que se estabelece um autêntico Estado civil e se abandona o Estado de natureza. Neste sentido, vale ressaltar que, para Locke, o chamado Estado de guerra não se confunde com o Estado de natureza, como em Hobbes. Quando os homens vivem juntos conforme a razão e não submetidos a um superior verifica-se o Estado de natureza. Já o Estado de guerra se configura pelo uso da força contra outrem, sem que haja um superior a quem apelar a fim de resolver o conflito, caso não haja consenso entre as partes.

A força não pode ser justificativa para o poder. O princípio da força é contrário ao princípio da liberdade. Sendo assim é de se supor que aquele que arrebata a liberdade do outro pode arrebatar tudo mais, o que é contrário à lei de natureza. Assim como aquele que arrebatasse a liberdade dos membros de uma sociedade ou comunidade estaria em estado de guerra. Desta forma, Locke nos convida a

Capítulo 4 » **Hobbes e Locke: racionalidade e representação política** » **85**

pensar nas monarquias absolutas como configuração de um Estado de guerra, uma vez que, sem liberdade que lhes permita instituir um juiz imparcial a quem se possa apelar e um corpo legislativo que estabeleça leis comuns a todos os homens, se perpetuaria o Estado de guerra, distante de um Estado civil de direitos legitimados pelo livre consentimento dos membros da comunidade. Dessa forma, para Locke, a liberdade não contradiz a razão, pelo contrário, tem na razão suas regras para evitar o poder despótico e estabelecer os limites do poder em defesa do indivíduo e da sua propriedade.

Para Locke, sendo os homens livres e racionais e com direito à sua própria preservação, têm consequentemente direito a usufruir de todos os bens comuns que a natureza oferece. Todavia, se na natureza os bens são comuns, cada indivíduo tem direito à propriedade de si mesmo, o que justifica que todo e qualquer esforço de trabalho no sentido de retirar os bens da natureza mistura-se à propriedade de si mesmo, configurando o direito à propriedade privada individual sem a necessidade de consentimento dos demais. Para o autor, o uso privado dos bens naturais não diminui a riqueza natural, pelo contrário, a aumenta dados os melhoramentos do cultivo e do trabalho.

De alguma forma, respaldado pelo conceito de valor-trabalho e entusiasta da noção de progresso e riqueza que tiveram como herdeiros Adam Smith e outros tantos iluministas no século XVIII, Locke não oculta de seu trabalho a defesa da propriedade privada e da apropriação burguesa, mas se furta à análise do processo de distribuição desigual dos bens e, claro, da expropriação de terras e condições de trabalho, que será um dos alicerces da Revolução Industrial e da constituição do proletariado.

Em primeiro lugar, para o autor, a natureza teria condições suficientes para prover a humanidade de tal forma que seria irracional alguém exigir parte do trabalho ou da propriedade conquistada por outro. Em segundo lugar, a lei de natureza prevê que os bens naturais não podem ser desperdiçados. A extensão de terra não cultivada ou, ainda, as riquezas naturais que não servem ao usufruto do homem limitariam as controversas em torno da legitimidade da propriedade. Se inicialmente o trabalho proporcionou o direito à propriedade, logo, a expansão da riqueza, a ampliação do comércio, a diversidade do trabalho e o uso do dinheiro (ouro e prata) como equivalentes de troca, impedindo o desperdício, permitiram aos indivíduos ampliar sua propriedade e, livremente, concordarem com a partilha desigual antes do pacto.

Dado que para o autor nenhuma sociedade política poderia subsistir sem o poder de proteger a propriedade, direito natural e fruto do esforço de homens livres, a sociedade política ou civil se justificaria pelo acordo entre tais homens em abdicar do direito de julgar e castigar os infratores da lei natural, a fim de formar um corpo político capaz de garantir a vida, a liberdade e os bens de cada um, sem os inconvenientes do suposto Estado de natureza: leis comuns estabelecidas e reconhecidas pela comunidade, capaz de estabelecer o padrão da justiça; um juiz com autoridade reconhecida para resolver quaisquer dissensões, enfim, um poder que sustente a execução de sentenças.

Em suma, a fim aprimorar os mecanismos de preservação de si mesmos os indivíduos abdicam do poder de julgar e castigar as transgressões dos outros para se respaldar nas leis estabelecidas pelo governo mediante as regras que a sociedade, em comum acordo e pela representação da maioria, estabelecer.

Assim sendo, Locke entende que a lei fundamental e primeira de qualquer sociedade política constituída deve ser aquela que estabelece o poder legislativo. Entendido como poder supremo, o legislativo é supremo nas mãos daquela comunidade que o estabeleceu. Não pode ser arbitrário sobre a fortuna e vida do indivíduo. Tal poder se configura, na visão de Locke, como o poder em conjunto dos membros da sociedade cedido a uma pessoa (monarquia) ou a um grupo de pessoas (oligarquia ou democracia).

Mediante os argumentos de que ninguém pode ceder mais do que possui e de que as leis naturais não cessam mediante o estabelecimento da sociedade – pelo contrário, tornam-se mais rigorosas –, o poder legislativo restringe-se ao bem público e à preservação da comunidade, assim não pode destruir, escravizar ou empobrecer os súditos. Sendo a propriedade privada estabelecida pela lei natural, Locke lança os fundamentos do liberalismo político, limitando o poder aos interesses da comunidade estabelecida mediante o consentimento da maioria.

A fim de assegurar os limites do legislativo, chega a supor que um legislativo formado em assembleias variáveis, cujos membros, ao dissolver-se a assembleia, voltam a estar sujeitos às leis comuns, seria mais oportuno do que um governo com assembleias permanentes ou formado por apenas uma pessoa (monarquias absolutas), uma vez que haveria o perigo de os representantes se julgarem diferentes da comunidade, tirando do povo o que lhe pertence. Da mesma forma, o legislativo não poderia lançar impostos sobre o povo sem seu consentimento ou o de seus representantes.

Considerando também que o poder legislativo teria o direito de usar a força da comunidade para conservá-la, atribuir a ele o poder de fazer as leis e pô-las em prática implicaria o perigo de aqueles que fazem as leis se julgarem isentos de obediência, amoldando-as conforme suas conveniências. A solução mais racional seria a separação do poder legislativo e do executivo. O poder executivo, embora permanente e com o direito de convocar o legislativo se necessário, não pode empregar sua força para impedir a ação do legislativo, pois, como já dito, o uso da força sem o consentimento da comunidade colocaria o executivo em estado de guerra contra o povo, cabendo ao mesmo defender-se.

Locke também estabelece as distintas funções entre o executivo e o federativo. Ao federativo caberia o poder de estabelecer relações com outras comunidades, tais como guerra e paz, enfim, a gestão da segurança e do público fora dos limites da sociedade. Mas, embora distintos, o poder executivo e o federativo não precisam ser separados, nem é conveniente essa separação, uma vez que colocar a força do Estado sob o comando de pessoas diferentes poderia provocar desordens.

Se em Locke a teoria do Estado não responde com tanto rigor ao cálculo entre meios e fins como em Hobbes, não podemos negar que as relações entre as causas e as finalidades do poder postuladas por ele nos coloca diante de um ensaio cuja argumentação se alicerça nos ideais de racionalidade e de representação. Se em Locke a representação política estabelece limites ao indivíduo e, consequentemente, renúncia a liberdades naturais, o autor aponta também para os limites da representação frente aos objetivos da sociedade civil ou política. A defesa de direitos individuais, como o da propriedade, a denúncia das arbitrariedades do poder fundado na tradição secular ou religiosa, a defesa da tolerância religiosa, a possibilidade de sublevação do povo são a herança de um pensamento que subverte e ultrapassa o período histórico em que foi cravado. O criticismo exacerbado de Rousseau não poupa críticas ao ensaio de Locke, mas também não nega a hipótese fundamental do consentimento dos homens em função da preservação da comunidade. Mas, para pôr fim ao nosso trajeto e pensarmos na importância dos dois autores para as discussões políticas atuais, tomo aqui a liberdade de retomar uma citação do instigante texto de Gerard Lebrun intitulado *Hobbes aquém do liberalismo*.[14] Proponho a possibilidade de aceitarmos a provocação de Lebrun a fim de instigar outras tantas interpretações, além da que apresentamos sumariamente, dada a complexidade e riqueza do pensamento político contido nos textos de Hobbes e Locke:

> Quanto Hobbes nos parece ter sido mais lúcido que seus censores liberais fica claro se lembrarmos que, à exceção dos intelectuais que vivem sob regimes totalitários ou tirânicos, as reivindicações dos homens de hoje se voltam, no essencial para as seguranças (no emprego, de moradia, na velhice, etc.) e não para um aprimoramento das liberdades individuais. Aliás, esses dois tipos de reivindicação não podem subsistir por muito tempo juntos. Reclamar mais segurança do Estado, é reclamar mais leis – e toda lei civil – como Hobbes vira, não pode senão limitar um pouco mais a liberdade natural dos cidadãos.[15]

---

14 LEBRUN, G. Hobbes aquém do liberalismo. In: ___. *A Filosofia e sua história*. São Paulo: Cosac Naify, 2006.

15 LEBRUN, 2006, p. 251.

4.5 Textos para análise

TEXTO 1

Conceitos: A natureza humana em Hobbes e o Estado de guerra em Hobbes e Locke.

Com isso se torna manifesto que, durante o tempo em que os homens vivem sem um poder capaz de os manter a todos em respeito, eles se encontram naquela condição a que se chama guerra; e uma guerra que é de todos os homens contra todos os homens. Pois a guerra não consiste apenas na batalha, ou no ato de lutar, mas naquele lapso de tempo durante a qual a vontade de travar batalha é suficientemente conhecida. Portanto a noção de tempo deve ser levada em conta quanto à natureza da guerra, do mesmo modo que quanto à natureza do clima. Porque tal como a natureza do mau tempo não consiste em dois ou três chuviscos, mas numa tendência para chover que dura vários dias seguidos, assim também a natureza da guerra não consiste numa luta real, mas na conhecida disposição para tal, durante todo tempo e que não há garantia do contrário.

Portanto tudo aquilo que é válido para um tempo de guerra, em todo o homem é inimigo do homem, o mesmo é válido para o tempo durante o qual os homens vivem sem outra segurança senão a que lhes pode ser oferecida por sua própria força e sua própria invenção [...]

Poderá alguém, portanto, não confiar nesta inferência, feita através das paixões, que a mesma seja confirmada pela experiência. Que seja, portanto, ele a considerar-se a si mesmo, que quando empreende uma viagem se arma e procura ir bem acompanhado; que quando vai dormir fecha as portas; que mesmo quando está em casa tranca seus cofres; e isso mesmo sabendo que existem leis e funcionários públicos armados, prontos a vingar qualquer injúria que lhe possa ser feita. Que opinião tem ele de seus compatriotas ao viajar armado; de seus concidadãos, ao fechar suas portas; e de seus filhos e servidores, quando tranca os seus cofres? Não significa isso acusar tanto a humanidade com seus atos como eu o faço com minhas palavras? Mas nenhum de nós acusa com isso a natureza humana. Os desejos e outras paixões humanas não são em si um pecado. Nem tampouco o são as ações que derivam dessas paixões, até que se tome conhecimento de uma lei que as proíba; o que será impossível até o momento em que sejam feitas as leis; e nenhuma lei pode ser feita antes de se ter determinado qual a pessoa que deverá fazê-la.[16]

---

16   HOBBES, 1988, cap. 13, p. 76.

4.5.1 Estudo do Texto 1

Ao analisar a natureza humana, Thomas Hobbes nos convida, em seu texto, a considerar os efeitos do denominado "estado de guerra", suas consequências e as possíveis soluções racionais para evitá-lo. Apenas um poder com força suficiente para fazer com que os homens vivam em respeito e segurança pode amenizar os infortúnios das paixões e da luta pela sobrevivência. Não se coloca que os homens sejam bons ou maus. Não se trata de ganhar o mais forte, uma vez que todos nós somos iguais. Dessa forma, o estado de guerra dura enquanto não houver um artifício da razão capaz de nos apaziguar, um monstro criado pela razão capaz de garantir a paz e a segurança. Não há segurança sem lei. E não há lei sem poder que a represente.

Segue um exercício que possibilita o aprofundamento do tema.

» Destaque no trecho descrito os argumentos do autor que reforçam as afirmações acima.

TEXTO 2:

Conceito: A guerra de todos contra todos e a natureza da justiça

Desta Guerra de todos os homens contra todos os homens também isso é consequência: que nada pode ser injusto. As noções de bem e mal, de justiça e injustiça, não podem aí ter lugar. Onde não há poder comum, não há lei e onde não há lei não há injustiça. Na guerra, a força e a fraude são as duas virtudes cardeais. A justiça e a injustiça não fazem parte do corpo ou do espírito. Se assim fosse, poderiam existir num homem que estivesse sozinho no mundo, do mesmo modo que seus sentidos e paixões. São qualidades que pertencem ao homem em sociedade e não em solidão.[17]

Para Hobbes, a noção do justo e do injusto não são inerentes à natureza humana, contrariando a tese de Aristóteles, que considera a justiça uma virtude moral que deve ser aprimorada pelo hábito. Em Hobbes, certo ou errado, bem e mal, justo e injusto são determinados pela lei. À natureza humana voltada para a manutenção da sobrevivência e ao mecanismo de satisfação de prazeres não se coloca essa questão a não ser mediante um contrato dos homens em sociedade assegurado pela força de um poder capaz de mantê-los em sociedade e fazê-los cumprir o contrato, evitando a guerra de todos contra todos. A marca do Leviatã é a força do Estado capaz de manter a segurança dos indivíduos por meio da lei e do medo da punição caso tais leis não sejam cumpridas.

---

17   HOBBES, 1988, cap. 13, p. 77.

Dado que na natureza humana todos são iguais e livres para garantir sua conservação e satisfação dos prazeres, todos se tornam inimigos de todos e a desconfiança mútua gera a vontade de subjugar o outro, antes que sejamos subjugados. Na natureza da guerra, matar não é errado ou injusto, trata-se de garantir a sobrevivência a qualquer custo. Dessa forma, argumenta o autor: "Na guerra, a força e a fraude são virtudes cardeais".

TEXTO 3

E nisto temos a clara diferença entre o estado de natureza e o estado de guerra que, muito embora certas pessoas tenham confundindo, estão tão distantes um do outro como um estado de paz, boa vontade, assistência mútua está de um estado de inimizade, malícia e destruição mútua. Quando os homens vivem juntos conforme a razão, sem um superior na Terra que possua autoridade para julgar entre eles, verifica-se um estado de natureza. Todavia, a força ou desígnio declarado de força, contra a pessoa de outrem, quando não existe qualquer superior comum sobre a Terra a quem apelar, constitui o Estado de Guerra.[18]

4.5.2 Estudo dos Textos 2 e 3

Para John Locke, o estado de natureza não se confunde com o estado de guerra, como em Hobbes.

» Estabeleça a diferença entre o conceito de estado de guerra em Locke e Hobbes, bem como destaque o principal argumento de Locke, nesse trecho, que permitirá fazer a crítica às monarquias absolutistas.

TEXTO 4

Conceito: O Estado de natureza, lei e direito natural

Embora, seja este um estado de Liberdade, não o é de licenciosidade, apesar de estar o homem naquele estado de liberdade incontrolável de dispor da própria pessoa e posses, não tem de destruir-se a si mesmo ou a qualquer criatura que esteja em sua posse, senão quando o uso mais nobre do que a simples conservação o exija. O Estado de Natureza tem uma lei de natureza para governá-lo, que a todos obriga; e a razão, que é essa lei, ensina a todos os homens que tão só a consultem, sendo todos iguais e independentes, que

---

18   LOCKE, 1991, p. 223.

nenhum deles deve prejudicar a outrem na vida, na saúde, na liberdade ou nas posses.[19]

4.5.3 Estudo do Texto 4

Para Locke, o estado de natureza não caracteriza necessariamente um estado de guerra, uma vez que aquele estado tem uma lei que o governa, ditada pela razão. Todavia, a infração dessa lei da natureza coloca todo e qualquer homem como seu juiz. O perigo é a parcialidade, daí a necessidade de o Estado preservar e garantir aquilo que as leis já presentes na natureza garantem. A função do Estado é garantir a propriedade inviolável de cada indivíduo, seja sua vida, liberdade ou posses.

O principal argumento de Locke é a diferenciação entre liberdade e o que denomina licenciosidade. Embora livres na natureza, devemos respeitar a vida e as posses dos demais, ou seja, a razão impõe limites à ação humana. Nesse sentido, O Estado não criaria novas leis, mas explicitaria as leis já contidas no Estado de natureza, evitando o estado de guerra, que se caracteriza pelo uso da força sobre o outro a fim de violar a lei e do direito natural.

» Com base nos estudos de Locke, faça um debate sobre quais são as funções do Estado.

4.6 Proposta de tema de dissertação

Tema: Da possível ruptura da sociedade civil com o Estado.

Perguntas que podem orientar a dissertação:

» Quais os princípios que fundamentam o pacto ou contrato em Hobbes e Locke?

» Quais as causas e configuração do Estado nos dois autores?

» Quais as consequências da ruptura com o legislativo em Locke?

» Por que a ideia de soberania é fundamental em Hobbes?

Outros temas:

» A questão da justiça em Hobbes e Locke: a lei e o direito.

» A questão da guerra civil em Locke e Hobbes.

» O conceito de liberdade no contratualismo de Locke e Hobbes.

---

19   LOCKE, 1991, p. 218.

Thomas Hobbes
Biografia e principais obras

Thomas Hobbes nasceu na Inglaterra em 5 de abril de 1588. Filho de um clérigo, o autor teve seus estudos custeados pelo tio. Por volta dos 14 anos, ingressou em Magdalen Hall em Oxford. Em 1608, foi indicado para ser preceptor do filho de Willian Cavendish, futuro primeiro conde de Devonshire. Em 1610, empreende com seu aluno sua primeira viagem à França e à Itália. Dedicado aos estudos de idiomas estrangeiros e aos estudos de literatura e história, Hobbes traduz a obra de Tucídides, *A guerra do Peloponeso*, publicada em 1624. De 1621 a 1626, como secretário de Francis Bacon, inicia sua incursão pela Filosofia. De 1631 a 1642, novamente a serviço da família Cavendish, Hobbes faz sua segunda viagem ao continente europeu, o contato com intelectuais em torno do Padre Mersenne, mentor de Descartes na França, e o contato com Galileu na Itália, são extremamente importantes para sua filosofia. Hobbes retornou à Inglaterra em 1637, às vésperas da guerra civil. Decidiu publicar primeiro o *De Cive*, que circulou em cópia manuscrita em 1640 com o título *Elementos da Lei Natural e Política*. No mesmo ano, retirou-se para Paris, onde passou os 11 anos seguintes. Procurou o círculo de Mersenne, escreveu *Objeções às Ideias de Descartes* e, em 1642, publicou o *De Cive*. Quatro anos depois, o príncipe de Gales, o futuro Carlos II, em Paris, convidou-o para ensinar-lhe matemática e Hobbes voltou para os temas políticos. Em 1651, publicou sua obra-prima, o *Leviatã*. Carlos I tinha sido executado e Carlos II estava exilado; na obra, tentou definir as situações em que seria possível legitimamente a submissão a um novo soberano, o que precipitou as controvérsias em torno de suas inspirações políticas e religiosas e resultou em sua expulsão da corte inglesa exilada em Paris. Hobbes regressou à Inglaterra em 1652, encontrando-a dominada por Cromwell. Publicou, em 1654, a obra *Sobre o Corpo* e *Sobre o Homem* em 1658. Com a restauração da monarquia inglesa, em 1660, Hobbes voltou a ser admitido na corte, com uma pensão oferecida por Carlos II. Em seus últimos anos, Hobbes retomou o estudo dos clássicos, tendo publicado uma tradução da *Odisseia*, em 1675, e uma da *Ilíada*, no ano seguinte. Morreu em 1679.

John Locke
Biografia e principais obras

John Lock nasceu em 29 de agosto de 1632, no seio de uma família de burgueses comerciantes. Na revolução de 1648, seu pai participa ativamente da Revolução Puritana, alistando-se no exército do parlamento. Estudou em Oxford e depois de estudos diversificados optou pela medicina. Trabalhando como médico particular do conde de Shaftesbury, Locke ingressa nos círculos políticos. Em 1672, Shaftesbury, que representava na política os anseios do parlamento ascende ao cargo de chanceler e Locke, assume um cargo como secretário. A oposição do conde às pretensões absolutistas de Carlos II faz com que Locke abandone suas atividades políticas vinculadas ao conde e viaje para França. Quando volta em 1679 à Inglaterra, ele a encontra em grande agitação. Shaftesbury, líder da oposição contra Carlos II, depois de preso, volta a fazer parte do cenário político e requisita novamente os serviços de Locke. Mas, em 1681, é acusado de liderar rebelião contra o rei e é exilado na Holanda, junto com Locke. As principais obras de Locke só seriam publicadas após seu retorno para Inglaterra, após Revolução Gloriosa. Locke volta no mesmo navio que traz Maria Stuart e Guilherme de Orange. Entre 1689 e 1690, publica sua "Carta sobre a tolerância", que gera muita polêmica, pois defende a liberdade de escolha religiosa do indivíduo e a ideia de um Estado laico. É também nesse período que publica o *Primeiro Tratado sobre o Governo Civil*, em que combate a tese de Robert Filmer (1588-1653) segundo o qual os monarcas teriam o poder legitimado pelo patriarcado uma vez que seriam os descendentes diretos dos grandes pais da humanidade determinados por Deus, ou seja, Adão e Eva. Já no *Segundo Tratado sobre o Governo Civil*, Locke se dedica à investigação da origem do poder político, fundada no consentimento entre os homens, a fim de garantir seus direitos naturais. É nesta obra que Locke lança os alicerces de uma democracia liberal e representativa que influenciará economistas como Adam Smith. Em 1690, Locke editou o *Ensaio sobre o Entendimento Humano*, em que combate com o mesmo afinco as teses do inatismo, que afirmavam que já existia no espírito humano algumas ideias não oriundas da experiência, como a ideia de Deus. Para o autor, é preciso determinar os limites do conhecimento humano, bem como sua origem, que só poderiam ter origem na própria experiência, fundamentando a corrente denominada empirismo. Em 1696, Locke assumiu o cargo de Comissário da Câmara de Comércio, o qual renunciou após quatro anos, já com saúde debilitada. Morreu em 27 de outubro de 1704.

94 » Filosofia Política

Referências Gerais

CASSIRER, E. *A filosofia do Iluminismo*. Trad. Álvaro Cabral. Campinas: Unicamp, 1992.

HOBBES, T. *Leviatã* – Ou matéria, forma e poder de um Estado eclesiástico e civil. Trad. João Paulo Monteiro e Maria Beatriz Nizza da Silva. São Paulo: Abril Cultural, 1988. (Coleção Os Pensadores).

LEBRUN, G. Hobbes aquém do liberalismo. In: _____. *A filosofia e sua história*. São Paulo: Cosac Naify, 2006.

LOCKE, J. *Segundo tratado sobre o governo civil*. Trad. E. Jacy Monteiro. São Paulo: Abril Cultural, 1991. (Coleção Os Pensadores).

Thomas Hobbes

LIMONGI, M. I. *Hobbes*. Rio de Janeiro: Jorge Zahar, 2002.

RIBEIRO, R. J. *Ao leitor sem medo*: Hobbes escrevendo contra seu tempo. Belo Horizonte: UFMG, 1999.

_____. *A marca do Leviatã* – Linguagem e poder em Hobbes. São Paulo: Ática, 2003.

SIMÕES, B. C. *Ciência, razão e paixão* – A natureza humana na filosofia de Thomas Hobbes. São Paulo, 2005. Dissertação (Mestrado em Filosofia) – Faculdade de Filosofia, Letras e Ciências Humanas, Universidade de São Paulo.

John Locke

BOBBIO, N. *Locke e o direito natural*. Trad. Sergio Bath. Brasília: UnB, 1997.

KUNTZ, R. *Locke*: liberdade, igualdade e propriedade. São Paulo: Instituto de Estudos Avançados da Universidade de São Paulo, 1997.

MACPHERSON, C. B. *A teoria política do individualismo possessivo*. Rio de Janeiro: Paz e Terra, 1979.

RAWLS, J. *O liberalismo político*. Trad. Dinah de Abreu Azevedo. São Paulo: Ática, 1993.

CAPÍTULO 5

Montesquieu e Rousseau

MARIA CONSTANÇA PERES PISSARRA

5.1 Introdução

Para a historiografia contemporânea, Thomas Hobbes e John Locke são os teóricos privilegiados da formulação moderna da teoria do pacto social. O primeiro parte de uma concepção individualista do laço social, cuja finalidade é a satisfação dos interesses de cada um e para a qual se torna fundamental o aporte de uma teoria da ordem fundada na alienação das liberdades individuais ao único detentor do poder que assim se constitui – o Estado. É ilusão pensar que há um bem geral ou público que se expressa em uma vontade pública; o que há são os indivíduos que querem viver plenamente suas vidas e para tanto desejam ter proteção do Estado como garantia. Já o segundo intenta defender a limitação da soberania do poder do Estado a fim de proteger a liberdade dos indivíduos. Os direitos destes – em particular o de propriedade – são a base do seu sistema, posto que são membros de uma comunidade à qual deram consentimento tácito por meio de um pacto instituidor de uma maioria que governa em nome de todos.

Dois outros autores, Montesquieu e Jean-Jacques Rousseau, auxiliam a compor esse quadro ao evidenciarem diferente inspiração constitucional. Mais conhecido pela tripartição dos poderes por ele proposta, Montesquieu igualmente contribuiu para afirmar a racionalidade das sociedades humanas e das leis que as governam. Perseguia uma filosofia política que fosse aplicável à maior diversidade possível de circunstâncias, ao deixar de lado a noção de pacto social e defender um relativismo incompatível com leis morais evidentes por si. Foi o inspirador de uma liberdade estabelecida por meio da separação dos poderes e de algumas garantias formais.

Já o genebrino Jean-Jacques Rousseau retoma a questão anteriormente abordada por Hobbes da conciliação entre a liberdade e a obediência à lei, mas da perspectiva de uma soberania popular expressa pela vontade geral e não pela vontade da maioria defendida por Locke. Posto que a história da humanidade é a história da desigualdade a partir do momento em que a propriedade privada foi "inventada", era preciso um novo contrato social.

5.1.1 Montesquieu – Um mundo em crise

Em *As cartas persas*,[1] dois personagens persas, Usbek e Ricca, visitam a França no período de 1712 a 1721 e trocam entre si várias cartas, escrevem aos amigos para contar a descoberta de um novo mundo e para receber notícias do serralho de Usbek. Montesquieu mistura uma certa cor oriental muito na moda naquela época com uma sátira aos costumes e às instituições do seu tempo, ali fazendo uma crítica provocadora. Recorre a personagens persas para falar, de forma um

---

1   MONTESQUIEU. Les lettres persanes. *Oeuvres completes*. Paris: Seuil, 1964. p. 61-151.

pouco exagerada e às vezes até licenciosa, sobre o exotismo oriental, mas não tem a intenção de criticar apenas esta característica, foca igualmente as instituições ocidentais e, em especial, a sociedade francesa e seus costumes ao apelar ao ridículo como forma de expor com ironia as manias, os preconceitos e os abusos. Mas outras sociedades ali aparecem, como os trogloditas, uma utopia e mito moral cujo objetivo é provar que não pode haver vida social sem virtudes morais, como mostra o exemplo desse povo que é feliz e próspero porque é virtuoso. Sem virtude cívica e moral não pode haver felicidade.

> Há nesse país dois homens bem singulares: tinham humanidade, conheciam a justiça, amavam a virtude. Estavam ligados entre si tanto pela retidão de seu coração quanto pela corrupção dos outros, viam a desolação geral e só por sua piedade a lamentavam, encontrando nisso um novo traço de união. Trabalhavam com uma solicitude comum pelo interesse comum e não tinham entre si outras diferenças a não ser aquelas que uma doce e terna amizade fazia nascer. Separados de seus patriotas indignos de sua presença, levavam uma vida feliz e tranquila: a terra parecia produzir por sim mesma, cultivada por essas mãos virtuosas.[2]

Além disso, suas relações familiares eram também marcadas por tal prática virtuosa:

> Amavam suas mulheres e eram ternamente amados por elas. Todo seu interesse era criar seus filhos na virtude. Sem cessar mostravam-lhes a infelicidade de seus compatriotas e lhes punham diante dos olhos esse exemplo triste. Sobretudo lhes faziam sentir que o interesse dos particulares está sempre no interesse comum, que querer separar-se dele é querer perder-se; que a virtude não é algo que deva nos custar, que não deve ser vista como um exercício penoso e que a justiça para o outro é uma caridade para nós.[3]

Essa obra é o balanço de um mundo em crise, escrita em uma linguagem sarcástica e satírica, que denuncia ao mesmo tempo os falsos valores do Oriente muçulmano e do Ocidente cristão, e procura definir os verdadeiros valores fundadores das luzes: razão, justiça, liberdade, tolerância.

---

2   MONTESQUIEU, 1964, Lettre XII, p. 69.
3   MONTESQUIEU, 1964, Lettre XII, p. 69.

5.1.2 O espírito das leis

Montesquieu constata uma grande diversidade de leis e costumes, mas igualmente percebe que esses não são unicamente formados pela fantasia dos homens, que há regularidades. Tinha por objetivo criar a ciência das leis positivas e mostrar que, em meio às diferentes leis de todos os países, havia uma ordem, pois a racionalidade da história faz com que as leis e os usos, por mais absurdos que sejam, tenham pelo menos uma razão de ser. Considerava que somente a ciência política pode agir sobre a diversidade dos fenômenos e que a boa lei pode corrigir dificuldades naturais. A grandiosidade da tarefa a que se entrega está já na abertura do livro, no Prefácio:

> Se, no número infinito de coisas contidas neste livro, houver uma que, contra minha vontade, possa ofender, não há, pelo menos, uma só que tenha sido escrita com má intenção. Não tenho naturalmente um espírito desaprovador. Platão agradecia ao céu por ter nascido no tempo de Sócrates; e eu lhe rendo-lhe graças por me ter feito nascer no Governo em que vivo e ter querido que eu obedecesse aos que me fez amar.
>
> Peço uma graça que receio não me seja concedida: de não julgar, pela leitura de um momento, um trabalho de vinte anos, de aprovar ou condenar o livro inteiro e não algumas frases. Se quiser descobrir procurar a intenção do autor, só a poderemos descobrir na intenção da obra.[4]

5.1.2.1 O ideal político de Montesquieu e a separação dos governos

Montesquieu via, na divisão da soberania e no equilíbrio dos poderes, a melhor garantia da liberdade, como afirma no famoso capítulo dedicado à análise da Constituição da Inglaterra: "quando, na mesma pessoa ou no mesmo corpo de magistratura, o poder legislativo está reunido ao poder executivo, absolutamente não há liberdade".[5] E acrescenta:

> [...] absolutamente não existe liberdade se o poder de julgar não está separado do poder legislativo e do poder executivo. Se ele estivesse junto ao poder legislativo, o poder sobre a vida e a liberdade dos cidadãos seria arbitrário, posto que o juiz seria o legislador. Se estivesse junto do poder executivo, o juiz poderia ter a força de um opressor.[6]

---

4   MONTESQUIEU. *O espírito das leis*. São Paulo: Abril Cultural, 1973. p. 27.
5   MONTESQUIEU, 1973, cap. VI, p. 157.
6   MONTESQUIEU, 1973, cap. VI, p. 157.

A liberdade política, sendo, segundo Montesquieu, "o direito de fazer tudo aquilo que as leis permitem",[7] só pode existir em um governo moderado, sua melhor garantia está na separação dos poderes. Logo, para tratar da liberdade política, é fundamental examinar a relação entre a constituição de um país e seus cidadãos.

Ainda no mesmo capítulo, realça a importância da Inglaterra para essa discussão: "absolutamente não cabe a mim examinar se os ingleses atualmente usufruem dessa liberdade [descrita ao longo do Livro VI], ou não. Me é suficiente afirmar que ela está estabelecida por suas leis",[8] ou seja, a liberdade é decorrência necessária das leis inglesas. E para que isso ocorra, dois pontos merecem destaque: uma Constituição equilibrada e a segurança dos seus cidadãos que dela decorre.

Mais do que um governo moderado, a liberdade política é fundamental, isto é, a liberdade de fazer aquilo que se deve fazer, aquilo que as leis permitem fazer. Assim como Platão, Aristóteles e Locke, Montesquieu afirma que só o poder pode deter o poder. Ao dedicar uma sequência de livros (do XI ao XIX) da obra *O espírito das leis* à análise da Constituição inglesa, afirma que é um regime complexo, aparentemente monárquico na aparência, republicano na realidade e que tem um valor exemplar, uma vez que ali está assegurada a separação dos poderes, isto é, o equilíbrio entre o Executivo, o Legislativo e o Judiciário, o que equivale a dizer entre o rei, a nobreza e o povo. Essa constituição garante, portanto, um equilíbrio, a moderação do regime.

Não se trata de aqui discutir a Constituição inglesa, mas de partir do seu exemplo para a compreensão da teoria dos governos.[9]

A crítica de Montesquieu ao despotismo nos permite perguntar se há uma hierarquia dos regimes políticos estudados por ele ou se uma das formas de governo pode assegurar a felicidade dos homens.

Ele defende a ideia de uma monarquia temperada, na qual nem o rei pode sucumbir à tentação de se tornar um déspota, nem o povo entregar-se a seus instintos de independência. A monarquia inglesa é o melhor exemplo dessa moderação, não só pela constituição, mas também pela separação dos poderes. Nessa monarquia, os corpos privilegiados (clero, nobreza e parlamento) desempenham um papel importante na garantia da paz interna do reino, posto que cabe a eles manter o Estado em equilíbrio.

E exatamente porque vê no espírito de moderação e equilíbrio condição fundamental para a saúde do bom governo, defende que os poderes não estejam concentrados nas mesmas mãos. A liberdade política por ele definida só pode existir em um governo moderado, e a tripartição dos poderes é sua melhor garantia, pois "a liberdade política é esta tranquilidade de espírito que provém da opinião que

---

7   MONTESQUIEU, 1964, Lettre XII, p. 69.
8   MONTESQUIEU, 1973, p. 158.
9   Tema dos livros I a VIII de *O espírito das leis* (MONTESQUIEU, 1973).

cada um possui de sua segurança; e, para que se tenha esta liberdade, cumpre que o governo seja de tal modo, que um cidadão não possa temer outro cidadão".[10]

Montesquieu distingue três espécies de poder:

> [...] há, em cada Estado, três espécies de poderes: o poder legislativo, o poder executivo das coisas que dependem do direito das gentes e o executivo das que dependem do direito civil. Pelo primeiro, o príncipe ou magistrado faz leis por certo tempo ou para sempre e corrige ou ab-roga as que estão feitas. Pelo segundo, faz a paz ou a guerra, envia ou recebe embaixadas, estabelece a segurança, previne as invasões. Pelo terceiro, pune os crimes ou julga as querelas dos indivíduos. Chamaremos este último, o poder de julgar e, o outro, simplesmente o poder executivo do Estado.[11]

Ainda segundo ele:

> [...] existem três espécies de governos: o Republicano, o Monárquico e o Despótico. Para descobrir-lhes a natureza, é suficiente a ideia que deles têm os homens menos instruídos. Suponho três definições, ou antes, três fatos: um que o "governo republicano é aquele em que o povo, como um todo, ou somente uma parcela do povo, possui o poder soberano; a monarquia é aquele em que um só governa, mas de acordo com leis fixas e estabelecidas, enquanto, no governo despótico, uma só pessoa, sem obedecer a leis e regras, realiza tudo por sua vontade e seus caprichos.[12]

Há uma nobreza de origem na monarquia a exigir preferências e distinções. Enquanto a virtude se faz necessária na república e a honra, na monarquia, é o medo que se faz necessário em um governo despótico.

Conhecida a natureza de cada governo, "é preciso conhecer quais são as leis que derivam diretamente dessa natureza [...]".[13]

Quanto às leis relativas à democracia, Montesquieu as explica na sequência:

> Quando, numa república, o povo como um todo possui o poder soberano, trata-se de uma Democracia. Quando o poder soberano está nas mãos de uma parte

---

10   MONTESQUIEU, 1973, livro XII, cap. II, p. 177.

11   MONTESQUIEU, 1973, livro XI, cap. VI, p. 156-157.

12   MONTESQUIEU, 1973, livro II, cap. I, p. 39.

13   MONTESQUIEU, 1973, livro II, cap. I, p. 39.

do povo, trata-se de uma Aristocracia. O povo na democracia é, sob alguns aspectos, o monarca; sob outros, o súdito.[14]

Já na aristocracia,

> [...] o poder soberano encontra-se nas mãos de um número certo de pessoas. São elas que estipulam as leis e as fazem executar. O resto do povo está, em relação a elas, simplesmente como numa monarquia os súditos estão em relação ao monarca.[15]

Definidas as leis relativas à natureza dos governos, é preciso definir aquelas que dizem respeito aos princípios, pois

> [...] entre a natureza do governo e seu princípio, há esta diferença: sua natureza é o que o faz ser como é, e seu princípio é o que faz agir. A primeira constitui sua estrutura particular e, a segunda, as paixões humanas que o movimentam.[16]

Assim,

> [...] para que o governo monárquico ou despótico se mantenha ou se sustente não é necessária muita probidade. A força da lei, no primeiro, o braço do príncipe sempre levantado, no segundo, tudo regulamenta ou contém. Mas num Estado popular, é preciso uma força a mais: a Virtude.[17]

Os princípios dos governos não democráticos são de outra ordem. E, embora a virtude seja tão necessária no governo popular quanto na aristocracia, a moderação é seu princípio:

> [...] o governo aristocrático possui, por si mesmo, uma certa força que a democracia não possui. Os nobres formam um corpo que, por sua prerrogativa e interesse particular, reprime o povo: basta que existam leis para que, a esse respeito, sejam executadas. [...] A moderação é portanto a alma desses governos.[18]

---

14   MONTESQUIEU, 1973, livro II, cap. 2, p. 39.
15   MONTESQUIEU, 1973, cap. III, p. 42.
16   MONTESQUIEU, 1973, livro III, cap. I, p. 49.
17   MONTESQUIEU, 1973, livro III, cap. III, 49.
18   MONTESQUIEU, 1973, livro III, cap. IV, p. 51.

Mas os princípios podem corromper-se.[19] A democracia pode ser ameaçada pelas ambições individuais, pelo espírito de insubordinação, pelos demagogos, enfim, pela anarquia. A aristocracia corrompe-se quando o poder dos nobres se torna arbitrário e a virtude desaparece. E a monarquia corrompe-se quando a servidão substitui a dignidade, quando os súditos não respeitam mais os que governam porque o poder se tornou arbitrário.

5.1.3 A teoria dos climas

Segundo Montesquieu, existe um espírito das leis diferente para cada nação. Toda lei supõe uma relação. O espírito das leis nada mais é do que "as diversas relações das leis com as diversas coisas".[20] Há causas físicas – o clima –, e causas morais – a religião, a tradição, os costumes e maneiras na origem do espírito das leis. Montesquieu dedica-se, entre os capítulos XIV e XVIII, ao estudo das causas físicas que agem sobre as leis positivas, isto é, retoma a teoria dos climas, já discutida por outros autores, como Jean Bodin e Nicolas Boileau.

Mas ele deduz um sistema organizado da ideia de que o clima age sobre o temperamento humano. Apoiado na experiência, apresenta essa ideia com um rigor científico:

> O ar frio comprime as extremidades das fibras externas de nosso corpo; isso aumenta sua energia e favorece o retorno do sangue das extremidades para o coração. Ele diminui a extensão dessas mesmas fibras; portanto, aumenta também com isso sua força. O ar quente, ao contrário, relaxa as extremidades das fibras e as alonga; diminui, portanto, sua força e energia.[21]

Se o clima influencia os temperamentos humanos, como não influenciaria as leis? "Se é verdade que o caráter do espírito e as paixões do coração são extremamente diferentes nos diversos climas, as leis devem ser relativas à diferença dessas paixões e à diferença desses caracteres."[22]

Além da relação entre o clima e o temperamento dos povos e as leis, afirma a relação entre a leis de um país, a natureza de seu solo e de seu clima com o tipo de vida econômica ali estabelecida:

---

19   MONTESQUIEU, 1973, cap. I, p. 121. Na íntegra: "A corrupção de cada governo começa quase sempre pela dos princípios."

20   MONTESQUIEU, 1973, livro XIV, cap. II, p. 209.

21   MONTESQUIEU, 1973, livro XIV, cap. I, p. 209.

22   MONTESQUIEU, 1973, livro XIV, cap. I, p. 209.

Capítulo 5 » **Montesquieu e Rousseau** » **103**

A fertilidade das terras de um país estabelece naturalmente a dependência. [...] As leis estão estreitamente relacionadas com o modo pelo qual os diferentes povos procuram sua subsistência. É necessário um código de leis mais amplo para um povo que se dedica ao comercio e ao mar do que para um povo que se limita a cultivar suas terras. É preciso um maior para este povo do que para outro que vive de seus rebanhos. É necessário um maior do que para outro que vive de caça.[23]

Pensador profundo e imparcial, Montesquieu foi certamente um dos maiores intelectuais do século XVIII.

5.2 Jean-Jacques Rousseau: vontade geral e participação

5.2.1 O fundamento imanente da soberania e a origem da desigualdade

Ao refletir sobre os fundamentos do direito político em sua obra *Do contrato social*,[24] Rousseau retoma a discussão sobre a soberania, conceito fundamental para o pensamento político moderno. Mas, diferentemente de Hobbes e de Locke, interroga-se sobre o fundamento legítimo da soberania. Enquanto para aqueles a questão era a racionalidade da ideia de soberania, Rousseau questiona se essa ideia pura e universal pode alcançar a dimensão prática da política, ou seja, se pode haver adequação entre soberania e governo. E, tal como para Hobbes, o contrato funda ao mesmo tempo a sociedade e o Estado e institui um poder ilimitado. Mas Rousseau não procura, como Hobbes e outros teóricos do contrato social, encontrar os fundamentos lógicos da autoridade política, qualquer que ela seja, mas tão somente de uma autoridade que torna os indivíduos tão livres no estado de sociedade quanto o eram no estado de natureza.[25]

Não é à divisão de poderes que vimos em Montesquieu que Rousseau se refere: separar legislativo e executivo significa garantir que a vontade geral se distancie das paixões humanas, que não haja em interesse próprio, que não se ocupe das questões particulares, preservando-se, assim, da corrupção. Significa, ao contrário, que a soberania não se componha de diferentes partes e que o executivo esteja subordinado ao legislativo.

---

23 MONTESQUIEU, 1973, livro XVIII, cap. VIII, p. 258.

24 ROUSSEAU, J. J. *Do contrato social*. Petrópolis: Vozes, 1995.

25 "Quero indagar se na ordem civil pode existir alguma regra de administração legítima e certa, tomando os homens tais como são e as leis tais como podem ser." (ROUSSEAU, 1995, livro I, p. 69).

104 » Filosofia Política

A afirmação inicial da obra citada e a indagação que se segue indicam ao leitor o tema do livro:

> O homem nasce livre e por toda parte se encontra sob grilhões. Aquele que mais acredita ser o senhor dos outros não deixar de ser mais escravo do que eles. Como ocorreu essa mudança? Ignoro-o. O que poderá torná-la legítima? Creio poder resolver essa questão.[26]

A força não estabelece o direito, e um povo que recupera sua liberdade ao sacudir aquela, faz muito bem, pois a "ordem social é um direito sagrado que serve de base a todos os outros. Esse direito, entretanto, não deriva absolutamente da natureza, está fundado sobre convenções. Trata-se de saber quais são essas convenções".[27]

O direito do mais forte resulta da força física, logo não há moralidade que decorra daí, uma vez que "ceder à força é um ato de necessidade, não de vontade; no máximo, é um ato de prudência. Em que sentido poderá representar um dever?".[28] Um direito ao qual se pode desobedecer não é um direito, não significa um dever e sim a prudência de obedecer ao mais forte. Logo, a escravidão que daí pode resultar não corresponde à razão e sim à necessidade. Mas não se trata de ceder "naturalmente" os direitos a um soberano, posto que não necessariamente ele se ocupará dos interesses do povo como um todo, ao contrário, estará mais interessado em proteger a si mesmo e em garantir sua autoconservação. Embora nem sempre o soberano seja o mais forte, ele transforma sua força em direito: "O mais forte não é suficientemente forte para ser sempre o senhor, se não transforma sua força em direito e a obediência em dever".[29] Portanto, o direito do mais forte é a usurpação do direito de outros que são obrigados a obedecer às suas ordens.

Rousseau tratou dessa transformação do poder legítimo em poder arbitrário no *Discurso sobre a origem da desigualdade entre os homens*[30] como a última etapa da desigualdade, isto é, a instituição da propriedade dá origem à sociedade, à corrupção dos homens e ao desenvolvimento da desigualdade. Quando da invenção da propriedade,[31] estabeleceu-se a divisão entre pobres e ricos e, para legitimá-la, estes impuseram leis que fundaram a sociedade civil. Definidas as leis, estas necessitaram de magistrados[32] para fazer respeitá-las: estabelecia-se,

---

26 ROUSSEAU,1995, livro I, cap. I, p. 70.

27 ROUSSEAU,1995, livro I, cap. I, p. 70.

28 ROUSSEAU, 1995, livro I, cap. III, p. 72.

29 ROUSSEAU, 1995, livro I, cap. III, p. 72.

30 ROUSSEAU, J. J. *Discurso sobre a origem da desigualdade entre os homens*. São Paulo: Abril Cultural, 1978.

31 "O verdadeiro fundador da sociedade civil foi o primeiro que, tendo cercado um terreno, lembrou-se de dizer isto é meu e encontrou pessoas suficientemente simples para acreditá-lo." (ROUSSEAU, 1995, p. 259.)

32 "O Governo nascente não teve uma forma constante e regular. A falta de filosofia e de experiência só deixava perceber os inconvenientes presentes, e só se pensava em remediar os outros na medida em que se apresentavam". (ROUSSEAU, 1995, p. 271.)

assim, a desigualdade da hierarquia social entre fortes e fracos. Esses magistrados eleitos se autoproclamaram hereditários e, ao estabelecerem o despotismo, transformaram o poder legítimo em poder arbitrário.[33]

Nesse texto, negligenciando a desigualdade física, Rousseau estuda a origem da desigualdade moral ou política. Convida seu leitor a imaginar o que era o homem no estado de natureza, despojando-o de todas as faculdades artificiais decorrentes da vida social. A vida do homem no estado de natureza era fundamentalmente animal: a rude existência das florestas fez dele um ser robusto, ágil, com os sentidos aguçados, com pouca atividade intelectual e com paixões facilmente realizáveis. Despojado da artificialidade, a natureza não destinou o homem primitivo para a vida em sociedade. Durante inúmeros séculos viveu solitário e, consequentemente, independente, condição fundamental para sua felicidade. O sonho paradisíaco de uma idade de ouro da humanidade, a crítica contra a propriedade e suas consequências nefastas, a ideia de uma sociedade civil corruptora nascida da propriedade privada.

A natureza fez o homem livre. Mas, embora essa tenha sido a condição natural do seu nascimento, a sociabilidade tornou-o escravo por meio de um contrato injusto, pelo qual o mais forte subjugou o fraco. É preciso substituí-lo por um novo contrato social que assegure a cada cidadão a proteção da comunidade, devolvendo-lhe as vantagens da liberdade e da igualdade.

5.2.2 Contrato social e vontade geral

O contrato social para Rousseau é diferente da concepção hobbesiana: trata-se de um contrato livremente aceito pelo qual todos que dele participam entregam seus direitos à comunidade. Ninguém pode ser obrigado a isso, mas, desde que dele participe, é definitivo, pois apenas essa abdicação garante aos homens a igualdade da liberdade, uma vez que a condição é igual para todos e obedecendo à vontade geral da qual, *a priori*, eles reconheceram a soberania, o indivíduo faz apenas aquilo que livremente consentiu: "Encontrar uma forma de associação que defenda e proteja a pessoa e os bens de cada associado de toda a força comum, e pela qual cada um, unindo-se a todos, só obedeça a si mesmo, permanecendo tão livre quanto antes".[34]

---

33 "Nesses diversos governos, todas as magistraturas foram a princípio eletivas e, quando a riqueza não as arrebatava, a preferência distinguiu o mérito, que dá um ascendente natural, e a idade, que dá experiência nos negócios e calma nas deliberações. [...] o povo, já acostumado com a dependência, com a calma e as comodidades da vida, e já incapaz de quebrar seus grilhões, consentiu em deixar aumentar a sua servidão para assegurar sua tranquilidade. Assim, tendo se tornado hereditários, os chefes acostumaram-se a considerar a magistratura como um bem de família e a si próprios proprietários do Estado, do qual a princípio não seriam senão funcionários; a chamar seus concidadãos de escravos, a incluí-los, como o gado, entre as coisas que lhes pertenciam e chamar a si mesmos de iguais aos deuses e de reis dos reis." (ROUSSEAU, 1995, p. 277.)

34 ROUSSEAU, 1995, livro I, cap. VI, p. 78.

As cláusulas desse ato não podem ser mudadas, o que o tornaria nulo, pois cada um voltaria ao estado de natureza e retomaria em suas mãos sua liberdade natural.[35]

Se, afinal, retira-se do pacto social aquilo que não pertence à sua essência, veremos que ele se reduz aos seguintes termos:

> [...] cada um põe em comum sua pessoa e todo seu poder sob a suprema direção da vontade gera; e enquanto corpo, recebe-se cada membro como parte indivisível do todo. Desse ato de associação resulta um corpo moral e coletivo e "essa pessoa pública, que se forma assim pela união de todas as outras, antigamente tinha o nome de Cidade e hoje o de República, ou de corpo político, que, quando é passivo, é chamado por seus membros de Estado, quando é ativo de Soberano, e, quando em comparação com seus pares, de Potência. Quanto aos associados, tomam coletivamente o nome de povo e particularmente chamam-se Cidadãos, quando participantes da autoridade soberana, e Súditos, quando submetidos às leis do Estado.[36]

Cada indivíduo renuncia à independência e a todos os seus direitos naturais e se submete totalmente ao soberano. O ato de associação é, portanto, um engajamento recíproco entre o público e os particulares, o que faz de cada indivíduo a um só tempo membro do soberano (em relação aos particulares) e membro do Estado (em relação ao soberano).

> Mas, existindo o corpo político ou o soberano apenas pela integridade do contrato, não pode absolutamente obrigar-se a nada que oponha a esse ato primitivo, mesmo que em relação a outrem, tal como alienar uma parte de si mesmo ou se submeter a um outro Soberano. Violar o ato pelo qual existe seria anular-se, e, aquilo que não é nada, não produz nada.

---

35 "As cláusulas desse contrato são de tal forma determinadas pela natureza do ato, que a menor mudança as tornaria vãs e sem efeito, de modo que, mesmo sendo formalmente enunciadas, são as mesmas em toda parte tacitamente admitidas e reconhecidas por todos. Assim, sendo o pacto social violado, cada um voltaria aos seus primeiros direitos e retomaria sua liberdade natural, perdendo a liberdade convencional pela qual tinha renunciado a eles.

Todas essas cláusulas se reduzem claramente a uma, a saber, a total alienação de cada associado com todos os seus direitos, a toda a comunidade: primeiramente, dando-se cada um por inteiro, a condição é igual para todos, e sendo a condição igual para todos, ninguém terá interesse em torná-la onerosa aos outros.

Além disso, sendo a alienação feita sem reservas, a união é a mais perfeita possível, não tendo nenhum associado mais nada a reclamar: se restasse qualquer direito aos particulares, subsistiria o estado de natureza e a associação tornar-se-ia necessariamente tirânica ou vã, uma vez que não existiria nenhum superior comum que pudesse pronunciar-se, entre eles e o público, e sendo cada um em alguma questão seu próprio juiz, logo pretenderia sê-lo em todas.

Enfim, dando-se cada um a todos, não se dá a ninguém, e como não haverá nenhum associado sobre o qual não se adquira o mesmo direito que se cedeu, ganha-se o equivalente a tudo que se perde e mais força para se conservar aquilo que se tem." (ROUSSEAU, 1995, livro I, p. 79.)

36 ROUSSEAU, 1995, cap. VII, p. 80.

Uma vez que essa multidão está assim reunida em um corpo, não se pode atacar um de seus membros sem atacar o corpo; menos ainda ofender o corpo, sem que os membros se ressintam. Assim, o dever e o interesse obrigam igualmente as duas partes contratantes a se ajudarem mutuamente, e os mesmos homens devem procurar reunir sob essa dupla relação todas as vantagens que dependem dela.

Ora, sendo o soberano formado apenas pelos particulares que o compõem, não pode ter nenhum interesse contrário ao deles; consequentemente, o poder Soberano não tem nenhuma necessidade de garantia em relação a seus súditos, porque é impossível que o corpo queira prejudicar a todos os seus membros, e, como veremos a seguir, não pode prejudicar a nenhum em particular. Apenas por ser o que é, o Soberano é sempre aquilo que deve ser.

Mas, o mesmo não ocorre com os súditos em relação ao Soberano, ao qual – apesar do interesse comum – ninguém responderia com seus compromissos, se não encontrasse meios de assegurar sua fidelidade.[37]

O contrato uma vez estabelecido é definitivo e apenas a abdicação de todos os direitos de cada um que dele participa garante a igualdade e a liberdade.

Ao ceder todos seus direitos, ninguém abre mão da sua liberdade individual ou da propriedade de seus bens, mas tão somente reforça-os com um fundamento legítimo. A liberdade só se conserva por sua alienação total, ou seja, a cláusula única do contrato social, que nada mais é do que a alienação de cada um dos participantes com todos os seus direitos a toda a comunidade.

Há, portanto, uma vontade geral à qual cada um, como cidadão, deve obedecer, por oposição a uma vontade particular contrária àquela. Uma vez engajado no pacto é preciso obedecer à vontade geral e, se alguém se recusar, será "obrigado" a obedecer a ela por todo o corpo político, o que equivale a, segundo Rousseau, ser forçado a ser livre. Apenas a vontade geral pode ser justa e reta, uma vez que ela tem por objetivo o interesse público.

Logo, só a vontade geral tem o direito de fazer e de desfazer as leis, mas não pode alienar-se, nem dividir-se, sob pena de deixar de ser geral, "o soberano, que é apenas um ser coletivo, só pode ser representado por ele mesmo: o poder pode muito bem ser transmitido, mas não a vontade."[38] Da vontade geral decorre então a soberana, que é inalienável, indivisível, absoluta. Como ser coletivo, o povo só pode ser representado por si mesmo.[39]

---

37 ROUSSEAU, 1995, cap. VII, p. 80.
38 ROUSSEAU, 1995, livro II, cap. I, p. 87.
39 Pléiade, vol. III, livro II, cap. I, p. 368: "je dis donc que la souveraineté n'*étant* que l'exercice de la volonté générale ne peut jamais Sá liéner, et que le souverain, qui n'est qu'un *être* collectif, ne peut *être* repr'senté que par lui-même".

Se a vontade geral está sempre certa e visa à utilidade pública, é possível afirmar que ela não pode errar. No entanto, por que nem sempre o bem público é alcançado? Porque nem sempre as decisões do povo são tão retas quanto as da vontade geral, e ele pode errar, não por corrupção, mas por engano.

Portanto, a origem da soberania está no povo e só ele a exerce, não podendo ser dividida posto que "a vontade ou é geral ou não, ou é o corpo do povo ou apenas uma parte deste".[40] Como bem lembra Robert Derathé,[41] a novidade de Rousseau está nessa detenção incondicional do poder legislativo por parte do povo.

Uma passagem do *Emílio*[42] é bastante esclarecedora a respeito da admiração do cidadão de Genebra por Montesquieu. Nela, ele afirma que "o direito político ainda está por nascer, e é de se presumir que não nascerá nunca". Na sequência, depois de comparar negativamente Grotius e Hobbes, continua:

> O único moderno em condições de criar essa grande e inútil ciência foi o ilustre Montesquieu. Mas, ele teve o cuidado de não tratar dos princípios do direito político; contentou-se em tratar do direito positivo dos governos existentes, e nada é mais diferente do que esses dois estudos.

Ora, o sentido da frase é preciso: Montesquieu escreveu sobre o "direito positivo dos governos existentes", já Rousseau escreverá sobre o direito político, obra ainda por realizar. Embora tenha sido tratado pelos teóricos do direito natural, não o foi adequadamente, pois não o fizeram da perspectiva dos povos e sim dos grandes – tarefa à qual ele se propõe. Apenas uma forma direta de participação na qual o povo – e não seus representantes – exercesse o poder legislativo seria legítima. Teríamos, assim, uma democracia direta. Afirmação de difícil compreensão e que nos leva a outra: e o governo? Como é exercido e qual sua competência? Se ao soberano cabe o poder legislativo, ao governo cabe o poder executivo, sua função é apenas aplicar as leis, pois está subordinado à vontade geral. Enquanto os atos de soberania se aplicam ao corpo político, os atos do governo são atos de magistratura. Uma vez que a soberania é inalienável porque é indivisível e a vontade ou é geral ou individual e, continua Rousseau, se é geral, "essa vontade declarada é um ato de soberania e tem valor de lei. No segundo caso, não passa de uma vontade particular ou de um ato de magistratura".[43]

---

40 Pléiade , vol. III, livro II, cap. I, p. 369: "car la volonte est générale, ou elle ne l'est pas; elle est celle du corps du peuple, ou seulement une partie".

41 DERATHÉ, R. Jean-Jacques *Rousseau et la science politique de son temps*. Paris: Vrin, 1979.

42 Pléiade, vol. IV, livro V, p. 836: "le droit politique est encore à naître, et il est à présumer qu'il ne naitra jamais. (...) Le seul moderne en *état* de créer cette grande e inutile science eut *été* l'illustre Montesquieu. Mais il n'eut garde de traitter des principes du droit politique; il se contenta de traiter du droit positif des gouvernements *établis*, et rien au monde n'est plus différent que ces deux *études*".

43 ROUSSEAU,1978, livro II, cap. II.

Para Rousseau, como foi visto acima, soberano é o povo considerado coletivamente, pois individualmente aqueles que o compõem são cidadãos, sendo a soberania sua prerrogativa; aquele que abrir mão dela se tornará um escravo, pois passará a obedecer a alguém que deseja o seu lugar. Daí o caráter indivisível e inalienável da soberania. A soberania não é a vontade de qualquer um dos membros de uma sociedade ou de vários, mas do corpo político enquanto tal, o que é o mesmo que afirmar que ela é a vontade geral.

Soberano e poder legislativo são sinônimos e diferem do governo ou poder executivo. Logo, para além da divisão de poderes, propõe um único poder, o legislativo, do qual o executivo emana, formando um todo que é o corpo político. Este não é constituído pelos governantes, como afirmavam os defensores do pacto de submissão, pois àqueles cabe apenas cumprir as leis enquanto funcionários subordinados ao soberano. "Mas como age este ser abstrato e coletivo?", indaga Rousseau nas *Cartas escritas da montanha*. Ao que ele responde: "... age por meio de leis, e não poderia ser de outra forma". Mas continua indagando: "O que é uma lei? É uma declaração pública e solene da vontade geral, acerca de um objeto de interesse comum".[44]

O poder legislativo, ou a *vontade* soberana, requer, pela sua natureza, outro poder, o executivo, ou a *força* aplicada à lei. Isto representa a instituição do governo, desse "corpo intermediário estabelecido entre os súditos e o soberano para sua mútua correspondência, encarregado da execução das leis e da manutenção da liberdade tanto civil quanto política".[45]

A potência executiva enquanto força aplicada à lei pode ser representada, mas não por representantes do povo que ajam em seu nome tomando para si a elaboração das leis ou sua aprovação, posto que a lei parte de todos para ser aplicada a todos, residindo no corpo político e não na vontade de um ou mais indivíduos.

Embora a maior parte dos autores afirme que, ao defender a não divisibilidade da soberania é com a teoria da separação dos poderes de Montesquieu que Rousseau polemiza, como explicitou Derathé em seu texto, é contra os partidários dessa divisão e, portanto, de uma teoria liberal do Estado, que ele o faz, como afirma em *Do contrato social*:

> [...] nossos políticos, não podendo dividir a soberania no seu princípio, dividem-na no seu objeto; dividem-na em força e em vontade, em poder legislativo e em poder executivo, em direitos de impostos, de justiça, e de guerra, em administração interna e em autonomia para tratar com o estrangeiro: tanto confundem essas partes quanto as separam; fazem do Soberano um ser fantástico e formado de peças sobrepostas; é como se compusessem o homem de vários corpos dos quais um teria os olhos, o outro o braço, o outro os pés, e nada mais.[46]

---

44 ROUSSEAU, J. J. *Cartas escritas da montanha*. São Paulo: Unesp, 2006. carta VI, p. 134.

45 ROUSSEAU, 2006, carta VI, p. 135.

46 Pléiade, III, livro II, cap. I, 369.

110 » Filosofia Política

O aprofundamento dessas questões exigiria uma ampliação da análise aqui feita, o que ultrapassaria os objetivos deste texto. Gostaria, apenas, para finalizar, de ressaltar alguns pontos que me parecem fundamentais para a compreensão de uma relação entre Rousseau e Montesquieu:

1. Rousseau, nas *Cartas escritas da montanha*,[47] recorre à Constituição inglesa como um parâmetro para refletir sobre os motivos da perda da liberdade em Genebra, e não como um modelo a ser seguido, embora reconhecendo maior liberdade sob o comando do monarca da Inglaterra do que sob a tirania do Pequeno Conselho de Genebra;

2. Rousseau recusa a divisão dos poderes, confrontando-se com Montesquieu. Entende que em Genebra há uma estranha convivência entre os poderes, posto que estão unidas "a administração dos negócios de Estado e o exercício supremo da justiça sobre os bens, a vida e a honra dos cidadãos".[48] Consequentemente, questiona a lisura da apelação feita a um tribunal supremo quando os seus membros também compõem o tribunal de primeira instância, tornando a possibilidade de apelação em uma farsa política;

3. Quanto ao equilíbrio de poderes de que fala Montesquieu, Rousseau parece estar de acordo ao defender que os poderes não devem estar reunidos nas mesmas mãos. Mas é preciso ter cuidado: para um trata-se da **teoria da moderação dos poderes**, para outro, de **teoria da soberania absoluta do povo**.

Um comentador atual de Rousseau, Raymond Trousson, afirma que em

> [...] uma época em que a maioria dos filósofos liberais se adaptava como Montesquieu ou Voltaire, de uma monarquia limitada ou de um despotismo esclarecido, Rousseau, que funda a soberania sobre a nação, parece, ao contrário, sinceramente democrático.[49]

Mas essa novidade de seu pensamento não anulou a contribuição de outros pensadores à sua obra – principalmente alguns antecessores, como Montesquieu.

---

47 ROUSSEAU, 2006.

48 ROUSSEAU, 2006, carta VII.

49 Tradução livre de: "[...] une époque où la plupart des philosophes libéraux s'accommodaient comme Montesquieu ou Voltaire, d'une monarchie limitée ou d'un despotisme *éclairé*, Rousseau, qui fonde la souveraineté sur la nation, apparaît au contraire comme sincèrement démocrate." (TROUSSON, R. *Jean-Jacques Rousseau*. Paris: Hachette,1993. p. 194-195.)

Capítulo 5 » **Montesquieu e Rousseau** » **111**

5.3 Textos para análise

TEXTO 1

Conceitos: Escravidão – contrária ao direito natural, que não fundamenta uma servidão voluntaria. Justiça – justiça não é vingança e sim aquilo que pode pôr fim a ela.

Se eu tiver que defender o direito que tivemos de escravizar os negros, eis o que diria:

Tendo os povos da Europa exterminado os da América, tiveram que escravizar os da África, a fim de utilizá-los no desbravamento de tantas terras.

O açúcar seria muito caro se não se cultivasse a planta que o produz por intermédio de escravos.

Aqueles a que nos referimos são negros da cabeça aos pés e tem o nariz tão acatado, que é quase impossível lamentá-los.

Não podemos aceitar a ideia de que Deus, que é um ser muito sábio, tenha introduzido uma alma, sobretudo uma alma boa, num corpo completamente negro.

É tão natural considerar que é a cor que constitui a essência da humanidade, que os povos da Ásia que fazem eunucos, privam sempre os negros da relação que eles têm conosco de uma maneira mais acentuada.

Pode-se julgar da cor da pele pela dos cabelos, que, entre os egípcios, os melhores filósofos do mundo, era de tão grande importância, que mandavam matar todos os homens ruivos que lhes caíram nas mãos.

Uma prova de que os negros não têm senso comum é que dão mais importância a um colar de vidro do que ao outro, fato que, entre as nações policiadas, é de tão grande consequência.

É impossível supormos que tais gentes sejam homens, pois, se os considerássemos homens, começaríamos a acreditar que nós próprios não somos cristãos.

Os espíritos mesquinhos exageram muito a injustiça que se faz aos africanos, pois se ela fosse tal como eles dizem, não teria ocorrido aos príncipes da Europa, que estabelecem entre eles tantas convenções inúteis, fazer uma delas em favor da misericórdia e da piedade?[50]

---

50 MONTESQUIEU, 1973, cap. 5, p. 223.

5.3.1 Estudo do Texto 1

» Explicite o sentido do verbo "ter" no primeiro e segundo parágrafos.

» Indique os argumentos utilizados pelo autor a favor da escravidão.

» Explique a falsidade dessas afirmações.

» Identifique se há diferença de tom nas falas do autor ao longo do texto e, se houver, o que isso significa.

5.3.1.1 Proposta de tema de dissertação

Tema: Reflexão sobre a escravidão nos debates a favor e contra esse tema presentes no Século das Luzes, destacando a indignação do autor e a abordagem filosófica dada ao tema.

Observações que podem orientar a elaboração da dissertação.

» Comece identificando quais são os objetivos do autor.

» Como se trata de um texto muito irônico e polêmico já para a época, uma abordagem possível é destacar a metodologia escolhida por Montesquieu para alcançar seu objetivo, ou seja, uma ironia crescente que ridiculariza os partidários da escravidão, mas procura convencer seus leitores não apenas pelo riso mas por raciocínios, além de tentar "despertá-los" da ignorância e do preconceito. Montesquieu desconsidera totalmente a tese da defesa da escravidão, mas apresenta-a falsamente de forma propositiva.

> TEXTO 2
>
> *Conceitos: Natureza – significa origem: aquilo de que depende a história, mas ela mesma não é histórica, de onde provêm os acontecimentos, a partir da qual tudo se constitui. Liberdade – Tal como os animais, o homem está submetido às leis naturais, ser livre não significa escapar a elas. O homem pode querer ou não: liberdade é potência entendida como aquilo que ainda não é – ser livre é poder escolher – mas também é a força efetiva, o dinamismo – ser livre é escolher uma coisa e não outra. Perfectibilidade – Por essa faculdade o homem afasta-se do estado de natureza, ao pôr em movimento sua capacidade de desenvolver-se, de escolher, de atualizar sua racionalidade. A história humana é a história da perfectibilidade.*
>
> Não é, pois, tanto o entendimento quanto a qualidade de agente livre possuída pelo homem que constitui, entre os animais, a distinção específica daquele. A natureza manda em todos os animais, e a besta obedece. O homem sofre a mesma influência, mas considera-se livre para concordar ou resistir, e é sobretudo na consciência dessa liberdade que se mostra a espiritualidade

de sua alma, pois a física de certo modo explica o mecanismo dos sentidos e a formação das ideias, mas no poder de querer, ou antes, de escolher e no sentimento desse poder só se encontram atos puramente espirituais que de modo algum serão explicados pelas leis da mecânica.

Mas, ainda quando as dificuldades que cercam todas essas questões deixassem por um instante de causar discussão sobre diferença entre o homem e o animal, haveria uma outra qualidade muito especifica que os distinguiria e a respeito da qual não pode haver contestação – é a faculdade de aperfeiçoar-se, faculdade que, com o auxílio das circunstancias, desenvolve sucessivamente todas as outras e se encontra, entre nós, tanto na espécie quanto no indivíduo; o animal, pelo contrário, ao fim de alguns meses, é o que será por toda a vida, e sua espécie, no fim de milhares de anos, o que era no primeiro ano desses milhares. Por que só o homem é suscetível de tornar-se imbecil? Não será porque volta, assim, ao seu estado primitivo e – enquanto a besta, que nada adquiriu e também nada tem de bom a perder, fica sempre com seu instinto – o homem tornando a perder, pela velhice ou por outros acidentes, tudo o que sua perfectibilidade lhe fizera adquirir, volta a cair, desse modo, mais baixo do que a própria besta?[51]

5.3.2 Estudo do Texto 2

» Explique qual a relação, para Rousseau, entre ter sentidos e ter ideias.

» Explique a noção de liberdade segundo o texto.

» Qual o significado da palavra "faculdade" no texto?

» Qual o significado de "imbecil" para Rousseau?

5.3.2.1 Proposta de tema de dissertação

Tema: A existência do homem social, segundo Rousseau

Observações que podem orientar a elaboração da dissertação.

» Comece refletindo se a perfectibilidade equivale a tornar o homem bom, ou seja, o fato de o homem adquirir perfeições significa que ele se aperfeiçoa cada vez mais?

» Observe como o trecho acima reproduzido nos ajuda a responder a essa questão. Não há na natureza humana nenhum germe da desigualdade, mas o homem foi desnaturado por ela. Como isso aconteceu?

» A perfectibilidade permite ao homem a entrada no processo histórico, essa é a diferença entre nós e os animais e é na história que a desigualdade se constitui.

---

51 ROUSSEAU, 1978, parte I, p. 243.

Montesquieu
Biografia e principais obras

Charles-Louis de Secondat, barão de La Brède e de Montesquieu, nasceu em janeiro de 1689 no castelo de La Brède, próximo a Bordeaux, em uma família protestante pertencente à nobreza togada. Estudou no colégio de Juilly (diocese de Meaux), depois seguiu os estudos jurídicos. Foi advogado, conselheiro do Parlamento de Bordeaux, e ali ocupou o cargo vitalício de presidente, herdado de sua família. Embora envolvido com a atividade política, seus interesses maiores eram as pesquisas experimentais. Entrou para a Academia das Ciências de Bordeaux em 1716, onde apresentou vários de seus trabalhos sobre a transparência dos corpos, o fluxo e o refluxo etc. Além dos trabalhos científicos, a crítica social também o interessava, como mostra uma obra publicada anonimamente, em 1721, em Amsterdã, e que lhe conferiu um rápido sucesso e a entrada nos salões parisienses – *As cartas persas*. Paralelamente, seus interesses alargavam-se: história, direito, política. Em 1728, foi eleito para a Academia Francesa. Nos três anos seguintes, viajou para melhor conhecer a Europa. Embora decepcionado, encantou-se com a Constituição inglesa, segundo ele, garantidora da liberdade. Volta a La Brède em 1731 para ali se dedicar a amadurecer e escrever uma grande obra sobre a natureza das leis e as relações entre elas. O primeiro resultado desse propósito foram as *Considerações sobre as causas da grandeza dos romanos e de sua decadência*, publicadas em 1734. Algum tempo depois, em 1748, *O espírito das leis* foi publicado em Genebra. Morreu em Paris no dia 10 de fevereiro de 1755.

Rousseau
Biografia e principais obras

Jean-Jacques Rousseau nasceu em 28 de junho de 1712 em Genebra, na Suíça. Órfão de mãe, foi educado por seu pai até aos 10 anos. Nessa ocasião, seu pai teve de deixar sua cidade natal e, a partir de então, a educação de Rousseau foi entregue a um pastor, a um tio, e, posteriormente, a um artesão para que aprendesse o ofício de gravador. Mas, em 1728, ele deixa Genebra e parte para Annecy, onde encontra madame de Warens, que, a partir de então, encarrega-se de sua educação. Envia-o ao seminário de Turim, onde se converte ao catolicismo, mas não se interessa pela carreira eclesiástica. Nos anos passados junto a ela entre Annecy, Chambéry e as Charmettes, mesmo com algumas interrupções, Rousseau dedica-se a sua formação e desenvolve um novo sistema de anotação musical. Mas, com o fim desse idílio intelectual e amoroso, parte para Veneza e depois para Paris. Nessa fase, conhecerá o sucesso. Entra em contato com a intelectualidade, escreve os artigos sobre música para a *Encyclopédie de d'Alembert*. Em 1749, redige o *Discurso sobre as ciências e as artes*. Em 1752, compõe *O adivinho da aldeia* e, no ano seguinte, o *Discurso sobre a origem da desigualdade*. Embora esses textos, principalmente o primeiro discurso, tenham provocado a saída do anonimato, os temas ali tratados também provocaram a ira de seus contemporâneos. Ao mesmo tempo, sua produção atinge grande maturidade: redige *A nova Heloisa*, *O contrato social* e *Emílio*. Mas suas críticas não foram bem-aceitas e estas duas últimas obras, de 1762, foram condenadas e queimadas em Paris e em Genebra. Começa a escrever as *Confissões* para melhor responder aos seus inimigos. Para não ser preso, deixa a França em direção à Suíça, sem sucesso. Aceita a oferta de Hume e parte para a Inglaterra (1765), mas lá permanece somente alguns meses, voltando a França. Entre 1772 e 1776, redige *Rousseau, juiz de Jean-Jacques*. No ano seguinte, trabalha nos *Devaneios de um caminhante solitário*, mas não termina sua redação. Morreu em 2 de julho de 1778.

Referências básicas

MONTESQUIEU. Les lettres persanes. *Oeuvres completes*. Paris: Seuil, 1964. p. 61-151.

_____. *O espírito das leis*. São Paulo: Abril Cultural, 1973.

ROUSSEAU, J. J. *Cartas escritas da montanha*. São Paulo: Unesp, 2006.

_____. *Discurso sobre a origem da desigualdade entre os homens*. São Paulo: Abril Cultural, 1978.

_____. *Do contrato social*. Petrópolis: Vozes, 1995.

Referências complementares

DERATHÉ, R. Jean-Jacques *Rousseau et la science politique de son temps*. Paris: Vrin, 1979.

PISSARRA, M. C. *A política como exercício pedagógico*. São Paulo: Moderna, 2003.

PRADO JR., B.; SALINAS FORTES, L. R. *Rousseau da teoria à prática*. São Paulo: Ática, 1976.

TROUSSON, R. *Jean-Jacques Rousseau*. Paris: Hachette, 1993.

_____; ELGELDINGER, F. *Dictionnaire de Jean-Jacques Rousseau*. Paris: Honoré Champion, 1996.

CAPÍTULO 6

Apontamentos sobre política e direito na filosofia de
Immanuel Kant

JONNEFER FRANCISCO BARBOSA

6.1 Introdução

"Mesmo a história da filosofia é inteiramente desinteressante se não se propuser a despertar um conceito adormecido, a relançá-lo numa nova cena, mesmo ao preço de voltá-lo contra ele mesmo."[1] Até porque a história de um texto filosófico ou de determinado sistema de pensamento não é mera análise de seu estrito *teor de verdade*: é inseparável não só de documentos textuais concretos (e de todo o debate hermenêutico sobre processos de tradução e autenticidade conceitual a ele conectados) mas também dos ruídos que a tradição deposita sobre esses textos, como o pó e o fungo que podem se agregar a determinadas obras de arte. Ou seja, ler um texto – principalmente filosófico – não deixa de ser um experimento de inoculação de temporalidade e historicidade ao dispositivo analisado. É preciso aqui recuperar o sentido de *texto* expresso pelos romanos: "aquilo que se tece", tal como o tecido da mortalha de Penélope destinada a Laertes, dia e noite tecida e destecida. Um texto é inseparável da textualidade que lhe dá consistência e significado. Essa ampla textualidade é sua imersão histórica.

Apresentar uma leitura sobre a política em Immanuel Kant não deixa de ser uma tarefa árdua, principalmente pela miríade de entradas em que essa questão modernamente foi procurada no território filosófico kantiano: os neokantistas de Marburg e o Círculo de Viena utilizaram-se sobretudo de um Kant lido em alguns postulados da *Crítica da razão pura*[2] para desenvolver esquemas teóricos que não deixaram de repercutir na análise política. Ou de interpretações como a de John Raws, que, por mais que estabeleça inúmeras revisões e críticas a Kant, tomará a *Crítica da razão prática*[3] como texto principal de sua categorização moral e política. Hannah Arendt, quando ministrou o famoso curso sobre a filosofia política de Kant na New School for Social Research, tomou como texto básico a *Crítica da faculdade do juízo*,[4] caminho também posteriormente seguindo por Jürgen Habermas.

O propósito deste texto é muito mais modesto. Tentaremos demarcar alguns conceitos relativos à política em Kant com base na relação entre o agir moral autônomo e o agir jurídico, tentando explicitar em que medida o agir autônomo (moral) kantiano corresponderá ao núcleo rígido de sua concepção de liberdade e, simultaneamente, de *politicidade*: uma política diretamente atrelada à ética (e a ética como sendo nada mais que o uso prático da razão). Para tanto, utilizaremos

---

1   DELEUZE, G.; GUATARRI, F. *O que é a filosofia?* Trad. Bento Prado Jr. e Alberto Alonso Muñoz. São Paulo: Editora 34, 1992. p. 109.

2   KANT, I. *Crítica da razão pura*. Trad. Valério Rohden e Udo Baldur Moosburger. São Paulo: Nova Cultural, 1999. (Coleção os Pensadores).

3   KANT, I. *Crítica da razão prática*. Trad. Valerio Rhoden. São Paulo: Martins Fontes, 2003.

4   KANT, I. *Crítica da Faculdade do Juízo*. Trad. Valério Rohden e Antônio Marques. Rio de Janeiro: Forense Universitária, 2008.

Capítulo 6 » **Apontamentos sobre política e direito na filosofia de Immanuel Kant** » **119**

alguns conceitos expostos nos *Fundamentos da metafísica dos costumes*[5] e na *Doutrina do direito*,[6] além de outros textos que se mostrarem necessários à elucidação de nossa questão.

Na conclusão da *Crítica da razão prática*, Kant afirma que o homem é um habitante de dois mundos: a *physis*, um universo natural (o âmbito do *homo phoenomenon*) ligado aos ditames da necessidade, da causalidade (leis naturais dotadas de regularidade), mundo da *heteronomia,* o reino da facticidade, um horizonte de pertencimento onde o homem se evidencia como uma "criatura animal que deve devolver ao planeta (um mero ponto no universo) a matéria de que foi feita, depois de ter sido dotado, não se sabe como, por um curto espaço de tempo, de força vital";[7] e um mundo moral (racional, independente das determinações físicas), o universo das condições de possibilidade para a liberdade, da imputabilidade, da autonomia, a dimensão da vontade e da projeção do *homo noumenon*, plano de existência que

> [...] eleva infinitamente o meu valor enquanto inteligência, mediante minha personalidade, na qual a lei moral revela-me uma vida independente da animalidade e mesmo de todo o mundo sensorial, pelo menos o quanto se pode depreender da determinação conforme a fins de minha existência por essa lei, que não está circunscrita a condições e limites dessa vida mas penetra o infinito.[8]

Para Kant, o conhecimento das leis morais não foi conquistado pela observação empírica, seja pela análise dos ditames da experiência, seja pelos usos e convenções, não obstante o significado da palavra alemã *Sitten* e da latina *mores* expressar estritamente "as maneiras e os modos de viver". Essas leis morais tampouco devem ser buscadas em uma pretensa "natureza humana" intrinsecamente boa. Ao contrário, a razão prescreveria a maneira como se deve agir, mesmo quando ninguém tenha agido de tal forma.[9]

Nesse sentido, observa-se, em Kant, a necessidade da fundamentação de uma metafísica (no sentido não empírico) dos costumes, haja vista que as leis morais só passarão a ser consideradas como válidas a partir do momento em que fundamentadas *a priori*. Passamos, portanto, a analisar sua concepção de metafísica.

---

5   KANT, I. *Fundamentos da metafísica dos costumes*. Rio de Janeiro: Ediouro, s/d.

6   KANT, I. *Doutrina do direito*. Trad. Edson Bini. 2. ed. São Paulo: Ícone Editora, 1993.

7   KANT, 2003, p. 571-573.

8   KANT, 2003, p. 571-573.

9   KANT, 1993, p. 27.

6.2 Metafísica dos costumes

Em Kant, as noções e juízos sobre as condutas humanas só passarão a ter significação moral quando transcenderem o que pode ser adquirido pela simples experiência, pela sucessão regular de um mundo que é. O oposto de uma metafísica dos costumes seria a Antropologia, sendo esta relativa aos estudos da dimensão empírica, sensível, das condições subjetivas da natureza humana ligadas à experiência, que muitas vezes se utiliza de generalizações pela indução,[10] impossibilitadas, segundo Kant, de um fundamento apriorístico.

> Se a moral fosse unicamente a ciência da felicidade, seria absurdo buscar sua utilidade segundo princípios *a priori*. [...] A experiência somente pode nos ensinar o que nos proporciona prazer e satisfação.[11]

Apresenta-se na filosofia do direito kantiana, portanto, a necessidade imperativa de uma metafísica dos costumes, uma filosofia prática que tenha por objeto não a natureza, mas a liberdade do arbítrio, uma metafísica que não se fundamente na Antropologia, mas que possa se aplicar a ela. À ciência do direito, na arquitetônica kantiana, corresponderá o que o filósofo designará como o sistema racional de uma metafísica do direito[12] (a primeira parte da metafísica dos costumes), que se diferenciará de sua parte experimental ou empírica, dotada de imensa pluridimensionalidade, voltada à solução dos mais diversos casos possíveis da experiência, ou seja, para a casuística. De maneira que o direito, na análise de Kant, sendo matéria do sistema esboçado *a priori*, será representado pelos chamados Princípios Metafísicos do Direito, e os *direitos* ou as questões de direito que apresentam os diferentes casos da experiência serão matérias da Jurisprudência.[13]

Portanto, ao direito como *ciência* será reservado um papel transcendental, na medida em que lhe caberá, calcado sobretudo em uma filosofia prática, o pensamento sobre as condições de possibilidade de todo direito que pretenda ser nomeado como tal, ou seja, *com base em um critério puramente racional e, simultaneamente, intersubjetivo de justiça.*

---

10 "E essa generalização (*secundum principia generalia, non universalia*) é, por outro lado, tão difícil nesta matéria que não se pode menos do que conceder a cada um uma infinidade de exceções a fim de deixar que se escolha livremente um gênero de vida conforme as inclinações particulares e os apetites para o prazer e, por último, para que cada um aprenda a viver à sua custa ou a de outros." (KANT, 1993. p. 26.)

11 KANT, 1993, p. 26.

12 Metafísica que poderá ser qualificada como a dedução transcendental do direito com base nos postulados da razão pura prática.

13 KANT, 1999, p. 14.

6.3 Universos da moralidade e da legalidade

Para melhor elucidação da proposta kantiana de um direito racional, evidencia-se imprescindível destacar a distinção realizada pelo filósofo entre as duas partes da legislação em geral (divisão da própria metafísica dos costumes), ou, em outros termos, entre os campos específicos da moralidade e da legalidade (jurídica).

Na ótica kantiana, toda legislação compõe-se de duas partes:

1. uma lei que apresenta como "objetivamente necessária a ação que deve ser executada, isto é, que faz da ação um dever";

2. um motivo que relaciona com a representação da lei "o princípio que determina subjetivamente o arbítrio a esta ação".[14]

A legislação que, de uma ação, faz um dever e que, ao mesmo tempo, dá tal dever por motivo, trata-se, para Kant, da legislação moral. A ação moral é realizada para obedecer tão somente (e com nenhum outro objetivo, implícito ou expresso) à lei do dever. Por outro lado, a legislação que não incorpora o motivo na lei, que permite motivação outra que não seja a ideia do cumprimento do dever intrínseco, trata-se da legislação jurídica. Suficiente para esta é a adequação da conduta aos ditames exteriormente prescritos, independentemente do móvel que levou ao cumprimento destes (*v.g.*, medo da sanção ou ônus estabelecidos, benefícios etc.). No agir jurídico, os deveres serão sempre externos, ou seja, não exigindo que a ideia desses deveres, no plano interno, seja o fator determinante do seu cumprimento.[15]

A moral diferencia-se do direito essencialmente pelo modo como estabelece sua obrigação: o elemento caracterizador da moral repousa no fato de esta realizar seus atos pelo simples motivo de eles serem *deveres*, sendo razão suficiente do arbítrio o princípio intrínseco do dever, não importando a *forma* e *onde* este se manifeste. Pode-se afirmar, por conseguinte, que a dimensão da moralidade em Kant está umbilicalmente ligada à concepção do imperativo categórico, que será explicitado na sequência desta análise, enquanto a dimensão jurídica relaciona-se, com mais proximidade, com o imperativo hipotético (se ages no sentido de A, receberás a sanção B como consequência). Um dos motivos dessa desvinculação do dever moral de toda e qualquer "contaminação" empírica é sua pretensão de universalidade: o agir moral é válido mesmo quando são diversas as contingências factuais.

---

14   KANT, 1993, p. 30.
15   KANT, 1993, p. 31.

Nos *Fundamentos da metafísica dos costumes,* assevera Kant que

> Nem no mundo, nem, em geral, tampouco fora do mundo, é possível pensar algo que possa considerar-se bom sem restrição, a menos que seja tão-somente uma boa vontade. [...] A boa vontade não é boa pelo que efetivamente realize, não é boa pela sua adequação para se alcançar determinados fins que nos propusemos; é boa somente pelo querer; digamos, é boa em si mesma. Considerada em si própria é, sem comparação, muito mais valiosa do que tudo o que por meio dela pudéssemos verificar em proveito ou referência de alguma inclinação e, se quisermos, da suma de todas as inclinações.[16]

Para fins eminentemente heurísticos, foram levantadas pela teoria dogmática do direito alguns pontos principais de distinção entre os campos da moralidade e do direito, que, logicamente, não devem ser encarados de maneira unívoca e estanque, mas apenas como meios auxiliares para melhor compreensão do marco divisório kantiano. Exemplos: a heteronomia como qualificativo do universo jurídico, em contraponto ao âmbito moral, influenciado na sua quase totalidade pela autonomia, a exterioridade jurídica, a interioridade moral etc.

6.4 O conceito de liberdade na ótica kantiana

Segundo Kant, a vontade pode compreender o arbítrio. O arbítrio determinado pela razão pura chama-se livre-arbítrio. O arbítrio que não é determinável a não ser por inclinação (*movil sensible, stimulus*) é um arbítrio animal (*arbitrium brutum*). A liberdade do arbítrio é essa independência de todo impulso sensível enquanto relacionado à sua determinação. Tal é a noção negativa da liberdade.

A noção positiva de liberdade em Kant pode ser assim definida: a faculdade da razão pura de ser prática por si mesma, o que não é possível de outra forma que não pela submissão das máximas de toda ação à condição desta erigir-se como lei geral. As leis da liberdade, em tal acepção, são chamadas de morais, de forma a serem distinguidas das leis naturais ou físicas. Quando se referem somente a ações externas e sua legitimidade, são chamadas de *jurídicas*. Se além disso, porém, exigem que as próprias leis sejam os princípios determinantes para a ação, então são chamadas de éticas na acepção mais kantiana deste termo.

---

16   KANT, s/d., p. 37-38.

Capítulo 6 » **Apontamentos sobre política e direito na filosofia de Immanuel Kant** » **123**

E então diz-se que a simples conformidade da ação externa com as leis jurídicas constitui sua legalidade, sua conformidade com as leis morais é sua legalidade. A liberdade a qual se referem as leis jurídicas pode ser tão somente a liberdade na prática externa; mas aquela liberdade a qual se referem as leis morais deve ser, segundo Kant, a liberdade no exercício interior e exterior do arbítrio, quando está determinado pelas leis racionais.

A categoria da liberdade, nuclear na construção filosófica kantiana, é uma noção pura que está ligada à filosofia teórica transcendental. Em outros termos:

> É uma noção que não pode ter objeto algum adequado, é uma experiência possível, qualquer que seja; uma noção, por conseguinte, que não é objeto de um conhecimento possível para nós e que, portanto, não tem valor como princípio constitutivo, exceto somente como princípio regulador e ainda simplesmente negativo da razão pura. [17]

A realidade da liberdade está estabelecida, no dizer de Kant, no uso prático da razão por princípios práticos, originando nos homens uma vontade pura, fonte emanadora das noções e leis morais.[18]

Evidenciar-se-á, portanto, a noção positiva de liberdade, base das leis práticas absolutas morais, leis que se corporificam na ideia do imperativo categórico, diferentemente da concepção dos imperativos técnicos. A responsabilidade está atrelada ao conceito de obrigação como sendo a necessidade de uma ação livre sob um imperativo categórico da razão.[19]

O imperativo se define como uma regra prática em decorrência da qual uma ação em si mesma contingente se converte em *necessária*. No universo humano moral, a razão da possibilidade dos imperativos práticos está no fato de que não se referem a nenhuma outra determinação do arbítrio, exceto a sua *liberdade*. A personalidade moral, e isso se apresenta como vital para o entendimento da filosofia prática kantiana, manifesta-se na liberdade de um ser racional submetido às leis morais, uma pessoa é o sujeito cujas ações são suscetíveis de imputação.[20] *Moralidade, imputabilidade, liberdade, personalidade* são conceitos que se ligam reciprocamente na rede teórica tecida na doutrina do direito.

O critério de imputabilidade também é utilizado para a definição de coisa (*res*) como aquilo que não é suscetível de nenhuma imputação. Justo e injusto são atos conformes ou não conformes ao dever, sendo estes intitulados *transgressões*.[21]

---

17   KANT, 1993, p. 34.

18   KANT, 1993, p. 34.

19   KANT, 1993, p. 35.

20   KANT, 1993, p. 37.

21   Na classificação das transgressões, Kant (1993, p. 38) distingue as não premeditadas (culpa), porém imputáveis, da transgressão deliberada (delito).

Passamos a apresentar a formulação do imperativo categórico kantiano:

> Age segundo uma máxima que possa ao mesmo tempo ter valor de lei universal. Podes, portanto, considerar tuas ações segundo seu princípio subjetivo; mas não podes estar seguro de que um princípio tem valor objetivo exceto quando seja adequado a uma legislação universal, isto é, quando este princípio possa ser erigido por tua razão em legislação universal.[22]

Uma fórmula aparentemente prosaica, mas com exigências práticas universalizantes que lhe são constitutivas, ampliando a faculdade humana individual, guiada por uma máxima que tenha a possibilidade de aplicar-se a todos os seres humanos dotados de racionalidade. Ou seja, no limite, seria o critério último para, nos termos kantianos, a definição de um ação autenticamente moral e condição da própria manutenção da comunidade humana: há conteúdos que não podem ser universalizados sob pena de ela se tornar insustentável.

6.5 Teoria do direito kantiana

Ultrapassada essa fase de análise das categorias kantianas nos aspectos ligados à razão prática, evolvendo principalmente a metafísica dos costumes, é preciso apresentar os conceitos vinculados à teoria do direito em Kant.

O conjunto das leis suscetíveis de uma legislação exterior intitula-se, no viés kantiano, teoria do Direito, ou tão somente Direito. No que concerne à sua aplicação aos diferentes casos possíveis na realidade e seu conhecimento, estaremos no campo da jurisprudência. Apresenta-se como algo simples, para Kant, dizer o que é o Direito com base em sua configuração específica como direito positivo prescrito em determinado lugar e tempo (uma análise empírica). Entretanto, para analisar se o que prescrevem essas leis é justo – e a própria questão de se formular os critérios gerais para diferenciar a justiça da injustiça –, o critério empírico deve ser deixado de lado. Elenca-se como princípio universal do direito, *a priori*: "É justa toda ação que por si, ou por sua máxima, não constitui um obstáculo à conformidade da liberdade do arbítrio de todos com a liberdade de cada um segundo leis universais".[23]

---

22 KANT, 1993, p. 39.
23 KANT, 1993, p. 46.

Capítulo 6 » **Apontamentos sobre política e direito na filosofia de Immanuel Kant** » **125**

Pode-se definir o Direito em Kant, portanto, como uma relação entre arbítrios[24] limitada por uma lei universal de liberdade. Situa-se como uma relação entre liberdades, sendo inseparável da faculdade de obrigar[25] (*v.g.* ao que se opõe ao livre exercício das liberdades). No que diz respeito à divisão da ciência do direito, Kant adota, com algumas apropriações específicas, a clássica divisão de Ulpiano, ou seja, *a) o honeste vive,*[26] *b) neminem laede,*[27] *c) suum cuique tribue.*[28] Como divisão geral do Direito, tratando-o como ciência sistemática, dividir-lhe-á em um direito natural, fundado em princípios puros ou *a priori,* e em direito positivo, tendo como substrato a vontade do legislador.

O Direito, enquanto faculdade moral de obrigar os outros, pode-se dividir em direito natural (é o que a cada um corresponde naturalmente) e direito adquirido, que passa a existir apenas após um ato de direito (nesse caso, em relação ao primeiro, o *meu* e o *teu* naturais podem ser chamados de meu e teu internos, ao passo que o *meu* e o *teu* externos serão sempre adquiridos). Do ponto de vista kantiano, a liberdade (independência do arbítrio de outro) representa o único direito natural inato aos seres humanos, liberdade que conteria direitos como a igualdade natural, a qualidade do homem ser dono de si mesmo, a liberdade de expressar pensamentos etc.

Interessante ressaltar, neste ponto, que, na terminologia kantiana, o direito privado corresponderá ao direito natural existente no estado de natureza, contrapondo-se ao direito civil como aquele oriundo da instauração da sociedade civil, posto pelo Estado. Neste caso, o direito privado, tal qual entendido no senso comum jurídico, como conjunto da legislação privatística, não deixará de ser público, ou seja, oriundo do estado civil.

---

24 O conceito de direito não significa uma relação do *arbítrio* com o *desejo*, como acontece nos atos de beneficência e crueldade, mas se refere exclusivamente à relação intersubjetiva de arbítrios. Para se ter indícios da distinção entre arbítrio e desejo, veja o seguinte trecho do início da *Doutrina do direito*: "A faculdade apetitiva [do desejo], segundo noções, enquanto seu princípio de determinação se encontra em si mesmo e não no objeto, chama-se faculdade de fazer ou não fazer a discrição; enquanto está unida à consciência da faculdade de operar para fazer produzir o objeto chama-se arbítrio" (KANT, 1993, p. 21). A tradução de Norberto Bobbio desse mesmo trecho pode tornar mais clara esta distinção: "Quando a faculdade de desejar está ligada à consciência pela capacidade que sua ação pode ter de produzir o objeto, chama-se arbítrio; se falta essa consciência, então o ato da faculdade de desejar chama-se *aspiração*" (BOBBIO, N. *Direito e estado no pensamento de Emanuel Kant.* Trad. Alfredo Fait. 4. ed. Brasília: UnB, 1997. p. 68).

25 Além de referir que não se pode entender o direito como composto de duas faces – obrigação e faculdade –, o que para Kant se trata do mesmo ente, tece considerações sobre o direito equívoco, representado nas figuras da equidade e do estado de necessidade, que geram uma ambiguidade advinda da confusão de princípios objetivos com os princípios subjetivos do exercício do direito perante os ditames da razão e da própria justiça. (KANT, 1993, p. 53.)

26 "Não te entregues aos demais como instrumento puramente passivo; procura ser para eles ao mesmo tempo um fim. [...] direito da humanidade em nossa própria pessoa." (KANT, 1993, p. 54.)

27 "Não perpetre danos a terceiros, mesmo que para isso tenhas que renunciar à comunidade dos homens." (KANT, 1993, p. 54.)

28 Kant critica a definição corrente deste brocardo, isto é, "dar a cada um o que é seu". Para o filósofo, essa interpretação é absurda, pois a ninguém se pode dar o que já se tem. A fórmula mais adequada proposta por Kant é a seguinte: "Entra num estado em que cada um possa conservar o seu perante os demais (*leix justitiae*)". (KANT, 1993, p. 54.)

126 » Filosofia Política

Kant contesta a divisão entre um direito natural e um direito social ao afirmar que a ideia de um direito social não é de todo incompatível com o direito privado (natural), apenas o direito civil ou público o é, na medida em que pode haver uma sociedade no âmbito do estado de natureza.[29]

O estado jurídico é aquela relação dos homens entre si que contém as condições únicas sob as quais cada qual pode participar de seu direito. O princípio formal da possibilidade desse estado, considerado segundo a ideia da vontade universalmente legislativa, chama-se justiça pública. Essa justiça pode distinguir-se segundo a) a possibilidade, b) a atualidade, c) a necessidade da posse legal de um objeto (como matéria do arbítrio), em (I) justiça protetiva (*iustitia tutatrix*), (II) comutativa e (III) distributiva. Sob o primeiro ponto de vista, a lei julga somente qual é a conduta intrinsecamente justa quanto à forma (*lex justi*). Sob o segundo, a lei declara aquilo que, como matéria, é suscetível de uma lei exterior, i.e., o que se pode possuir juridicamente (*lex iuridica*). O terceiro declara, finalmente, considerando que a sentença de um tribunal, em um caso concreto sob uma lei dada, está conforme essa lei, o que é direito (*quid juris, lex jutitiae*): este tribunal chamar-se-á justiça nacional.

Inicialmente, tomando-se a divisão da ciência do direito feita por Kant com base nas categorias de Ulpiano, pode-se dizer que no plano do *honest vive* há prevalência de uma noção de aquisição primitiva, em que todos os homens estão originariamente de posse comum de toda a terra (*communio fundi originaria*) com a vontade que deve ser natural a todos de recolher os frutos dessa grande propriedade comum (há prevalência, nesta fase, da *lex justi*).[30] Prevalece nesse plano uma concepção embrionária de justiça protetiva, com deveres jurídicos internos, delineando-se apenas o *meu* e o *teu* internos característicos do estado de natureza. Não há um direito, no sentido civil (ou público), no universo do *honest vive* kantiano.

Prosseguindo na análise, focamo-nos no plano do direito privado, pré-positivo, ainda no estado de natureza dotado de um caráter de provisoriedade. Prevalece, em comparação com a *lex justi* da primeira fase, a *lex iuridica*, em que o *meu* e o *teu* externos podem ser aferidos, perscrutando-se o que é propriamente o jurídico em si, e não mais simplesmente a justiça, como no *honest vive.* Apresenta-se a realidade ou matéria da aquisição, mas tomando como pressuposto o fato de ser uma etapa provisória, a vontade de um só indivíduo, em relação a uma posse exterior, contingente, não pode ser uma lei obrigatória para todos, porquanto, segundo Kant, chocar-se-ia com a liberdade determinada segundo leis universais. A única vontade capaz de obrigar a todos é, por conseguinte, a que pode dar garantia a todos, a vontade coletiva (geral) comum, o *meu* e o *teu* exterior não podem ocorrer senão com base nesse contrato coletivo.[31]

---

29 KANT, 1993, p. 60.
30 KANT, 1993, p. 92.
31 KANT, 1993, p. 77.

Capítulo 6 » **Apontamentos sobre política e direito na filosofia de Immanuel Kant** » **127**

Converge-se, neste ponto, para a necessidade da instauração de estado civil, um direito peremptório baseado em uma *lex justitia* que garanta *sum cuique tribue* (nos estritos termos propostos por Kant na tradução deste brocardo), com deveres deduzidos por subsunção, um direito público que dê um caráter de definitividade a certas relações (necessidade jurídica das aquisições), com um conceito de justiça agora abrangendo a distributiva. Do direito privado no estado natural ao direito público resulta um postulado de direito público: "Deves juntamente com os demais, na relação de uma coexistência necessária, sair do estado de natureza para entrar em um estado de direito, isto é, o estado de uma justiça distributiva".[32]

O conjunto das leis que exigem uma promulgação geral para produzir um estado jurídico, para Kant, constitui o direito público. Esse estado de relações mútuas constitui o estado civil, e o todo de tal estado em relação a seus próprios membros chama-se *cidade*, isto é, a reunião de um número de homens sob as leis do direito.[33]

A faculdade do sufrágio constituirá o cidadão. Kant insere uma distinção entre os cidadãos ativos e os cidadãos passivos, sendo o critério de distinção o fato de que os segundos necessitam, para prover sua existência, das ordens de outras pessoas, em regime de sujeição. Esclarece que tal separação entre o *status* da cidadania não é estendida à liberdade e à igualdade do cidadão passivo perante os demais membros da cidade, que, como homens, segundo Kant, formam um mesmo povo.[34]

O ato pelo qual se constitui uma cidade se consubstancia no contrato originário (ou primitivo) segundo o qual todos se desprendem de sua liberdade exterior diante do povo para tornar a recobrá-la no novo instante como membros de uma cidade. Nesse caso, é deixada uma *liberdade selvagem* e sem freios, para a reunião em um estado civil que instituirá a liberdade na vinculação legal ao estado jurídico. Evitando-se os riscos de um governo paternalista (o mais despótico de todos, segundo Kant), o legislador e a pessoa (moral ou física) investida no poder executivo não podem ser o mesmo, assim como apresenta-se a necessidade de se instituir juízes distintos para esses dois poderes.[35]

Para Kant, seguindo a tripartição aristotélica clássica, três são as formas de governo: a autocracia[36] (em que um, apenas, tem o poder de obrigar a todos), a aristocracia (em que alguns, iguais entre si, têm o poder de obrigar os demais) e a democracia (em que todos, juntos, podem obrigar cada um). Como foco principal da análise kantiana sobre o direito público interno pode ser destacada a seção primeira da segunda parte da *Doutrina do direito*,[37] que traz, nas duas seções seguintes, uma analítica sobre o direito das gentes (direito público dos Estados,

---

32 KANT, 1993, p. 145.
33 KANT, 1993, p. 149.
34 KANT, 1993, p. 154.
35 KANT, 1993, p. 157.
36 Diferentemente da monarquia, onde o rei é depositário do poder soberano.
37 KANT, 1993.

128 » Filosofia Política

mais apropriado na terminologia kantiana) e o direito cosmopolítico, que é desenvolvido de maneira mais pormenorizada na *A paz perpétua* (1795), que pode ser considerada como um apêndice (assim como a *Fundamentação da Metafísica dos Costumes* pode ser lida como uma introdução) à problemática do direito[38] no pensamento kantiano.

O opúsculo de *A paz perpétua* foi dividido por Kant em "Artigos preliminares de uma paz perpétua entre os Estados" e "Artigos definitivos da paz perpétua entre os Estados". Os primeiros são os seguintes:

1. Não se deve considerar como válido um tratado de paz que tenha sido ajustado com a reserva mental de certos motivos capazes de provocar no porvir outra guerra;

2. Nenhum Estado independente – pequeno ou grande, tanto faz – poderá ser adquirido por outro Estado, mediante herança, permuta, troca ou doação;

3. Os exércitos permanentes – *miles perpetuus* – devem desaparecer por completo com o tempo;

4. Não deve o Estado contrair dívidas que tenham por fim sustentar sua política exterior;

5. Nenhum Estado se deve imiscuir, pela força, na constituição ou no governo de outro Estado;

6. Nenhum Estado que esteja em guerra com outro deverá permitir-se o uso de hostilidades que impossibilitem a recíproca confiança na paz futura: tais são, por exemplo, o emprego, no estado inimigo, de assassinos (percussores), envenenadores (*venefici*), o quebramento de capitulações, a excitação à traição etc.

Os artigos definitivos são: A constituição política deve ser, em todo Estado, republicana. O direito das gentes deve fundar-se em uma federação e Estados livres. O direito de cidadania mundial deve limitar-se às condições de uma universal hospitalidade.

---

38 Sobre a posição da doutrina do direito no todo da obra kantiana, podem ser encontrados inúmeros posicionamentos em relação à sua importância, como o de Arendt, que chega a tecer comentários depreciativos sobre o texto em suas lições sobre a filosofia política de Kant, publicadas inicialmente nos EUA: "No que concerne à *Doutrina do Direito* (ou da lei) – que se encontra apenas no livro editado por Reiss, e que, se o lerem, provavelmente acharão um tanto cansativa e pedante – é difícil não concordar com Shopenhauer, que dizia: 'É como se não fosse obra deste grande homem, mas produto de um homem simples e banal' (*gewöhnlicher Erdensohn*). O conceito de lei é de grande importância na filosofia prática de Kant, no qual o homem é entendido como ser legislador; mas se quisermos estudar a filosofia da lei em geral, devemos certamente recorrer não a Kant, mas a Puffendorf, Grotius ou Montesquieu" (ARENDT, H. *Lições sobre a filosofia política de Kant*. Trad. André Duarte. Rio de Janeiro: Relume Dumará, 1993. p. 14).

6.5 Considerações

Apresentar as categorias elaboradas por Kant para a doutrina do direito, cristalizadas nos princípios metafísicos da ciência do direito (como parte do projeto teórico da metafísica dos costumes), é transitar por uma construção intelectual de *locus* privilegiado na configuração da tradição jurídico-política da modernidade ocidental.

A leitura analítica respalda-se na busca heurística que visa principalmente esclarecer os conceitos específicos de Kant no debate de tais questões, por mais difícil que se apresente tal iniciativa em decorrência dos diversos horizontes de idioma, no que o trabalho de tradução sempre terá um aquém incontornável. Pressuposto de compreensão necessário até mesmo para a crítica de tais conceitos, ou suas revisões, como a realizada contemporaneamente pelo filósofo italiano Giorgio Agamben.

Para Agamben, é em Kant que, pela primeira vez na modernidade, a forma pura de lei, como "vigência sem significado", é inscrita. "Uma lei reduzida ao ponto zero de seu significado e que, todavia, vigora como tal". Uma lei não determinada por nenhum conteúdo específico, um nada de empiria (fundamentando sua "pretensão universal de aplicação prática em qualquer circunstância") seria uma antecipação profética, em Agamben, dos regimes totalitários do século XX e das sociedades espetacularizadas de massa, em que "a potência vazia da lei vigora a tal ponto que se torna indiscernível da vida".[39]

Longe de adentrar as especificidades da problematização agambeniana (que usamos como referência de um debate contemporâneo sobre aspectos das categorias kantianas afetas à temática que o texto circunscreve), pretendemos que este texto possa representar uma aproximação didática às elaborações presentes na doutrina do direito, não olvidando da necessidade de se debruçar diretamente nos textos originais, para quem realmente se propõe a aventurar-se nos intricados horizontes conceituais do autor das três críticas e, certamente, teórico central para o entendimento dos princípios filosóficos subjacentes à modernidade estruturada a partir do ocidente europeu.

6.6 Textos para análise

[...] Um ser racional deve considerar a sim mesmo como inteligência (isto é, não pela parte de suas potências inferiores) e como pertencente, não ao mundo sensível, mas ao inteligível; portanto, tem dois pontos de vista sob os quais pode considerar-se a si próprio e conhecer leis do uso de suas forças e,

---

39 AGAMBEN, Giorgio. *Homo Sacer.* O Poder Soberano e a Vida Nua. Trad. Henrique Burigo. Belo Horizonte: UFMG, 2004. p. 50-60.

por conseguinte, de todas as suas ações, o primeiro, enquanto pertence ao mundo sensível, debaixo de leis naturais (heteronomia), e o segundo, como pertencente ao mundo inteligível, sob o domínio de leis que, independentes da natureza, não são empíricas, mas se fundamentam apenas na razão. Como ser racional e, portanto, pertencente ao mundo inteligível, não pode o homem intuir senão debaixo da ideia de liberdade, pois a independência das causas determinantes do mundo sensível (independência que a razão deve sempre atribuir-se a si mesma) é liberdade. Com a ideia de liberdade se acha, contudo, inseparavelmente unido o conceito de autonomia, e com este o princípio universal da moralidade, que serve de fundamento à ideia de todas as ações de seres racionais, do mesmo modo que a lei natural serve de fundamento a todos os fenômenos.[40]

Age segundo uma máxima que possa ao mesmo tempo ter valor de lei universal. Podes, portanto, considerar tuas ações segundo seu princípio subjetivo; mas não podes estar seguro de que um princípio tem valor objetivo exceto quando seja adequado a uma legislação universal, isto é, quando este princípio possa ser erigido por tua razão em legislação universal.[41]

Transmutação dos deveres. – Quando o dever deixa de ser custoso, quando depois de um longo exercício ele se transforma em alegre inclinação e em necessidade, os direitos de outros, aos quais se referem nossos deveres, agora nossas inclinações, tornam-se algo outro: ou seja, ocasiões de sensações agradáveis para nós. O outro, em virtude de seus direitos, torna-se então digno de amor (em vez de digno de honra e temível como antes). Procuramos nosso prazer, quando agora reconhecemos e entretemos o domínio de sua potência. Quando os quietistas não sentiam mais seu cristianismo como um fardo e em Deus só encontravam seu prazer, adotaram seu lema "tudo pela honra de Deus!": o que quer que ainda fizessem nesse sentido não era mais nenhum sacrifício; significava o mesmo que "tudo por nosso contentamento!" Desejar que o dever seja sempre algo de custoso – como o faz Kant – significa desejar que ele nunca se torne hábito e costume: nessa exigência reside um pequeno resíduo de crueldade ascética.[42]

---

40 KANT, s.d., p. 109.

41 KANT, 1993, p. 39.

42 NIETZSCHE, F. Aurora: reflexões sobre os preconceitos morais. In: *Obras escolhidas*. Trad. Rubens R. Torres Filho. São Paulo: Abril Cultural, 1985. Os Pensadores.

Capítulo 6 » **Apontamentos sobre política e direito na filosofia de Immanuel Kant** » **131**

6.6.1 Estudo do texto

As aporias do dever em Kant

As ações morais e livres não estão submetidas a interesses empíricos, guiando-se na pura forma do dever – autônomo, não instrumental. Kant mantém uma posição muito peculiar na tradição ética e política ocidental ao prever uma metafísica dos costumes desassociada dos critérios de utilidade, interesse e hábito para a configuração do agir moral (vide o significado da palavra alemã *Sitten* e da latina *Mores*: expressar as maneiras e os modos habituais de viver). As leis morais tampouco fundamentar-se-iam na heteronomia de uma "natureza humana" intrinsecamente boa. Ao contrário, na filosofia kantiana, a razão prescreve a maneira como se deve agir, mesmo quando ninguém tenha agido de tal forma, associando a essa ação os critérios de universalidade e necessidade no plano prático. Dimensões do imperativo categórico.

Considerando os conceitos da filosofia kantiana, principalmente em torno da definição do dever como uma lei pura da razão, no parágrafo 339 de *Aurora: pensamento sobre os preconceitos morais* (1881), de Friedrich Nietzsche, lemos uma crítica a Kant, no sentido de que, apesar da tentativa de formulação de uma ética secular, baseada na razão e em um conceito de liberdade a ela atrelado, o conceito kantiano de dever manteria, **a)** em sua negação do prazer sensível e dos interesses, **b)** em sua obstinada negação de que o dever possam se tornar hábito e costume (ou advir destes), um resíduo de ascetismo cristão.

6.7 Estudo das noções

6.7.1 Autonomia

A liberdade do ser racional, que não obedece a nenhuma legalidade além daquela que ele institui, instaura uma noção de pessoa que não pode ser tomada como meio para outro fim. Nas palavras de Kant: "como algo que não pode ser usado meramente como meio e, portanto, limita nesse sentido todo capricho humano".[43]

6.7.2 Heteronomia

I) Do mundo sensível, as leis naturais. O homem, na formulação kantiana, é um habitante de dois mundos. Como animal, ele tem necessidades reguladas por leis naturais que ultrapassam sua vontade. Atreladas a este *habitus*, sua mortalidade e pequenez diante da imensidão do Universo. Contudo, para além da heteronomia inerentes à realidade natural, os seres humanos se constituem como os seres que podem aspirar à liberdade, ligada, em Kant, ao *mundus*

---

43 KANT, Immanuel. *Fundamentos da metafísica dos costumes*. Rio de Janeiro: Ediouro, s/d. p. 78.

132 » Filosofia Política

inteligibillis – à racionalidade, em que o determinismo natural cede lugar à possibilidade de se constituir sujeito autônomo, não obstante esteja atrelado, de forma relativa porém constitutiva, à heteronomia.

II) Jurídica: o fato de a legislação jurídica depender da coação e de leis instauradas via Estado. A formulação da doutrina kantiana do direito não exclui, de imediato, o dispositivo hobbesiano da sanção.

A ideia racional, *a priori*, de um estado não jurídico conduz, em Kant, à seguinte fórmula:

> [...] é preciso sair do estado natural, no qual cada um age em função de seus próprios caprichos, e *convencionar* com todos os demais (cujo comércio é inevitável) em submeter-se a uma limitação exterior, publicamente acordada e, por conseguinte, entrar num estado em que tudo o que deve ser reconhecido como o Seu de cada qual é determinado pela lei e atribuído a cada um por um poder suficiente, que não é do indivíduo e sim um poder exterior. Em outros termos, é preciso antes de tudo entrar num Estado civil.[44]

O direito como mediação racionalmente fundamentada entre arbítrios supostamente livres.

6.8 Proposta de tema de dissertação

Tema: Relacione, com base na filosofia kantiana, os conceitos de dever e de liberdade.

Perguntas que podem orientar a elaboração da dissertação:

» Qual é a dimensão da autonomia na elaboração do conceito de dever?

» O que diferenciaria interesse de dever?

» Por que uma ação realizada sob o medo da sanção não pode ser autônoma?

» Como se dá a cisão entre natureza e cultura em Kant?

6.9 Propostas de temas para estudo

» A diferença metodológica entre antropologia e metafísica dos costumes.

» As distinções entre agir moral e agir jurídico.

» Elabore um texto dissertativo sobre o conceito de natureza (*physis*) e lei humana em Kant utilizando-se do fragmento abaixo.

---

44 KANT, 1993. p. 150-151.

Capítulo 6 » **Apontamentos sobre política e direito na filosofia de Immanuel Kant** » **133**

Duas coisas enchem a alma de uma admiração e de uma veneração sempre renovadas e crescentes, quanto com mais frequência e aplicação delas se ocupa a reflexão: o céu estrelado sobre mim e a lei moral em mim. Ambas essas coisas não as vou buscar e simplesmente as supor como envoltas de obscuridade ou como situadas em uma região transcendente, fora do meu horizonte, vejo-as diante de mim, e as uno imediatamente com a consciência de minha existência. A primeira começa no lugar que eu ocupo no mundo exterior dos sentidos e estende a conexão em que me encontro até o imensamente grande, com mundo sobre mundos, e de sistemas sobre sistemas, nos tempos ilimitados de seu movimento periódico, do seu começo e da sua duração. A segunda começa no meu invisível eu, na minha personalidade, expondo-me em mundo que tem a verdadeira infinitude, porém que só é penetrável pelo entendimento e como o qual eu me reconheço (e, portanto, também com todos aqueles mundos visíveis) em uma conexão universal e necessária, portanto não apenas contingente, como em relação àquele outro. O primeiro espetáculo de uma enumerável multidão de mundos aniquila, por assim dizer, minha importância como criatura animal que deve devolver ao planeta (um mero ponto no universo) a matéria de que foi feita, depois de ter sido dotado, não se sabe como, por um curto espaço de tempo, de força vital. O segundo, pelo contrário, realça infinitamente o meu valor como inteligência por meio de minha personalidade, na qual a lei moral revela-me uma vida independente da animalidade e também de todo o mundo sensível, pelo quanto se pode inferir da destinação consoante a fim da minha existência por essa lei, que não está limitada a condições e limites desta vida mas, pelo contrário, estende-se ao infinito.[45]

Immanuel Kant
Biografia e principais obras

Kant nasceu e viveu na cidade Königsberg, na antiga Prússia, atual Kaliningrado, em território russo. Filho de uma humilde família de artesãos, estudou e foi professor na Universidade de Königsberg. De hábitos austeros, comentados por Thomas De Quincey em *Os últimos dias de Immanuel Kant*, e sem nunca ter saído de sua cidade natal, apesar de atento aos movimentos políticos de seu tempo (sobretudo à Revolução Francesa), Kant formula, com as três críticas, o que ele próprio chamou de uma virada copernicana na filosofia

---
45 KANT, 2003. Conclusão.

ocidental, uma crítica transcendental que busca pensar as condições de possibilidade do próprio saber racional. Ponto de confluência do racionalismo do séc. XVIII, a filosofia política de Kant pode ser lida como uma síntese dos conceitos legados pela tradição contratualista e pelo liberalismo clássico. A filosofia kantiana será objeto de críticas por parte de filósofos como Hegel (1770-1831) e Marx (1818-1883). Entre suas principais obras, podemos citar: *Crítica da Razão Pura* (1781); *Prolegômenos para toda metafísica futura que se apresente como ciência* (1783); *Ideia de uma História Universal de um Ponto de Vista Cosmopolita* (1784); *Fundamentação da Metafísica dos Costumes* (1785); *Primeiros princípios metafísicos da ciência natural* (1786); *Crítica da Razão Prática* (1788); *Crítica da faculdade do Juízo* (1790); *A Religião dentro dos limites da mera razão* (1793); *A Paz Perpétua* (1795); *Doutrina do Direito* (1796); *A Metafísica da Moral* (1797); e *Princípios metafísicos da doutrina do direito* (1797).

Referências

AGAMBEN, G. *Homo Sacer*. O poder soberano e a vida nua. Trad. Henrique Burigo. Belo Horizonte: UFMG, 2004.

ARENDT, H. *Lições sobre a filosofia política de Kant*. Trad. André Duarte. Rio de Janeiro: Relume Dumará, 1993.

BOBBIO, N. *Direito e Estado no pensamento de Emanuel Kant*. Trad. Alfredo Fait. 4. ed. Brasília: UnB, 1997.

DELEUZE, G.; GUATARRI, F. *O que é a filosofia?* Trad. Bento Prado Jr. e Alberto Alonso Muñoz. São Paulo: Editora 34, 1992.

KANT, I. *A paz perpétua*. Trad. Galvão de Queiroz. Rio de Janeiro: Casa Vecchi, s/d.

_____. *Crítica da Faculdade do Juízo*. Trad. Valério Rohden e Antônio Marques. Rio de Janeiro: Forense Universitária, 2008.

_____. *Crítica da razão prática*. Trad. Valerio Rhoden. São Paulo: Martins Fontes, 2003.

_____. *Crítica da razão prática*. Trad. Rodolfo Schaefer. São Paulo: Martin Claret, 2004.

_____. *Crítica da razão pura*. Trad. Valério Rohden e Udo Baldur Moosburger. São Paulo: Nova Cultural, 1999. (Coleção os Pensadores).

_____. *Doutrina do direito*. Trad. Edson Bini. 2. ed. São Paulo: Ícone Editora, 1993.

_____. *Fundamentos da metafísica dos costumes*. Trad. Lourival de Queiroz Henkel. Rio de Janeiro: Ediouro, [s.d.].

_____. *Resposta à pergunta*: que é Iluminismo? Lisboa: Edições 70, 1995.

CAPÍTULO 7

Marx,
um pensador em sintonia com seu tempo

SÔNIA CAMPANER MIGUEL FERRARI

7.1 Introdução

Antes do marxismo vem Marx. E é à experiência que Marx teve em seu tempo que vamos nos reportar primeiramente para expor como ele entendeu a época em que viveu e de que maneira isso transformou o modo de ver o mundo a partir de então. Para isso, vamos nos referir aos três níveis da vida social e política do século XIX que foram claramente delimitados por Marx segundo sua importância, no entanto, não entendidos separadamente, mas nas relações que mantêm entre si. São eles: o ideológico, o político e o econômico. É graças a um conceito – o de luta de classes – que Marx pôde, ao mesmo tempo, separar e unir esses níveis. Esse novo modo de entender a sociedade de sua época acabou por constituir uma "nova ciência da história": o materialismo histórico. Este, por sua vez, constitui-se numa ruptura com o modo idealista de ver a história.

A passagem de uma concepção ainda idealista para um momento em que Marx forma seu próprio arcabouço intelectual se dá com *A ideologia alemã*.[1] Ao identificar que a sociedade humana se organiza primordialmente em torno da produção econômica, e portanto vê nela uma espécie de "sujeito motor da história", Marx identifica a força capaz de propulsionar uma transformação social que tem como principal objetivo questionar a relação de poder fundada sobre o econômico, ou seja, tomar o Estado e com isso acabar com a dominação de classe. Segundo ele, tal dominação se funda na posse dos meios de produção. É no *Manifesto comunista*[2] que encontramos uma teoria da revolução em Marx e uma explicitação do porquê e de como se dá a luta de classes. Para ele, o nível econômico é determinante sobre os outros níveis, porém não em todas as sociedades. Nas sociedades escravistas é o político que determina, e nas sociedades feudais é o ideológico, na forma religiosa. No entanto, Marx afirma que é o funcionamento da economia escravista e feudal que faz com que o nível político e o ideológico tenham papel dominante. As relações estabelecidas naquele nível chamam-se relações de produção, que englobam as relações dos homens com a natureza na produção dos bens materiais. Trata-se daquelas estabelecidas entre os agentes de produção – os homens – com os objetos e os meios de trabalho (as forças produtivas), e a dos homens entre si. As relações de produção são então, em linhas gerais, as relações entre os que têm a propriedade com aqueles que nela trabalham, ou seja, entre os que têm os meios de produção e os controlam e aqueles que detêm apenas a força de trabalho; e são também as relações entre estes últimos e os objetos de trabalho. O sistema capitalista é o alvo de Marx: neste, o trabalhador não possui nenhum meio de trabalho, mas apenas sua força

---

[1]   MARX, K.; ENGELS, F. *A ideologia alemã*. São Paulo: Boitempo, 2007.

[2]   MARX, K. *Manifesto comunista*. São Paulo: Boitempo, 1998.

de trabalho, que é obrigado a vender ao proprietário. A explicitação detalhada dessas relações encontra-se em *O capital*.[3]

7.2 Os três níveis: ideológico, político, econômico

7.2.1 Nível ideológico

Em *A ideologia alemã*,[4] Marx questiona o pensamento alemão da época (1842-1845), que crê poder fazer uma revolução apenas pelo pensamento. Os acontecimentos recentes à época levavam, segundo ele, a uma "decomposição do espírito absoluto", ou seja, a uma necessária crítica ao sistema hegeliano. Esse novo pensamento crítico deveria mostrar as bases materiais das ideias opondo-se à mistificação da crítica alemã, para a qual o pensamento surge "do nada".

A essa crença de que o pensamento se transforma por meio de uma crítica interna a ele mesmo, na qual uma ideia é oposta a outra, e o critério para se considerar uma melhor do que a outra são apenas os argumentos, Marx opõe uma filosofia cuja base é material, ou seja, a evolução do pensamento se dá a partir das condições materiais de existência e que tem por isso outro critério de verificação, a realidade.

A realidade, segundo essa premissa, é constituída pelos "indivíduos reais, a sua ação e as suas condições materiais de vida",[5] sejam aquelas que já encontrou elaboradas desde seu nascimento, sejam as que ele criou. É necessário dizer, no entanto, quem é esse indivíduo real: a princípio, ele se constitui de seu corpo e das relações que este o obriga a ter com o resto da natureza. É a esfera da necessidade, que define o homem também como pertencente à natureza. As relações que ele estabelece com ela dependerão das condições que esta lhe oferece, relacionadas a aspectos geográficos e geológicos, como o clima, a presença ou ausência de água etc. Essas bases naturais são o ponto de partida para toda a historiografia, pois para Marx elas definem como o homem usa de seus atributos físicos e intelectuais para agir sobre a natureza e transformá-la. Esse agir é o processo que resulta na produção dos meios de vida, momento em que o homem se diferencia do animal, pois a produção dos meios de vida não é somente reprodução para garantir a sobrevivência, é também criação de modos de vida. Tais modos de vida estarão expressos nas formas que cada grupo humano cria para habitar, proteger-se das intempéries, alimentar-se. Em cada uma dessas formas está o que ele pensa do

---

3   MARX, K. *O capital*. São Paulo: Civilização Brasileira, 2008. 6 v.

4   MARX; ENGELS, 2007, p. 41.

5   MARX; ENGELS, 2007, p. 86.

mundo em que vive, das coisas com que se relaciona. E ainda esse agir, que é o modo de produzir os meios de vida, depende da natureza, isto é, dos meios naturais disponíveis ao homem, que ele utiliza e transforma e que, transformados, serão os meios de existência elaborados que o homem então reproduz.

Para Marx, o aspecto fundamental dessa filosofia materialista está em compreender esse processo pelo qual o homem atua sobre a natureza ao mesmo tempo que esta fornece as condições para essa atuação, produz seus meios de existência a partir dessa relação, e cria meios de vida que, por sua vez, interferem em como o homem se relaciona com a natureza. Resultam daí, como produtos, não só os meios necessários para a subsistência, mas também as formas de vida social e política.

Essas relações materiais complexas concretizam-se nas diversas formas de organização social e política que se sucedem desde a Pré-História. Para enfatizar que a chamada superestrutura – relações subsumidas pelo termo amplo **cultura** – está intimamente relacionada à infraestrutura – as relações materiais –, Marx relaciona os diferentes estágios da divisão do trabalho com as formas de propriedade; as outras relações, sociais e políticas, resultarão das primeiras. O que também permite a ele afirmar que são os indivíduos determinados por atividades produtivas específicas que agem historicamente. Tais atividades não podem ser conhecidas por meio de modelos teóricos definidos *a priori*, pelo pensamento. A filosofia deverá, portanto, mudar sua forma de se relacionar com o mundo. Deverá agora ser uma filosofia que parte "da terra para o céu", do material para a ideia. Ela não poderá mais ser uma filosofia abstrata, que tem como objeto apenas ideias que não se ligam ao mundo das relações humanas, deve permitir ver o mundo tal como é: um palco no qual a justiça não está presente na distribuição da terra, nas relações de poder. Ela dá elementos para pensar a ação transformadora sobre o mundo.

A "observação empírica" de relações sociais e políticas determinadas não se converte num empirismo. Ela deve afastar de fato a especulação e a mistificação do dogmatismo, mostrando os vínculos existentes entre a produção material e essas relações. A especulação filosófica sobre o ser se torna reflexão sobre o ser social, político e econômico: é nessas esferas que o ser existe. Toda filosofia que procura afastar-se dessas esferas, que procura afirmar-se como reflexão acerca do ser desvinculado dessas condições é para Marx ideologia, pois oculta (ou esquece) essas condições nas quais ela é o que é.

Há então alguns pressupostos presentes em toda a filosofia:

1. a filosofia fala de homens que produzem sua vida material;
2. esses homens transformam a si mesmos, pois a produção da vida material engendra a produção de novas necessidades e de novas técnicas para supri-las;
3. essa incessante renovação da vida cria novos homens, não somente no sentido da reprodução, e da formação das famílias, mas também no sentido da transmissão da cultura e da associação de vários grupos.

Marx, com isso, estabelece novos critérios para a filosofia e para a história: a filosofia não é mais especulação acerca de um ser abstrato que não se relaciona com as condições concretas de vida, e a história não é mais a história de grandes acontecimentos que parecem se suceder sem lastros, mas a história da sucessão de gerações que exploram os materiais e desenvolvem diferentes formas de vida e de produção, e engendram com isso outros movimentos na direção da criação de outras formas de vida e de produção.

7.2.2 Nível político

O *Manifesto comunista*[6] nasceu como programa prático do Partido Comunista Alemão. Foi primeiramente publicado na Inglaterra, em alemão, no início de 1848. No prefácio, escrito por Marx e Engels em 1872, reafirma-se a validade dos princípios gerais ali expostos, apesar do envelhecimento das propostas práticas. Tal envelhecimento se deve ao desenvolvimento da indústria, por um lado, e da organização da classe operária, por outro, com as experiências práticas da revolução de 1848 e da Comuna.

A primeira parte do *Manifesto* expõe a ideia de que a história da sociedade é a história das lutas de classes: "homem livre e escravo, patrício e plebeu, barão e servo, mestres e companheiros, numa palavra, opressores e oprimidos",[7] esses pares nomeiam as classes que, em diferentes momentos da história, estiveram em luta e que desapareceram porque declinaram, ou porque a luta entre elas transformou a sociedade.

No *Manifesto*, encontramos a explicitação do que Marx afirmou acerca da necessidade de se conceber a história tendo como ponto de partida a transformação da vida material. A configuração da sociedade do século XVIII resulta de certas necessidades surgidas antes que a sociedade feudal não mais as pudesse atender. Do modo de exploração feudal passamos às manufaturas, e depois à indústria. Essa transformação no modo de produção é acompanhada por transformações sociais: dos servos aos moradores dos burgos, dos mestres-artesãos aos trabalhadores da indústria. O que esse novo modo de produção, o capitalismo, apresenta é, entre outras características, um ritmo maior do surgimento de novas necessidades que, por sua vez, o impulsionam a um ritmo de transformação cada vez mais rápido.

O crescimento da indústria obedece a essa exigência e permite delinear o surgimento de uma nova dupla de classes em luta: burguesia e proletariado.

A burguesia, classe dos proprietários, "desempenhou na história um papel extremamente revolucionário".[8] Ela destruiu as relações estabelecidas pelo modo de produção feudal. Com isso mostrou que aquele mundo, fundado sobre relações tidas

---

6   MARX, 1998.

7   MARX, 1998, p. 40.

8   MARX, 1998, p.42.

como naturais, podia ser transformado, e colocou em seu lugar um mundo no qual todas as relações se dão pelo "interesse nu e cru". Se, por um lado, a revolução burguesa trouxe consigo uma ideia de emancipação do homem – ele se emancipava, nesse momento, da tutela da Igreja, adquiria autonomia para pensar por si mesmo, estabelecia suas regras de conduta –, por outro, a burguesia varreu, ao mesmo tempo, tudo o que pudesse significar um empecilho para o avanço do estabelecimento do valor de troca como o único a ser considerado como referência para as relações sociais.

A revolução operada pela burguesia transformou as relações sociais e de produção, despertou forças descomunais, que transformaram a paisagem natural. Ela é comparada por Marx ao feiticeiro que já não controla mais as "potências infernais" que despertou. Esse diagnóstico foi dado por ele em 1848, e deve-se basicamente à seguinte sequência:

1. desenvolvimento das forças produtivas – o que significa um uso cada vez mais frequente das técnicas em favor de uma maior eficiência produtiva – que não se dá de forma linear. Ele é acompanhado de crises que ameaçam a existência da própria sociedade;

2. a burguesia é então obrigada a revolucionar continuamente as relações de produção por ela criadas; a expandir-se, criando novos mercados; a explorar mais intensamente os antigos e destruir forças produtivas antigas para criar novas, o que acarreta um descontentamento por parte da massa de proletários que está a serviço da produção;

3. no momento de crise, torna-se evidente que não é somente a burguesia que pode transformar essas relações consideradas ultrapassadas.

Assim como as armas que forjou para lutar contra o feudalismo se voltaram contra ela – a necessidade constante do desenvolvimento das forças produtivas –, a revolução "produziu também os homens que empunharão essas armas – os operários modernos, os proletários".[9]

O proletariado é a classe dos operários modernos que "vivem apenas na medida em que encontram trabalho e que só encontram trabalho apenas na medida em que seu trabalho aumente o capital".[10] Eles são obrigados a vender a única coisa que possuem: sua força de trabalho. São, por isso, transformados em mercadoria tal e qual os produtos colocados à venda pelas indústrias. Além disso, o desenvolvimento técnico os transforma em peças substituíveis; e o trabalho se torna uma mera atividade que garante sua subsistência. Não há uma contrapartida, como a satisfação ou o prazer, mas apenas o pagamento do salário. O desenvolvimento do capitalismo leva ao crescimento dessa massa que se torna cada vez mais poderosa, por um lado, mas que passa cada vez mais a concorrer no mercado de trabalho.

---

9   MARX, 1998, p. 46.
10   MARX, 1998, p. 46.

Com relação ao conceito de luta de classes, a afirmação de Marx de que a história da sociedade é a história da luta de classes fornece um referencial universal para a compreensão da história, pois a concepção materialista da história relaciona o processo histórico a dois fatores: o fator objetivo da dialética das forças produtivas (como vimos no item anterior) e o fator subjetivo da luta de classes. A função determinante vem a ser o fator objetivo, pois as classes sociais são definidas pelas relações sociais de produção, mas a transição revolucionária se explica pela maneira pela qual a luta de classes intervém na contradição entre as forças produtivas e as relações sociais de produção.

Conforme (ou segundo) um princípio geral, a teoria de Marx remete as classes às relações sociais de produção. É nesse sentido que o *Manifesto comunista*[11] define a oposição entre burguesia e proletariado. *O capital*[12] complica esse esquema ao fazer intervir nessas relações as de distribuição, inserindo uma terceira classe. Nos textos históricos, como *As lutas de classe na França* e *18 Brumário de Luís Bonaparte*, a análise do desenrolar efetivo da luta de classes o conduz a distinguir seis ou sete classes, ou mesmo frações de classes; faz ainda intervir nessas análises elementos como "condições econômicas", "gêneros de vida", "interesses", "cultura", "modos de pensar e de concepções filosóficas particulares" transmitidos pela tradição ou pela educação. O que significa que aqui encontramos uma teoria das classes distanciada da tese segundo a qual a sociedade burguesa é o resultado de uma luta da burguesia contra a sociedade feudal e que simplificou o antagonismo de classes: nesta, na sociedade burguesa, apenas duas classes se defrontam diretamente: a burguesia e o proletariado.

Cabe ainda afirmar, como o faz o próprio Marx, que não foi ele que descobriu a existência de classes na sociedade moderna, nem mesmo a luta que elas travam. A definição da divisão da sociedade em classes vem da economia política, enquanto que a ideia de permanência de um antagonismo entre elas vem de Saint-Simon.[13] É própria de Marx a utilização do tema da luta de classes no quadro de uma crítica da política e de ter daí derivado uma definição de política numa forma não mistificada. Assim, a luta de classes é uma luta política, e o poder político define-se como o resumo do antagonismo na sociedade civil, como Marx afirma em *Miséria da filosofia*.[14] Mas deve se dar um caráter político à luta do proletariado contra a burguesia. Isto é, a classe que aspira a uma dominação que poderá determinar a abolição de toda forma social anterior deverá conquistar o poder para representar, por sua vez, "seu interesse próprio como geral". A política então é vista como tendo uma relação dupla com a luta de classes: de um lado ela mascara a lógica do conflito sob o véu ideológico do universal, por outro, ela aparece como um

---

11   MARX, 1998.

12   MARX, 2008.

13   Claude-Henri de Rouvroy, Conde de Saint-Simon (1760-1825), filósofo e economista francês, um dos fundadores do socialismo moderno e teórico do socialismo utópico.

14   MARX, K. *Miséria da filosofia*. São Paulo: Grijalbo, 1976. (Expressão Popular, 2009.)

142 » Filosofia Política

instrumento que permite o desenvolvimento do conflito. A relação entre luta de classes e política é ainda mais estreita, pois aquela é precisamente a que fornece a definição da política sob sua forma não mistificada, pois todo "movimento político é social" e a "luta de classes é uma luta política".

7.2.3 Nível econômico

Marx inicia *O capital*[15] com a retomada da distinção clássica entre valor de uso e valor de troca. O caráter útil de uma coisa a torna um valor de uso e seu valor de troca é "a proporção na qual o valor de uso de uma espécie dada se troca por valores de uso de uma outra espécie".[16] Esses dois valores compõem o duplo aspecto da mercadoria. Então, enquanto valor de uso, a mercadoria se caracteriza por suas propriedades materiais, ou qualidades sensíveis inerentes àquela coisa, por exemplo, as qualidades sensíveis que tornam o ferro um material útil para determinado modo de consumo. O valor de uso, portanto, "só se realiza com a utilização ou o consumo",[17] e ele é ainda o "veículo material do valor de troca."[18] Este por sua vez aparece primeiramente, como dito acima, "na relação quantitativa entre valores de uso de espécies diferentes, na proporção em que se trocam".[19] Mas o valor de troca é a forma fenomenal do valor, ou seja, a forma segundo a qual o valor se manifesta. Neste início da obra, Marx diz que vai primeiramente estudar o valor "independentemente de sua forma",[20] ou seja, vai estudar a noção de valor, ou o que é que permite considerar o valor de determinada mercadoria. É o trabalho humano corporificado, materializado num valor de uso. Esse trabalho não é o trabalho concreto realizado pelo artesão, pelo tecelão ou pelo sapateiro, mas o trabalho humano abstrato. Ele é resultado de um cálculo que define a quantidade de trabalho, ou de dispêndio de força de trabalho, necessária para produzir um valor de uso qualquer.

Então o que funda a comensurabilidade das mercadorias na troca é o valor cuja substância e medida são definidas pelo "tempo de trabalho necessário em média ou o tempo de trabalho socialmente necessário", por um dispêndio de tempo de trabalho no sentido fisiológico, de trabalho humano idêntico, ou ainda de trabalho humano abstrato.

A referência ao dispêndio de força, ou à substância do valor, não deve nos enganar. Marx não propõe uma definição antropológica ou substancialista. Ele tem o cuidado de precisar que o valor é aqui considerado uma substância social. Por um lado, o trabalho socialmente necessário supõe um condicionamento social e histórico, assim o caráter do trabalho médio despendido varia conforme o país ou as épocas. Por outro, o tempo de trabalho socialmente necessário supõe um

---

15   MARX, 2008.
16   MARX, 2008, p. 43.
17   MARX, 2008, p.42.
18   MARX, 2008, p. 43.
19   MARX, 2008, p. 43.
20   MARX, 2008, p. 45.

condicionamento que podemos chamar de político na medida em que ele indissociável da avidez pelo trabalho excedente que define o capitalismo. Se o trabalho útil, ou trabalho concreto, cria valor de uso ao se combinar com seu objeto, não ocorre o mesmo com o trabalho socialmente necessário, ou trabalho abstrato, que não é uma grandeza física, mas uma grandeza social. O trabalho se expõe nos valores, e os valores representam o trabalho humano.

O valor é assim no livro um conceito sociopolítico. Desse modo, Marx historiciza e politiza os fenômenos econômicos no momento em que a economia política clássica e vulgar tendia despolitizar seu objeto apresentando o modo de produção capitalista como natural e eterno. Se é assim, o conceito de trabalho socialmente necessário deveria ele mesmo ser historicizado, isto é, deveria ser mostrado como indissociável da coação do trabalho excedente, portanto não deveria ser aplicado para o comunismo. Em *Miséria da filosofia*,[21] Marx afirma isso, mas, em *O capital*,[22] essa dificuldade parece não existir.

7.3 O fetichismo da mercadoria

Na mesma primeira seção do volume I de *O capital*,[23] ainda no capítulo sobre a mercadoria, Marx expõe a teoria sobre o fetichismo da mercadoria. Essa teoria é um ponto central da sua obra, perfeitamente integrada ao aspecto crítico dela; será retomada junto com o problema da alienação, por teóricos de influência marxista do início do século XX, como Korsch, Lukács, Adorno e Benjamin. Não vamos nos deter aqui na origem do termo **fetichismo** nas teorias da religião nos séculos XVIII e XIX, nem na fortuna do termo após sua retomada por Marx. Vamos nos deter na explicitação do conceito e em seu desdobramento na ideia de reificação e de avanço da mercantilização nas diversas esferas da atividade social.

O fetichismo da mercadoria "decorre [...] do caráter social próprio do trabalho que produz mercadorias".[24] O "mistério" da mercadoria, diz Marx, consiste no fato de que essa forma (a forma mercadoria) oculta as características sociais do próprio trabalho dos homens. As características atribuídas às matérias-primas pelo trabalho nelas realizado aparecem plasmadas nas coisas como se não houvesse uma causa. O ocultamento das características sociais do trabalho faz parecer que a mercadoria então surge como que por magia. O que proporciona o desvendamento desse mistério é o exame de outras formas de produção: o exame do regime feudal ou do homem isolado, como o livro Robinson Crusoé[25] mostra, que na forma de

---

21   MARX, 1976.

22   MARX, 2008.

23   MARX, 2008.

24   MARX, 2008, p. 81.

25   Romance escrito pelo escritor inglês Daniel Defoe no século XVII que relata a vida levada pela personagem que dá nome ao livro depois de naufragar numa ilha do Caribe. Robinson Crusoé permanece sozinho na ilha por 20 anos.

144 » Filosofia Política

produção capitalista se acrescenta algo ao produto tornado mercadoria: esse algo é o trabalho social, definido anteriormente por Marx no mesmo capítulo.

7.4 Texto para análise

O caráter misterioso que o produto do trabalho apresenta, ao assumir a forma da mercadoria, de onde provém? Dessa própria forma, claro. A igualdade dos trabalhos humanos fica disfarçada sob a forma de produtos do trabalho como valores; a medida, por meio da duração, do dispêndio da força humana de trabalho toma a forma de quantidade de valor dos produtos do trabalho; finalmente, as relações entre produtores, nas quais se afirma o caráter social dos seus trabalhos assumem a forma de relação social entre produtos do trabalho.

A mercadoria é misteriosa simplesmente por encobrir as características sociais do próprio trabalho dos homens, apresentando-as como características materiais e propriedades sociais inerentes aos produtos do trabalho; por ocultar, portanto, a relação social entre os trabalhos individuais dos produtores e o trabalho total, ao refleti-la como relação social existente, à margem deles, entre os produtos de seu próprio trabalho. Através dessa dissimulação, os produtos do trabalho se tornam mercadorias, coisas sociais, com propriedades perceptíveis e imperceptíveis aos sentidos. A impressão luminosa de uma coisa sobre o nervo ótico não se apresenta como sensação subjetiva desse nervo, mas como forma sensível de uma coisa existente fora do órgão da visão. Mas, aí, a luz se projeta realmente de uma coisa, o objeto externo, para outra, o olho. Há uma relação física entre coisas físicas. Mas, a forma mercadoria e a relação de valor entre os produtos do trabalho, a qual caracteriza essa forma, nada têm a ver com a natureza física desses produtos nem com as relações materiais dela decorrentes. Uma relação social definida, estabelecida entre os homens, assume a forma fantasmagórica de uma relação entre coisas. Para encontrar um símile, temos de recorrer à região nebulosa da crença. Aí, os produtos do cérebro humano parecem dotados de vida própria, figuras autônomas que mantém relações entre si e com seres humanos. É o que ocorre com os produtos da mão humana, no mundo das mercadorias. Chamo a isto de fetichismo, que está sempre grudado aos produtos do trabalho, quando são gerados como mercadorias. É inseparável da produção de mercadorias.[26]

---

26 MARX, 2008, livro 1, p. 80-1.

7.4.1 Estudo do texto

O trecho escolhido tem como tema central o "caráter misterioso da mercadoria". Marx tem por objetivo revelar o que torna a mercadoria misteriosa, afirmação que vem do parágrafo anterior. Essa atitude tem como pressuposto o seguinte: aquilo que nos parece misterioso tem uma explicação. O mistério é apenas aquilo de que não conhecemos a causa. É claro que aqui nos referimos a um mistério prosaico: de onde vem aquele objeto que nos acena das vitrines das lojas? O caráter desse mistério está em que nos esquecemos das relações sociais estabelecidas pelo modo de produção. Marx nos chama a atenção para o ocultamento das relações sociais que se corporificam no trabalho dos homens pela relação que estabelecemos com o produto do trabalho. O argumento de Marx é que a mercadoria se apresenta como coisa sensível, visível, mas ela não é só isso: ela é produto do trabalho. Por isso, o valor a ela atribuído não se deve somente às suas características sensíveis, mas ao trabalho despendido para sua produção. Ou seja, ao mesmo tempo que Marx critica em outras obras as explicações metafísicas para os eventos humanos, ele afirma aqui que, para compreender a mercadoria, temos de recorrer a características que não são visíveis, mas que estão presentes nela. Não são características metafísicas, mas sociais.

7.5 Estudo das noções

7.5.1 A noção de fetichismo da mercadoria

O texto define fetichismo da mercadoria como característica atribuída aos produtos do trabalho pelo próprio modo de produção capitalista. Por esse motivo é que Marx, nesse mesmo capítulo, definiu o valor como quantidade de trabalho socialmente necessário, pois ele é resultado de uma relação social determinada, e não decorrente das qualidades naturais das coisas. O fetichismo é, então, essa característica atribuída às mercadorias como se elas é que determinassem as relações entre os homens.

7.5.2 A noção de valor

Marx inicia o capítulo com a distinção entre valor de uso e valor de troca, dois fatores da mercadoria. Enquanto "objeto externo", a mercadoria é "uma coisa que, por suas propriedades, satisfaz necessidades humanas"[27] do estômago ou da fantasia. Ela é, por isso, uma coisa útil, um valor de uso. O valor de troca, por sua vez, revela-se, primeiramente, na relação quantitativa entre diferentes valores de uso, depois na relação quantitativa entre produto do trabalho e trabalho. Aqui ela se

---

27 MARX, 2008, p. 41.

torna valor de troca, ou veículo de valor. Com sua análise do valor, Marx desvenda o processo segundo o qual o modo de produção capitalista transforma o objeto sensível, valor de uso, na "manifestação do seu contrário, isto é, o valor".[28]

O valor, em Marx, é um conceito sociopolítico, o que significa que certos aspectos ligados ao valor – como o dispêndio de energia para a produção da mercadoria ou a afirmação do valor como "substância" – não devem nos fazer crer que Marx considera o valor como característica antropológica, ou que tem origem metafísica. Ele é, como dissemos, um conceito que nasce das relações sociais. Marx, com isso, mostra que os fenômenos econômicos são históricos e políticos, e que o capitalismo não é natural nem eterno.

7.5.3 A noção de trabalho

Marx entende o trabalho como atividade que o homem realiza com seu corpo sobre o seu corpo não orgânico, a natureza. O trabalho, desse modo, não é ruptura, mas continuidade da natureza. Nessa atividade, o homem exerce sua potência natural para modificar a natureza exterior, e assim acaba por modificar sua própria natureza ao desenvolver suas potencialidades ainda adormecidas. Os objetos naturais modificados por essa atividade são os produtos do trabalho, produtos da apropriação que o homem faz dos elementos naturais. Ao objetivar o trabalho, tem-se um duplo aspecto que Marx considera ser o primeiro a apontar, e que já indicamos nos itens anteriores: ele é trabalho útil concreto ou trabalho particular enquanto produtor de valor de uso; por outro lado, enquanto dispêndio da força de trabalho humano no sentido fisiológico, isto é, "do dispêndio do cérebro, dos nervos, músculos, sentidos etc. do homem",[29] nessa qualidade de trabalho humano idêntico, de trabalho abstrato, ele é produtor do valor mercadoria.

7.5.4 Argumentos

Trata-se, para Marx, de explicitar, por meio da análise da forma de valor, as "leis naturais" da produção capitalista. E, para tanto, não basta tratar de como esse modo de produção apresenta-se nos diversos países. É necessário compreender os pressupostos que fazem dele uma tendência que "opera e se impõe com férrea necessidade". Marx investiga com rigor científico a noção de valor para mostrar que a abstração pressuposta recai sobre toda atividade humana, definindo-lhe a forma. Esse raciocínio – o que estabelece a abstração – precisa ser revelado para que se revele o pensamento que antecede a ordem da produção. À acusação dos positivistas franceses de que trata a economia de modo metafísico, ou à acusação dos russos de que se utiliza de um método dialético alemão, Marx responde que o método que utiliza para expor seus conceitos pressupõe a pesquisa que

---

28 MARX, 2008, p. 64.
29 MARX, 2008, p. 80.

primeiramente se apodera da matéria – o fenômeno – para depois descrever o movimento real. A noção de valor, trabalho e o fenômeno do fetichismo da mercadoria só podem ser compreendidos se a vida da realidade pesquisada puder ser retratada, como "num espelho", no plano ideal, dos conceitos.

7.6 Proposta de tema de dissertação

Tema: A que se deve o caráter misterioso da mercadoria

Perguntas que podem orientar a elaboração da dissertação:
» Qual o duplo aspecto da mercadoria?
» A que se deve esse duplo aspecto?
» Qual a diferença entre valor de uso e valor de troca?
» A que se deve o valor de uso? E o valor de troca?

7.7 Propostas de temas para estudo

» O trabalho: característica antropológica ou social?
» Qual a relação em Marx entre o plano dos conceitos e o da experiência?
» Disserte sobre o método da pesquisa de Marx.
» Como o método da pesquisa de Marx permite a ele ultrapassar o "senso comum" da época?

Karl Marx
Biografia e principais obras

Karl Marx nasceu em 1818 em Trier, na Alemanha. Em 1839, começou a estudar Direito e Filosofia nas universidades de Bonn e de Berlim. Em 1841, defendeu sua tese de doutorado cujo título é *Diferença da filosofia da natureza em Demócrito e Epicuro*. Em 1842, começou a trabalhar como redator-chefe da *Gazeta Renana*. Desde sua época de estudante, Marx via a filosofia como tentativa individual de interpretar o mundo; para ele, a filosofia deveria transformar o mundo. Seu pensamento teórico, portanto, orienta-se desde então, para uma antifilosofia. É com esse espírito que Marx, depois de afastado da *Gazeta Renana* e expulso da França por sua atividade política, defronta-se com o mundo da sua geração a dos "homens de 1848". Essa intensa atividade resulta na produção de inúmeras obras de caráter crítico a autores da época – como Feuerbach, Bruno Bauer, Proudhon, Ricardo –, além de textos programáticos – *Manifesto do Partido Comunista, Crítica ao Programa de Gotha* –, de análise da realidade – *A situação da classe trabalhadora na Inglaterra, As lutas de classe na França, O 18 brumário de Luís Bonaparte* – e de caráter teórico, nos quais procura explicitar os novos conceitos – *Manifestos de 1844, O capital*. Morreu em 1883 na Inglaterra.

Referências

BALIBAR, E. *A filosofia de Marx*. Rio de Janeiro: Jorge Zahar, 1995.

KORSCH, K. *Marxismo e filosofia*. Rio de Janeiro: UFRJ, 2008.

MARX, K. *O capital*. São Paulo: Civilização Brasileira, 2008. 6 v.

_____. *Manuscritos econômico-filosóficos*. São Paulo: Boitempo, 2004.

_____. *Miséria da filosofia*. São Paulo: Expressão Popular, 2009.

_____. *Miséria da filosofia*. São Paulo: Grijalbo, 1976.

_____. *O 18 Brumário e Cartas a Kugelmann*. Rio de Janeiro: Paz e Terra, 2001.

_____. *Manifesto comunista*. São Paulo: Boitempo, 1998.

_____; ENGELS F. *A ideologia alemã*. São Paulo: Boitempo, 2007.

_____; _____. *Luta de classes na Alemanha*. São Paulo: Boitempo, 2010.

MESZAROS, I. *Marx*: a teoria da alienação. São Paulo: Boitempo, 2006.

RENAULT, E. *Vocabulário de Karl Marx*. São Paulo: WMF Martins Fontes, 2010.

RODOLSKY, R. *Gênese e estrutura do capital de Marx*. São Paulo: Contraponto, 2001.

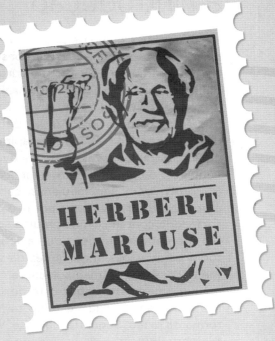

CAPÍTULO 8

Racionalidade, técnica, política

CASSIANO TERRA RODRIGUES

8.1 Introdução

Neste capítulo, estudaremos temas ligados ao desenvolvimento da racionalidade técnica no capitalismo com base em três autores: Max Weber (1864-1920), Herbert Marcuse (1898-1979) e Jürgen Habermas (1929). Cada um deles contribuiu singularmente para a discussão das relações entre conhecimento científico e racional e sua utilização social para fins econômico-produtivos. Weber ocupou-se da compreensão do sentido das ações sociais, isto é, de sua racionalidade imanente na sociedade capitalista. Concluiu, pela neutralidade axiológica ou, em outras palavras, pela objetividade das ciências relativamente aos valores humanos: o conhecimento científico, mesmo o das humanidades, seria neutro, isto é, nem bom, nem mau em si; cabe a outras atividades humanas, por exemplo, a política, dizer qual o melhor uso do conhecimento científico. Para Marcuse, a sociedade contemporânea é uma sociedade "unidimensional", isto é, dominada tão profundamente por uma racionalidade tecnológica a ponto de transformar todas as questões importantes da vida humana em questões "técnicas" e, portanto, passíveis de manipulação e controle. Assim, ele aponta uma contradição no pensamento de Weber. Este, ao identificar racionalidade técnica com racionalidade ocidental, esquece-se do caráter histórico e, portanto, não universal dessa forma de razão. Segundo Marcuse, Weber acaba vítima da própria ideologia que pretende criticar: a da sociedade capitalista. É preciso mostrar que essa não é a forma exclusiva de racionalidade do Ocidente – a razão técnica não é **a** razão ocidental –, pois só assim poderemos resistir ao controle social que se dá por meio da tecnologia. Habermas, em seu famoso *Técnica e ciência como "ideologia"*,[1] propõe uma análise da racionalidade que deveria ir além das limitações apontadas por Marcuse. Para Habermas, a racionalidade técnica é caracterizada pela ação orientada a fins, ou seja, pela "ação instrumental" ou "teleológica" (do grego *télos*: fim, finalidade, meta) orientada por regras técnicas. A essa ação instrumental ele opõe a "ação comunicativa", isto é, "uma interação simbolicamente mediada" pautada por normas de vigência obrigatória entre, pelo menos, dois interlocutores agentes. Assim, enquanto a racionalidade instrumental é típica de estratégias de dominação e controle, da natureza e dos homens, em certos enquadramentos institucionais, no mundo social da vida comum vale predominantemente a racionalidade da ação comunicativa.

O tema da racionalização na política pode ser abordado de diferentes maneiras, de diversos pontos de vista. Aqui, vamos abordá-lo da perspectiva de Weber, Marcuse e Habermas. Isto porque tais autores problematizam, de maneira bastante original e profunda, o tema das relações entre ciência, tecnologia e sociedade. Obviamente, a discussão não é por eles esgotada, tampouco pretendiam dizer a

---

1 HABERMAS, J. *Técnica e ciência como "ideologia"*. (1968). Trad. Artur Morão. Lisboa: Edições 70, 2009.

Capítulo 8 » **Racionalidade, técnica, política** » **151**

palavra final sobre o assunto. Da mesma maneira, o objetivo deste capítulo é apenas apresentar uma introdução ao assunto que dialogue com outras áreas, por exemplo, a sociologia, a teoria da administração e a teoria da economia, sem, com isso, tentar dar um ponto final ao debate.

Conforme já indicara Marx, o modo capitalista de produção necessariamente provoca uma *objetificação* do trabalho operada pelo uso de máquinas na produção. Esse uso subordina necessariamente o trabalho humano ao das máquinas e, com isso, maquiniza, tecniza o trabalho, desumanizando-o. A maquinização consegue isso instaurando uma nova forma de organização e cooperação no trabalho, na qual a atividade humana tem como meta produzir para aumentar o capital, e não para atender a necessidades humanas. É o que Marx chama de produção de mais-valor, ou seja, produção do valor excedente do qual se apossa o proprietário dos meios de produção.[2]

Assim sendo, na análise de Marx, a tecnologia *tal como utilizada no modo capitalista de produção* tem consequências políticas importantíssimas. Aquela que nos interessa ressaltar é: a *racionalização* da produção torna-se uma *necessidade técnica*. Entendida em termos de eficiência para produzir lucro, isto é, de subordinação da subjetividade do trabalhador ao funcionamento do objeto mecânico, da máquina, essa racionalização está ligada a uma divisão social do trabalho que separa nítida e rigidamente os que *realizam* o trabalho braçal e os que o *planejam*, os que pensam seu direcionamento e finalidade. Essa separação entre a atividade propriamente laborativa e outras atividades intelectuais tornou-se forte característica das sociedades capitalistas modernas, impregnando todas as esferas da vida moderna. Essa racionalização instrumental da vida foi tematizada, de maneira bastante peculiar, por Max Weber, cujas ideias passamos a estudar doravante.

8.2 Weber

Weber, assim como Marx, dedicou-se a estudar a gênese do capitalismo moderno. E, de Marx, adotou a ideia da apropriação privada dos meios de produção como fator decisivo na constituição do capitalismo:

> [...] a característica decisiva da fábrica moderna não está nem nos instrumentos usados, nem no tipo do processo de trabalho, e sim na apropriação da oficina, dos instrumentos, da fonte de energia e da matéria-prima na mão de uma única

---

2   O termo em alemão é "mehrwert", e sua tradução mais comum em língua portuguesa é "mais-valia". Esse termo, no entanto, além de ser antiquado, é perifrásico e não dá a entender diretamente a ideia de apropriação de valor a mais. Por isso, prefiro aqui a tradução mais literal por "mais-valor". O Capítulo 7 deste livro apresenta algumas ideias de Marx, embora não sob este mesmo enfoque.

152 » Filosofia Política

pessoa, o empresário. Antes do século XVIII, tal concentração ocorria apenas em casos isolados.[3]

No entanto, se para Marx o desenvolvimento dos meios de produção era o fator decisivo, Weber enfatiza a emergência de um *ethos* racional da condução da vida, quer dizer, uma progressiva racionalização das normas e máximas éticas como principal característica da cultura ocidental. Sua análise, portanto, distancia-se da de Marx por não atribuir tanta importância causal a fatores propriamente econômicos, mas tentar mostrar como a forma ocidental de organizar empresarialmente o trabalho é, na verdade, um sintoma da principal característica ocidental: um racionalismo que desencanta, desmagiciza o mundo.

Para Weber, esse racionalismo ocidental tem forte influência religiosa. Isso pode parecer paradoxal, à primeira vista. Mas ele argumenta da seguinte maneira: a religiosidade desenvolvida no Ocidente especifica-se por um abandono da magia e de rituais mágicos em nome de uma internalização ética dos princípios religiosos, que, no fim das contas, favoreceu o surgimento do capitalismo. Seu argumento pode ser resumido da seguinte maneira. Há muito tempo, pelo menos desde o surgimento do judaísmo, existe, particularmente no Ocidente, certa hostilidade à magia. "Magia", diz Weber, "significa estereotipagem da técnica e da gestão econômica".[4] Por exemplo, na China, a construção das primeiras ferrovias entrou em conflito com a geomancia, que exigia respeito a montanhas, rios, florestas e túmulos. Ora, passar uma estrada de ferro sobre uma floresta não só a destrói como dessacraliza todo o lugar. Assim, para Weber, a magia, com sua irracional recusa em considerar este mundo como um mundo objetivo, sem valor divino em si, representa a recusa à inovação e ao progresso econômico, aliando-se à tradição, fomentando tabus e obstáculos ao aumento de poder humano sobre o mundo.

Assim, a vida guiada pela magia segue princípios e valores completamente diferentes da vida guiada por princípios éticos racionais. No Ocidente, se uma estrada de ferro precisa ser construída, provavelmente a madeira derrubada servirá de material para os dormentes, ou para outras construções. E, conforme a teoria weberiana, essa racionalidade que desmistifica o mundo é fortemente favorecida por uma ideia religiosa, particularmente protestante: o dever religioso ordena que o indivíduo trabalhe para aumento da glória divina na Terra. Diferente de rituais mágicos, em que o indivíduo faz lisonjas aos espíritos para obter favores nesta vida, a religiosidade ética própria ao Ocidente tem como finalidade a salvação da alma, e não o sucesso terreno. Assim, cria-se uma tensão indelével entre o mandamento ético religioso, internalizado pelo indivíduo interessado na salvação de sua alma, e a possibilidade de intervir nas coisas práticas do mundo: se a divindade

---

3   WEBER, M. *A gênese do capitalismo moderno*. São Paulo: Ática, 2006. p. 66.
4   WEBER, 2006, p. 118.

Capítulo 8 » **Racionalidade, técnica, política** » **153**

nada tem a ver com coisas mundanas, abre-se todo um campo de possibilidades à ação humana. Segundo Weber, essa conduta racional da vida teria favorecido decisivamente o surgimento do capitalismo ocidental. Diz ele:

> O que ao final das contas criou o capitalismo foi o empreendimento racional permanente, a contabilidade racional, a técnica racional, mas tampouco foram esses fatores por si sós; mostrou-se necessário o fator adicional da mentalidade racional, a racionalização da condução de vida, o *ethos* econômico racional.[5]

O ápice desse processo histórico de racionalização dá-se com o progresso científico. Seus antecessores históricos são a descoberta do conceito pelos gregos antigos e a ideia renascentista de controle racional da experiência por via da experimentação. Mas se a ciência renascentista ainda permanecia direcionada pela descoberta de uma verdade divina, o progresso tecno-científico no capitalismo viu essa ideia ser abandonada em favor do controle racional das circunstâncias imediatas. Na famosa conferência Ciência como vocação, Weber afirma:

> A intelectualização e a racionalização crescentes não equivalem, portanto, a um conhecimento geral crescente acerca das condições em que vivemos. Significam, antes, que sabemos ou acreditamos saber que, a qualquer instante, *poderíamos, bastando que o quiséssemos*, provar que não existe, em princípio, nenhum poder misterioso e imprevisível que interfira com o curso de nossa vida; em uma palavra, que podemos *dominar* tudo, por meio da *previsão*. Equivale isso a despojar de magia o mundo.[6]

Chegamos, com isso, a um ponto fundamental da teoria weberiana. Por um lado, o desencantamento do mundo aumenta a possibilidade de ação humana racional sobre ele; por outro, e consequentemente, temos uma cisão entre o âmbito científico e o dos valores. Por isso, Weber afirma que a atividade científica é *neutra* relativamente a valores, isto é, nada tem a dizer sobre o valor que uma cultura atribui a este ou àquele acontecimento, nem mesmo sobre como se *deveria ou não* agir em determinadas circunstâncias. A medicina, por exemplo, não "se pergunta" se deve ou não haver vida; ela toma a vida como pressuposto e nos diz o que temos de fazer se quisermos salvar ou manter vidas saudáveis ou não – se a decisão for matar, a medicina também pode ser útil; mas tomar a decisão é algo que não caberia ao médico. Na verdade, para Weber, trata-se mesmo de questão de probidade

---

5   WEBER, 2006, p. 110.
6   WEBER, M. *Ciência e política:* duas vocações. Pref. Manoel T. Berlinck. Trad. Leônidas Hegenberg e Octany Silveira da Mota. 18. ed. São Paulo: Cultrix, 2004. p. 30.

154 » Filosofia Política

intelectual: um professor universitário de Medicina, por exemplo, tem de reconhecer serem âmbitos completamente distintos o da sua profissão e o das suas preferências políticas ou pessoais, sob pena de incorrer em proselitismo político ou subjetivismo parcial – ensinar medicina nada tem a ver com a defesa de porque a medicina é socialmente desejável, para quais fins ela deve ser exercida etc.

Para Weber, fazer ciência significa preocupar-se com "o estabelecimento de fatos, a determinação das realidades matemáticas e lógicas ou a identificação das estruturas intrínsecas dos valores culturais".[7] A racionalidade científica, assim, é instrumental: "Todas ciências da natureza nos dão uma resposta à pergunta: que deveremos fazer, *se* quisermos ser *tecnicamente* senhores da vida".[8] Com isso, ficam separados os âmbitos específicos da racionalidade científica, teleologicamente orientada, isto é, orientada para atingir certos fins práticos, independentemente de seu valor, da racionalidade ética, estética ou religiosa, baseada em valores (pensemos no peso das tradições), e das decisões baseadas na emoção ou na afetividade. É com base em toda essa teoria que Weber faz uma tipologia das ações: a "ação racional teleológica", característica da racionalidade científica, nada tem a ver com o que vale ou não a pena, mas somente com o que deve ou não ser feito tendo em vista fins específicos; a "ação racional valorativa", que nada tem a ver com o sucesso instrumental na prática, mas baseia-se na crença em algum valor em si, seja ético, estético, religioso ou qualquer outro; a "ação tradicional", baseada em hábitos estabelecidos ao longo do tempo; e a "ação afetiva", baseada nas emoções e na afetividade de quem age.[9]

Ao estabelecer essa rígida separação, Weber estava preocupado com as influências ideológicas e políticas na universidade alemã do começo do século XX, com a afluência do fascismo e do nazismo. No entanto, como mostrará Marcuse, há problemas na abordagem weberiana.

8.3 Textos para análise

TEXTO 1

A ação social, como toda ação, pode ser: 1) *racional com relação a fins*: determinada por expectativas no comportamento tanto de objetos do mundo exterior como de outros homens, e, utilizando essas expectativas, como "condições" ou "meios" para o alcance de fins próprios racionalmente avaliados e perseguidos; 2) *racional com relação a valores*: determinada pela crença

---

7   WEBER, 2004, p. 37-39.

8   WEBER, 2004, p. 37-39.

9   Ver o ensaio "Conceitos sociológicos fundamentais" em WEBER, M. *Metodologia das Ciências Sociais*. São Paulo: Cortez; Campinas, SP: Unicamp, 2001. p. 399-429.

Capítulo 8 » **Racionalidade, técnica, política** » **155**

consciente no valor – interpretável como ético, estético, religioso ou de qualquer outra forma - próprio e absoluto de um determinado comportamento, considerado como tal, sem levar em consideração as possibilidades de êxito; 3) *afetiva*, especialmente *emotiva*, determinada por afetos e estados sentimentais atuais; e 4) *tradicional*: determinada par costumes arraigados.

[...] 3. A ação orientada racionalmente com relação a valores distingue-se da ação afetiva pela elaboração consciente dos princípios últimos da ação e por orientar-se por eles de *maneira consequentemente* planejada. Por outro lado, ambas têm em comum o fato de que o sentido da ação não reside no resultado, que já se encontra fora dela, mas na própria ação em sua peculiaridade. Age afetivamente quem satisfaz a sua necessidade atual de vingança, gozo ou entrega, beatitude contemplativa ou vazão a suas paixões do momento (sejam elas tolas ou sublimes). Age de modo *puramente* racional com relação a valores quem, sem considerar as consequências previsíveis, se comporta segundo as suas convicções sobre ou referente ao que é o dever, a dignidade, a beleza, a sabedoria religiosa, a piedade ou a importância de uma "coisa", qualquer que seja o seu gênero, Uma ação racional com relação a valores é sempre (no sentido de nossa terminologia) uma ação segundo "mandatos", isto é, de acordo com "exigências" que o agente acredita serem dirigidas para si (e diante das quais ele se acredita obrigado). Falaremos de uma racionalidade com relação a valores somente na medida em que a ação humana se oriente por essas exigências – o que apenas ocorre numa fração, o mais das vezes, modesta, dos casos. Como se mostrará posteriormente, atinge significado suficiente para destacá-la como um tipo particular, ainda que não se pretenda aqui apresentar uma classificação que esgote os tipos de ação.

4. Age racionalmente com relação a fins aquele que orienta a sua ação conforme o fim, os meios e consequências implicadas nela e nisso *pesa cuidadosa* e racionalmente os meios relativamente aos fins, os fins com relação às consequências implicadas e os diferentes fins possíveis entre si. Em qualquer caso, pois, é aquele que *não age nem* afetivamente (sobretudo emotivamente) *nem* com relação à tradição. Por outro lado, a decisão entre os diferentes fins e consequências concorrentes e conflitantes pode ser racional com relação a *valores*. Neste caso, a ação é racional com relação a fins somente nos seus meios. Ou ainda o agente, sem nenhuma orientação racional com relação a valores sob a forma de "mandatos" ou "exigências", pode aceitar esses fins concorrentes e em conflito na sua simples qualidade de desejos subjetivos numa escala de urgências estabelecida de forma consequente, orientando por ela a ação de tal maneira que, na medida do possível, fiquem satisfeitas na ordem desta escala (princípio da utilidade marginal).

A orientação racional com relação a valores pode, pois, estar em relação muito diversa no que diz respeito à ação racional com relação a fins. Da perspectiva desta última, a primeira é sempre *irracional*, acentuando-se esse caráter à medida que o valor que a move se eleva à significação do *absoluto*, porque quanto mais confere caráter absoluto ao *valor próprio* da ação, tanto menos reflete sobre as suas consequências. A absoluta racionalidade da ação com relação a fins, todavia, tem, essencialmente, o caráter de construção de um caso limite.

5. Raras vezes a ação, especialmente a ação social, está *exclusivamente* orientada por uma ou *por outra* destas modalidades. Tampouco essas formas de orientação podem ser consideradas como uma classificação exaustiva, mas sim como tipos conceituais puros, construídos para os fins da pesquisa sociológica, com relação aos quais a ação real se aproxima mais ou menos, ou, o que é mais frequente, composta de uma mescla. Só os resultados obtidos por tais procedimentos é que podem *dar-nos* a medida de sua conveniência.[10]

TEXTO 2

O progresso científico é um fragmento, o mais importante indubitavelmente, do processo de intelectualização a que estamos submetidos desde milênios e relativamente ao qual algumas pessoas adotam, em nossos dias, posição estranhamente negativa. Tentemos, de início, perceber claramente o que significa, na prática, essa racionalização intelectualista que devemos à ciência e à técnica cientificamente orientada. Significará, por acaso, que todos os que estão reunidos nesta sala possuem, a respeito das respectivas condições de vida, conhecimento de nível superior ao que um hindu ou um hotentote poderiam alcançar acerca de suas próprias condições de vida? É pouco provável. Aquele, dentre nós, que entra num trem não tem noção alguma do mecanismo que permite ao veículo pôr-se em marcha – exceto se for um físico de profissão. Aliás, não temos necessidade de conhecer aquele mecanismo. Basta-nos poder "contar" com o trem e orientar, consequentemente, nosso comportamento; mas não sabemos como se constrói aquela máquina que tem condições de deslizar. O selvagem, ao contrário, conhece, de maneira incomparavelmente melhor, os instrumentos de que se utiliza. Eu seria capaz de garantir que todos ou quase todos os meus colegas economistas, acaso presentes nesta sala, dariam respostas diferentes à pergunta: como explicar que, utilizando a mesma soma de dinheiro, ora se possa

---

10   WEBER, 2001, v. 2. p. 415-417.

Capítulo 8 » **Racionalidade, técnica, política** » **157**

adquirir grande soma de algo e ora uma quantidade mínima? O selvagem, contudo, sabe perfeitamente como agir para obter o alimento quotidiano e quais as instituições capazes de favorecê-lo em seu propósito. A intelectualização e a racionalização crescentes *não* equivalem, portanto, a um conhecimento geral crescente das condições da vida. Significam, antes, algo de muito diverso: o saber ou a crença em que, a qualquer instante, *poderíamos, bastando que o quiséssemos*, provar que não existe, em princípio, nenhum poder misterioso e imprevisível que interfira com o curso de nossa vida; em uma palavra, que podemos *dominar* tudo, por meio da *previsão*. Mas isto quer dizer: o desencantamento do mundo. Para nós, não mais se trata, como para o selvagem que acredita na existência daqueles poderes, de apelar a meios mágicos para dominar os espíritos ou exorcizá-los, mas de recorrer a meios técnicos e à previsão. Tal é a significação essencial da intelectualização como tal.[11]

Se esse desenvolvimento ocorreu somente no Ocidente, então há de se procurar o motivo disso em determinados traços de sua evolução cultural geral, peculiares somente a ele. Somente o Ocidente conhece um Estado no sentido moderno, com constituição instituída, funcionários especializados e direito de cidadania; inícios desse tipo de Estado na Antiguidade e no Oriente não chegaram a seu desenvolvimento pleno. Somente o Ocidente conhece um direito racional criado por juristas, racionalmente interpretado e aplicado. Somente no Ocidente encontra-se a noção do cidadão (*civis Romanus, citoyen, bourgeois*), porque também somente no Ocidente existe cidade no sentido específico da palavra. Além disso, é somente o Ocidente que possui uma ciência no sentido hodierno da palavra: teologia, filosofia, reflexão sobre os últimos problemas da vida eram conhecidas também na China e na Índia, talvez até numa profundeza como nunca conhecida na Europa, mas ciência racional e, com isso, também técnica racional, permaneceram desconhecidas àquelas culturas. Finalmente, a cultura ocidental distingue-se de qualquer outra, ainda, pela existência de seres humanos com um *ethos* racional da condução de vida. Magia e religião encontramos em toda parte. Porém, um fundamento religioso da condução da vida, que, em sua consequência, havia de desembocar num racionalismo específico, é peculiar apenas ao Ocidente.[12]

---

11   WEBER, M. Ciências como vocação. In: ___. *Ciência e política*: duas vocações. Pref. Manoel T. Berlinck. Trad. Leônidas Hegenberg e Octany Silveira da Mota. 18. ed. São Paulo: Cultrix, 2004. p. 30.

12   WEBER, M. A gênese do capitalismo moderno. In: ___. *Ciência e política*: duas vocações. Pref. Manoel T. Berlinck. Trad. Leônidas Hegenberg e Octany Silveira da Mota. 18. ed. São Paulo: Cultrix, 2004. p. 61.

TEXTO 3

Instalou-se, em nossos dias, o hábito de falar insistentemente numa "ciência sem pressupostos". Existe isso? Tudo depende do que se entenda pelas palavras empregadas. Todo trabalho científico pressupõe sempre a validade das regras da lógica e da metodologia, que constituem os fundamentos gerais de nossa orientação no mundo. Quanto à questão que nos preocupa, esses pressupostos são o que há de menos problemático. A ciência pressupõe, ainda, que o resultado a que o trabalho científico leva é *importante* em si, isto é, merece ser conhecido. Ora, é nesse ponto, manifestamente, que se reúnem todos os nossos problemas, pois que esse pressuposto escapa a qualquer demonstração por meios científicos. Não é possível interpretar o sentido último desse pressuposto – impõe-se, simplesmente, aceitá-lo ou recusá-lo, conforme as tomadas de posição pessoais, definitivas, face à vida. [...] tomemos [o exemplo] de uma tecnologia altamente desenvolvida do ponto de vista científico, tal como é a medicina moderna. Expresso de maneira trivial, o "pressuposto" geral da medicina assim se coloca: o dever do médico está na obrigação de conservar a vida pura e simplesmente e de reduzir, quanto possível, o sofrimento. [...] A medicina, contudo, não se propõe a questão de saber se aquela vida merece ser vivida e em que condições. Todas as ciências da natureza nos dão uma resposta à pergunta: que deveremos fazer, *se* quisermos ser *tecnicamente* senhores da vida. Quando a indagações como "isso tem, no fundo e afinal de contas, algum sentido", "devemos e queremos ser tecnicamente senhores da vida?" aquelas ciências nos deixam em suspenso ou aceitam pressupostos, em função do fim que perseguem. [...]. Detenhamo-nos, agora, por um instante, nas disciplinas que me são familiares, a saber, a sociologia, a história, a economia política, a ciência política e todas as espécies de filosofia da cultura que têm por objeto a interpretação dos diversos tipos de conhecimentos precedentes. Costuma-se dizer, e eu concordo, que a política não tem seu lugar nas salas de aulas das universidades. Não o tem, antes de tudo, no que concerne aos estudantes. [...] Mas a política não tem lugar também, no que concerne aos docentes. E, antes de tudo, quando eles tratam cientificamente de temas políticos. Mais do que nunca, a política está, então, deslocada. Com efeito, uma coisa é tomar uma posição política prática, e outra coisa é analisar cientificamente as estruturas políticas e as doutrinas de partidos. [...] [De um professor universitário] nunca se poderá exigir mais do que probidade intelectual ou, em outras palavras, a obrigação de reconhecer que constituem dois tipos de problema *heterogêneos*, de uma parte, o estabelecimento de fatos, a determinação das realidades matemáticas e lógicas ou a identificação das estruturas intrínsecas dos valores culturais e, de outra parte, a resposta a questões concernentes ao *valor* da cultura e de seus conteúdos particulares ou a questões relativas à maneira como se deveria agir na cidade e em meio a agrupamentos políticos.[13]

8.3.1 Estudo dos textos

No Texto 1, temos a tipologia das ações feita por Weber. É importante notar que ele afirma que essa tipologia não é exaustiva e que, na vida real, não há sempre e exatamente uma separação tão rígida.

No Texto 2, temos a descrição histórica de Weber do processo de racionalização ocidental. E, por fim, no Texto 3, a separação entre *fatos* e *valores*.

Para melhor compreensão, responda às questões a seguir.

» Para Weber, o que significa dizer que a ciência é "axiologicamente neutra"?

» Qual a principal consequência do processo de intelectualização, na sociedade ocidental, para a religião?

» O que significa "probidade intelectual" para um professor universitário, segundo Weber?

8.4 Estudo das noções

Os quatro tipos de ação social diferenciados por Weber têm função metodológica; caberia ao cientista social descrevê-las e diferenciá-las, em cada sociedade, em dado momento histórico. É importante observar como Weber examina a própria prática da racionalidade científica nos Textos 2 e 3. A ciência permite um ganho de clareza e controle, isto é, permite articular os meios corretos, da maneira correta, para atingir certos fins considerados socialmente relevantes. Essa é a essência da racionalidade para ele.

8.5 Proposta de tema de dissertação

Há duas propostas de elaboração de dissertação para livre escolha.

» A natureza da racionalidade para Weber e suas consequências sociais no Ocidente.

» Após a experiência histórica de Hiroshima e Nagazaki, por exemplo, podemos dizer que o conhecimento científico é irracional? Por quê?

---

13 WEBER, 2004. p. 36-39.

8.6 Marcuse

Marcuse foi um dos principais críticos das técnicas de dominação política das sociedades industriais capitalistas do século XX. Ligado à teoria crítica da chamada "escola de Frankfurt", diferenciou-se de seus colegas Theodor Adorno e Max Horkheimer por ser mais otimista e, diriam alguns, mais "revolucionário", ao mesmo tempo que partilhava com eles o interesse pelo tema da dominação tecnológica ligada à dominação cultural e estética. Para Marcuse, diferentemente de Weber, não há neutralidade axiológica na tecnologia. As sociedades industriais capitalistas incorporaram as tecnologias de dominação desenvolvidas pelas sociedades totalitárias, tornando impossível separar a tecnologia de seus usos. Assim, mais do que uma utilização política para fins de dominação, a própria tecnologia é considerada dominação de duplo caráter, da natureza e do homem:

> O conceito de razão técnica talvez seja, ele próprio, ideologia. Não somente sua aplicação mas já a técnica, ela mesma, é dominação (sobre a natureza e sobre os homens), dominação metódica, científica, calculada e calculista. Determinados fins não são impostos apenas "posteriormente" e exteriormente à técnica – mas eles participam da própria construção do aparato técnico.[14]

É importante observar que Marcuse diferencia técnica de tecnologia. A técnica é especificamente o conjunto de instrumentos e equipamentos técnicos da indústria, dos transportes e da comunicação, e faz parte da tecnologia, definida como um "processo social", um "modo de produção", isto é, "a totalidade dos instrumentos, dispositivos e invenções que caracterizam a era da máquina".[15] Com essa distinção, Marcuse separa a "forma de organizar e perpetuar (ou modificar) as relações sociais, uma manifestação do pensamento e dos padrões de comportamento dominantes, um instrumento de controle e dominação" dos instrumentos, aparelhos e técnicas de produção, como aviões ou computadores, por exemplo, marcando nitidamente que estes últimos podem ser usados tanto para promover "o autoritarismo quanto a liberdade, tanto a escassez quanto a abundância, tanto o aumento quanto a abolição do trabalho árduo".[16] Assim, é a tecnologia que, ao construir o aparato técnico, impõe-lhe certas finalidades sociais e políticas, conforme cada época histórica.

---

14 MARCUSE, H. Industrialização e capitalismo na obra de Max Weber. In: ___. *Cultura e sociedade*. São Paulo: Paz e Terra, 2010. v. 2. p. 132.

15 MARCUSE, H. Algumas implicações sociais da tecnologia moderna. In: ___. *Tecnologia, guerra e fascismo*. São Paulo: Unesp, 1999. p. 73.

16 MARCUSE, 1999. p. 73-74.

Conforme ele diz em seu livro mais famoso, *O homem unidimensional*, "no capitalismo avançado, a racionalidade técnica está personificada, a despeito de seu uso irracional, no aparato produtivo".[17] O termo "aparato" designa as instituições, dispositivos e organizações da indústria em sua situação social dominante. Isso significa que a tecnologia invadiu e dominou não só as fábricas mecanizadas mas todas as formas de relações produtivas na sociedade, a própria maneira de trabalhar e de pensar tornou-se "técnica". Com isso, a racionalidade tecnológica firma-se como condição prévia para o desenvolvimento das forças produtivas. Isso significa que qualquer integração "social e cultural" só pode acontecer segundo a lógica do aparato técnico, isto é, nos termos da racionalidade tecnológica.

Aqui temos uma diferença marcante com relação a Weber e uma proximidade com Marx. Para Marcuse, o desenvolvimento da racionalidade técnica levou a um sistema de dominação capitalista que destrói a autonomia da racionalidade individual, ao contrário do que pensava Weber, que, segundo ele, fazia

> [...] a equiparação entre razão técnica e capitalista-burguesa. Esta situação o impede [Weber] de perceber que não é a razão técnica, formal, "pura", mas a razão da dominação que produz o "casulo da servidão", e que a *realização plena* da razão técnica pode muito bem se converter em instrumento de *libertação* dos homens.[18]

E, pensando com Marx, ele afirma a ligação necessária entre tecnologia e projeto social: "a técnica é sempre um *projeto* sócio-histórico; nela encontra-se projetado o que uma sociedade e os interesses nela dominantes pretendem fazer com o homem e com as coisas".[19] Ele argumenta que, se por um lado, a racionalidade ocidental propiciou a libertação do indivíduo das superstições, formas de dominação e irracionalidades tradicionais, promovendo a capacidade de reflexão crítica acerca da sociedade, o desenvolvimento da indústria moderna, por outro, ao submeter cada vez mais profundamente as pessoas às máquinas, criando dominação e dependência, instaurou uma racionalização que nada tem de crítica e reflexiva. O argumento de Marcuse é que o desenvolvimento da tecnologia, junto com o capitalismo, levou as sociedades industriais contemporâneas a criar mecanismos de adequação ao aparato técnico da economia e da administração com dimensões totalitárias. Aparece, aqui, a originalidade da análise de Marcuse: o ganho de racionalidade social significa a perda de racionalidade individual, isto é, as pessoas perdem o poder de crítica, de negação, de autonomia e cria-se uma "mecânica do conformismo": todos trabalham igualmente, consomem igualmente,

---

17 MARCUSE, H. *A ideologia da sociedade industrial*: o homem unidimensional. 5. ed. Rio de Janeiro: Zahar, 1979. p. 41.

18 MARCUSE, H. Industrialização e capitalismo na obra de Max Weber. (1964). Trad. Wolfgang Leo Maar. In: ___. *Cultura e sociedade*. Rio de Janeiro: Paz e Terra, 2010. v. 2. p. 132.

19 MARCUSE, 2010, v. 2, p. 132.

162 » Filosofia Política

e a sociedade torna-se "unidimensional". Assim como Marx, e diferentemente de Weber, Marcuse recusa uma análise meramente abstrata e formal da racionalidade técnica, preconizando que, no momento em que a ciência e a técnica são usadas para resolver problemas reais, elas adquirem um conteúdo social específico relativo às condições históricas de sua aplicação.

Assim, ele pode concluir que, nas sociedades industriais avançadas, a razão técnica está determinada pelo interesse da dominação. Em outras palavras, "enquanto razão política, a razão técnica é *histórica*".[20] Isso abre a perspectiva de mudança, e Marcuse afirma, assim, o valor da utopia da liberdade:

> Se a separação dos meios de produção é necessidade técnica, a servidão por ela organizada *não* o é. Com base em suas próprias conquistas – a mecanização produtiva e calculável –, esta separação adquire a possibilidade de uma racionalidade qualitativamente diferente, em que a separação dos meios de produção se converte em separação dos homens do próprio trabalho socialmente necessário mas que o destrói. [...] Enquanto razão técnica, ela só pode ser convertida em técnica da libertação.[21]

Assim, a crítica feita por Marcuse dirige-se à expressão histórica concreta assumida pela racionalidade nas sociedades industriais, o que ele chama de "racionalidade tecnológica". Nessas sociedades, uma cultura da tecnologia torna ativos princípios técnicos, isto é, não se trata de aplicações de princípios abstratos, mas de como eles são incorporados e ganham concretude em disciplinas técnicas efetivas. Como diz Andrew Feenberg, filósofo estadunidense que foi aluno de Marcuse, "como instituições sociais, essas disciplinas operam sob imperativos sociais que influenciam sua formulação dos problemas e das soluções técnicos e que aparecem nas aplicações que projetam".[22] Assim, por ao mesmo tempo determinar as aplicações técnicas e ser determinada tecnicamente, essa fusão do âmbito técnico com o social é definidora da própria natureza da tecnologia. Veremos que Habermas proporá, com base em uma crítica a Marcuse e uma reaproximação a Weber, um novo conceito qualitativamente diferente de razão.

---

20   MARCUSE, 2010, v. 2, p. 134.
21   MARCUSE, 2010, v. 2, p. 134.
22   FEENBERG, A. *Questioning technology*. London: Routledge, 1999. p. 162.

8.7 Textos para análise

TEXTO 1

Neste artigo, a tecnologia é vista como um processo social no qual a técnica propriamente dita (isto é, o aparato técnico da indústria, transportes, comunicação) não passa de um fator parcial. [...] A tecnologia, como modo de produção, como a totalidade dos instrumentos, dispositivos e invenções que caracterizam a era da máquina, é assim, ao mesmo tempo, uma forma de organizar e perpetuar (ou modificar) as relações sociais, uma manifestação do pensamento e dos padrões de comportamento dominantes, um instrumento de controle e dominação. [...] A técnica por si só pode promover tanto o autoritarismo quanto a liberdade, tanto a escassez quanto a abundância, tanto o aumento quanto a abolição do trabalho árduo. O nacional-socialismo é um exemplo marcante dos modos pelos quais uma economia altamente racionalizada e mecanizada, com a máxima eficiência na produção, também pode operar o interesse da opressão totalitária e da escassez continuada. O Terceiro Reich é, na verdade, uma forma de "tecnocracia": as considerações da eficiência e da racionalidade imperialistas superam os padrões tradicionais do lucro e do bem-estar geral. Na Alemanha nacional-socialista, o reino do terror é sustentado não apenas pela força bruta, que é estranha à tecnologia, mas também pela engenhosa manipulação do poder inerente à tecnologia: a intensificação do trabalho, a propaganda, o treinamento de jovens e operários, a organização da burocracia governamental, industrial e partidária – que juntos constituem os implementos diários do terror – seguem as diretrizes da maior eficiência tecnológica.[23]

TEXTO 2

A análise é focalizada na sociedade industrial desenvolvida, na qual o aparato técnico de produção e distribuição (com um crescente setor de automatização) não funciona como a soma total de meros instrumentos que possam ser isolados de seus efeitos sociais e políticos, mas, antes, como um sistema que determina, *a priori*, tanto o produto do aparato como as operações de sua manutenção e ampliação. Nessa sociedade, o aparato produtivo tende a tornar-se totalitário no quanto determina não apenas as oscilações, habilidades e atitudes socialmente necessárias, mas também as necessidades e

---

23 MARCUSE, H. Algumas implicações sociais da tecnologia moderna. In: ___. *Tecnologia, guerra e fascismo*. São Paulo: Unesp, 1999. p. 73-74.

aspirações individuais. Oblitera, assim, a oposição entre existência privada e pública, entre necessidades individuais e sociais. A tecnologia serve para instituir formas novas, mais eficazes e mais agradáveis de controle social e coesão social. A tendência totalitária desses controles parece afirmar-se ainda em outro sentido – disseminando-se pelas áreas menos desenvolvidas e até mesmo pré-industriais e criando similaridades no desenvolvimento do capitalismo e do comunismo. Em face das particularidades totalitárias dessa sociedade, a noção tradicional de "neutralidade" da tecnologia não mais pode ser sustentada. A tecnologia não pode, como tal, ser isolada do uso que lhe é dado; a sociedade tecnológica é um sistema de dominação que já opera no conceito e na elaboração das técnicas.

Sem dúvida, a racionalidade da ciência pura é livre de valores e não estipula quaisquer fins práticos, é "neutra" a quaisquer valores estranhos que lhe possam ser impostos. Mas essa neutralidade é um caráter *positivo*. A racionalidade científica favorece uma organização social específica precisamente porque projeta mera forma (ou mera matéria – aqui, os termos de outro modo opostos convergem) que pode atender praticamente a todos os fins. A formalização e a funcionalização constituem, *anteriormente* a toda aplicação, a "forma pura" de uma prática social concreta. Enquanto a ciência libertou a natureza de fins inerentes e despojou a matéria de todas as qualidades que não as quantificáveis, a sociedade livrou os homens da hierarquia "natural" da dependência pessoal, relacionando-se entre si de acordo com qualidades quantificáveis – a saber, como unidades da força de trabalho abstratas, calculáveis em unidades de tempo. Em virtude da racionalização das formas de trabalho, a eliminação das qualidades é transferida do universo da ciência pura para o da experiência cotidiana. [24] [...] Visto como o pensamento científico moderno é puro, ele não projeta metas práticas particulares nem formas particulares de dominação. Contudo, não existe uma dominação *per se*. [...] Os princípios da ciência moderna formaram uma estrutura apriorística de tal modo que puderam servir de instrumentos conceituais para um universo de controle produtor automotor; o operacionalismo teórico passou a corresponder ao operacionalismo prático. O método científico que levou à dominação cada vez mais eficaz da natureza forneceu, assim, tanto os conceitos puros como os instrumentos para a dominação cada vez maior do homem pelo homem *por meio* da dominação da natureza. A razão teórica, permanecendo pura e neutra, entrou para o serviço da razão prática. A fusão resultou benéfica para ambas. Hoje, a dominação se perpetua e se estende não apenas

24 MARCUSE, 1979, p. 18-19.

através da tecnologia, mas *como* tecnologia, e esta garante a grande legitimação do crescente poder político que absorve todas as esferas da cultura. Nesse universo, a tecnologia também garante a grande racionalização da não-liberdade do homem e demonstra a impossibilidade "técnica" de a criatura ser autônoma, de determinar a sua própria vida. Isso porque essa não-liberdade não parece irracional nem política, mas antes uma submissão ao aparato técnico que amplia as comodidades da vida e aumenta a produtividade do trabalho. [...] A força libertadora da tecnologia – a instrumentalização das coisas – se torna o grilhão da libertação: a instrumentalização do homem.[25]

8.7.1 Estudo do texto

Marcuse entende a tecnologia de maneira dupla, como processo social e como modo de produção, cujas características negativas ele ressalta relativamente ao estado nazista tecnocrata da Alemanha. Com base nesse entendimento (Texto 1), ele passa a analisar como a tecnologia permite a dominação da natureza ao mesmo tempo que fornece meios de dominação do homem pelo homem, fazendo uma crítica a Weber (Texto 2).

Para melhor compreensão do tema e da argumentação de Marcuse, responda às questões a seguir.

» Qual é a relação entre técnica e tecnologia para Marcuse?
» Como Marcuse caracteriza a relação entre dominação e tecnologia?
» Por que Marcuse não aceita a posição weberiana acerca dos valores?
» As características tecnocratas apontadas por Marcuse estariam restritas somente à época e ao estado nazista? Por quê?

8.8 Proposta de tema de dissertação

Tema: Somos escravos ou donos da tecnologia?

Em matéria de produção de estratégias de sedução do consumidor, Steve Jobs vem de uma linhagem que poderia ser remetida, pelo menos, ao início do período novecentista, quando um arguto sobrinho do psicanalista vienense Sigmund Freud, afirmou ter descoberto a maneira de fazer com que as pessoas passassem a desejar aquilo que não necessitavam e a necessitar aquilo que não desejavam. Refiro-me a Edward Bernays, retratado no documentário de Adam Curtis

---

25 MARCUSE, 1979, p. 152-153.

(*The century of the self*), como o fundador das relações públicas, entendida como a "arte" da produção de "*happiness machines*" da cultura de consumo do século XX. Jobs também é cultuado como um gênio das relações públicas. A cada lançamento dos produtos Apple, há todo um espetáculo midiático em torno de fãs enlouquecidos que, em filas gigantescas, buscam aquele que consideram ser seu objeto de desejo. Funcionários da Apple participam ativamente dessa encenação, ao aplaudir cada consumidor que, após longas horas de espera, consegue adentrar o templo da marca e adquirir seu objeto-fetiche.[26]

Orientação que pode auxiliar na elaboração da dissertação.

» Pesquisar sobre a Declaração Sobre o Uso do Progresso Científico e Tecnológico no Interesse da Paz e em Benefício da Humanidade, proclamada pela Resolução n. 3384 (XXX) na Assembleia Geral da ONU em 1975, de modo a ganhar mais elementos para elaborar sua escrita.

8.9 Habermas

De início, precisamos entender que Habermas propõe uma reformulação da tese marxista do materialismo histórico. Para ele, é fundamental a oposição entre ação comunicativa, isto é, ação baseada em normas de interação, e ação teleológica, instrumental, direcionada a fins particulares, ou seja, trabalho. Veremos essa distinção mais detalhadamente adiante; por ora, é preciso dizer que Habermas afirma que o trabalho pressupõe a interação, a ação instrumental direcionada a fins pressupõe a ação comunicativa, a interação intersubjetiva. Com efeito, em seu *Para a reconstrução do materialismo histórico*,[27] ele apresenta a tese de que é a linguagem que possibilita o trabalho, e não o contrário. Em outras palavras, isso quer dizer que o desenvolvimento da linguagem é condição necessária para a interação e para outras formas de ação – só depois de desenvolver a linguagem, de compreender normas de interação e comunicação é que os seres humanos se tornaram capazes de se organizar socialmente para agir na natureza, isto é, para trabalhar. Habermas procurou demonstrar isso por meio de pesquisas antropológicas e históricas sobre a evolução do *Homo sapiens*, algo que ele denominou antropogênese da "forma de vida especificamente humana".[28] Com esse argumento, propôs abandonar a ideia de Marx, segundo a qual o trabalho é a

---

26 FONTENELLE, I. *A marca e a (in)sustentável leveza do objeto*. Disponível em: <http://boitempoeditorial. wordpress.com/2011/09/05/a-marca-e-a-insustentavel-leveza-do-objeto/>. Acesso em: 12 mar. 2018.

27 HABERMAS, J. *Para a reconstrução do materialismo histórico*. (1976). Trad. Carlos Nelson Coutinho. São Paulo: Brasiliense, 1983.

28 HABERMAS, 1983, p. 114. Com efeito, no capítulo "Trabalho e interação", ele propõe que já Hegel, antes de Marx, tinha percebido como trabalho e interação mantêm relações recíprocas que dependem da comunicação linguística, isto é, simbólica em geral, vindo a abandonar essa ideia posteriormente.

Capítulo 8 » **Racionalidade, técnica, política** » **167**

categoria fundamental do ser social, já que Marx teria reduzido a ação comunicativa, interativa e baseada em normas ao trabalho, à ação teleológica, instrumental. É esse mesmo argumento que está na base das críticas que ele faz a Marcuse. Reaproximando-se de Weber, Habermas proporá uma teoria que busca definir diferentes formas de racionalidade de modo universal e não situado historicamente. Embora seu "enquadramento institucional" seja histórica e socialmente circunstanciado, as estruturas lógicas básicas da ciência e da tecnologia estão enraizadas na própria natureza da ação teleológica, tal como definida por Weber.

Em *Técnica e ciência como "ideologia"*,[29] Habermas resume a posição de Marcuse em cinco pontos principais.

1. Para Marcuse, a moderna ciência da natureza está necessariamente comprometida com uma concepção reificada de natureza, isto é, a natureza é compreendida como se fosse um objeto a ser manipulado e controlado.

2. Baseadas metodologicamente no modelo das ciências naturais, cujo objetivo precípuo passa a ser, portanto, dominar e controlar a natureza, as ciências humanas também estariam comprometidas, assim, com um ideal de dominação e controle dos seres humanos entendidos como coisas, isto é, reificados.

3. Dessa forma, há uma relação necessária entre a dominação da natureza e a dominação científica dos seres humanos.

4. No entanto (sempre para Marcuse), a moderna ciência da natureza não é a única forma possível de ciência, mas uma maneira historicamente determinada de conhecimento. É possível, portanto, romper com essas concepções reificadas e promover uma libertação.

5. A libertação e a emancipação da natureza e dos seres humanos exigem uma nova ciência e uma nova tecnologia, baseadas em interesses diversos que não os de dominação e controle.

Uma vez que resume a posição de Marcuse dessa maneira, Habermas discute os pontos fortes e os fracos, aceitando alguns e rejeitando outros. Dessa maneira, ao explicitar suas razões para não adotar completamente a posição de Marcuse, ele chega a definir o sentido em que a ciência pode ser considerada ideologia. Vejamos.

Habermas aceita os pontos 1, 2 e 3, ao mesmo tempo que rejeita os pontos 4 e 5. Seus argumentos para tanto são:

a) O interesse na manipulação instrumental da natureza não é uma particularidade histórica cont ngencial ou exclusivamente determinada por interesses circunstanciais próprios a determinada classe ou sociedade. A ação instrumental

---

29 HABERMAS, 2009.

168 » Filosofia Política

que incide sobre a natureza – a atividade laborativa de se apropriar da natureza – faz parte da condição humana. Enquanto os seres humanos tiverem de buscar sua própria autopreservação, ou seja, enquanto tiverem de garantir sua sobrevivência e, com isso, continuar tentando se emancipar gradualmente das necessidades materiais, o progresso técnico-científico não pode ser historicamente substituído. Em outras palavras, o que, se não a ciência e a tecnologia, poderia nos garantir uma apropriação inteligente da natureza de modo a nos garantir comida, energia etc.? Desse fato, Habermas conclui pela universalidade do trabalho de apropriação da natureza.

b) Assim, o interesse na descrição quantificada e matematizada dos fenômenos naturais, com vistas à manipulação e ao controle, isto é, um interesse na ação instrumental bem-sucedida, é constitutivo da ciência *como tal*, e não apenas de uma forma histórica de atividade científica. E, uma vez que tal interesse é universal e está intimamente ligado a nossa autopreservação como espécie, em princípio não haveria razão para supor que outra nova ciência, como deseja Marcuse, também não estaria compromissada com os mesmos ideais. Ora, é possível mesmo uma nova ciência que não objetifique, controle e manipule a natureza? Para Habermas, essa ideia tem algo de ingênuo: "tal como para a sua função, assim também para o progresso científico-técnico em geral, não existe substituto algum que seria 'mais humano'".[30]

c) A nova ciência defendida por Marcuse teria como consequência tratar a natureza como um fim em si, como um sujeito em si mesmo. Essa ideia, por mais atraente que seja, está enraizada, segundo ele, em uma grave confusão entre trabalho e ação comunicativa, ou interação. O trabalho define-se pelo uso da razão técnica para expandir o controle dos sistemas sociais sobre a natureza "externa". Trabalhar, portanto, equivale a empregar determinadas *estratégias*, seguir certas *regras técnicas* para atingir o objetivo almejado. Em outras palavras, trabalho é o mesmo que *ação racional teleológica* (do grego *telos*, isto é, fim, meta, finalidade, objetivo). Já a interação, ou ação comunicativa, define-se pelo entendimento estabelecido na comunicação feita com a linguagem cotidiana. A ação comunicativa, portanto, implica a noção de intersubjetividade: na comunicação, os seres humanos interagem de modo a interpretar intenções e significados para, com base nisso, chegar a uma compreensão mútua dos objetivos, valores e razões entre os sujeitos que se comunicam. Ela não é regida por regras técnicas, mas por convenções e normas reconhecidas mutuamente, de maneira implícita ou tácita, que "definem as expectativas recíprocas de comportamento e que têm de ser entendidas e reconhecidas, pelo menos, por dois sujeitos agentes".[31]

---

30 HABERMAS, 2009, p. 53.
31 HABERMAS, 2009, p. 57.

Capítulo 8 » **Racionalidade, técnica, política** » **169**

d) Fica claro, assim, qual é o problema da posição de Marcuse para Habermas: se considerarmos a natureza como sujeito, impõe-se que temos de agir para com ela da mesma maneira como agimos para com nós mesmos, ou seja, como se a natureza fosse uma pessoa com a qual seria possível interagir comunicativamente da mesma maneira como fazemos uns com os outros.[32] Habermas não está dizendo que é impossível interagir com a natureza. Ele está dizendo unicamente que não é possível fazê-lo como se ela fosse uma pessoa. A ação comunicativa só é possível entre pessoas cujos enunciados e ações estejam abertos à interpretação. Nesse sentido, a natureza *não fala da mesma maneira como fala* uma pessoa; ela não é interlocutora na ação comunicativa: "Seja como for, as realizações da técnica que, como tais, são irrenunciáveis, não poderiam ser substituídas por uma natureza que abre os olhos."[33] Qualquer que seja sua realização particular, para Habermas, a racionalidade técnico-científica sempre considerará a natureza, em algum grau, essencialmente como algo a ser objetificado e controlado:

> Assim como não é admissível a ideia de uma nova técnica, também não pode pensar-se de um modo consequente a ideia de uma nova ciência, já que, no nosso contexto, ciência deve significar sempre a ciência moderna, uma ciência obrigada a manter a atitude de uma possível disposição técnica.[34]

Habermas aceita, porém, os pontos 1, 2 e 3 da posição de Marcuse. Não o faz, todavia, sem qualificação. E isso porque ele faz questão de enfatizar a diferença entre técnica e racionalidade negligenciada por Weber. Este alegava que todo conhecimento científico é conhecimento técnico e, por isso, axiologicamente neutro, isto é, livre de juízos de valor. Daí que problemas e questões técnicas impossíveis de ser solucionadas tecnicamente também não podem ter solução racional – ou seja, são irracionais. Isso faz com que as decisões sobre os objetivos, sobre os fins, sejam irracionais e subjetivas. É assim que técnica e racionalidade são igualadas.

Na verdade, a ciência não é axiologicamente neutra. Ainda que o seja, ela não pode ser definida exclusivamente nessa base, pois privilegia a si mesma como valor inquestionável: a verdade é o valor supremo do cientista, a verdade tem de ser descoberta, e isso vale por si mesmo. Além disso, no mundo em que vivemos, a racionalidade técnica é privilegiada por interesses particulares: é preciso produzir certo produto, testar certo medicamento, medir certo terreno etc. Acontece que no capitalismo tardio a economia é uma função da atividade governamental, o que significa que os sistemas políticos não podem mais ser justificados com base

---

32 HABERMAS, 2009, p. 52.
33 HABERMAS, 2009, p. 53.
34 HABERMAS, 2009, p. 53.

na dependência de fatores econômicos – só a interesses humanitários interessa se o regime é ditatorial, democrático ou qualquer outro; do ponto de vista econômico, a economia deve ser posta a serviço de certos projetos políticos, declarados ou não (exemplo disso é a China: independentemente de um país ser democrático, ditatorial, capitalista etc., todos são consumidores de produtos chineses). A consequência disso é que a legitimação dos sistemas políticos precisa ser feita sobre outras bases. Essa necessidade é satisfeita definindo-se questões práticas como *problemas técnicos*, cuja solução tem necessariamente de ser deixada a técnicos. Em outras palavras, nas sociedades capitalistas contemporâneas é preciso garantir o progresso das forças produtivas acima de qualquer coisa; o enquadramento institucional existe para isso, deixando de lado todo questionamento sobre o direcionamento desse progresso, isto é, perdem legitimidade questões de justiça distributiva, por exemplo, face à necessidade técnica identificada com o supremo interesse social. Então, agora, o desenvolvimento do sistema político-social passa a ser determinado primordialmente pela lógica do progresso técnico em detrimento de outros interesses (emocionais ou religiosos, por exemplo).[35]

Mas, se é assim, o problema, então, não é exatamente a razão técnica como tal, mas a universalização de sua aplicação a todas as esferas da vida humana. Essa redução da vida humana ao técnico, para Habermas, significa um problema para os interesses emancipatórios dos seres humanos em geral. Em outras palavras, temos de nos perguntar se a humanidade pode ser julgada em termos de progresso técnico, ou seja, se a redução de questões práticas a questões de técnica transmite a ideia de que a racionalidade técnica é a única válida, sempre, em todos os momentos em que se exigem decisões racionais. Para evitar esse reducionismo, Habermas afirma que precisamos de uma teoria dos diferentes tipos de racionalidade, definindo as diferentes áreas de aplicação em que são apropriados. O problema, para ele, está em mostrar como diferentes ciências têm diferentes interesses. Em particular, trata-se de circunscrever o interesse técnico à sua esfera apropriada, sem eliminá-lo por completo, já que, como vimos, isso é impossível. Em outras palavras, podemos traduzir essa ideia habermasiana numa pergunta: em que sentido um interesse técnico no controle da natureza implica necessariamente uma área de aplicação objetiva e específica, com critérios de validade e alcance específicos? Com efeito, Habermas identifica na racionalidade comunicativa um processo de potencialização da liberdade humana que foi bloqueado, ao menos parcialmente, durante o desenvolvimento das sociedades capitalistas, pela racionalidade instrumental técnico-científica.

---

35 HABERMAS, 2009, p. 73.

Capítulo 8 » **Racionalidade, técnica, política** » **171**

8.10 Textos para análise

TEXTO 1

Marx não concebe [...] a natureza sob a categoria da alteridade subjetiva, mas avalia, inversamente, o sujeito sob a categoria de uma outra natureza. Esta é a razão por que ele entende a unidade de ambos, a qual somente pode ser construída por um sujeito, como sendo uma unidade não-absoluta. O fato de que para Marx o sujeito é originariamente ser natural, e não como no idealismo, onde a própria natureza é sujeito, faz com que a unidade deva ser considerada como uma unidade até certo ponto imposta pelo sujeito à natureza, visto que a unidade se estabelece sempre devido à atividade de um sujeito. Por mais que o jovem Marx e os representantes especulativos da tradição marxista (Benjamin, Bloch, Marcuse, Adorno) sintam-se atraídos pela herança da mística, uma ressurreição da natureza não pode ser pensada de forma consequente em termos materialistas. A natureza não se submete sem resistência às categorias do sujeito que a apreende; neste sentido, não há paralelo com um sujeito que, na base do reconhecimento mútuo, pode submeter-se passivamente à compreensão de um outro através de categorias reciprocamente obrigatórias. A unidade que se estabelece "na indústria", entre natureza e sujeito social, não pode extirpar a autonomia da natureza e desfazer os resíduos da inevitável estranheza que se prende à sua facticidade, como se fosse um adesivo. Enquanto correlato do trabalho social, a natureza objetivada mantém ambos os caracteres: *independência* e *exterioridade* frente ao sujeito que sobre ela dispõe. A autonomia da natureza manifesta-se no fato de aprendermos tão-somente a dominar processos naturais na medida em que nos submetemos a eles: esta é a experiência preliminar que se esconde por trás daquilo que chamamos de "leis" da natureza, às quais devemos "obedecer". A exterioridade da natureza mostra-se na contingência de suas constantes últimas: por mais que estendamos nosso poder técnico sobre ela, a natureza conserva um núcleo substancial imperscrutável; esse ela não nos revela.[36]

TEXTO 2

Com o conceito de "racionalização", Max Weber tentou apreender as repercussões do progresso técnico-científico no enquadramento institucional das sociedades que se englobam na modernização. [...]. Para formular de novo

---

36 HABERMAS, J. Metacrítica de Marx a Hegel: síntese mediante trabalho social. In: ___. *Conhecimento e interesse*. (1968). Introdução e tradução: José N. Heck. Rio de Janeiro: Zahar, 1982. p. 50-51.

o que Max Weber chamou "racionalização", [...] partirei da distinção fundamental entre *trabalho* e *interação*.

Por "trabalho" ou *ação racional teleológica* entendo ou a ação instrumental ou a escolha racional, ou, então, uma combinação das duas. A ação instrumental orienta-se *por regras técnicas* que se apoiam no saber empírico. Estas regras implicam em cada caso prognoses sobre eventos observáveis, físicos ou sociais; tais prognoses podem revelar-se verdadeiras ou falsas. O comportamento da escolha racional orienta-se por *estratégias* que se baseiam num saber analítico. Implicam deduções de regras de preferência (sistemas de valores) e máximas gerais; estas proposições estão deduzidas de um modo ou falso. A ação racional teleológica realiza fins definidos sob condições dadas; mas, enquanto a ação instrumental organiza meios que são adequados ou inadequados segundo critérios de um controle eficiente da realidade, a ação estratégica depende apenas de uma avaliação correta de possíveis alternativas de comportamento, que só pode obter-se de uma dedução feita com o auxílio de valores e máximas.

Por outro lado, entendo por *ação comunicativa* uma interação simbolicamente mediada. Ela orienta-se segundo *normas de vigência obrigatória* que definem as expectativas recíprocas de comportamento e que tem de ser entendidas e reconhecidas, pelo menos, por dois sujeitos agentes. As normas sociais são reforçadas por sanções. O seu sentido objetiva-se na comunicação linguística quotidiana. Enquanto a validade das regras e estratégias técnicas depende da validade de enunciados empiricamente verdadeiros ou analiticamente corretos, a validade das normas sociais só se funda na intersubjetividade do acordo acerca de intenções e só é assegurada pelo reconhecimento geral das obrigações. A infração das regras tem nos dois casos consequências diferentes. Um comportamento *incompetente* que viola regras técnicas ou estratégias de correção garantida está condenado *per se* ao fracasso, por não conseguir o que pretende; o "castigo" está, por assim dizer, inscrito no fracasso perante a realidade. Um comportamento *desviado*, que viola as normas vigentes, provoca sanções que só estão vinculadas à regra de forma externa, isto é, por convenção. As regras apreendidas da ação racional teleológica equipam-nos com a disciplina de *habilidades*. As normas internalizadas dotam-nos com as *estruturas da personalidade*. As habilidades capacitam-nos para resolver problemas e as motivações permitem-nos praticar a conformidade com as normas.[37]

---

37 HABERMAS, 2009, cap. 3, p. 56-58.

TEXTO 3

A política de velho estilo, já só pela forma que tinha da legitimação da dominação, estava obrigada a definir-se em relação a fins práticos: as interpretações da "vida boa" referiam-se a relações de interação. Isto vale também ainda para a ideologia da sociedade civil. Pelo contrário, o programa substitutivo hoje dominante dirige-se só ao funcionamento de um sistema regulado. Exclui as questões práticas e assim a discussão acerca de critérios que só poderiam ser acessíveis à formação da vontade democrática. A solução de tarefas técnicas não está referida à discussão pública. As discussões públicas poderiam antes problematizar as condições marginais do sistema, dentro das quais as tarefas da atividade estatal se apresentam como técnicas. A nova política do intervencionismo estatal exige, por isso, uma *despolitização* da massa da população. E, na medida em que há exclusão das questões práticas, fica também sem funções a opinião pública política. Por outro lado, o marco institucional da sociedade continua separado dos sistemas de ação racional dirigida a fins. A sua organização continua a ser uma questão da práxis ligada à comunicação e não apenas da técnica, ainda que sempre de cunho científico. Por conseguinte, de nenhum modo é evidente a suspensão das questões práticas que se encontra ligada à nova forma da dominação política. O programa substitutivo legitimador da dominação deixa em aberto uma decisiva necessidade de legitimação: como tornar plausível a despolitização das massas a estas mesmas massas? Marcuse poderia responder que assim a ciência e a técnica adotam *também* o papel de uma ideologia. [...] Sem dúvida, os interesses sociais continuam a determinar a direção, as funções e a velocidade do progresso técnico. Mas tais interesses definem de tal modo o sistema social como um todo, que coincidem com o interesse pela manutenção do sistema. A forma privada da revalorização do capital e a chave de distribuição das compensações sociais, que garantem a lealdade da população, permanecem *como tais* subtraídas à discussão. Como variável independente, aparece então um progresso quase autônomo da ciência e da técnica, do qual depende de fato a outra variável mais importante do sistema, a saber, o crescimento econômico. Cria-se, assim, uma perspectiva na qual a evolução do sistema social *parece* estar determinada pela lógica do progresso científico. A regularidade imanente desse progresso parece produzir pressões materiais que devem ser obedecidas por uma política atenta às necessidades funcionais. Mas, quando essa aparência se fixa eficazmente, o apelo feito pela propaganda ao papel da técnica e da ciência pode legitimar e explicar por que, nas sociedades modernas, um processo democrático de formação da vontade perdeu sua função nas questões práticas e "deve" ser substituído por decisões plebiscitárias sobre as equipes alternativas do *pessoal* administrativo. Essa tese da tecnocracia foi desenvolvida no plano científico em diferentes versões. O que me parece mais importante é o seu poder de penetrar, enquanto ideologia de fundo, na consciência da massa despolitizada da população, e de gerar força legitimadora.[38]

8.10.1 Estudo do texto

O Texto 1 apresenta a crítica de Habermas a Marx e a Marcuse de maneira sucinta. O ponto central está na concepção de natureza. Para Habermas, a natureza não pode ser sujeito, porquanto não conseguimos interagir com ela como interagimos com outros seres humanos. No Texto 2, temos uma formulação da importante distinção entre trabalho, isto é, ação teleológica, e interação, ou ação comunicativa. Nessa distinção, reencontramos a distinção weberiana entre fato e valor. No Texto 3, Habermas afirma que a legitimação da dominação, nas sociedades industriais contemporâneas, não se baseia mais em questões de valor, mas em questões técnicas, uma vez que o progresso técnico-científico é propagandeado como necessário ao crescimento econômico.

Para compreender melhor as noções mais importantes dos textos selecionados de Habermas, responda às questões a seguir.

» Por que Marx e seus seguidores, dentre os quais Marcuse, estariam equivocados com relação à natureza, para Habermas?

» Qual é a diferença entre trabalho e interação? Em que medida é possível dizer que essa distinção é herdeira da distinção weberiana entre fato e valor?

» Qual é a importância da distinção entre trabalho e interação para a crítica de Habermas a Marx e Marcuse?

» Que tipos de questão perderiam legitimidade frente à necessidade propagandeada de progresso técnico-científico?

8.11 Proposta de tema de dissertação

Tema: Você consegue pensar em produtos técnico-científicos que podem ser prejudiciais à humanidade? Como você relaciona a sua resposta e o problema da conexão entre fato e valor?

A classe C se tornou a principal consumidora de eletrodomésticos e eletrônicos e desbancou as famílias das classes A e B durante os anos de governo Lula.

---

38 HABERMAS, 2009. Cap. 3, p. 71-72.

A chamada 'nova classe média" deverá encerrar 2010 com 45% da fatia de gastos desses produtos no país, enquanto os mais ricos ficarão com 37%. [...].

Entre os bens de consumo, o computador foi o que apresentou o maior crescimento dentro dos lares brasileiros – passou de 14% dos lares, em 2002, para 34% em 2009. "Parte dessa classe C é composta por pessoas que ascenderam socialmente, que não tinham um computador ou uma televisão de plasma e passaram a consumir esses produtos", avalia Neri. Para o especialista, a presença do computador nas casas é um fator positivo. "Trata-se de um artigo produtivo, assim como o celular, que traz condições para as pessoas trabalharem no fim de semana ou em casa." Na classe média, a evolução foi ainda mais intensa. Em 2002, apenas 13 em cada 100 domicílios tinha microcomputador. Já em 2009, eram 52%.[39]

Weber
Biografia e principais obras

Karl Emil Maximilian Weber nasceu em Erfurt, na região alemã da Turíngia, em 21 de abril de 1864, ano de fundação da Primeira Associação Internacional dos Trabalhadores (conhecida como Primeira Internacional), da qual Marx mais tarde viria a participar. Seu pai, Max Weber, foi importante político, membro do Partido Nacional Liberal, e sua mãe, Helene Fallenstein, era protestante calvinista, com fortes ideias moralistas. Fortemente influenciado pelo clima político e ético familiar, já aos 13 anos escreveu dois ensaios, "Sobre o curso da história alemã, com especial referência às posições do imperador e do papa" e "Sobre o período Imperial Romano de Constantino às migrações nacionais", os quais ofereceu aos pais como presente de Natal em 1876. Estudou Direito na Universidade de Heidelberg, doutorando-se em 1889 com tese sobre a história das empresas comerciais medievais. Em 1891, tornou-se professor universitário em Berlim, com a tese de docência *Habilitationsschrift* (A história agrária romana e sua significação para o direito público e privado). Em 1894, tornou-se professor de Economia Política em Freiburg e, em 1896, obteve o título de catedrático em Heidelberg. Em 1903, ano de sua aposentadoria, foi um dos fundadores do periódico *Archiv für Sozialwissenschaft und Sozialpolitik* (*Arquivos para ciência social e política social*). Mas foi em 1904 (ano de sua

---

39 SALLOWICZ, M. Classe C já compra mais eletros que AB. *Folha de S.Paulo*, 15 dez. 2010. Mercado.

viagem aos Estados Unidos da América) que publicou sua obra mais famosa, *A ética protestante e o espírito do capitalismo*,[40] na qual estabelece um vínculo estreito entre a ética calvinista e o interesse capitalista na economia e nos negócios mundanos. Weber defendeu que certos tipos de protestantismo – particularmente o calvinista – favoreciam peculiarmente a busca racional do lucro econômico, ligando-o à diligência humana moral e espiritualmente louvável. Em 1913, produziu uma primeira versão do ensaio "O sentido da 'neutralidade axiológica' nas ciências sociais e econômicas", publicado em 1917. Voltou a lecionar em 1918, em Viena, para onde se mudaria após o fim da Primeira Guerra Mundial. Um ano antes de morrer, em 1919, proferiu as conferências "Ciência como vocação" e "Política como vocação", na Universidade de Munique.

Marcuse
Biografia e principais obras

Herbert Marcuse nasceu em 19 de junho de 1898, em Berlim, e faleceu em Starnberg, na então Alemanha Ocidental (a República Federal da Alemanha, que durou de 1949 a 1990), em 29 de julho de 1979. Estudante de Literatura e Filosofia em Berlim e Freiburg, foi aluno de Edmund Husserl (1859-1838) e Martin Heidegger (1889-1976), que o orientou, em 1932, no início da escrita de sua tese de docência – *Habilitationsschrift: Hegels Ontologie und die Theorie der Geschichtlichkeit* (A ontologia de Hegel e a teoria da historicidade). A ascensão nazista ao poder político, com Adolf Hitler (1889-1945) tornando-se chanceler da Alemanha em 1933, impediu Marcuse de continuar a pesquisa e tornar-se professor em Freiburg. Com isso, mudou-se para Frankfurt, onde começou a trabalhar no Instituto de Pesquisa Social, tornando-se, a partir de então, um dos nomes mais conhecidos da assim chamada "escola de Frankfurt", junto com Max Horkheimer (1895-1973), Erich Fromm (1900-1980) e Theodor Adorno (1903-1969), dentre outros. Mudou-se para os Estados Unidos da América em 1934, onde passaria o resto da vida; conseguiu, em 1940, naturalizar-se cidadão dos Estados Unidos. Na

---

40 WEBER, M. *A ética protestante e o "espírito" do capitalismo* (1904-1905). Trad. José Marcos Mariani de Macedo. Revisão técnica, edição de texto, apresentação, glossário, correspondência vocabular e índice remissivo Antônio Flávio Pierucci. São Paulo: Companhia das Letras, 2004.

Universidade Colúmbia, em Nova Iorque, ajudou a instalar o Instituto Internacional de Pesquisa Social, na verdade, um braço do Instituto de Frankfurt. Em 1941, publicou *Razão e revolução: Hegel e o advento da teoria social*,[41] um de seus mais importantes livros. Da entrada dos Estados Unidos na Segunda Guerra Mundial, em 1942, até 1951, Marcuse foi analista do Bureau of Intelligence dos Estados Unidos, órgão embrionário da Central Intelligence Agency (CIA). Com o acirramento da caça às bruxas anticomunista, Marcuse passou a pesquisar em Harvard, em Brandeis e, finalmente, na Universidade da Califórnia, em San Diego. Em 1955, publicou *Eros e civilização*, em que tenta uma síntese de Marx e Freud para uma crítica da sociedade capitalista. Em 1964, apareceu sua, talvez, mais importante obra: *One-dimensional man: studies in the ideology of advanced industrial society* (traduzido no Brasil como *A ideologia da sociedade industrial: o homem unidimensional*).[42] A essa altura, por causa de sua disposição em falar ao movimento estudantil, Marcuse passou a ser considerado o "pai da Nova Esquerda nos Estados Unidos", denominação que ele não aprovava. Sua obra teve grande influência nos estudos sociais, políticos e culturais, na Europa, nos Estados Unidos e no Brasil.

Habermas
Biografia e principais obras

Jürgen Habermas nasceu em 18 de junho de 1929, em Düsseldorf, na região alemã da Renânia do Norte-Vestfália. Estudou nas universidades de Göttingen, Zürich e Bonn, onde, em 1954, defendeu o doutorado em Filosofia com tese sobre Schelling intitulada *Das Absolute und die Geschichte: Von der Zweispältigkeit in Schellings Denken* (O absoluto e a história: sobre a cisão no pensamento de Schelling). Em 1956, foi para o Instituto de Pesquisa Social de Frankfurt estudar sociologia e filosofia com Max Horkheimer e Theodor Adorno. Devido a discordâncias teóricas, acabou indo para a Universidade de Marburg terminar sua tese de docência – *Habilitationsschrift* – intitulada *Mudança estrutural da esfera*

---

41 MARCUSE, H. *Razão e revolução:* Hegel e o advento da teoria social. (1941). Trad. Marília Barroso. 3. ed. Rio de Janeiro: Paz e Terra, 1984.
42 MARCUSE, H. *A ideologia da sociedade industrial*: o homem unidimensional. 5. ed. Rio de Janeiro: Zahar, 1979.

pública: investigações quanto a uma categoria da sociedade burguesa. Publicada em 1962, essa tese garantiu-lhe imediata notoriedade intelectual.[43] Publicou *Técnica e ciência como "ideologia"*[44] e *Conhecimento e interesse*[45] em 1968. Exerceu o cargo de diretor do Instituto Max Planck, de Starnberg, entre 1971 e 1983, período no qual publicou algumas de suas obras mais importantes, dentre as quais *A crise de legitimação no capitalismo tardio* (1973),[46] *Para a reconstrução do materialismo histórico* (1976),[47] e, em 1981, aquela que se tornaria sua obra mais famosa, a *Teoria do agir comunicativo.*[48] Em 1983, retornou a Frankfurt como diretor do Instituto de Pesquisa Social. Desde então, aprofundou sua ética do discurso, ampliando-a ao âmbito do Direito, bem como passou a defender veementemente a ideia de um projeto "moderno" e "iluminista" de emancipação da humanidade, contra toda e qualquer forma de "pós-modernismo" ou "irracionalismo". Ao longo de sua carreira, Habermas travou importantes debates com alguns dos principais pensadores do século XX. Além dos teóricos da escola de Frankfurt, debateu com Karl Popper, Michel Foucault, Richard Rorty, Jacques Derrida e John Rawls, para mencionar apenas os mais famosos; e até mesmo com o papa Bento XVI, na época (2004) cardeal Joseph Ratzinger, Habermas debateu sobre as relações entre razão, fé e liberdade (esse debate foi publicado com o título *Dialética da secularização: sobre razão e religião*).[49] Habermas é, atualmente, um dos autores da área de humanidades mais estudados em todo mundo. Dentre outros trabalhos, publicou: *Modernidade: um projeto inacabado,*[50] texto pronunciado como conferência na ocasião do recebimento do prêmio Theodor Adorno, em Frankfurt; *Consciência*

---

43 HABERMAS, J. *Mudança estrutural da esfera pública:* investigações quanto a uma categoria da sociedade burguesa. (1962) Trad. Flávio R. Kothe. Rio de Janeiro: Tempo Brasileiro, 2003.

44 HABERMAS, J. *Técnica e ciência como "ideologia".* (1968). Trad. Artur Morão. Lisboa: Edições 70, 2009.

45 HABERMAS, J. *Conhecimento e interesse.* (1968). Introdução e tradução: José N. Heck. Rio de Janeiro: Zahar, 1982.

46 HABERMAS, J. *A crise de legitimação no capitalismo tardio.* (1973). Trad. Vamireh Chacon. Rio De Janeiro: Tempo Brasileiro, 1980.

47 HABERMAS, J. *Para a reconstrução do materialismo histórico.* (1976). Trad. Carlos Nelson Coutinho. São Paulo: Brasiliense, 1983.

48 HABERMAS, J. *Teoria do agir comunicativo* (1981). V. 1: Racionalidade da ação e racionalização social. Trad. Paulo Astor Soethe, revisão técnica Flávio Beno Siebeneichler. V. 2: Sobre a crítica da razão funcionalista. Trad. Flávio Beno Siebeneichler. São Paulo: WMF Martins Fontes, 2012.

49 HABERMAS, J. e RATZINGER, J. *Dialética da secularização:* sobre razão e religião (2005). Organização e prefácio de Florian Schuller. Trad. Alfred J. Keller. 3. ed. Aparecida, SP: Ideias e Letras, 2007.

50 HABERMAS, J. Modernidade: Um projeto inacabado. *In:* ARANTES, Otília B.F., ARANTES, Paulo E. *Um ponto cego no projeto moderno de Jurgen Habermas:* arquitectura e dimensão estética depois das vanguardas. São Paulo: Brasiliense, 1992. p. 91-123.

Capítulo 8 » **Racionalidade, técnica, política** » **179**

> moral e agir comunicativo,[51] Pensamento pós-metafísico,[52] Direito e democracia: entre facticidade e validade,[53] A inclusão do outro[54] e Verdade e justificação.[55]

Referências Gerais

FEENBERG, A. *Questioning technology*. London: Routledge, 1999.

FONTENELLE, I. *A marca e a (in)sustentável leveza do objeto*. Disponível em: <http://boitempoeditorial.wordpress.com/2011/09/05/a-marca-e-a-insustentavel-leveza-do-objeto/>. Acesso em: 12 mar. 2018.

MARX, K. *O capital*. São Paulo: Civilização Brasileira, 2008. 6 v.

SALLOWICZ, M. Classe C já compra mais eletros que AB. *Folha de S.Paulo*, 15 dez. 2010. Mercado.

Weber

WEBER, M. *A ética protestante e o "espírito" do capitalismo*. (1904-1905). Trad. José Marcos Mariani de Macedo. Revisão técnica, edição de texto, apresentação, glossário, correspondência vocabular e índice remissivo Antônio Flávio Pierucci. São Paulo: Companhia das Letras, 2004.

_____. *A gênese do capitalismo moderno*. (1918). Organização, apresentação e comentários Jesse Souza; trad. Rainer Domschke. São Paulo: Ática, 2006.

_____. *A "objetividade" do conhecimento nas ciências sociais*. (1904). Tradução, apresentação e comentários: Gabriel Cohn. São Paulo: Ática, 2006.

_____. *Ciência como vocação*. In: _____. *Ciência e política*: duas vocações. Pref. Manoel T. Berlinck. Trad. Leônidas Hegenberg e Octany Silveira da Mota. 18. ed. São Paulo: Cultrix, 2004.

_____. *Economia e sociedade*: fundamentos da sociologia compreensiva (1922). Trad. Regis Barbosa e Karen Elsabe Barbosa. Brasília: UnB; São Paulo: Imprensa Oficial do Estado de São Paulo, 1999.

_____. *Metodologia das ciências sociais*. São Paulo: Cortez; Campinas: Unicamp, 2001.

_____. O sentido da "neutralidade axiológica" nas ciências sociais e econômicas. (1917). In: _____. *Metodologia das ciências sociais*. Trad. Augustín Wernet. Introdução à edição brasileira Maurício Tragtenberg. Campinas, SP: Unicamp; São Paulo: Cortez, 2001. v. 2.

_____. *Política como vocação*. In: _____. *Ciência e política*: duas vocações. Pref. Manoel T. Berlinck. Trad. Leônidas Hegenberg e Octany Silveira da Mota. 18. ed. São Paulo: Cultrix, 2004.

Marcuse

MARCUSE, H. *A ideologia da sociedade industrial*. Trad. Giasone Rebuá. 5. ed. Rio de Janeiro: Zahar, 1979.

_____. *A ideologia da sociedade industrial* – o homem unidimensional. 5. ed. Rio de Janeiro: Zahar, 1979.

_____. Algumas implicações sociais da tecnologia moderna. (1941). In: _____. *Tecnologia, guerra e fascismo*: coletânea de artigos de Herbert Marcuse. Edição Douglas Kellner. Trad. Maria Cristina Vidal Borba. Revisão de tradução: Isabel Maria Loureiro. São Paulo: Unesp, 1999.

_____. Algumas implicações sociais da tecnologia moderna. In: _____. *Tecnologia, guerra e fascismo*. São Paulo: Unesp, 1999.

_____. Industrialização e capitalismo na obra de Max Weber. (1964). Trad. de Wolfgang Leo Maar. In: _____. *Cultura e sociedade*. Rio de Janeiro: Paz e Terra, 2010. v. II.

_____. *Razão e revolução*: Hegel e o advento da teoria social. (1941). Trad. Marília Barroso. 3. ed. Rio de Janeiro: Paz e Terra, 1984.

---

51 HABERMAS, J. *Consciência moral e agir comunicativo* (1983). Trad. Guido A. de Almeida. Rio de Janeiro: Tempo Brasileiro, 1989.

52 HABERMAS, J. *Pensamento pós-metafísico*: estudos filosóficos (1988). Trad. Flávio Beno Siebeneichler. 2. ed. Rio de Janeiro: Tempo Brasileiro, 2002.

53 HABERMAS, J. *Direito e democracia*: entre facticidade e validade. (1992). 2. ed. Trad. Flávio Beno Siebeneichler. Rio de Janeiro: Tempo Brasileiro, 2003. 2 v.

54 HABERMAS, J. *A inclusão do outro*: estudos de teoria política (1996). Trad. George Sperber, Paulo Astor Soethe [UFPR], Milton Camargo Mota. São Paulo: Loyola, 2002.

55 HABERMAS, J. *Verdade e justificação*: ensaios filosóficos (1999). Trad. Milton Camargo Mota. São Paulo: Loyola, 2004.

Habermas

HABERMAS, J. *A crise de legitimação no capitalismo tardio*. (1973). Trad. Vamireh Chacon. Rio De Janeiro: Tempo Brasileiro, 1980.

_____. *A inclusão do outro*: estudos de teoria política (1996). Trad. George Sperber, Paulo Astor Soethe [UFPR], Milton Camargo Mota. São Paulo: Loyola, 2002.

_____. *Consciência moral e agir comunicativo*. (1984). Trad. Guido A. de Almeida. Rio de Janeiro: Tempo Brasileiro, 1989.

_____. *Direito e democracia: entre facticidade e validade*. (1992). 2. ed. Trad. Flávio Beno Siebeneichler. Rio de Janeiro: Tempo Brasileiro, 2003. 2 v.

_____. Metacrítica de Marx a Hegel: síntese mediante trabalho social. In: _____. *Conhecimento e interesse*. (1968). Introdução e tradução: José N. Heck. Rio de Janeiro: Zahar, 1982.

_____. Modernidade: Um projeto inacabado. In: ARANTES, Otília B.F., ARANTES, Paulo E. *Um ponto cego no projeto moderno de Jurgen Habermas*: arquitectura e dimensão estética depois das vanguardas. São Paulo: Brasiliense, 1992. p. 91-123.

_____. *Mudança estrutural da esfera pública*: investigações quanto a uma categoria da sociedade burguesa. Trad. Flávio R. Kothe. Rio de Janeiro: Tempo Brasileiro, 2003.

_____. *O discurso filosófico da modernidade*. (1985). Trad. Ana Maria Bernardo *et al*. Revisão científica de António Marques. Lisboa: Dom Quixote, 1990.

_____. *Para a reconstrução do materialismo histórico*. (1976). Trad. Carlos Nelson Coutinho. São Paulo: Brasiliense, 1983.

_____. *Pensamento pós-metafísico*: estudos filosóficos (1988). Trad. Flávio Beno Siebeneichler. 2. ed. Rio de Janeiro: Tempo Brasileiro, 2002.

_____. *Técnica e ciência como "ideologia"*. (1968). Trad. Artur Morão. Lisboa: Edições 70, 2009.

_____. *Teoria do agir comunicativo* (1981). V. 1: Racionalidade da ação e racionalização social. Trad. Paulo Astor Soethe, revisão técnica Flávio Beno Siebeneichler. V. 2: Sobre a crítica da razão funcionalista. Trad. Flávio Beno Siebeneichler. São Paulo: WMF Martins Fontes, 2012.

_____. *Verdade e justificação*: ensaios filosóficos (1999). Trad. Milton Camargo Mota. São Paulo: Loyola, 2004.

_____.; RATZINGER, J. *Dialética da secularização: sobre razão e religião* (2005). Organização e prefácio de Florian Schuller. Trad. Alfred J. Keller. 3 ed. Aparecida, SP: Ideias e Letras, 2007.

CAPÍTULO 9

A teoria crítica da escola de Frankfurt: emancipação e crítica ao esclarecimento

SÔNIA CAMPANER MIGUEL FERRARI

9.1 Introdução

Adorno, Horkheimer, Benjamin e Marcuse referem-se, com diferenças, ao processo de esclarecimento que, segundo esses filósofos, corresponde ao processo de formação do eu, do sujeito, e indica o preço a ser pago pela civilização: à dominação da natureza externa corresponde a repressão da natureza interna. O avanço da civilização corresponde ao controle da natureza. Controlar a natureza significa produzir conhecimento, que se traduz em manipulação técnica e estabelecimento de instituições que mantenham e reproduzam esse controle sobre os homens. O projeto de esclarecimento que pretendia tornar os homens senhores da natureza acabou por retornar ao mito, do qual queria se emancipar. Marcuse questiona ainda o tratamento da natureza como matéria-prima, e como esse tratamento se opõe à liberdade. O trabalho desenvolvido pelos participantes do que se convencionou chamar Escola de Frankfurt tem como matriz a análise do capitalismo feita por Karl Marx, mas incorpora também os elementos críticos presentes na filosofia de Nietzsche, conceitos da psicanálise de Freud e da sociologia de Weber, além de alimentar-se dos trabalhos de Lukács, principalmente *História e consciência de classe*: estudos sobre a dialética marxista.[1] Em Nietzsche, está presente o tema da natureza humana ligada à vontade de disfarce, vontade de verdade e vontade de potência, qualidades que fazem do pensamento lógico e racional resultados da vontade de predispor o mundo ao sujeito. Em Marx, encontramos a ideia de um homem dotado de sentidos e qualidades que a alienação impede de desenvolver. Assim, o capitalismo aparece como um sistema que subverte a natureza humana em vista de um fim que não é propriamente humano. O sistema capitalista tal como Marx o descreveu é referência central na reflexão dos filósofos da Escola de Frankfurt, pois ele representa o domínio da natureza externa que se exerceria, segundo o projeto do esclarecimento, em prol do homem. Freud enfatiza a existência de uma natureza pulsional humana, cujo exercício sem limites significa a destruição dos homens por si mesmos. Em sua epistemologia, o **eu** tem o papel de explorar cognitivamente a realidade; esta só pode ser vista como é se forem removidos os obstáculos afetivo-libidinais que perturbam aquela capacidade cognitiva. Seria possível remover tais obstáculos? Seria possível conhecer aquela "realidade" ocultada pelas pulsões e pela ideologia, segundo os frankfurtianos? Seria papel do eu confrontar a falsa consciência com o real ou, como afirmarão Adorno e Horkheimer, e também Marcuse, com as possibilidades virtuais ocultadas por um sistema que transforma o homem e seu mundo em unidimensional? Os temas que abordaremos a seguir se relacionam ao diagnóstico da sociedade contemporânea elaborado por esses pensadores em sua tentativa de compreender as condições de gestação de uma transformação histórica e social na sociedade atual, a situação política de grupos sociais e indivíduos em face de um

---

1   LUKÁCS, G. *História e consciência de classe:* estudos sobre a dialética marxista. Trad. Rodnei Nascimento. São Paulo: WMF Martins Fontes, 2012.

Capítulo 9 » **A teoria crítica da escola de Frankfurt: emancipação e crítica ao esclarecimento** » **183**

processo que os transforma em peças de sustentação de um sistema, o discurso sobre o perigo da quebra do sistema e os pressupostos que conduzem ao estabelecimento dessa crença. Discutiremos, para tanto, o conceito de esclarecimento e de indústria cultural, de Adorno e Horkheimer, e a noção de dimensão estética em Marcuse como possibilidade de desafio à razão dominante.

9.2 Filosofia: uma triste ciência

Na dedicatória de *Mínima moralia*, Adorno oferece em agradecimento a Horkheimer algo da triste ciência que, "em tempos imemoriais", constituía-se na "doutrina da vida reta".[2] Não há, no entanto, nostalgia nas palavras de Adorno: não se trata de fazer a filosofia voltar aos "tempos imemoriais". Trata-se, antes, de compreender no que se transformou aquilo que os filósofos chamavam "vida": a vida agora pertence à "esfera da vida privada e (...) à do consumo".[3] A tarefa da filosofia é apresentar o significado da transformação da vida em vida alienada, e essa investigação não pode ser feita de modo imediato: a vida imediata é a vida alienada, e falar dela de modo imediato é falar dessa vida alienada. Trata-se de ir além e de aproximar-se daqui o em relação a que esta vida é alienada.

Há, para o filósofo, uma confusão entre vida e produção. Resta, no entanto, na vida algo que resiste a esse mal-entendido. O movimento e a transformação das relações de produção persistem como caricatura da verdadeira vida. Não se trata de nos enganarmos com as palavras de Adorno, pois não há nenhuma intenção de definir a ideia de vida – como nos modelos metafísicos tradicionais –, mas de recusar "esta vida" como "A vida". Ora, em nome de que recusar esta vida? Em nome dos enganos, dos equívocos, dos descontentamentos, em nome daquilo que nos falta, em nome também do sofrimento, um dos temas importantes tanto para Adorno quanto para Benjamin e a psicanálise.[4]

Considerar esta vida como aparência significa considerar como falso o pensamento que somente se ancora nela. Reconhecemos aí a temática comum frankfurtiana, que corresponde ao período pós-guerra e se estende até a década de 1960, com algumas variantes. Essa temática é a da crítica à razão instrumental e aos sistemas de pensamento metafísicos tradicionais.

---

2   ADORNO, T. *Mínima moralia*: reflexões a partir da vida danificada. Trad. Luiz Eduardo Bicca. São Paulo: Ática, 1992. p. 7.

3   ADORNO, 1997, p. 7.

4   Abordaremos esse tema adiante.

9.3 Crítica à razão instrumental

Horkheimer, em *Eclipse da razão*, indaga "desde dentro" o conceito de "racionalidade subjacente"[5] à sociedade atual; tal indagação passa pela explicitação dos conceitos de razão subjetiva e razão objetiva. Enquanto a primeira privilegia a natureza e considera poder dizer a verdade objetiva das coisas, a segunda privilegia o espírito e aponta o sujeito do conhecimento como aquele que forja os conceitos: em ambas está ausente a consciência de sua "historicidade". Para Horkheimer, tanto o naturalismo, sistema que aponta o poder das forças naturais, quanto o idealismo, que glorificou o existente como vida inevitável do espírito, serviram ao mesmo propósito: o ocultamento dos conflitos básicos da sociedade pela ideia da harmonia das construções conceituais.[6] Horkheimer pergunta: Que garantia há de que a ordem lógica estabelecida por, por exemplo, Platão, reflete a ordem do ser, e não a "ordem da repressão da natureza pelo próprio homem? Há uma relação de dependência entre a "grande corrente do ser" platônica e as "noções tradicionais da comunidade hierárquica do Olimpo".[7]

Marcuse, no ensaio *Filosofia e teoria crítica*, procura refletir acerca das relações entre a filosofia e a teoria crítica, e sobre o papel da filosofia no estabelecimento de referenciais de verdade que, de algum modo, colocam em questão a "verdade" dos fatos empíricos. Diz Marcuse:

> Depois da teoria ter reconhecido as relações econômicas como responsáveis pelo todo do mundo existente e ter compreendido o "contexto total" da realidade efetiva (Wirklichkeit), não só tornou a filosofia supérflua, enquanto ciência independente deste contexto total, mas também aqueles problemas, referentes às possibilidades dos homens e da razão, podiam ser abordados do ponto de vista da economia.[8]

Nesse pequeno trecho, Marcuse apresenta três questões:

1. Os conceitos filosóficos apontavam para o que estava ausente no existente até o momento em que as relações econômicas foram reconhecidas como as responsáveis pela conformação do existente. Para ele, não é isso o que Marx nem o materialismo dialético defenderam, pois já é ideológica a concepção que vê o econômico sobrepor-se a todas as formas de conceber o mundo político e

---

5   HORKHEIMER, M. *Eclipse da razão*. Trad. Sebastião Uchoa Leite. São Paulo: Centauro, 2010. p. 5.
6   HORKHEIMER, 2010, p. 181.
7   HORKHEIMER, 2010, p. 192.
8   MARCUSE, H. Filosofia e teoria crítica. In: ____. *Cultura e Sociedade*, v. 1. São Paulo: Paz e Terra, 1997. p. 137.

Capítulo 9 » **A teoria crítica da escola de Frankfurt: emancipação e crítica ao esclarecimento** » **185**

social. Enquanto acreditarmos que é assim, estaremos de mãos atadas para agir em outras esferas, ou agiremos somente tendo em vista essas relações;

2. Se é somente tendo como referência as relações econômicas que podemos pensar a realidade, e em sua transformação, a filosofia perde de fato seu papel, a menos que transformemos os conceitos econômicos em filosóficos;

3. Aquilo que se refere ao homem e à sua racionalidade, aos seus desejos e aspirações fica limitado também aos pontos de vista da economia.

Então, se a filosofia que antecede a teoria crítica sempre apresentou, apesar de suas limitações, conceitos que apontavam para os limites do existente e consequentemente para as possibilidades de expansão desses horizontes, ao ser transformada numa "mera ocupação ou disciplina dentro da divisão do trabalho dado",[9] acaba por simplesmente reproduzir o existente. Sendo a "categoria fundamental do pensamento filosófico",[10] a razão manteve esse pensamento vinculado ao destino dos homens. Pensou-se, sob o conceito de razão, a "ideia de um ser autêntico", em que as antíteses fossem reconciliadas. Pensou-se também, sob esse conceito, o de "liberdade" como o de sua "realização". No entanto, esse pensar chocou-se com a ordem estabelecida em que ele foi produzido. Nessa ordem – a burguesa –, razão e liberdade aparecem apenas como o que esse mesmo mundo produz enquanto liberdade e razão: meras aparências criadas por essa ordem. A concepção de liberdade ligada à de necessidade resulta desse limite imposto à filosofia pela "economia". Diz Marcuse: "livre é quem reconhece o necessário como necessário, superando assim sua mera necessidade".[11] Aponta assim o modo como a filosofia idealista supera a aparente contradição entre liberdade e necessidade: "A determinação da relação de liberdade e necessidade marca o vínculo da filosofia idealista da razão à ordem estabelecida".[12]

Apesar de contar com um elemento progressivo, o utópico, a filosofia não se detém sobre o caráter particular da liberdade e da necessidade. A teoria crítica, então, "diferentemente da Filosofia, sempre extrai seus objetivos a partir das tendências existentes do processo social",[13] e isso significa não se manter nos limites dessa ordem, mas apontar as possibilidades utópicas com base no pensamento crítico dessa ordem.

Tal afirmação remete, por sua vez, a um tema filosófico por excelência, o tema da verdade, que tem para Marcuse um caráter subversivo quando se exige sua realização na ordem social existente. A verdade tem, nessa ordem, "o caráter de uma mera utopia", no entanto, o elemento utópico "foi, na filosofia, durante muito

---

9   MARCUSE, 1997, p. 138.

10   MARCUSE, 1997, p. 138.

11   MARCUSE, 1997, p. 140.

12   MARCUSE, 1997, p. 140.

13   MARCUSE, 1997, p. 145.

186 » Filosofia Política

tempo, o único elemento progressivo" – é nesse elemento que estão contidas as sementes que ainda podem germinar novas realidades. A teoria crítica tem a tarefa de apegar-se a essa verdade "contra todas as aparências", sendo essa "teimosia" considerada como a "autêntica qualidade do pensamento filosófico".[14]

No entanto, a teoria crítica "não se completa com uma filosofia".[15] Seu papel é expor a reivindicação de liberdade para o todo das relações humanas mediante a "superação das atuais relações materiais de existência".[16] Tais relações materiais de existência, por sua vez, são o produto de uma certa forma de exercer o pensamento, de uma certa forma de razão que esqueceu daquilo que lhe escapa, e tudo submete aos objetivos fixados de modo utilitário, instrumental. Isso significa que o papel da teoria crítica não é estabelecer "uma verdade", mas revelar a verdade das relações atuais e, em nome de uma liberdade futura, propor a ruptura com tais condições.

Horkheimer, por sua vez, afirma que, "por mais desvirtuados que sejam os grandes ideais da civilização – justiça, igualdade, fraternidade – eles são os protestos da natureza contra a sua condição, os únicos testemunhos formulados que temos.[17] A tarefa da filosofia em relação a esses ideais deve ser "renunciar à exigência de ser considerada como verdade definitiva e infinita".[18] Os grandes sistemas metafísicos apresentam essas noções como princípios absolutos: a teoria crítica deve apontar o que neles resulta dos elementos próprios da época que os produziu, e o que neles é expressão autêntica dos "protestos da natureza", pois, em meio à relatividade histórica, "há ideias culturais básicas que têm valor de verdade".[19] A teoria crítica procede então de modo negativo: nega a pretensão absoluta e nega a realidade como um dado (ou, se quisermos, como natureza), relativizando assim a cultura existente.

Uma vez compreendida a não universalidade dos grandes ideais e, portanto, a relatividade da cultura existente, cabe à teoria crítica apontar para a superação de tal situação histórica. Certamente, reconhecer a negatividade e a relatividade não implica superação. Com relação a como tal superação pode ocorrer, temos posições distintas em Marcuse, por um lado, e em Adorno e Horkheimer, por outro.

9.4 O que é possível depois da crítica

Horkheimer considera que isso não se resolve no ativismo político. A filosofia, segundo ele:

---

14 MARCUSE, 1997, p. 145.
15 MARCUSE,1997, p. 146.
16 MARCUSE, 1997, p. 147.
17 HORKHEIMER, 2010, p. 193.
18 HORKHEIMER, 2010, p. 193.
19 HORKHEIMER, 2010, p. 193.

Capítulo 9 » **A teoria crítica da escola de Frankfurt: emancipação e crítica ao esclarecimento** » **187**

> [...] não deve se converter em propaganda [...] não está interessada em expedir ordens [...] Se a Filosofia tem algo a fazer, sua primeira tarefa deve ser corrigir esta situação. As energias concentradas que são necessárias à reflexão não devem ser prematuramente escoadas para os canais dos programas ativistas ou não ativistas.[20]

O que se pode entender do que Horkheimer afirma é que a ação não pode ser deduzida do pensamento filosófico estrito. O papel do pensamento filosófico crítico é indicar o quanto estamos imersos nessa realidade que impregna tanto nossas formas de viver quanto de pensar, e qualquer ação daí deduzida estará impregnada dessa mesma realidade. Por isso, são aqueles elementos que o pensamento tradicional deixa de lado que poderão contribuir para ultrapassar os limites impostos pelo existente.[21] A ação política não é mera atividade derivada de uma teoria que já abriu mão, há muito tempo, de pensar a realidade.[22]

Adorno também considera que a teoria crítica deve apontar os problemas que surgem da afirmação do primado do todo – a sociedade – sobre a parte – o indivíduo; seu papel é solucionar "verdadeiramente a dialética entre ambos".[23] Na sociedade liberal individualista, "o universal se efetiva através da atuação conjugada dos indivíduos, mas a sociedade é essencialmente a substância dos indivíduos".[24] É por isso que, para Adorno, é nesse indivíduo esmagado e já decadente que se mantém um espaço possível de reflexão, pois o indivíduo é aquilo que não cabe no universal, porque não é totalmente vislumbrado por ele.

> Em face da concórdia totalitária que apregoa imediatamente como sentido a eliminação da diferença, é possível que, temporariamente, até mesmo algo da força social de libertação tenha-se retirado para a esfera individual.[25]

Apontemos aqui os aspectos mais profundos e férteis que nos permitem buscar elementos da reflexão desses autores sobre as possibilidades de transformação da sociedade por eles diagnosticadas. Esses aspectos encontram-se nas relações da teoria crítica com a psicanálise.

---

20 HORKHEIMER, 2010, p. 195.
21 Voltaremos adiante a esse ponto ao incluirmos na discussão a importância do papel da psicanálise na teoria crítica.
22 Entenda-se realidade aqui apenas como o que não se conforma ao pensamento instrumental e utilitário, e também como o que independe da vontade humana, individual ou coletiva.
23 ADORNO, 1992, p. 9.
24 ADORNO, 1992, p. 9.
25 ADORNO, 1992, p. 10.

188 » Filosofia Política

O freudismo é "interioridade constitutiva, que habita seu [da teoria crítica] corpo teórico e permite à teoria crítica pensar seu objeto, pensar-se a si mesma".[26] O aspecto revolucionário da psicanálise e que contribui para o pensamento crítico consiste no fato de ela permitir desvelar a trama que recalca, que reprime, e, ainda, no fato de que o recalcado não é somente a sexualidade. A repressão constitui a realidade, embora ela se apresente como "não repressiva, apesar de constituída, em sua estrutura mais íntima, pela repressão".[27] O que muda em relação a um passado recente (no qual o problema da repressão foi discutido) é que nesse passado a ideologia legitimava uma realidade em que o sofrimento, a repressão e a alienação eram vistos como parte integrante da realidade e, portanto, reconhecidos. Na atualidade – e essa atualidade refere-se à do sistema capitalista objeto da reflexão dos autores –, sofrimento e alienação são obliterados. Nesse momento,

> [...] dissipar a falsa consciência não significa mais confrontar os fantasmas da ideologia com a solidez da realidade, mas redescobrir, em primeira instância, a própria realidade, da qual a fachada unidimensional constitui a contrafação... Desfazer a falsa consciência significa, assim, confrontar o Ego, não com o real, mas com o virtual, que este real recalca e dissimula.[28]

Adorno explicita essa dialética entre o que atrai o indivíduo e é, ao mesmo tempo, recusado pela sociedade:

> Os tabus que constituem o nível espiritual de um homem, frequentemente experiências sedimentadas e conhecimentos desarticulados, dirigem-se sempre contra seus próprios impulsos, os quais aprendeu a condenar, mas que são tão fortes que só uma instância inquestionável e inquestionada é capaz de por-lhes um termo.[29]

A drasticidade da condenação da vida pulsional se deve ao fato de o indivíduo se ver atraído por ela, assim como pelas coisas banais que a vida espiritual condena. Adorno foi muitas vezes considerado elitista em argumentações como essa, mas se pode apontar aí como ele insiste no fato de que os valores da cultura dominante, condenados por aquilo que poderia ser considerado "superior", como a vida espiritual, têm vigência porque o indivíduo se sente atraído por eles. Essa atração dos maus (como sugere o título do aforisma de que o texto acima foi

---

26 ROUANET, S. P. *Teoria crítica e psicanálise*. Rio de Janeiro: Tempo Brasileiro, 2011. p. 11.
27 ROUANET, 2001, p. 73.
28 ROUANET, 2001, p.73 .
29 ADORNO, 1992, p. 23.

Capítulo 9 » **A teoria crítica da escola de Frankfurt: emancipação e crítica ao esclarecimento** » **189**

reproduzido) é a atração do, e pelo, banal, quando não se reconhece o banal, ou quando se nega em si mesmo aquilo que se condena no outro, "o mal". Para recusar essa forma de cultura é necessário mergulhar nela, isto, reconhecê-la como realidade. Embora o indivíduo tenha importância no processo de reconhecimento, as forças que o mantêm ligado a esse ambiente têm um caráter social. A condenação da vida pulsional não é questão limitada ao superego individual:

> A consciência moral intelectual... possui uma faceta social tanto quanto o superego moral. Ela forma-se na representação da sociedade justa... Uma vez esmorecida esta representação – e quem é que ainda seria capaz de entregar-se a ela com uma confiança cega – o ímpeto intelectual em direção ao que é baixo perde sua inibição e toda a imundície depositada no indivíduo pela barbárie cultural – incivilidade, desleixo, intimidade grosseria, impolidez – vem à tona.[30]

9.5 A possibilidade de crítica na sociedade industrial

É para trazer à tona conteúdos desvalorizados pela indústria cultural que Adorno insiste no caráter subversivo da psicanálise. E é para defender esse caráter que a teoria crítica ataca a psicanálise quando esta abre mão desses aspectos para acomodar o indivíduo. Adorno defende a psicanálise, e principalmente Freud, dos revisionistas quando afirma que este buscou as raízes do agir consciente e as encontrou nas pulsões inconscientes. Com isso Freud desmantelou o pensamento burguês apontando-o como produto daquilo que ele tanto despreza: as pulsões.[31] Nesse trabalho de escavação em busca das origens não só do pensamento mas de tudo aquilo que esse pensamento cria como realidade, a psicanálise permite colocar em questão a fachada harmônica da cultura, a crítica da realidade como realidade que dissimula as possibilidades latentes. Não é só isso que essa realidade dissimula, mas também, nas palavras de Adorno, "o *regular guy*, a *popular girl* têm que reprimir não só seus desejos e conhecimentos, mas também todos os sintomas que na época burguesa decorrem da repressão".[32]

O comportamento individual é produto, para Adorno, de um processo de conformação, de domesticação, que se inicia bem cedo na criança. "Há razões para supor que essas deformações ocorrem em fases do desenvolvimento da criança

---

30 ADORNO, 1992, p. 23.
31 ADORNO, 1992, p. 51.
32 ADORNO, 1992, p. 50.

que são anteriores até mesmo à origem da neurose",[33] o que significa que indivíduo não mais vive a derrota da pulsão, mas que a repressão ocorre antes mesmo do conflito, tornando o trabalho de liberação mais difícil e mais profundo. Em Freud, o trabalho da rememoração é um esforço para tornar conscientes os conteúdos reprimidos, esquecidos, "significa uma recapitulação do esquecido",[34] e para Adorno, Horkheimer e, incluindo aqui Benjamin, o esquecimento se deve a uma forma de pensamento, o esclarecimento, que em sua fúria por remover as ilusões não só criou outras mas também desvalorizou conteúdos essenciais; *ou seja, promoveu o esquecimento do homem de si mesmo*. E isso ocorreu de forma tão eficiente que o homem perdeu o vínculo entre o que é e o que faz. Suas ações, e aquilo que elas produzem, parecem ser fantasmas que adquirem vida própria e conduzem sua vida de modo que lhe pareça que ela resulta de suas ações conscientes. Ele esquece que esqueceu. "Faz parte do mecanismo da dominação impedir o conhecimento dos sofrimentos que ela produz."[35]

Em Adorno, há uma muito tênue esperança na possibilidade de se tomar contato com esse algo, que se assemelha a um passado distante. O interesse pelo arcaico, por animais pré-históricos é para ele "projeção coletiva do monstruoso Estado total". A ideia de que a espécie pode se acabar em catástrofes é expressão de um "saber inconsciente": o homem percebe (ou sente) que caminha para tal catástrofe por causa do modo como lida consigo mesmo e com a "natureza" tornada "objeto de consumo", mas não sabe o que é isso que sabe (ou sente). O vínculo entre o perceber e o pensar foi rompido. Os jardins zoológicos[36] são uma espécie de espelho em que o homem vê os animais enjaulados mas não se vê naquela imagem porque não é capaz de estabelecer o vínculo entre o animal e sua condição. O animal enclausurado é o homem enclausurado que só consegue se ver de dentro dessa clausura. A natureza que se contempla nos jardins zoológicos ou aquários é a que foi absorvida pela "irracionalidade cultural" e é a única que conseguimos enxergar de dentro das grades e muros dos zoológicos e prisões. Não conseguimos imaginar o que poderia ser nossa vida fora das prisões que criamos para nós. E mais, nem conseguimos ver as prisões em que vivemos. Em consequência, Adorno diz: "A racionalização da cultura, que abre suas janelas à natureza e com isso a absorve por completo, elimina junto com a diferença o princípio da cultura, a possibilidade de reconciliação".[37] Para o pensador, a possibilidade de reconciliação está descartada, pois o pensamento esclarecido quis separar a cultura da natureza, ao mesmo tempo que procurou estabelecer as condições em que o que se chama aqui de natureza possa se "conservar". Essa natureza, que tanto se refere à natureza interna do indivíduo quanto à natureza externa (animais,

---

33 ADORNO, 1992, p. 50.
34 ROUANET, 2001, p. 154.
35 ADORNO, 1992, p. 53.
36 ADORNO, 1992, p. 100.
37 ADORNO, 1992, p. 101.

Capítulo 9 » **A teoria crítica da escola de Frankfurt: emancipação e crítica ao esclarecimento** » **191**

meio ambiente), só pode conservar-se enjaulada e, dessa forma, distorcida. Ela também está conservada como lembrança de algo longínquo no passado, de que os homens se lembram vagamente, e em relação a que têm alguma esperança.

> [...] a ideia de animais primitivos vivos ou desaparecidos há apenas alguns milhões de anos não se esgota aí. A esperança que deseja a presença do arcaico é a de que a criação animal sobreviva, senão ao próprio homem, aos males que o homem lhe infligiu, e produza um gênero melhor, que tenha finalmente sucesso.[38]

Em sua obra, Adorno preocupa-se em identificar o modo de pensar esclarecido que "deixa um resto", mas se esquece dele assim como também esquece de si, do modo como opera. Aquilo que não cabe nesse *modus operandi* do pensamento, ou que não é considerado importante, é condenado à escuridão, ao esquecimento. "A esquematização de acordo com o que é importante e o que é secundário subscreve, quanto à forma, a escala de valores da práxis imperante, mesmo quando a contradiz no conteúdo".[39] Esse movimento do próprio pensamento o priva daquilo que ele mesmo precisa.[40] A vida do pensamento, que transforma tudo em objetos e estabelece hierarquias de importância, é distinta da "vida". Para Adorno, isso aparece mais claramente no positivismo, que "reduz ainda mais a distância do pensamento com relação à realidade".[41] Com isso, o conceito não coincide com "aquilo que o preenche". Dessa crítica do pensamento tradicional, Adorno vai retirar a força do pensamento dialético, que é aquele que vai "mirar para além do seu objeto", porque reconhece e respeita a diferença entre o pensamento e aquilo de que ele quer dar conta. Aponta, portanto, os limites do entendimento reflexivo.

Por outro lado, procura indicar as possibilidades de superação desse modelo de pensamento e suas consequências. A individualidade é o foco de resistência, em relação à padronização e à administração, pois não há identidade entre o indivíduo e aquilo que a sociedade objetiva para ele. O indivíduo está em contradição com seu "papel social objetivo. Justamente por causa dessa contradição ele é guardado numa reserva natural, admirado em ociosa contemplação".[42] A consciência desse indivíduo daquilo que ele é como diverso, distinto do que é padronizado é, para Adorno, o caminho para a superação dessa forma de pensar. Enquanto mônada, o indivíduo reflete, como um pequeno espelho, "a lei social preestabelecida da exploração, por mais que esta seja mediatizada",[43] ainda como uma mônada o indivíduo, enquanto cristalização, "resulta das formas da

---

38 ADORNO, 1992, p. 101.
39 ADORNO, 1992, p. 109.
40 ADORNO, 1992, p. 109.
41 ADORNO, 1992, p. 110.
42 ADORNO, 1992, p. 118.
43 ADORNO, 1992, p. 131.

economia".[44] Ele é, ao mesmo tempo, o produto característico das "pressões da socialização" e seu oponente.

Adorno defende, como um resultado do pensamento reflexivo crítico desenvolvido da ideia de ampliação da consciência da razão em relação a si mesma e seus procedimentos, essa forma de superação do pensamento administrado: "Se o processo de abstração marca toda formação de conceitos com a ilusão de grandeza, nele também encontra-se preservado o antídoto: a autocrítica".[45] A crítica pressupõe a não aceitação do "existente", mas seu caminho não é o da negação idealista. Para ir além da realidade distorcida é necessário mergulhar nela. O artista, por exemplo, precisa sentir a

> [...] coerção brutal da coletivização [...]. As obras de arte que pretendem conscientemente eliminar o caráter inócuo da subjetividade absoluta erguem com isso a pretensão de uma comunidade positiva que não está presente nelas mesmas, mas é por elas citada de forma arbitrária.[46]

O mergulho nessa realidade é que dá ao artista a possibilidade de ir além daquilo que vive, de vislumbrar outras possibilidades que a cultura em que vive encobre. A figura do artista é bastante sugestiva, pois ele trabalha com base na percepção: o que o artista percebe põe em suas obras que, por não serem linguagem falada ou escrita, expressam o não expresso no discurso.

O pensamento crítico é dialético. Parte da lógica coercitiva procura sem cessar ultrapassá-la, correndo incessantemente o risco de sucumbir a ela.

> O subsistente só pode ser ultrapassado por meio do universal, ele mesmo extraído do subsistente. O universal triunfa sobre o subsistente através do conceito mesmo deste último, e por esta razão, nesse triunfo, há sempre o risco de que o poder do meramente existente se restabeleça a partir da mesma violência que o rompeu.[47]

Para escapar desse risco, Adorno afirma, inspirado em Walter Benjamin, que o pensamento deve também voltar-se ao que não está inserido na sequência linear dos acontecimentos, conseguindo assim penetrar naquilo que ainda "não foi determinado pelas grandes intenções". Para ele é o pensamento teórico que deve fazer isso. Esse modo de proceder, ao mesmo tempo que põe às claras a qualidade do pensamento do existente – pensamento redutor, que submete a vida a uma

---

44 ADORNO, 1992, p. 130.
45 ADORNO, 1992, p. 110.
46 ADORNO, 1992, p. 128-129.
47 ADORNO, 1992, p. 132-133.

Capítulo 9 » **A teoria crítica da escola de Frankfurt: emancipação e crítica ao esclarecimento** » **193**

lógica árida, dura –, aponta as limitações de todo discurso, de todo pensamento. Adorno quer salvar os conceitos tornados vazios pelo pensamento burguês e se depara com a limitação de qualquer pensamento conceitual.

9.6 Indústria cultural e poder político

A expressão "indústria cultural" refere-se ao conceito que passou a ser utilizado por Adorno em lugar de "cultura de massas". Esse termo, que tem sido questionado por alguns em relação à sua atualidade, é ainda justificado na medida em que aquilo que a indústria cultural objetiva está bastante presente: a substituição de nossa percepção e de nossas pulsões pelas imposições da "lógica do mercado e do capital",[48] uma lógica que forma o sujeito em sua sujeição e o transforma em mais um em meio à massa.

O capítulo da *Dialética do esclarecimento*[49] intitulado "Indústria cultural" explora longamente os nexos entre razão e dominação e mostra, com isso, que a indústria cultural, enquanto realidade objetiva, visa a certas finalidades, colocando os sujeitos por ela formados numa posição de heteronomia e até mesmo de dependência em relação a seus produtos.

Vamos examinar algumas das características do que Adorno e Horkheimer definiram como indústria cultural.

1. Padronização – ela está presente:

    a) no modo de produção da "cultura" – ela segue os padrões de produção da mercadoria;

    b) na sua apresentação ao público, de modo a criar a ilusão da independência do indivíduo;

    c) na formação de um "gosto" do qual esse pretenso indivíduo pensa estar livre. Ao enfatizar essa característica dos produtos da indústria cultural, os autores se opõem à ideia de uma cultura que seria produzida para atender aos anseios da massa. No momento em que o texto foi escrito, 1947, não se afigurava para eles a possibilidade de que a técnica pudesse estar a serviço da satisfação de um desejo utópico. A técnica está a serviço do capital, ela foi criada para satisfazer às necessidades da produção capitalista. A padronização, portanto, não resulta da necessidade dos consumidores, mas do círculo de manipulação e de uma necessidade de tornar o sistema cada vez mais coeso. O resultado disso é a alienação da sociedade em relação a seus

---

48   VAZ, A. F.; ZUIN, A.; DURÃO, F. A. *A indústria cultural hoje.* São Paulo: Boitempo, 2008. p.7.

49   ADORNO, T.; HORKHEIMER, M. *Dialética do esclarecimento:* fragmentos filosóficos. Trad. Guido Antonio de Almeida. Rio de Janeiro: Zahar, 2013.

próprios anseios e desejos, ela é estranha a si mesma e, como decorrência, não reconhece também os objetivos estranhos que lhe são impostos.

2. Atrofia da imaginação – os meios de comunicação colocados a serviço dos objetivos acima organizam a percepção do público de tal modo que aquilo que se apresenta como talento individual à indústria cultural é por ela apropriado, pois foi ela que o formou. Ou seja, as aptidões pessoais são, desde sempre, colocadas a serviço dos interesses da indústria, e é com esse fim que elas se desenvolvem. Resulta disso a expropriação da possibilidade de uma experiência viva com as coisas por parte do público receptor desse tipo de produto. O espectador do filme da indústria cultural é levado a assisti-lo como se ele fosse a reprodução do mundo da percepção. O espectador dos programas de TV é levado a crer em cada palavra que enfaticamente é transmitida como verdade nos programas de variedades e jornais informativos dos canais abertos ou pagos. Tal modo de transmissão não deixa ao espectador lugar para sua própria interpretação da realidade, ou mesmo do filme. Para Adorno e Horkheimer essa é uma forma de adestramento do espectador: ele é levado a identificar-se de modo imediato com a realidade, a considerar a realidade tal como ela é transmitida por esses meios, como a única possível. Os produtos da indústria cultural são considerados paralisadores das capacidades de imaginação e espontaneidade do espectador. Desse modo, este age como esperado e, podemos dizer até mesmo, como foi levado a agir, não espera nada além daquilo que lhe é oferecido.

3. Homogeneização, unidade: "o esquematismo do procedimento mostra-se no fato de que os produtos mecanicamente diferenciados acabam por se revelar sempre a mesma coisa".[50] Essa mesma coisa, essa unidade, orienta as atividades das pessoas em seu lazer. Nesse ponto, os autores comparam o "esquematismo kantiano" ao procedimento da indústria cultural, atribuindo a esta uma função na qual ela expropria o sujeito daquilo que o esquematismo lhe proporcionava: referir a multiplicidade sensível aos conceitos fundamentais. A indústria cultural é vista como um "novo todo", que não é mais o da ideia, mas o do lucro. Este atribui as mesmas qualidades a todas as coisas, sejam elas o "mundo cotidiano", sejam as projeções nas telas do cinema e da TV. O cinema é assim o lugar por excelência da alienação, pois ao assistir um filme o espectador apenas absorve tudo o que lhe é mostrado. Nele não há possibilidade de reflexão. A resistência à indústria cultural estaria, para Adorno e Horkheimer, na possibilidade de o indivíduo poder refletir acerca daquilo que lhe é transmitido, do que lhe é mostrado. Por outro lado, ela forma os homens, ela produz um gosto, um modo de pensar e viver.

---

50 ADORNO; HORKHEIMER, 2013, p. 116.

Capítulo 9 » **A teoria crítica da escola de Frankfurt: emancipação e crítica ao esclarecimento** » **195**

Tudo o que ela produz está subsumido a um esquema que aparentemente quer romper com a tradição, no entanto, essa compulsão para produzir permanentemente novos efeitos tem o efeito contrário: ela faz aumentar cada vez mais o poder dessa tradição. Temos aqui, desse modo, a crítica ao conceito de modernidade tal como ele aparecerá ao senso comum: a ideia de que a modernidade é essa época que rompe com a tradição ao seguir o impulso de criar o novo é apenas uma forma encontrada pela indústria para impor suas novidades. Os autores na criticam a modernidade para colocar o passado em seu lugar; o que fazem é mostra sua ambiguidade. Está em seu cerne romper com o passado, mas essa ruptura não garante o novo. Por outro lado, o novo para Adorno e Horkheimer seria, nesse momento, a valorização de certos temas considerados "fora de moda" pela indústria cultural.

4. Expropriação da possibilidade de uma relação viva com as coisas – de certa forma já mencionada anteriormente, para alguns isso seria possível durante o ócio. No entanto, para Adorno e Horkheimer, esse também já foi substituído pelo lazer, uma ocupação que corresponde a uma espécie de *stand by* do corpo para o trabalho. Longe de ser um tempo que o indivíduo tem à sua disposição, o lazer é complementar ao trabalho. Ele é assim mantido pela diversão. O próprio termo já diz tudo: diversão como mudança de rumo, ou condução do rumo na direção que se quer. A atividade de lazer mantém o indivíduo distraído, de modo a não ter pensamentos próprios. Ele responde mecanicamente e reativamente aos estímulos recebidos. A indústria cultural cria um mecanismo de resposta no qual o indivíduo não faz nenhum esforço, e enfatiza o prazer que há nesse modo de recepção: não é necessário pensar nada, não é necessário criar nada. Está tudo já pronto.

Os filmes confirmam a vitória da razão tecnológica sobre a verdade",[51] e isto significa a afirmação de que os filmes não têm nenhum objetivo de dizer nada consistente. Seu objetivo é divertir e, para isso, apresentam cenas nas quais os espectadores se divertem com situações que são a simulação daquilo que eles próprios vivem. Esses elementos juntos ajudam a habituar os sentidos à fragmentação, ao desgaste e ao esmagamento, ajudando, desse modo, a afirmar a crença antiga segundo a qual essa é a condição de vida nesta sociedade.

5. Promessa não cumprida. A indústria cultural logra seus consumidores ao prometer-lhes algo que nunca lhes será entregue. Essa promessa é a do prazer, continuamente oferecido e prometido, mas nunca realizado, pois essa não realização é a própria condição de continuidade dessa indústria. A realização do prazer exibiria ao indivíduo um mundo novo, no qual o trabalho não precisaria

---

51   ADORNO; HORKHEIMER, 2013, p. 129.

196 » Filosofia Política

ser esse sequestro constante de si mesmo. Para além das relações que ela exprime em seus filmes e seriados, acena com um mundo fantástico, ou com um mundo no qual a lei inexiste, e que por isso mantém o compromisso dos indivíduos com esse mundo cinza, mas seguro. Qualquer promessa de um outro mundo, qualquer promessa de felicidade, sucumbe. "Eis aí o segredo da sublimação estética: apresentar a satisfação como uma promessa rompida".[52]

A arte, ao contrário, não apresenta o objeto de satisfação para ao mesmo tempo recusá-lo, mas coloca a satisfação como promessa. Seu papel é exatamente esse, de anunciar a possibilidade de se remeter à utopia. A indústria cultural não sublima, mas reprime. O prazer atual consiste na renúncia. A reprodução mecânica do belo é vista por Adorno como o que se coloca no lugar da idolatria inconsciente que a ele se ligava. O que se coloca no lugar do belo, no entanto, não é a consciência de que ele também não levava à realização de sua promessa, mas é uma ausência de promessa, uma ausência de sonho: a exaltação reacionária da cultura.

6. A corrupção do trágico e confirmação da ordem: a indústria cultural precisa do trágico para ser fiel ao fenômeno que apresenta; a vida dura, sofrida é vista como trágica. Submetemo-nos a ela de modo quase heroico. Tradicionalmente o elemento trágico revela o conflito entre o mundo humano e o divino, tanto o momento em que os homens esquecem aquele como também quando o divino se ausenta do mundo humano. Essa distância produz os acontecimentos "trágicos". Na indústria cultural o trágico se torna o aspecto calculado, produzido por ela mesma. Aqueles que não se adaptam são punidos. O destino exemplar desse personagem serve para colocar as coisas de volta à ordem. Desse modo a indústria cultural, cultura industrializada, exercita o indivíduo no desenvolvimento das condições segundo as quais ele é então autorizado a levar essa vida "inexorável".

7. Pseudo-individualidade – o indivíduo, na indústria cultural, é ilusório por dois motivos: a padronização e sua subsunção ao universal, o que, é claro, questiona a própria ideia de indivíduo. Ele é, na verdade, um exemplar substituível por qualquer outro. O que essa indústria faz, na verdade, é revelar o caráter fictício do indivíduo burguês, mas afirmando a harmonia entre universal e particular.

8. A indústria cultural promove o isolamento por meio da comunicação – tal característica está ligada à publicidade, principalmente. A publicidade é necessária para a indústria cultural para torná-la palatável. Ela é a trincheira dos donos das indústrias que se apoiam nela para promover a alimentação do sistema com os milhares de consumidores que são encadeados às grandes corporações. Só

---

52 ADORNO; HORKHEIMER, 2013, p. 131.

Capítulo 9 » **A teoria crítica da escola de Frankfurt: emancipação e crítica ao esclarecimento** » **197**

usa da publicidade aquele que já pertence ao sistema. Ela garante um mercado já conformado ao qual ninguém mais pode entrar. Ela é a propaganda do poderio social. Publicidade e indústria cultural são comunicação, elas indicam a absorção da linguagem pela comunicação. A linguagem assim é transformada em signos destituídos de qualidades. Supõe-se que assumem, dessa forma, pureza e transparência, no entanto, quanto mais marcantes essas características, mais a linguagem se torna impenetrável.

O sentido da linguagem só pode ser dado pela experiência do objeto que nomeia, se essa experiência é expropriada do indivíduo, se ele não pode mais ligar os signos linguísticos aos objetos de sua experiência, o sentido das palavras se torna para ele um enigma. Considerar que a linguagem nomeie de maneira neutra este ou aquele objeto, ou se refira do mesmo modo a esta ou àquela experiência significa subtraí-la da relação com o conteúdo e com a experiência de quem a usa. Essa impossibilidade de remeter a palavra à experiência torna os homens distantes de sua própria experiência e incapacitados de exprimi-la. Aquilo que é objeto da comunicação nos meios de grande circulação não é essa experiência, mas o conteúdo frio propalado pela indústria.

É necessário acrescentar que algumas das características acima estão relacionadas ao momento social, político e econômico em que vivem os autores. É a percepção aguda do que esse momento significa que leva a atribuir aos autores a qualificação de pessimistas. No entanto, grande parte daquilo que é atributo da indústria cultural está em vigência ainda hoje, e qualquer estratégia de ação que se queira definir hoje passa necessariamente pelo reconhecimento do papel que tem essa indústria no sentido de descaracterizar aquilo que se propõe.

9.7 Marcuse: a dimensão estética

Em *Eros e civilização*,[53] Marcuse deseja mostrar que as teorias psicanalíticas permitem compreender a sociedade contemporânea. Ele parte da hipótese da existência utópica de uma sociedade não repressiva engendrada por Eros, divindade grega que representa a energia amorosa ou o princípio feminino da receptividade e da ternura. Depois de desenvolver o tema da repressão e da sociedade repressiva, na qual impera o princípio de realidade correlato da produção, do tempo de trabalho homogêneo e que impõe uma adesão acrítica à técnica e bane o prazer, Marcuse expõe o que entende por dimensão estética com babe em como essa dimensão tem sido considerada por Kant, Schiller e Hegel. A faculdade mental constitutiva da estética é a imaginação, o que implica que a dimensão estética não valida um princípio de realidade – esse reino é fundamentalmente "irrealista" – mas

---

53 MARCUSE, H. *Eros e civilização*: uma interpretação filosófica do pensamento de Freud. Trad. Álvaro Cabral. Rio de Janeiro: LTC, 1999.

conserva sua liberdade em face do princípio de realidade. Essa dimensão estética é tomada por Marcuse para, de certo modo, alargar o princípio de realidade considerado universal por Freud, pois, para que o princípio de desempenho possa atuar de modo a que a civilização continue em sua marcha rumo a uma maior liberdade, a liberdade de imaginação seria necessária. E isso levaria certamente, segundo Marcuse, a uma libertação total, a uma explosão da civilização já que esta só se sustenta por meio da renúncia e do trabalho.

É desse modo que se costuma justificar a repressão dos instintos, pois livre dessa repressão o homem "retrocederia para a natureza, que destruiria a cultura".[54] Marcuse vai opor às figuras arquetípicas repressivas aqueles que simbolizam a receptividade criadora. "Esses arquétipos" – Narciso e Orfeu – "preconizavam a realização plena do homem e da natureza, não através da dominação e exploração, mas pela liberação das inerentes forças libidinais".[55]

A dimensão estética ocupa, na filosofia de Kant, um lugar central entre a sensualidade e moralidade e, por isso, afirma Marcuse, "deverá conter princípios válidos para ambos os domínios".[56] A dimensão estética é então dimensão da percepção, e não dos sentidos, mas está mais próxima dessa dimensão – da sensualidade. Sua característica mais importante é a da receptividade, isto é, uma forma de conhecimento por meio da sua afetação por determinados objetos o que retira da razão o poder senhorial – ou patriarcal, como dirão Adorno e Horkheimer – sobre as coisas. A percepção estética é acompanhada pelo prazer que corresponde à forma pura do objeto. À representação livre do objeto corresponde o conceito de beleza.

O livre exercício da sensualidade, no entanto, não encontra lugar na filosofia. A filosofia idealista buscou uma reconciliação entre a liberdade da sensualidade e a razão, mas a verdade é que "a arte desafia o princípio de razão predominante",[57] pois ela invoca "a lógica da gratificação contra a lógica da repressão". Vê em Schiller a tentativa de "eliminar a sublimação da função estética"[58] pois para este a "função estética pode desempenhar um papel decisivo na reformulação da civilização".[59] Na civilização atual, a relação entre os impulsos passivo e receptivo e ativo e dominador tem sido antagônica. Há, para Marcuse, na leitura que faz de Schiller, esperança e esta reside no fato de que o impulso lúdico pode se tornar um princípio de civilização, e quando isso acontecer "transformará literalmente a realidade".[60] A predominância desse impulso sustaria a produtividade violenta e exploradora. O homem continuaria produzindo, é claro, mas não mais de forma a destruir as reservas naturais, a se ver escravizado pelas formas de produção.

---

54 MARCUSE, 1999, p. 158.
55 MARCUSE, 1999, p. 158.
56 MARCUSE, 1999, p. 159.
57 MARCUSE, 1999, p. 165.
58 MARCUSE, 1999, p. 165.
59 MARCUSE, 1999, p. 165.
60 MARCUSE, 1999, p. 168.

Capítulo 9 » **A teoria crítica da escola de Frankfurt: emancipação e crítica ao esclarecimento** » **199**

Na obra *A ideologia da sociedade industrial*,[61] escrita em 1964 (*Eros e civilização* foi escrito em 1955), Marcuse se mostra menos otimista. O livro analisa o capitalismo americano: mostra aspectos de uma sociedade repressiva que exerce um "controle total" sobre a liberdade por meio da aplicação dos avanços técnicos e da produção. Diante da análise que conduz a uma situação sombria, no que diz respeito à possibilidade de liberação vislumbrada anos antes, Marcuse se pergunta se ainda é possível transformar essa sociedade e suprimir seus valores repressivos. Ele escreve o livro com o objetivo de refletir exatamente sobre as possibilidades de se realizar uma das duas hipóteses: a sociedade atual conseguirá se impor e impedir qualquer tipo de transformação e o que teremos é a imposição da repressão de uma vez por todas, ou um contramovimento internacional e global fará a sociedade explodir?

Podemos encontrar duas respostas a essa indagação: a primeira é a afirmação de que a imaginação "não permaneceu imune ao processo de espoliação".[62] A sociedade repressiva, descrita por Marcuse nas páginas anteriores do livro, mutilou a imaginação, colocou-a num cadinho que a impede de projetar algo além da mutilação sofrida. "Libertar a imaginação de modo que lhe possam ser dados todos os seus meios de expressão pressupõe a repressão de muito do que é agora livre e que perpetua a sociedade repressiva",[63] e isso, afirma Marcuse, é assunto da política, e significa para ele "a prática na qual as instituições sociais básicas são desenvolvidas, definidas e mantidas",[64] e que se traduz numa luta constante dessas instituições pela manutenção das condições necessárias que impeçam o livre exercício da repressão em suas várias instâncias. A segunda resposta, ainda nessa linha, indica alguns sinais de esperança; essa esperança advém do fato de que "párias e estranhos, explorados e perseguidos de outras raças e cores, desempregados e não empregáveis"[65] que existem fora do processo democrático começaram a não mais querer jogar o jogo daqueles que detêm o poder. Essa oposição ainda incipiente terá que enfrentar um poder altamente organizado e preparado para situações de emergência. Marcuse finaliza o texto com uma frase de Kafka citada por Walter Benjamin em um dos seus ensaios: "Somente em nome dos desesperançados nos é dada a esperança".[66] Para ele, se a teoria crítica não pode prever o futuro nem fazer promessa a respeito do que virá, ela pode ainda permanecer negativa, isto é, não aceitar o presente em nome de uma possibilidade de transformação.

---

61 MARCUSE, H. *A ideologia da sociedade industrial*. Rio de Janeiro: Zahar, 1982.
62 MARCUSE, 1982, p. 229.
63 MARCUSE, 1982, p. 230
64 MARCUSE, 1982, p. 230
65 MARCUSE, 1982, p. 235
66 MARCUSE, 1982, p. 235

200 » Filosofia Política

9.8 Textos para análise

TEXTO 1

Conceito de esclarecimento

O mito converte-se em esclarecimento, e a natureza em mera objetividade. O preço que os homens pagam pelo aumento de seu poder é a alienação daquilo sobre o que exercem seu poder. O esclarecimento comporta-se com as coisas como o ditador se comporta com os homens. Este conhece-os na medida em que pode manipulá-los. O homem de ciência conhece as coisas na medida em que pode fazê-las. Nessa metamorfose a essência das coisas revela-se sempre como sempre a mesma, como substrato da dominação. Essa identidade constitui a unidade da natureza [...].[67]

Nos momentos decisivos da civilização ocidental, da transição para a religião olímpica ao renascimento, à reforma e ao ateísmo burguês, todas as vezes que novos povos e camadas sociais recalcavam o mito, de maneira mais decidida, o medo da natureza não compreendida e ameaçadora – conseqüência da sua própria materialização e objetualização – era degradado em superstição animista, e a dominação da natureza interna e externa tornava-se o fim absoluto da vida (...) A essência do esclarecimento é a alternativa que torna inevitável a dominação. Os homens sempre tiveram de escolher entre submeter-se à natureza ou submeter a natureza ao eu (...) A humanidade teve que se submeter a terríveis provações até que se formasse o eu, o caráter idêntico, determinado e viril do homem, e toda infância ainda é de certa forma a repetição disso. O esforço para manter a coesão do ego marca-o em todas as suas fases, e a tentação de perdê-lo jamais deixou de acompanhar a determinação cega de conservá-lo. A embriaguês narcótica, que expia com um sono parecido à morte a euforia na qual o eu está suspenso, é uma das mais antigas cerimônias sociais mediadoras entre a autoconservação e a autodestruição, uma tentativa do eu de sobreviver a si mesmo. O medo de perder o eu, e o de suprimir com o eu o limite entre si mesmo e a outra vida, o temor da morte e da destruição, está irmanado a uma promessa de felicidade, que ameaçava a cada instante a civilização. O caminho da civilização era o da obediência e do trabalho, sobre o qual a satisfação não brilha senão como mera aparência, como beleza destituída de pode.[68]

---

67 ADORNO; HORKHEIMER, 2013, p. 24.
68 ADORNO; HORKHEIMER, 2013, p. 43-44.

Capítulo 9 » **A teoria crítica da escola de Frankfurt: emancipação e crítica ao esclarecimento** » **201**

9.8.1 Estudo do Texto 1

A *Dialética do esclarecimento*,[69] texto publicado em 1947, em Amsterdã, e escrito sob o impacto dos horrores da Segunda Guerra Mundial, pode ser considerada uma obra clássica da filosofia contemporânea, porém atual, por abordar temas que se referem também a certas questões que permanecem significativas hoje, como o racismo, a opressão à mulher, a idiotização das massas pelos meios de comunicação e o tratamento dado à natureza.

O texto inicial, "Conceito de esclarecimento", do qual reproduzimos dois fragmentos acima, apresenta a ideia de que o processo civilizatório – entendido como a forma como o homem aprendeu a conhecer, dominar e controlar a natureza, e a colocá-la a seu serviço –, chamado pelos autores de esclarecimento, converteu-se no seu contrário, no mito, que nomeia aqui a utilização irracional da racionalidade, ou a aplicação da racionalidade de forma que esta se converteu na mais crassa brutalidade do homem sobre a natureza e sobre si mesmo. Esse processo civilizatório inicia-se com a diferenciação entre homem e natureza, como quando esta é vista como uma ameaça, e como tal é devedora de rituais para seu apaziguamento, até o momento em que o homem se torna portador de um conhecimento por meio do qual passa a exercer o domínio sobre ela (natureza). O mito, portanto, para os autores já era esclarecimento, e este torna-se mito quando o homem se fixa no conhecimento instrumental das coisas e desiste de buscar o sentido para a vida.

Nos excertos acima podemos identificar algumas das características do esclarecimento: **1)** o esclarecimento se converteu em mito, e a natureza, interna e externa, em objeto de conhecimento de um sujeito que dessa forma exerce um poder ditatorial sobre aquilo que conhece; **2)** o esclarecimento como um processo que é o do contínuo recalque do mito com vistas à dominação da natureza; ele é a alternativa do homem à submissão às forças da natureza; **3)** o esclarecimento como processo que corresponde ao esforço da formação do eu, e da busca de felicidade que se supõe ser alcançada por meio do que chamamos civilização.

9.9 Estudo das noções

9.9.1 Esclarecimento e conhecimento

A racionalidade do espírito dominador da natureza é formal e instrumental: endereça-se a uma unidade sem ruptura alguma e isenta de toda contradição e, precisamente por isso, à dominação e controle de uma diversidade caótica da natureza interna e externa, percebida como perigo. O desenvolvimento de formas diferenciadas de pensamento conceitual é interpretado, pois aqui, a partir

---

69 ADORNO, HORKHEIMER, 2013.

do interesse pela autoconservação, o pensamento conceitual aparece como instrumento de controle. Devemos então pensar correlativamente a submissão e o controle da natureza externa e interna: o sujeito do pensamento não somente é agente de um controle unificador mas ele mesmo é produto de um processo de unitarização acompanhado de coação à natureza e de coação sobre si mesmo; as marcas do poder que penetram na constituição do sujeito unitário se tornam visíveis nas descargas extáticas, regressivas, neuróticas e de agressão social nas quais o "si mesmo" (*self*) busca romper as algemas que, por causa da autoconservação, ele mesmo teve que pôr nos impulsos anárquicos de sua natureza interna. A tese de que o mundo só se mostra como é, isto é, como distorção, contém um programa de crítica radical no qual a visão marxista da sociedade sem classes é elevada, segundo A. Wellmer, a termos messiânicos e convertida na ideia de redenção. A luz da redenção é penetrante e aguda e também suave: mostra o mundo em sua distorção, com suas rachaduras e grotas, mas o mostra também em sua indigência, traz à luz o oculto, o ferido e maltratado, o esquecido fazendo assim justiça ao não idêntico e ao incomensurável, ao distorcido pelo conhecimento e prática dominantes. Um conhecimento que queira satisfazer a essa pretensão só é possível mediante a "compenetração no objeto"; pois só por meio dela pode-se se fazer valer o particular e o não idêntico. O não idêntico é aquele que a universalidade dos conceitos oculta imediatamente do mesmo modo que com nossos pensamentos ordenamos a realidade. O conhecimento está ligado a conceitos, e desse modo ele mesmo aponta para uma utopia, que seria a de revelar o sem conceito com conceitos.

9.9.2 Dominação da natureza

O que se busca exprimir com esta ideia é que o esclarecimento resulta de um processo de aumento da distância entre homem e natureza, e do homem de si mesmo. Quanto mais se dedica a conhecer algo segundo as regras científicas, mais o homem se afasta do que busca conhecer. O uso instrumental da razão resulta na submissão dos objetos a essa mesma razão.

Há, no entanto, uma aporia aqui: se por um lado o conhecimento exercido segundo as regras da teoria tradicional nos conduz ao não conhecimento e à alienação em relação aos objetos conhecidos, os autores insistem que essa aporia vem do fato de que o conhecimento teria que reconhecer o mundo como uma rede que nos torna cegos e da qual não podemos escapar, mesmo nos atos geradores de conhecimento. Nessa aporia estão contidas todas as aporias da filosofia de Adorno. O conhecimento não escapa a essa rede que é sua função reconhecer: significa que nossas formas de pensamento e nossas possibilidades de conhecimento vêm pré-formadas socialmente. Faltam-nos, portanto, os recursos conceituais com os quais poderíamos penetrar na sociedade "de esquelha" e antever seu poder de preformar (ou deformar) o conhecimento. É a própria forma do pensamento conceitual que entretece o conhecimento com a completa negatividade

Capítulo 9 » **A teoria crítica da escola de Frankfurt: emancipação e crítica ao esclarecimento** » **203**

da realidade: essa é a ideia que Adorno e Horkheimer tentaram desenvolver em termos de filosofia da história na *Dialética do esclarecimento*, e isso como ideia básica de uma crítica do esclarecimento que tinha por fim sobrepujar radicalmente o esclarecimento, quer dizer, esclarecer esse esclarecimento, que se havia convertido em historicamente determinante, acerca dos seus pressupostos, fins e promessas, esquecidos há muito tempo.

9.9.3 Razão e autoconservação ou felicidade

Adorno e Horkheimer veem, revelado, na forma da racionalidade cientifico-técnica "coisificada" das modernas sociedades industriais, o mistério da conexão entre razão e autoconservação. Mas se os sujeitos e suas formas de pensamento são feitos dessa mesma matéria de que se compõe o espírito dominador da natureza, e se o pensamento conceitual é, por sua própria estrutura mais íntima, o meio desse espírito, então a rede, que é a sociedade moderna, tem que aparecer ao final como algo inteiro e homogêneo, sem ocos, a própria ideia de esclarecer o esclarecimento sobre si mesmo tem que aparecer ao final como uma empresa sem base e sem esperança. Os potenciais de liberdade que com o desenvolvimento das forças produtivas cresceram no capitalismo, transformam-se, portanto, em potenciais sempre novos de ausência de liberdade; como a rede do espírito dominador da natureza cobre tudo, também os sujeitos que seriam os únicos capazes de rompê-la, também a prática emancipatória dos movimentos revolucionários acabarão sempre consolidando o sistema de não liberdade social em um novo nível de perfeição técnica.

A resposta de Adorno e Horkheimer à questão de por que a sociedade civil não conduziu a uma sociedade sem classes, mas ao fascismo e ao estalinismo, é de uma radicalidade tão abissal como paradoxal, pois a resposta significa ultrapassar pela via da crítica imanente, ao mesmo tempo que uma gerar uma ruptura com a concepção marxiana da história. A crítica ideológica se faz total; como a negatividade do estado social se faz derivar das estruturas básicas da socialização linguisticamente mediada, não pode menos que acabar repercutindo sobre o próprio crítico das ideologias. Este já não pode dispor de um ponto de vista que fosse comparável àquele a que todavia poderia apelar a crítica marxista, a partir do qual seria possível apreender a negatividade do existente, junto com todos os seus reflexos ideológicos, e reinterpretá-la tendencialmente em termos emancipatórios, na direção a uma alternativa histórica. Mas se tal ponto de vista é inacessível, a crítica não pode propriamente formular-se como crítica, no entanto, os autores se atêm a uma perspectiva marxista conforme a qual a liberdade só pode ser resultado do processo de civilização, só pode ser alcançada atravessando-se as estruturas de trabalho alienado e de dominação social que caracterizam a sociedade moderna. E aqui voltam a ater-se ao ponto de vista do esclarecimento; sua crítica do esclarecimento é uma crítica em nome de um melhor esclarecimento. O fim deste seria um estado de reconciliação, no qual os potenciais humanos acumulados no processo de civilização pudessem ser liberados das cadeias do espírito dominador da natureza e mostrar seu rosto humano.

9.9.4 Argumentos

Trata-se, para os autores, de explicitar o processo de esclarecimento como um processo segundo o qual a emancipação do homem ocorre por meio de um distanciamento cada vez maior deste em relação ao objeto que busca conhecer. Esse processo é constante na história humana – ou seja, a história do homem em sua busca de conhecimento é a história do esclarecimento – e ele se torna mais agudo quando do surgimento do capitalismo. O modo de produção capitalista acaba por radicalizar esse processo, pois seu modo de funcionamento produz, ele mesmo, a alienação dos produtos do trabalho e o tratamento do mundo como coisa útil.

9.10 Propostas de tema de dissertação

Tema: Por que reside no esclarecimento um aspecto essencialmente repressivo.

Perguntas que podem orientar a elaboração da dissertação:

» Quais são as características da racionalidade instrumental própria do esclarecimento?

» Como a natureza é vista por essa racionalidade?

» O que é autoconservação?

» Qual é a relação entre conhecimento e felicidade?

Outros temas:

» Qual é a relação na teoria crítica entre conhecer e agir, teoria e prática?

» Qual é a relação entre mito e esclarecimento?

» É possível reverter o processo que estabeleceu o esclarecimento unilateral, ou seja, é possível tornar o esclarecimento dialético, isto é, crítico?

TEXTO 2

Indústria cultural

Em seu lazer, as pessoas devem se orientar por essa unidade que orienta a produção. A função que o esquematismo kantiano ainda atribuía ao sujeito, a saber, referir de antemão a multiplicidade sensível aos conceitos fundamentais,

Capítulo 9 » **A teoria crítica da escola de Frankfurt: emancipação e crítica ao esclarecimento** » **205**

é tomada ao sujeito pela indústria. O esquematismo é o primeiro serviço prestado por ela ao cliente. Na alma devia atuar um mecanismo secreto destinado a preparar os dados imediatos de modo a se ajustarem ao sistema da razão pura. Mas o segredo está hoje decifrado. Muito embora o planejamento do mecanismo pelos organizadores dos dados, isto é, pela indústria cultural, seja imposto a esta pelo peso da sociedade que permanece irracional apesar de toda racionalização, essa tendência fatal é transformada em sua passagem pelas agências do capital do modo a aparecer como sábio desígnio dessas agências. Para o consumidor, não há nada mais a classificar que não tenha sido antecipado no esquematismo da produção. A arte sem sonho destinada ao povo realiza aquele idealismo sonhador que ia longe demais para o idealismo crítico. Tudo vem da consciência, em Malebranche e Berkeley, da consciência de Deus; na arte para as massas, da consciência terrena das equipes de produção. Não somente os tipos das canções de sucesso, os astros, as novelas ressurgem ciclicamente como invariantes fixos, mas o conteúdo específico do espetáculo é ele próprio derivado deles e só varia na aparência(...) Desde o começo do filme já se sabe como ele termina, quem é recompensado, e, ao escutar a música ligeira, o ouvido treinado é perfeitamente capaz, desde os primeiros compassos, de adivinhar o desenvolvimento do tema e sente-se feliz quando ele tem lugar como previsto. O número médio de palavras da short story é algo em que não se pode mexer. Até mesmo as gags, efeitos e piadas são calculados, assim como o quadro em que se inserem. Sua produção é administrada por especialistas, e sua pequena diversidade permite reparti-las facilmente no escritório. A indústria cultural desenvolveu-se com o predomínio que o efeito, a performance tangível e o detalhe técnico alcançaram sobre a obra, que erro outrora o veículo da Ideia e com essa foi liquidada."[70]

9.10.1 Estudo do Texto 2

O trecho acima corresponde à terceira característica da Indústria Cultural apresentada acima: homogeneização. Segundo Duarte[71] (que, por sua vez, segue Steinert), o capítulo sobre a indústria cultural está dividido em sete seções, e esta corresponde à segunda, "o 'hobbysta' nas garras do estilo da indústria cultural". Nela, os autores relacionam o procedimento da indústria cultural ao esquematismo dos conceitos puros do entendimento de Kant. Este, em poucas palavras, significa a capacidade que tem a razão humana de subsumir o particular sob o geral.

---

70   ADORNO; HORKHEIMER, 2013, p. 117- 118.
71   DUARTE, R. Teoria Crítica na indústria cultural. Belo Horizonte: UFMG, 2003.

206 » Filosofia Política

Adorno e Horkheimer referem-se ao esquematismo kantiano como uma capacidade que foi usurpada do homem pela indústria cultural na medida em que ela é uma instância exterior ao sujeito que estabelece os padrões segundo os quais serão interpretados os dados recebidos pelos sentidos.

9.11 Estudo das noções

9.11.1 Unidade: a face do esquematismo kantiano na indústria cultural e o estilo

Essa instância exterior, como dissemos, dita o modo pelo qual os sujeitos absorverão os dados externos. O que significa que o público é, pode-se dizer, treinado de modo a ser capaz de adivinhar, e a esperar, os próximos compassos da música que está ouvindo, ou, como termina o filme que está assistindo.

9.11.2 A previsibilidade ou eterno retorno do mesmo

Esse processo da indústria cultural, dominado pelos imperativos do mercado – da lucratividade e da produção –, mantém-se às custas da padronização e da repetição, contrariamente ao da arte, cujo processo é o de sempre apontar para o "inteiramente outro". O que se pode chamar arte, para eles, é aquilo que não obedece a esses imperativos.

9.11.3 Cultura como mercadoria

A cultura é, então, "mais uma mercadoria" colocada nas "prateleiras" das lojas e magazines, contribuindo assim para a extensão do sistema de produção capitalista com a formação de um "sistema de cooptação ideológica"[72] composto dos meios de comunicação e difusão, como rádio, cinema, televisão etc.

9.11.4 Argumentos

Trata-se, para os autores, de uma extensão da noção de esclarecimento – ordenada pela instrumentalização do conhecimento da natureza, interna e externa – à esfera da cultura. Esta seria o último refúgio do indivíduo. Mas agora está irremediavelmente submetida às leis da produção capitalista. E, como tal, sujeita às mesmas regras de produção: padronização, homogeneização, criação de um mercado consumidor, ao mesmo tempo que procura fazer diferenciações que indicam que, aparentemente, a indústria atende à demanda do público. Ela, na verdade, para os autores, cria esse público e o mantém acorrentado a um ciclo de promessas de satisfação e felicidade que nunca se concretizam.

---

72 DUARTE, 2003, p. 50.

Capítulo 9 » **A teoria crítica da escola de Frankfurt: emancipação e crítica ao esclarecimento** » **207**

9.12 Propostas de tema de dissertação

Tema: A relação entre padronização e estilo.

Perguntas que podem orientar a elaboração da dissertação:

» Qual é a relação entre o modo de produção da mercadoria cultural e o mercado consumidor?

» O que é o "gosto" na indústria cultural? Qual é a relação entre gosto e consumo?

Outros temas

» Explicite a noção de indústria cultural.

» Investigue a relação entre a teoria do valor de Marx e a noção de indústria cultural.

» Qual é a diferença entre mercadoria cultural e arte?

TEXTO 3

Ideologia da sociedade industrial

São as seguintes as possibilidades acorrentadas da sociedade industrial adiantada: desenvolvimento das forças produtivas em escala ampliada, extensão da conquista da natureza, crescente satisfação das necessidades de número cada vez maior de pessoas, criação de necessidades e faculdades novas. Mas essas possibilidades estão sendo gradativamente realizadas por meios e instituições que cancelam o seu potencial libertador, esse processo afeta não apenas os meios, mas também os fins. Os instrumentos de produtividade e progresso, organizados em sistema totalitário, determinam não apenas as utilizações reais, mas também as possíveis.

Em sua fase mais avançada a dominação funciona como administração. E nas áreas superdesenvolvidas de consumo de massa, a vida administrada se torna a boa vida de todos, em defesa do que os opostos estão unidos. Esta é a forma pura de dominação. Inversamente, sua negação parece ser a forma pura de negação. Todo conteúdo parece reduzido à única exigência abstrata para o fim de dominação – a única exigência verdadeiramente revolucionária, e o acontecimento que validaria as conquistas da civilização industrial Em face de sua eficiente negação pelo sistema estabelecido, essa negação aparece na forma politicamente impotente da "recusa absoluta" – uma recusa tanto mais irrazoável quanto mais o sistema estabelecido desenvolve sua produtividade e suaviza o fardo da vida. Nas palavras de Maurice Blanchot:

O que recusamos não é destituído de valor ou importância. Precisamos por causa disso, a recusa é necessária. Há uma razão que não mais aceitamos, há uma aparência de sabedoria que nos horroriza, há um apelo de acordo e conciliação que não mais atenderemos. Ocorreu um rompimento. Fomos reduzidos àquela franqueza que não mais tolera cumplicidade.[73]

9.12.1 Estudo do Texto 3

O excerto acima é parte das reflexões de Marcuse que aparecem na conclusão de *A ideologia da sociedade industrial*.[74] Ele identifica, nessa sociedade que chama de unidimensional ou sociedade industrial desenvolvida, um aumento do controle exercido sobre os indivíduos. Tal aumento do controle deve-se à intensificação do desenvolvimento técnico, que é acompanhado tanto por um aumento da riqueza quanto do perigo diante do qual se encontra essa sociedade, pois o desenvolvimento técnico é acompanhado pela produção de meios de destruição. No que se refere à esfera política, há um aumento da concentração de poder, pois há grande desenvolvimento da estrutura de defesa, o que torna a vida mais fácil e, por sua vez, torna mais fácil aceitar "interesses particulares como sendo de todos".[75] Há, para Marcuse, uma espécie de "hybris" nessa sociedade: ela é irracional, pois sua produtividade é "destruidora do livre desenvolvimento das faculdades humanas";[76] a paz mantida pela ameaça de guerra, e seu crescimento realiza-se por meio da repressão das possibilidades de amenizar a luta pela existência. É uma sociedade que faz o oposto do que diz fazer. Marcuse enfatiza o aspecto administrativo dessa sociedade, pois ele aparece como um serviço, mas na verdade o que administra é o interesse das grandes corporações.

9.13 Estudo das noções

9.13.1 Sociedade industrial adiantada

A sociedade industrial adiantada é aquela na qual o aparato técnico de produção e distribuição funciona como um sistema que determina, *a priori*, os produtos a serem produzidos, assim como todas as operações necessárias à sua manutenção e ampliação. É um sistema que conforma tudo segundo suas necessidades, as necessidades de produção e reprodução daquilo que o sustenta. Esse aparato se torna assim totalitário; controla, de maneira eficaz e "agradável", a vida social. Está presente em todos os aspectos da vida, seja na determinação das habilidades e

---

73   MARCUSE, 1982, p. 233-4.
74   MARCUSE, 1982.
75   MARCUSE, 1982, p. 13.
76   MARCUSE, 1982, p. 14.

Capítulo 9 » **A teoria crítica da escola de Frankfurt: emancipação e crítica ao esclarecimento** » **209**

atitudes socialmente necessárias, seja nas necessidades e aspirações individuais. Dessa forma, torna borrada a distinção entre vida priva de vida pública.

9.13.2 Pensamento unidimensional e pensamento dialético

Marcuse procura mostrar com a expressão "pensamento unidimensional" que o pensamento produzido pela sociedade industrial avançada não resulta da lógica formal. Esta pretendia dar validez universal ao pensamento, mas era estéril e não transcendente. Era incapaz de dar conta da tarefa a que se propôs, porque excluiu o elemento negativo do pensamento. O pensamento científico, por sua vez, apesar de eficiente na criação de formas de controle das forças da natureza, subverte a experiência imediata e desconsidera os conceitos que representam protesto ou recusa a tudo o que é objetivo ou exato. Opõe assim ao pensamento unidimensional o pensamento dialético, bidimensional, crítico e negativo. Este é um pensamento não científico, o que significa dizer que ele não obedece à lógica científica. Ele não é determinado pelo que é formal, mas pelo que é real e concreto. Isto não significa dizer que o pensamento dialético é contrário a um sistema de princípios e conceitos gerais, mas se orienta por leis gerais que espelham o movimento do real, e o real é contraditório.

9.13.3 Recusa absoluta

Se a sociedade administrada é aquela na qual tudo se justifica e se absolve racionalmente – por exemplo, Auschwitz; a bomba atômica; as fábricas limpas e higiênicas que produzem venenos, agrotóxicos e intoxicam contingentes de moradores vizinhos; as que produzem cosméticos ou produtos de limpeza e, ao mesmo tempo, sacrificam animais em testes sem eficácia – e se é a sociedade na qual esferas antagônicas como ciência e magia, vida e morte encontram-se unidas sob bases técnicas, científicas e políticas (nas fábricas e laboratórios nucleares secretos, ou de acesso restrito, onde se produzem substâncias químicas altamente tóxicas) e tais realizações aparecem como racionais e como produtos do poder imaginativo humano, Marcuse vai procurar estabelecer um espaço para a imaginação que não seja submetido aos critérios dessa razão "irracional". Mas "a imaginação não permaneceu imune ao processo de espoliação".[77] Diante da pergunta sobre a possibilidade de os indivíduos administrados libertarem-se de si mesmos – pois sua imaginação foi arrestada – e de seus senhores, Marcuse responde: a teoria dialética não pode, nesse momento, oferecer remédio, isto é, ela não pode afirmar nada. Mas pode negar o existente.

---

77 MARCUSE, 1982, p. 229.

9.13.4 Argumentos

O texto escrito por Marcuse apresenta uma análise do momento em que é escrito como de desilusão. A cultura que em Adorno e Horkheimer se tornou já uma mercadoria e não pode mais representar uma esfera na qual seja possível alguma crítica ao sistema aparece aqui como elemento importante para iniciar o estopim da revolta. O livro de Marcuse foi tomado como texto que dava legitimidade aos movimentos de 1968 na França, principalmente. E o motivo disso é que Marcuse vê a cultura na sociedade repressiva como possibilitadora do caminho da crítica, pois nela é possível perceber "os sintomas de doença" da sociedade, e esses sintomas, que representam empecilhos para a transformação, é que se constituem então nos motivos da revolta. A revolta é possível porque a sociedade que a torna impossível provoca um sentimento de raiva e desespero. É uma pequena luz de esperança lançada a partir de um sentimento de abandono histórico.[78]

9.14 Propostas de tema de dissertação

Tema: O sentido da recusa absoluta com base no conceito de sociedade unidimensional.

Pergunta que pode orientar a elaboração da dissertação:

» Por que o pensamento dialético não pode afirmar nada?

Theodor Adorno
Biografia e principais obras

Theodor Wiesegrund Adorno nasceu em 11 de setembro de 1903 em Frankfurt, onde fez seus primeiros estudos e graduou-se em Filosofia. Estudou composição musical com Alban Berg em Viena. Sobre esse compositor, Adorno escreveu, no período pós-Segunda Guerra, um livro intitulado *Berg: o mestre da transição mínima*, dando continuidade a uma série de escritos sobre música que datam do início dos anos 1930. Refugiou-se na Inglaterra quando da ascensão ao poder dos nazistas (1933), onde lecionou na Universidade de

---

78 Conforme interpretação de Paul-Laurent Hassoun em *A escola de Frankfurt*. São Paulo: Ática, 1991.

Oxford. De lá foi para os Estados Unidos, onde escreveu com Max Horkheimer a *Dialética do esclarecimento*. Foi nos Estados Unidos também que deu continuidade à pesquisa iniciada anos antes na Alemanha e que foi considerada modelo de pesquisa empírica: *A personalidade autoritária*. Regressou para a Alemanha em 1950, onde ainda publicou *Notas sobre literatura I, II e III, Dialética negativa*[79] e *Teoria estética*. Morreu em 1969.

Max Horkheimer
Biografia e principais obras

Max Horkheimer nasceu em 14 de fevereiro de 1895 em Stuttgart. Foi diretor da Instituto de Pesquisa Social e da *Revista de Pesquisa Social* no final dos anos 1920. Foi professor em Frankfurt de 1930 a 1934, quando também teve que se refugiar devido à ascensão do nazismo. Foi para os Estados Unidos, onde permaneceu até 1949 e lecionou na Universidade de Columbia. Ao regressar para a Alemanha, reorganizou o Instituto com Adorno. Grande parte de sua produção encontra-se publicada na revista do Instituto, com exceção de *Eclipse da razão*,[80] que precede a publicação da *Dialética do esclarecimento*. Horkheimer morreu em Nuremberg em 9 de julho de 1973.

---

79 *Dialética Negativa*. Trad. Marco Antonio Casanova. Rio de Janeiro: Zahar, 2009.
80 HORKHEIMER, M. *Eclipse da razão*. Trad. Sebastião Uchoa Leite. São Paulo: Centauro, 2010.

Herbert Marcuse
Biografia e principais obras

Marcuse nasceu em 19 de julho de 1898, em Berlim, e morreu em 29 de julho de 1979. Cresceu numa família judia assimilada. Depois de completar seus primeiros estudos, foi para Darmstadt em 1916 e retornou à cidade natal em 1918. Estudou Filosofia em Berlim e em Freiburg. Tornou-se membro do Partido Social-Democrata (SPD) em 1917. Sua tese de habilitação sobre Hegel foi escrita sob a orientação de Heidegger no final dos anos 1920. Nesse momento, Marcuse tentava elaborar a síntese entre fenomenologia, existencialismo e marxismo, uma aproximação que teria continuidade em pensadores como Sartre e Merleau-Ponty. Em 1933, fugiu primeiro para Genebra e depois para os Estados Unidos, onde trabalhou no Instituto de Pesquisa Social, afiliado naquele momento à Universidade de Columbia. Nos anos 1930, ofereceu seus serviços como analista da cultura alemã durante a guerra. Tornou-se cidadão americano em 1940. Em 1951, retornou à vida acadêmica desencantado com a política norte-americana do período da Guerra Fria. Em 1941, escreveu sua primeira obra em inglês – *Razão e revolução* –, centrada especialmente na relação entre os pensamentos hegeliano e marxista; em 1955, *Eros e civilização*,[81] livro com acento otimista e, em 1964, *O homem unidimensional*,[82] cujas críticas à sociedade capitalista indicam já um certo pessimismo.

---

[81] MARCUSE, H. *Eros e civilização*: uma interpretação filosófica do pensamento de Freud. Trad. Álvaro Cabral. Rio de Janeiro: LTC, 1999.
[82] MARCUSE, H. *O homem unidimensional*. Portugal: Letra Livre, 2012.

Capítulo 9 » **A teoria crítica da escola de Frankfurt: emancipação e crítica ao esclarecimento** » **213**

Referências básicas

ADORNO, T. *Dialética negativa.* Trad. Marco Antonio Casanova. Rio de Janeiro: Zahar: 2009.

_____. *Mínima moralia:* reflexões a partir da vida danificada. Trad. Luiz Eduardo Bicca. São Paulo: Ática, 1992.

_____; HORKHEIMER, M. *Dialética do esclarecimento*: fragmentos filosóficos. Trad. Guido Antonio de Almeida. Rio de Janeiro: Zahar, 2013.

HORKHEIMER, M. *Eclipse da razão*. Trad. Sebastião Uchoa Leite. São Paulo: Centauro, 2010.

_____. Teoria tradicional e teoria crítica. In: _____. *Textos escolhidos:* Walter Benjamin, Max Horkheimer, Theodor Adorno, Jürgen Habermas. Trad. Lino Grunnewald et ali. São Paulo: Abril Cultural, 1983.

MARCUSE, H. *A ideologia da sociedade industrial: o homem unidimensional*. Rio de Janeiro: Zahar, 1982.

_____. *Eros e civilização*: uma interpretação filosófica do pensamento de Freud. Trad. Álvaro Cabral. Rio de Janeiro: LTC, 1999.

_____. Filosofia e teoria crítica. In: _____. *Cultura e Sociedade*, São Paulo: Paz e Terra, 1997

Referências complementares

DUARTE, R. *Mimesis e racionalidade:* a concepção de domínio da natureza em Theodor Adorno. São Paulo: Loyola, 1993.

_____. *Teoria Crítica na indústria cultural,* Belo Horizonte: UFMG, 2003.

FREUD, S. Além do princípio do prazer. In: _____. *Obras completas*. Trad. Paulo Cesar de Souza. São Paulo: Companhia das Letras, 2010. v. 14.

_____. *Psicologia de massa e análise do eu e outros textos*. Trad. Paulo Cesar de Souza. São Paulo: Companhia das Letras, 2011.

_____. O mal-estar na civilização. In: _____. *Obras completas*. Trad. Paulo Cesar de Souza. São Paulo: Companhia das Letras, 2010. v. 18.

HABERMAS, J. O *discurso filosófico da modernidade*. Trad. Luiz Sergio Repa e Rodnei Nascimento. São Paulo: Martins Fontes, 2000.

HASSOUN, P.-L. *A escola de Frankfurt*, São Paulo: Ática, 1991.

KORSCH, K. *Marxismo e filosofia*. Rio de Janeiro: UFRJ, 2008.

LUKÁCS, G. *Teoria do romance*. São Paulo: Duas Cidades; Editora 34, 2000.

_____. *História e consciência de classe:* estudos sobre a dialética marxista. Trad. Rodnei Nascimento. São Paulo: WMF Martins Fontes, 2012.

ROUANET, S. P. *Teoria crítica e psicanálise*. Rio de Janeiro: Tempo Brasileiro, 2011. p. 11.

VAZ, A. F.; ZUIN, A.; DURÃO, F. A. A indústria cultural hoje. São Paulo: Boitempo, 2008.

WIGGERHAUS, R. *A Escola de Frankfurt*. História, desenvolvimento teórico, significação política. Trad. Lilyane Deroche Gurgel e Vera de Azambuja Harvey. Rio de Janeiro: DIFEL, 2002.

CAPÍTULO 10

Foucault:
perigos, resistências
e armadilhas

YOLANDA GLORIA GAMBOA MUÑOZ

10.1 Introdução

Como apresentar alguém que não precisa ser apresentado? Talvez marcando, de partida, que este supostamente conhecido, reconhecido, imitado e repetido pensador francês contemporâneo (1926-1984) *resistiu* a ser classificado sob determinados "ismos" (por exemplo, estruturalismo e pós-modernismo). Conforme a peculiaridade de seu pensamento, não é pertinente dizer que se trata de um *autor* que constituiu uma *obra*, pois são precisamente essas unidades que serão analisadas e problematizadas em seus diversos textos.[1] O leitor enfrenta um desafio ao se deparar com uma heterogeneidade de discursos: livros, artigos, prefácios, conferências, cursos. "Fato" de materialidade discursiva ao qual hoje se acrescenta a diversidade de estudos, comentários e pesquisas que circulam em torno dos discursos foucaultianos.

10.2 Ordenações discursográficas e relações

Na impossibilidade de acesso a seus textos, na forma de *unidade sistemática* ou *centro verdadeiro*, partiremos dessa heterogeneidade praticando um descentramento. Gestos que inscrevemos mediante a palavra **discursografia** como um *nome* para esse conjunto heterogêneo e transformável. Recolhemos a palavra **discurso** como *indício* do gesto que opõe discurso à obra fechada e assinala seu *duplo* registro de fato linguístico e estratégico.[2] A *grafia* permite enfatizar a escrita como *prática* e traçar uma distância da forma "biográfica". A *dobra discursográfica* defronta-se com as auto-ordenações de seus escritos: "arqueologia, genealogia", "jogos da verdade", "saber, poder e subjetividade", "ontologia do presente". Elas constituem-se em problema ao operar, sem questionamentos, como fórmulas ou chaves ao serviço de um *gregarismo foucaultiano* alimentado pela moda Foucault. Para tentar nos afastar do *peso* dessas auto-ordenações, assinalaremos, para assim valorizar, *outros* aspectos da discursografia.

» A *problematização* como única categoria móvel e válida para reunir seus escritos.[3] Foucault a relacionará às ordenações de *arqueologia* e *genealogia*, que tendem a cristalizar seu pensamento.[4]

---

1 FOUCAULT, M. *Dits et écrits*. Paris: Gallimard, 1994. v. 1. p. 794-804.

2 FOUCAULT, M. *Histoire de la folie à l'âge classique*. Paris: Gallimard, 1972. p. 9-10.

3 FOUCAULT, M. À propos de la généalogie de l'éthique: un aperçu du travail en cours (avec H. Dreyfus et P. Rabinow, Berkeley, avril 1983). In: DREYFUS, H.; RABINOW, P. *Michel Foucault*. Un parcours philosophique. Paris: Gallimard, 1984. p. 325. (b)

4 FOUCAULT, M. *L'usage des plaisirs. Histoire de la sexualité II*. Paris: Gallimard, 1984. p. 17. (a)

Capítulo 10 » **Foucault: perigos, resistências e armadilhas** » **217**

» A constituição de *novas relações*. Pode-se recolher como exemplo a utilização da ordenação *kantiana* alterada por Foucault[5] "saber, poder e ética" esquecendo-se seu acento *relacional*.

» A *prática de uma autotransformação* lenta e constante, na forma de *cuidado* de si, será explicitada nos últimos escritos como *ética intelectual* de apagamento; sua relação com a *superação de si*[6] e a *pesca no bloco greco-romano*[7] não pode ser esquecida. Diante da arbitrariedade de toda escolha ordenadora (essa incluída) enfrenta-se a *resistência material* da discursografia:

> Esses conjuntos práticos revelam três grandes domínios, o das relações de direção sobre as coisas, o das relações de ação sobre os outros, o das relações a si mesmo. Isso não quer dizer que os três domínios são completamente estranhos uns dos outros. Sabe-se bem que a direção sobre as coisas passa pelas relações aos outros; e isto implica sempre relações consigo mesmo; e inversamente. Porém trata-se de três eixos dos quais é necessário analisar a especificidade e imbricação: o eixo do saber, o eixo do poder, o eixo da ética.[8]

A discursografia foucaultiana como "filosofia da relação"[9] possibilita a efetivação de um *tentar pensar de outra maneira* e a realização da polêmica alquimia entre *verdade e ficção*.[10] A necessidade das transformações nas *práticas (o que os homens fazem)* vizinhas ao *discurso* será a única possibilidade de transformar sua *ordem*.[11] Diagnosticando relações cristalizadas ou configurações historicamente estabelecidas surgem as análises em termo, *a priori, histórico* e *dispositivo*. Desde as primeiras descrições do *dispositivo*, acentua-se a abrangência heterogênea dessa rede de inter-relações; operador que será definido como "um conjunto multilinear, composto de linhas de natureza diferente".[12] Mediante um *gesto* ilustrativo, seu amigo Paul Veyne manterá *silêncio* e distância das análises em termos de dispositivo até explicitá-lo como um "misturar *alegremente* coisas e ideias (incluída a

---

5   MUÑOZ, Y. G. G. Problemas de uma teoria das ciências humanas. *Integração*, São Paulo, ano II, n. 6, ago. 1996.

6   NIETZSCHE, F. *Ainsi parlait Zarathoustra/Also sprach Zarathustra*. Trad. Geneviève Bianquis. Paris: Aubier--Flammarion, 1969. 2 v. p. 246-253.

7   FOUCAULT, M. O retorno da moral. Trad. Ana Maria de A. Lima e Maria da Glória R. da Silva. In: *O Dossier, Últimas entrevistas*. Rio de Janeiro, Taurus, 1984. p. 134. (d)

8   FOUCAULT, 1994, v. 4, p. 576.

9   VEYNE, P. Foucault révolutionne l'histoire. In: ___. *Comment on écrit l'histoire*, suivi de *Foucault révolutionne l'histoire*. Paris: Éd. cu Seuil, 1979. p. 181.

10 DREYFUS, H.; RABINOW, P. *Michel Foucault, un parcours philosophique*. Trad. Fabienne Durand-Bogaert. Paris: Gallimard, 1984. p. 291-292.

11 FOUCAULT, M. *L'archéologie du savoir*. Paris: Gallimard, 1969. p. 272.

12 DELEUZE, G. Qu'est-ce qu'un dispositif? In: *Michel Foucault philosophe, Rencontre Internationale*. Paris (9, 10, 11 janvier 1988). Paris: Seuil, 1989. p. 185. (Coll. Des Travaux).

218 » Filosofia Política

de verdade), representações, doutrinas, filosofias (inclusive), instituições, práticas sociais, econômicas, etc.".[13]

10.3 Diagnósticos, poder e perigos

Distinguir redes relacionais supõe um diagnóstico e um uso da bússola *instintiva* que detecta o *perigo principal*. Este último aspecto ficou inscrito numa entrevista em inglês de 1983: "a escolha ético-política que temos que fazer a cada dia é determinar qual é o perigo principal".[14] Declaração sem armadilhas resguardadoras, posteriormente "corrigida". Nessa afirmação espontânea, a *escolha diária* supõe um *diagnóstico* para diferenciar *perigos* apoiando-se, ela mesma, num diagnóstico. De alguma maneira, substitui-se a "caverna por trás de cada caverna"[15] por um *diagnóstico por trás de cada diagnóstico*. A rede diagnóstica relaciona-se ao *exercício de pensar* e ao papel de *dobras questionadoras* do intelectual na procura de *novas formas de subjetividade.* A prática de *exercício de si no pensamento* coincide, finalmente, com o nome *filosofia.*[16] Mas será, na ação intelectual, experimentada como *desapego e apagamento,* que Foucault diagnostica o *hoje da ética* intelectual. Experimentação presente desde *as dobras* de *L'archéologie du savoir*[17] até o último tornar-se desse papel.[18] Em todo o caso, o apagamento como *autor* marca seletivamente seu trajeto e desenha seu *escolher* ético-estético-político. "Se tudo é perigoso, então sempre temos algo a fazer. Assim sendo, minha posição leva não à apatia, mas a um ativismo imenso e pessimista."[19]

Foi pertinentemente assinalado como se misturam uma *alegre* e constante atividade intelectual com um diagnóstico *pessimista* dos *perigos:* "estava (a alegria de pensar) na disposição a agir na esfera local, na prontidão a ler sinais do novo, na ideia de que o poder estava em toda a parte –, por isso, numa presteza a agir".[20] A *tarefa intelectual* acompanha a mobilidade das *relações de poder* nos "diversos tipos de sociedades" (institucional, de controle etc.). No período em que predomina o estudo do poder, Foucault pensa as *relações de poder,* nietzscheanamente, como relações de forças e usa Clausewitz na forma de *metáforas guerreiras,* constituindo uma definição *nominalista:* "O poder não é uma instituição e nem

---

13 VEYNE, P. *Foucault.* Sa pensée, sa personne. Paris: Albin Michel, 2008. p. 53.

14 FOUCAULT, 1984, p. 44.

15 NIETZSCHE, F. *Obras incompletas.* Trad. Rubens Rodrigues Torres Filho. 3. ed. São Paulo: Abril Cultural, 1983. p. 294. (Coleção Os Pensadores).

16 FOUCAULT, 1984, p. 14.

17 FOUCAULT, M. *L'archéologie du savoir.* Paris: Gallimard, 1969. p. 9 e 271.

18 MUÑOZ, Y. G. G. Mapeamentos problemáticos de uma "tarefa intelectual" em Michel Foucault. Revista *Margem,* Faculdade de Ciências Sociais, PUC-SP, n. 12, p. 40-44, dez. 2000.

19 FOUCAULT, 1984, p. 44.

20 RIBEIRO, R. J. *A ética na política.* São Paulo: Lazuli, 2006. p. 163.

Capítulo 10 » **Foucault: perigos, resistências e armadilhas** » **219**

uma estrutura, não é certa potência de que alguns sejam dotados: é o nome dado a uma situação estratégica complexa numa sociedade determinada".[21]

Porém, ficou como um aspecto menos saliente entre os intérpretes que se debruçam sobre a problemática do poder e a ligação do poder com os perigos. Nos textos foucaultianos sublinham-se perigos em diversos níveis: perigos institucionais, perigos detectados pelo trabalho intelectual, perigos do pensamento, perigos na civilização ocidental. O próprio trabalhar foucaultiano na heterogeneidade parece estar situado no respeito à diversidade, circulando numa determinada série que *resiste* ao perigo da unidade e da uniformidade. Por isso, nesse ponto de cruzamento de diversos perigos e no situar-se numa série determinada, faz-se necessária a tarefa de distinguir. Distinguir não só por que as teias dos perigos muitas vezes se superpõem e se enredam, dando a aparência de pertencer a um único tecido, mas porque o próprio solo onde nos movimentamos parece perigoso. Vivemos talvez entre perigos e a cada momento denominamos e/ou somos denominados "perigosos".

Neste sentido, também é curiosa e pouco estudada a relação com Blanchot. Foucault vai se deter nas análises *entre* ficção e reflexão de Blanchot: a personagem Sorge e o vazio da lei, a linguagem, a lei que atravessa cidades, instituições, condutas e gestos. Descreverá a lei infringida, tornada castigo, como lei irritada e fora de si, porém invisível; fora inacessível que envolve as condutas,[22] descrição essa que informa os "sérios" mapeamentos posteriores no âmbito institucional. Nessa relação discursiva teremos, após a morte de Foucault, um texto de Blanchot que insere o humor já no título: *Michel Foucault tal como eu imagino*.[23] Nele, Foucault é caracterizado como "um homem em perigo"; "um homem de ação, solitário e secreto e que, por isso mesmo, desconfia do prestígio da interioridade, defende-se das armadilhas da subjetividade"[24] procurando no cenário (onde e como é possível) um discurso de superfície. Porém, o próprio Foucault não teria ficado, em sua condição de homem, em perigo, ao contrário, teria distinguido perigos, indicando que com alguns podemos viver, com outros não. Na tarefa de diagnosticador de perigos, o autor destaca como Foucault não assinalou "a" racionalidade, mas as diversas formas de racionalidade, a acumulação acelerada de dispositivos racionais que atuam no sistema penitenciário, hospitalar e até escolar. Contudo, o irracional não adquire por isso direitos imprescritíveis.[25] Na esteira de Nietzsche, podemos acrescentar, que Foucault teria se tornado diagnosticador dos perigos na procura da verdade, mostrando as ligações de poder, verdade e discurso.

---

21 FOUCAULT, M. *Volonté de savoir*. Histoire de la sexualité I. Paris: Gallimard, 1976. p. 123.

22 FOUCAULT, 1984, I, p. 530 e 533.

23 BLANCHOT, Maurice. *Michel Foucault tal y como yo lo imagino*. Trad. Manuel Arranz. Pre-Textos, Valencia, 1988.

24 BLANCHOT, 1988, p. 14-15.

25 BLANCHOT, 1988, p. 32-33.

220 » Filosofia Política

10.4 A resistência

No cruzamento entre diagnóstico intelectual, perigos e determinada configuração estratégica do poder, destaca-se a problemática da *resistência*, pensada por Foucault como a outra face do poder (*relacional* e *produtivo*). Na discursografia, há um constante movimento do pensamento que se encarrega de modificá-la e aperfeiçoá-la. Numa entrevista de 1977, ao explicitar sua expressão "Onde existe poder, existe resistência",[26] distancia-se da teoria do poder em termos de "coisas" e da escolha estético-moral que o qualifica de "mal", "feio" e "morto":

> Esta resistência de que falo não é uma substância. Ela não é anterior ao poder que ela enfrenta. Ela é coextensiva a ele e absolutamente contemporânea [...] Para resistir, é preciso que a resistência seja como o poder. Tão inventiva, tão móvel, tão produtiva quanto ele. Que, como ele, venha de "baixo" e se distribua estrategicamente.[27]

É possível marcar um percurso transformável da resistência na discursografia foucaultiana; resistência-defesa, resistência-ataque, resistência catalisador-químico.[28] Mas nos limitaremos a assinalar o último tornar-se: a *resistência* como conceito-arma transversal às análises sobre o poder e à alquimia intelectual de discursografia e forma de vida. Numa de suas últimas caracterizações Foucault assinala seu *novo* modo de investigação das relações de poder: "utilizar a resistência como um catalisador químico".[29] Utilização metafórica, estratégica e microscópica de pequenos fatos; instrumento que não só amplia os fatos/resistência detectados como também os acelera. Por meio desse *uso* será possível pôr em evidência "as relações de poder, ver onde estão inscritas, descobrir seus pontos de aplicação e os métodos que utilizam".[30] O próprio instrumento de aceleração catalisadora insere-se na tarefa ético-política. Abre-se um *espaço* que é possível atravessar e onde se pode somar e acelerar as *lutas* hoje dominantes. No diagnóstico foucaultiano, as *lutas* de hoje são transversais, imediatas, anárquicas e questionadoras do "*status*" do indivíduo e da circulação e funcionamento do saber. A luta pontual é mais atuante e afirmativa na medida em que se circunscreve. Procura-se assim atingir uma *técnica particular, uma forma de poder*, hoje predominando a luta contra técnicas e formas que transformam os indivíduos em

---

26 FOUCAULT, 1976, p. 125.

27 FOUCAULT, M. Não ao sexo rei (com B-H. Lévy). Trad. Angela Loureiro de Souza. In: ___. *Microfísica do poder.* 5. ed. Rio de Janeiro: GraaL, 1985. p. 241. (b)

28 MUÑOZ, Y. G. G. *Fios, teias e redes.* O solo foucaultiano. São Paulo, 1994. Dissertação (Mestrado em Filosofia) – Pontifícia Universidade Católica de São Paulo, São Paulo, 1994. p. 101-109.

29 FOUCAULT, 1984, p. 300.

30 FOUCAULT, 1984, p. 300.

Capítulo 10 » **Foucault: perigos, resistências e armadilhas** » **221**

sujeitos submissos aos outros e à sua identidade.[31] Procuram-se *novas formas de subjetividade*. A expressão discursográfica "onde há poder, há resistência" adquire a forma: *onde há resistências, há poder e perigo a diagnosticar*. Virada operativa e não pré-existência substancial; o próprio operador transforma-se num "ponto de Arquimedes" para as análises *microfísicas* do poder.

Mas qual seria a ligação filosófica da qual se desfaz Foucault e que acaba fazendo dele um pensador da resistência afirmativa e catalisadora?

Podemos considerar as figuras que se mostram como avesso da resistência no "cenário filosófico". Nesse ponto, é pertinente recorrer ao escrito *O avesso da dialética*: Hegel à luz de Nietzsche,[32] que trabalha com operadores nietzscheanos e que situa o universo hegeliano como anulação de toda situação de força, dissimulado pela máquina hegeliana.[33] Considera-se nele que, em diversas situações das chamadas "liberações" hegelianas, o fraco terminaria compreendendo e legitimando sua incapacidade de resistir, que Nietzsche, no §29 do *Anti-cristo*, descreveria como:

> O contrário de toda luta, de toda sensação de combater converteu-se em instinto: a incapacidade de resistir transforma-se em moral ("não resistas ao mal", o mais profundo dito dos Evangelhos, de certa forma a chave para eles), a beatitude na paz, na cordura, na incapacidade de ser inimigo.[34]

E que o discurso de G. Lebrun levará ao seu limite, no universo hegeliano:

> Não resistas ao mal... A dialética vai ainda mais longe: manda que pactues com a dor, que compreendas que não és 'tu' quem ela lesa, porém é o Si que ela enriquece. Incapacidade de resistir transformada em ontologia.[35]

Na própria discursografia foucaultiana encontra-se a análise da "mediação universal" como reforço da "logofobia".[36] Posteriormente, Foucault parece abandonar essa luta explícita diante dos diversos pontos do universo hegeliano. No entanto, podemos dizer que contribui para a implosão do próprio cenário dialético, à medida que: acentua o esquema estratégico, trabalha com metáforas guerreiras, destaca elementos nietzscheanos e anti-nietzscheanos e procura abandonar

---

31 FOUCAULT, 1984, p. 301-303.

32 LEBRUN, G. *O avesso da dialética:* Hegel à luz de Nietzsche. Trad. Renato Janine Ribeiro. São Paulo: Companhia das Letras, 1988.

33 LEBRUN, 1988, p. 11 e 184.

34 LEBRUN, 1988, p. 184.

35 LEBRUN, 1988, p. 184.

36 FOUCAULT, M. *L'Ordre du discours (Leçon inaugurale du Collège de France, 2 décembre 1970)*. Paris: Gallimard, 1971. p. 50-51.

222 » Filosofia Política

aquilo que é animado pelos poderes do negativo, incluindo-se aí a reflexão sobre a própria noção de "enkratéia", que reforça todos os pontos mencionados. A enkratéia, como "forma ativa da direção de si", é, na leitura dos gregos realizada por Foucault, "condição da sophrosune", forma de trabalho e controle que o indivíduo deve exercer sobre si mesmo para tornar-se temperante (*sophron*).[37]

10.5 Murmúrio discursográfico, auto-ordenações e armadilhas

Segundo um curioso e tático diagnóstico foucaultiano, o sucesso da "moda Foucault" seria algo passageiro.[38] Talvez a *fumaça* ao redor do "acontecimento Foucault" tenha se assentado, mas permanece o *interesse* por problemáticas, materializadas em seus escritos: disciplina, controle, loucura, poder, resistência, governabilidade, sexualidade, desejo, subjetividade, cuidado de si. Avaliação posterior de sua produtiva aposta num esquecimento que possibilita um "regresso à" sua discursografia.[39]

Existe uma materialidade tornada referência obrigatória e grafia-testamentária: a última ordenação que une suas pesquisas em torno à "história da verdade".[40] No entanto, é possível questionar o *peso* da referida grafia auto-ordenadora se *dobrarmos* sobre ela a análise de Foucault sobre *Raymond Roussel*. Foucault analisou o escrito de Roussel na véspera de seu suicídio: *Comment j'ai écrit certains de mes livres.* Diante da soberania da morte, prepara-se um *envoltório* "como casca vazia onde sua existência aparecerá aos outros"; trata-se de ajustamentos de superfície, do exterior da máquina e não "do preciso mecanismo de relógio que, secretamente, a faz funcionar".[41] Consideração passível de ser aproximada, na *diferença*, ao papel, à localização e ao uso que se lhe vem dando à mencionada auto-ordenação de *L'usage des plaisirs*.[42] As auto-ordenações constituem *máscaras*? Muito já foi escrito sobre as muitas faces de Foucault. Considerou-se o pensador Foucault "sob a máscara do arqueólogo".[43] Com ocasião da inserção de um Verbete com seu nome no *Dictionnaire des philosophes*, o próprio Foucault fez sua apresentação sob a máscara de Maurice Florence, inserindo-se na história crítica do pensamento como história da emergência dos jogos de verdade, onde se articulam discursos. Ordenação sob o nome Foucault que amplia e recobre ordenações anteriores:

---

37 FOUCAULT, 1984, p. 76.

38 LEBRUN, G. Foucault ao vivo. *Jornal da Tarde*, 30 jun. 1984. Cadernos de Programas e Leituras.

39 FOUCAULT, M. Qu'est-ce qu'un auteur? In: ___. *Dits et écrits*. Paris: Gallimard, 1994. v. I. p. 789-820.

40 FOUCAULT, 1984, p. 12-13.

41 FOUCAULT, M. *Raymond Roussel*. Paris: Gallimard, 1963. p. 196.

42 MUÑOZ, 1994, p. 33-37.

43 LEBRUN, G. Note sur la phénoménologie dans *Les mots et les choses*. In: *Michel Foucault philosophe, Rencontre Internationale*. Paris (9, 10, 11 janvier 1988). Paris: Seuil, 1989. (Coll. Des Travaux). p. 34.

Capítulo 10 » **Foucault: perigos, resistências e armadilhas** » **223**

> Malgrado o título, não é do autor que o texto fala, mas de sua produção discursiva [...] a tal ponto que permite, inclusive, um rearranjo do conjunto de escritos [...] ao mesmo tempo em que, sob o título, o texto permite um desdobramento do próprio título, também permite, sob a assinatura, um desdobramento do autor que a si próprio se coloca numa espécie de zona limítrofe em que ele é e pode não ser igual a si mesmo.[44]

Cabe experimentar a *diferença* entre as máscaras do arquéologo, genealogista, historiador, filósofo, literato e político? "[...] nós somos diferença, nossa razão é a diferença dos discursos, nossa história a diferença dos tempos, nosso eu a diferença das máscaras. Que a diferença [...] é a dispersão que nós somos e que nós fazemos".[45]

Da discursografia emergem máscaras, diferenças e "muitas almas mortais" constituindo uma série de mortes relacionais que talvez correspondam ao desejo de continuar dentro da murmuração incessante do discurso, ao que já remete a Aula Inaugural[46] (e suas considerações sobre Brisset).[47] Dessa maneira: "o que interessa (no discurso) são seus interstícios, aquilo que está entre suas linhas, suas dobras, o eco de outros discursos que se faz ouvir, seus murmúrios, as vozes fantasmagóricas que chamam".[48]

Não se trata, porém, de rejeitar as auto-ordenações; elas também constituem materialidades discursivas. Segundo o *leitor* Foucault, o último escrito de Roussel era um "elemento último indispensável", porém não constituía *a explicação*, nem *a chave* do trabalho. No *murmúrio incessante do discurso* há jogos do verdadeiro e do falso. Há fragmentação do centro-verdade. Há um *vulcão foucaultiano* que inverte toda distinção entre superfícies e profundidades. Mas há também um "sério" *envoltório ordenador* que remete ao *nome* Kant e conduz à distinção entre *analítica da verdade* e *ontologia do presente*. A primeira via, constituída pelos "analistas da verdade" que, após Kant, optam por uma "filosofia crítica que se apresenta como uma filosofia analítica da verdade em geral". Na segunda, encontramos o pensamento crítico, na forma de uma "ontologia do presente" abrangendo de Hegel até a Escola de Frankfurt, passando por Nietzsche e Max Weber, e dentro da qual se situa humoristicamente o *inventor* da ordenação.[49]

Mas por que exercer a problematização das próprias ordenações foucaultianas? Suspeitamos que a *resistência* da materialidade discursiva convide para que

---

44 MUCHAIL, S. T. *Foucault, simplesmente*. São Paulo: Loyola, 2004. p. 130-131.

45 FOUCAULT, 1969, p. 172-173.

46 FOUCAULT, 1971. p. 7-8, 81-82.

47 FOCAULT, M. *Sept propos sur le septième ange*. Montpellier: Fata Morgana, 1986. p. 30-34.

48 OROPALLO, M. C. A presença de Nietzsche no discurso de Foucault. *Plural*, São Paulo: Universidade São Judas Tadeu, v. 1, n. 2, set. 2002. p. 14.

49 FOUCAULT, M. *Dits et écrits*. Paris: Gallimard, 1994. v. IV. p. 688-689.

224 » Filosofia Política

determinados *leitores* se deixem *expulsar.* Haveria um "não dito". Um pensador que pratica a suspeita refletindo sobre os perigos, as resistências e a *ordem do discurso,* reparando em *usos* posteriores que traem os escritos de Marx e Nietzsche, experimenta esse questionamento na forma de seu porvir e, desconfiando de possíveis apropriações, materializa armadilhas do humor.[50] As auto-ordenações serão assim dobras-armadilhas que resguardam humoristicamente seu trabalho e constroem grandes deformações esquemáticas de seu pensamento que lhe permitem instaurar-se como seu principal *assassino.* Num terreno discursográfico *minado* mantêm-se viva a luta de poder e resistência, linguística e estratégia, tensão e prazer:

> O fato que exista um secreto, o sentimento de ler uma espécie de texto cifrado fazem da leitura um jogo, um empreendimento certamente um pouco mais complexo, um pouco mais inquietante [...] que quando se lê um texto por puro prazer [...] a consciência do procedimento dá à leitura certa tensão.[51]

10.6 Texto para análise

[...] Parece-me que se deve compreender o poder, primeiro, como a multiplicidade de correlações de força imanentes ao domínio onde se exercem e constitutivas de sua organização; o jogo que, através de lutas e afrontamentos incessantes as transforma, reforça, inverte; os apoios que tais correlações de força encontram umas nas outras, formando cadeias ou sistemas ou ao contrário, as defasagens e contradições que as isolam entre si; enfim, as estratégias em que se originam e cujo esboço geral ou cristalização institucional toma corpo nos aparelhos estatais, na formulação da lei, nas hegemonias sociais. A condição de possibilidade do poder, em todo caso, o ponto de vista que permite tornar seu exercício inteligível até em seus efeitos mais "periféricos" e, também, enseja empregar seus mecanismos como chave de inteligibilidade do campo social, não deve ser procurada na existência primeira de um ponto central, num foco único de soberania de onde partiriam formas derivadas e descendentes; é o suporte móvel das correlações de força que, devido a sua desigualdade, induzem continuamente estados de poder, mas sempre localizados e instáveis. Onipresença do poder: não porque tenha o privilégio de agrupar tudo sob sua invencível unidade, mas porque se produz a cada instante, em todos os pontos,

---

50 FOUCAULT, 1994, v. III, p. 133-135.
51 FOUCAULT, 1994, v. IV, p. 599-608.

ou melhor, em toda relação entre um ponto e outro. O poder está em toda parte; não porque englobe tudo e sim porque provém de todos os lugares. E "o" poder, no que tem de permanente, de repetitivo, de inerte, de auto--reprodutor, é apenas efeito de conjunto, esboçado a partir de todas essas mobilidades, encadeamento que se apoia em cada uma delas e, em troca, procura fixá-las. Sem dúvida, devemos ser nominalista: o poder não é uma instituição e nem uma estrutura, não é uma certa potência de que alguns sejam dotados: é o nome dado a uma situação estratégica complexa numa sociedade determinada.[52]

10.6.1 Estudo do texto

Como citado, Foucault define o poder nos seguintes termos: "O poder não é uma instituição e nem uma estrutura, não é certa potência de que alguns sejam dotados: é o nome dado a uma situação estratégica complexa numa sociedade determinada".

Em muitos escritos, o autor diz ter interesse em como *funciona* o poder, e não mais o que seja o poder. Nas auto-ordenações de seus escritos esclarece, como já referimos, que nas análises do poder são tratadas as "relações de ação sobre os outros (inseparáveis das relações com as coisas e consigo mesmo".[53] Por outra parte, em 1983, diagnostica a atualidade dizendo "a escolha ético-política que temos que fazer a cada dia é determinar qual é o perigo principal" e, em 1984, esclarece o funcionamento do poder como um: "conduzir condutas.[54]

» Problematize a primeira definição.

» Distinga e diferencie, em diversas filosofias estudadas, as perguntas e os problemas estruturados em função do *que* e do *como*.

» Como seria possível pensar a ênfase no *funcionamento* do poder na discursografia foucaultiana em relação com o "diagnóstico da atualidade"?

---

52 FOUCAULT, M. *História da sexualidade I*. A vontade de saber. Trad. Maria Thereza da Costa Albuquerque e J. A. Guilhon Albuquerque. Rio de Janeiro, Graal, 1999. p. 88-89.

53 FOUCAULT, 1984, p. 314.

54 FOUCAULT, 1984, p. 314.

226 » Filosofia Política

10.7 Proposta de tema de dissertação

Foucault, em suas últimas entrevistas, declarou:

> Eu nunca escrevi nada além de ficções e eu tenho consciência. Apesar disto, eu
> não diria que as ficções estão fora da verdade. Eu acredito que é possível fazer
> funcionar a ficção no interior da verdade, introduzir efeitos de verdade num dis-
> curso de ficção e, assim, conseguir produzir no discurso, fazê-lo "fabricar" algu-
> ma coisa que ainda não existe, alguma coisa que se "ficcionaliza".[55]

A partir dessa afirmação, é possível relacionar a problemática do poder e da ficção na discursografia de Foucault. Surgem, deste modo, possíveis problematizações e interrogantes que conduzem a interessantes temáticas para uma dissertação. A saber:

a) O que Foucault entende por ficção nos seus primeiros escritos (décadas de 60 e 70)?

b) Como é possível relacionar essa temática com a última afirmação referida do ano 1984?

c) Como uma possível relação recíproca entre verdade e ficção contradiz os estudos filosóficos tradicionais?

d) Em que medida Foucault se afasta ou matiza a "história da verdade" segundo Nietzsche?

10.8 Proposta de temas para estudo

» Estudar o problema das "relações" e das "novas relações" nos escritos foucaultianos.

» Esboçar o percurso e modificações da "resistência" no próprio percurso deste pensador.

» Pesquisar a opção de Foucault pela ética (e não pela moral) nos seus estudos do pensamento greco-romano.

» Trabalhar sua diferenciação entre "conhecimento de si" e "cuidado de si" no pensamento greco-romano.

---

55 FOUCAULT apud DREYFUS; RABINOW, 1984, p. 291-2.

Michel Foucault
Biografia e principais obras

Diferentemente de outros pensadores, fazer simplesmente uma biografia de Michel Foucault (1926-1984) seria trair seu próprio pensamento. O leitor pode encontrar seus dados biográficos consultando diversos sites da Internet. Nesta ocasião, e acompanhando suas próprias problematizações sobre "biografias", opto por destacar alguns aspectos da forma em que o referido pensador francês, rejeitando muitas vezes o nome de filósofo, se caracterizou por procurar vidas sem importância, "aventuras sem nome", porém "reais", assim por exemplo, na antologia de existências realizada em 1977 sob o título *A vida dos homens infames*. Também é pertinente destacar o gesto de dar uma entrevista "anti-mídia", *O filósofo mascarado* (1980), em que "privado de identidade precisa" se mostrou inflexível diante da proposta de *Le Monde*, que queria entrevistá-lo como Michel Foucault. Por outra parte, e como já destacamos no próprio texto, com ocasião da inserção de um Verbete com seu nome no *Dictionnaire des philosophes* ele próprio fez sua apresentação sob a *máscara* de *Maurice Florence*, inserindo-se como *historiador crítico do pensamento*. Ao mesmo tempo, escreveu textos que desmontam uma pretensa "função sujeito e autor" se perguntando e dobrando constantemente seus trabalhos para "gerar uma constante desindividualização". Acrescentemos sua pesquisa sobre o papel da escrita na antiguidade greco-romana e destaquemos, finalmente, o esclarecimento oferecido em suas últimas entrevistas. Em *Arqueologia de uma paixão* (1984), explicita que o sujeito que escreve faz parte da obra e, nesse sentido, "a obra é mais do que uma obra". Por isso, e a modo de biografia, talvez seja pertinente resgatar uma frase da referida entrevista que trata de sua leitura de Raymond Roussel, com quem nos disse ter estabelecido relações secretas: "um escritor não faz simplesmente sua obra em seus livros, no que ele publica, sua obra principal é finalmente ele mesmo escrevendo seus livros".

228 » Filosofia Política

Seleção de 10 livros de Michel Foucault em português

A arqueologia do saber. Trad. Luiz Felipe Baeta Neves. Rio de Janeiro: Forense Universitária, 1986.

A ordem do discurso (Aula inaugural). Trad. Laura Fraga de A. Sampaio. São Paulo: Loyola, 1996.

As palavras e as coisas. Uma arqueologia das ciências humanas. Trad. Salma Tannus Muchail. São Paulo: Martins Fontes, 1985.

História da loucura na Idade Clássica. Trad. José Teixeira Coelho Netto. São Paulo: Perspectiva, 1978.

História da sexualidade I. A vontade de saber. Trad. Maria Thereza da Costa Albuquerque e J.A. Guilhon Albuquerque. Rio de Janeiro: Graal, 1985.

História da sexualidade II. O uso dos prazeres. Trad. Maria Thereza da Costa Albuquerque. Rio de Janeiro: Graal, 1984(a).

História da sexualidade III. O cuidado de si. Trad. Maria Thereza da Costa Albuquerque. Rio de Janeiro: Graal, 1985.

O nascimento da clínica. Trad. Roberto Machado. Rio de Janeiro: Forense Universitária, 1980.

Raymond Roussel. Trad. Manoel B. da Motta e Vera Lucia A. Ribeiro. Rio de Janeiro: Forense Universitária, 1999.

Vigiar e punir. Nascimento da prisão. Trad. Lígia M. Pondé Vassallo. Petrópolis: Vozes, 1987.

Referências

BLANCHOT, M. *Michel Foucault tal y como yo lo imagino.* Trad. Manuel Arranz. Valencia: Pre-Textos, 1988.

DELEUZE, G. Qu'est-ce qu'un dispositif? In: *Michel Foucault philosophe, Rencontre Internationale.* Paris (9, 10, 11 janvier 1988). Paris: Seuil, 1989. (Coll. Des Travaux).

DREYFUS, H.; RABINOW, P. *Michel Foucault.* Un parcours philosophique. Trad. Fabienne Durand-Bogaert. Paris: Gallimard, 1984.

FOUCAULT, M. Archaeology of a passion – archéologie d'une passion (sur R. Roussel). In: _____. *Dits et écrits.* Paris: Gallimard, 1994. v. IV. p. 599-608.

_____. *Histoire de la sexualité II* – L'usage des plaisirs. Paris: Gallimard, 1984. (a)

_____. À propos de la généalogie de l'éthique: un aperçu du travail en cours (avec H. Dreyfus et P. Rabinow, Berkeley, avril 1983). In: DREYFUS, H.; RABINOW, P. *Michel Foucault.* Un parcours philosophique. Trad. Fabienne Durand-Bogaert. Paris: Gallimard, 1984. (b)

_____. Le souci de la vérité (avec F. Ewald). *Magazine Littéraire*, 207, p. 18-23, maio 1984. (c)

_____. O retorno da moral. In: _____. *O dossier, últimas entrevistas.* Trad. Ana Maria de A. Lima e Maria da Glória R. da Silva. Rio de Janeiro: Taurus, 1984. (d)

_____. Deux essais sur le sujet et le pouvoir: I. Pourquoi étudier le pouvoir: la question du sujet; II. Le pouvoir, comment s'exerce-t-il?. In: DREYFUS, H.; RABINOW, P. *Michel Foucault.* Un parcours philosophique. Trad. Fabienne Durand-Bogaert. Paris: Gallimard, 1984. (e)

_____. *Dits et écrits.* Paris: Gallimard, 1994. 4 v.

_____. Distance, aspect, origine. In: _____. *Théorie d'ensemble.* Paris: Éd. du Seuil, 1968.

_____. Foucault. In: _____. *Dits et écrits.* Paris: Gallimard, 1994. v. IV. p. 631-636.

_____. *Histoire de la folie à l'âge classique.* Paris: Gallimard, 1972.

_____. La folie, l'absence d'oeuvre. In: _____. *Histoire de la folie à l'âge classique.* Paris: Gallimard, 1972. Appendice 1, p. 575-582.

_____. *L'archéologie du savoir.* Paris: Gallimard, 1969.

_____. La pensée du dehors. In: _____. *Dits et écrits.* Paris: Gallimard, 1994. v. I. p. 518-539.

_____. *L'Ordre du discours* (Leçon inaugurale du Collège de France, 2 décembre 1970). Paris: Gallimard, 1971.

_____. *Microfísica do poder.* Organização, introdução e revisão técnica de Roberto Machado. 5. ed. Rio de Janeiro: Graal, 1985.

_____. *Não ao sexo rei* (com B-H. Lévy). Trad. Angela Loureiro de Souza. In: _____. *Microfísica do poder.* 5. ed. Rio de Janeiro: Graal, 1985. p. 229-242.

_____. Préface. In: DELEUZE, G.; GUATTARI, F. *Anti-Oedipus:* capitalism and schizophrenia. Trad. F. Durand-Bogaert. New York: Viking Press.

_____. Qu'est-ce qu'un auteur. In: _____. *Dits et écrits.* Paris: Gallimard, 1994. v. I. p. 789-820.

_____. *Raymond Roussel.* Paris: Gallimard, 1963.

_____. *Sept propos sur le septième ange.* Montpellier: Fata Morgana, 1986.

_____. *Volonté de savoir.* Histoire de la sexualité I. Paris: Gallimard, 1976.

LEBRUN, G. Foucault ao vivo. *Jornal da Tarde*, 30 jun. 1984. Cadernos de Programas e Leituras.

Capítulo 10 » **Foucault: perigos, resistências e armadilhas** » **229**

_____. Note sur la phénomenologie dans *Les mots et les choses*. In: *Michel Foucault philosophe, Rencontre Internationale*. Paris (9, 10, 11 janvier 1988). Paris: Seuil, 1989. (Coll. Des Travaux).

_____. *O avesso da dialética*. Hegel à luz de Nietzsche. Trad. Renato Janine Ribeiro. São Paulo: Companhia das Letras, 1988.

MUCHAIL, S. T. *Foucault, simplesmente*. São Paulo: Loyola, 2004.

MUÑOZ, Y. G. G. *Fios, teias e redes*. O solo foucaultiano. São Paulo, 1994. Dissertação (Mestrado em Filosofia) – Pontifícia Universidade Católica de São Paulo, São Paulo, 1994.

_____. Algumas relações entre diagnóstico e subjetividade nos percursos foucaultianos. *Revista Aulas*, n. 3, p. 1--22, dez. 2006/mar. 2007. Disponível em: <www.unicamp.br/~aulas/index.htm>. Acesso em: 8 mar. 2018.

_____. Mapeamentos problemáticos de uma "tarefa intelectual" em Michel Foucault. Revista *Margem*, Faculdade de Ciências Sociais, PUC-SP, n. 12, p. 35-47, dez. 2000.

_____. Problemas de uma teoria das ciências humanas. *Integração*, São Paulo, ano II, n. 6, ago. 1996.

NIETZSCHE, F. *Ainsi parlait Zarathoustra/Also sprach Zarathustra*. Trad. Geneviève Bianquis. Paris: Aubier--Flammarion, 1969. 2 v.

_____. *Más allá del bien y del mal*. Trad. Andrés Sánchez Pascual. Madrid: Alianza, 1972.

_____. *Obras incompletas*. Trad. Rubens Rodrigues Torres Filho. 3. ed. São Paulo: Abril Cultural, 1983 (Coleção Os Pensadores).

OROPALLO, M. C. A presença de Nietzsche no discurso de Foucault. *Plural*, São Paulo, Universidade São Judas Tadeu, v. 1, n. 2, set. 2002.

RIBEIRO, R. J. *A ética na política*. São Paulo: Lazuli, 2006.

VEYNE, P. Foucault et le dépassement (ou achèvement) du nihilisme. In: *Michel Foucault philosophe, Rencontre Internationale*. Paris (9, 10, 11 anvier 1988). Paris: Seuil, 1989. (Coll. Des Travaux).

_____. *Foucault*. Sa pensée, sa personne. Paris: Albin Michel, 2008.

_____. Foucault révolutionne l'histoire. In: _____. *Comment on écrit l'histoire*, suivi de *Foucault révolutionne l'histoire*. Paris: Éd. du Seuil, 1979.

_____. Foucault revoluciona a história. In: _____. *Como se escreve a história*; *Foucault revoluciona a história*. Trad. Alda Baltar e Maria Auxiliadora Kneipp. Brasília: Universidade de Brasília, 1982.

Edições em português de obras de Michel Foucault

FOUCAULT, M. *A arqueologia do saber*. Trad. Luiz Felipe Baeta Neves. Rio de Janeiro: Forense Universitária, 1986.

_____. *A ordem do discurso (aula inaugural)*. Trad. Laura Fraga de A. Sampaio. São Paulo: Loyola, 1996.

_____. *As palavras e as coisas*. Uma arqueologia das ciências humanas. Trad. Salma Tannus Muchail. São Paulo: Martins Fontes, 1985.

_____. *Doença mental e psicologia*. Trad. Lilian Rose Shalders. Rio de Janeiro: Tempo Brasileiro, 1984.

_____. *Eu, Pierre Rivière, que degolei minha mãe, minha irmã e meu irmão*: um caso de parricídio do século XIX, apresentado por M. Foucault. Trad. Denise Lezan de Almeida. Rio de Janeiro: Graal, 1984.

_____. *Herculine Barbin*. O diário de uma hermafrodita. Trad. Irley Franco. Rio de Janeiro: Francisco Alves, 1982.

_____. *História da loucura na Idade Clássica*. Trad. José Teixeira Coelho Netto. São Paulo: Perspectiva, 1978.

_____. *História da sexualidade I*. A vontade de saber. Trad. Maria Thereza da Costa Albuquerque e J. A. Guilhon Albuquerque. Rio de Janeiro: Graal, 1985.

_____. *História da sexualidade II*. O uso dos prazeres. Trad. Maria Thereza da Costa Albuquerque. Rio de Janeiro: Graal, 1984.

_____. *História da sexualidade III*. O cuidado de si. Trad. Maria Thereza da Costa Albuquerque. Rio de Janeiro: Graal, 1985.

_____. *Isto não é um cachimbo*. Trad. Jorge Coli. Rio de Janeiro: Paz e Terra, 1988.

_____. *O nascimento da clínica*. Trad. Roberto Machado. Rio de Janeiro: Forense Universitária, 1980.

_____. *Raymond Roussel*. Trad. Manoel B. da Motta e Vera Lucia A. Ribeiro. Rio de Janeiro: Forense Universitária, 1999.

_____. *Vigiar e punir*. Nascimento da prisão. Trad. Lígia M. Pondé Vassallo. Petrópolis: Vozes, 1987.

Coletâneas

FOUCAULT, M. *Arqueologia das ciências e história dos sistemas de pensamento*. Org. Manoel Barros da Motta. Trad. Elisa Monteiro. Rio de Janeiro: Forense Universitária, 2000. (Ditos e Escritos, v. II).

_____. *Estética*: literatura e pintura, música e cinema. Org. Manoel Barros da Motta. Trad. Inês Autran D. Barbosa. Rio de Janeiro: Forense Universitária, 2001. (Ditos e Escritos, v. III).

230 » Filosofia Política

_____. *Estratégia, poder/saber*. Org. Manoel Barros da Motta. Trad. Vera Lucia de A. Ribeiro. Rio de Janeiro: Forense Universitária, 2003. (Ditos e Escritos, v. IV).

_____. *Ética, sexualidade, política*. Org. Manoel Barros da Motta. Trad. Elisa Monteiro e Inês Autran Dourado Barbosa. Rio de Janeiro: Forense Universitária, 2004. (Ditos e Escritos, v. V).

_____. *Microfísica do poder*. Organização, introdução e revisão técnica de Roberto Machado. Rio de Janeiro: Graal, 1985.

_____. *Nietzsche, Freud e Marx* e *Theatrum Philosoficum*. Trad. Jorge Lima Barreto. São Paulo: Princípio, 1987.

_____. *O dossier, últimas entrevistas*. Trad. Ana Maria de A. Lima e Maria da Glória R. da Silva. Rio de Janeiro: Taurus, 1984.

_____. *O que é um autor?* A vida dos homens infames e a escrita de si. Trad. Antonio Fernando Cascais e Edmundo Cordeiro. Lisboa: Vega, 1992.

_____. *Problematização do sujeito*: psicologia, psiquiatria e psicanálise. Org. Manoel Barros da Motta. Trad. Vera Lucia de A. Ribeiro. Rio de Janeiro: Forense Universitária, 1999. (Ditos e Escritos, v. I).

Cursos

FOUCAULT, M. *A hermenêutica do sujeito*. Trad. Márcio Alves da Fonseca e Salma Tannus Muchail. São Paulo: Martins Fontes, 2001.

_____. *Em defesa da sociedade*. Trad. Maria Ermantina Galvão. São Paulo: Martins Fontes, 1999.

_____. *Os anormais*. Trad. Eduardo Brandão. São Paulo: Martins Fontes, 2001.

CAPÍTULO 11

John Rawls
e o pensamento neoliberal

CARLOS MATHEUS

11.1 Introdução

A principal obra de filosofia política elaborada por John Rawls – *Uma teoria da justiça*,[1] lançada em 1971 – foi elaborada durante o período da Guerra Fria, no qual se confrontavam o projeto liberal dos países capitalistas e o projeto igualitário dos países ligados ao bloco socialista. A intenção da obra consiste em buscar um conceito de justiça capaz de instaurar uma conciliação e eventualmente a superação de um histórico impasse entre a *liberdade* do indivíduo e a *igualdade* social. Esse impasse foi instaurado, na história política do Ocidente, pelos conflitos entre as propostas de uma organização política fundada na liberdade de opinar e uma fundada na igualdade entre as classes. Historicamente, esse impasse já fora instalado por ocasião da Revolução Francesa, sem que tivesse sido possível encontrar um denominador comum entre as teses liberais e as teses socialistas. Filosoficamente, as duas teses também estiveram colocadas em campos inteiramente opostos. De um lado, a história da filosofia política inclui as teorias da liberdade política e econômica sustentadas por John Locke, Adam Smith e Stuart Mill; de outro, situam-se os teóricos da igualdade social e econômica, entre os quais se encontram Jean-Jacques Rousseau, Charles Fourier e Karl Marx. John Rawls pretende encontrar um novo equilíbrio entre as duas teses, em um período em que as teorias econômicas instituídas pelo sistema bolchevista entravam em confronto com as teorias econômicas do *welfare state* posteriores à crise de 1929.

Na construção de seu modelo de *justiça igualitária e liberal*, na qual as diferenças individuais não podem gerar desequilíbrios sociais, Rawls reconstitui a noção de uma igualdade original existente no *estado de natureza* do qual emergiu um contrato social em que cada indivíduo abriu mão de sua liberdade em troca de uma esperada proteção social. Admitindo que os conflitos de interesses provocam desigualdades sociais, recorre aos princípios, *a priori*, da ética de Kant, na qual se pressupõe a existência de uma razão superior aos interesses individuais que possa instaurar um equilíbrio entre o que convém a cada um e a estabilidade social. Rawls identifica esse princípio com a figura de um *observador imparcial*, capaz de garantir os direitos individuais sem permitir distúrbios na vida coletiva. Refere-se a um *novo contrato social* em que *os interesses individuais* possam contribuir para a *cooperação social*. Segundo Rawls, não é possível uma justiça distributiva sem um acordo de vontades no qual os interesses individuais estejam assegurados.

---

1   RAWLS, J. *Uma teoria da justiça*. Trad. Vamireh Chacon Brasília: UnB, 1981.

11.2 Origens históricas do neoliberalismo

O liberalismo teve sua origem nas aspirações de *liberdade* que se manifestaram nos diversos movimentos populares de oposição ao absolutismo político vigente até os séculos XVII e XVIII – quando os reis detinham a exclusividade tanto do poder de legislar como de decidir e de julgar. Uma das primeiras manifestações contrárias ao absolutismo, nos tempos modernos, ocorreu na Inglaterra, entre 1640 e 1648, em decorrência das lutas pelo poder entre as duas casas reais – os Tudor e os Stuart –, mas tendo como fundo uma série de conflitos religiosos que culminaram com uma guerra civil que teve por desfecho a decapitação de um rei e um regime militar sob o comando de Oliver Cromwell.

Os grandes conflitos institucionais e religiosos vividos pelos ingleses resultaram em uma revolução política que culminou na substituição do absolutismo pelo início de um sistema liberal baseado na divisão de poderes: a elaboração das leis deixou de ser prerrogativa dos monarcas e passou a ser privilégio do povo por meio da representação parlamentar. O principal inspirador desse novo sistema político foi John Locke, para quem as leis devem resultar da opinião das maiorias e não da decisão de um único indivíduo. Lembra ele que, de início, "as sociedades políticas nasceram de uma união voluntária e de um acordo mútuo de homens que agiam livremente, na escolha dos governantes e das formas de governo".[2] Segundo Locke, a liberdade civil deve ser acompanhada pela liberdade de crenças, por ser a Igreja "uma sociedade livre de homens que se reúnem por iniciativa própria".[3] A criação do parlamentarismo inglês no final do século XVII foi sucedida por novos movimentos populares contrários a outros regimes absolutistas, como também relacionados à *libertação* das colônias europeias, principalmente nas Américas.

A Revolução Francesa, ocorrida no final do século XIX, representou um novo avanço do liberalismo no mundo ocidental. Inspirada, em parte, no modelo criado pela Inglaterra no século anterior e, em parte, nos pensadores políticos que criaram o Iluminismo, como Voltaire, Diderot e Rousseau, o movimento popular iniciado em 1789 teve por referência a intenção de agregar aos ideais de *liberdade* outros ideais relacionados à *igualdade* de direitos e de propriedades. Como se sabe, esses dois projetos se revelaram incompatíveis. Seus defensores foram todos perseguidos e condenados, culminando com a implantação de um novo regime militar, sob o comando de Napoleão Bonaparte.

---

2 LOCKE, J. *Segundo tratado do governo*. São Paulo: Abril, 1973. cap. VIII. p. 102.

3 LOCKE, J. *Carta sobre a tolerância*. São Paulo: Abril, 1973. p. 12.

As revoluções ocorridas na Inglaterra durante o século XVII e na França no final do século XVIII trouxeram profundas consequências políticas e econômicas não apenas para seus países ou para o continente europeu, mas também para todo o globo terrestre. Embora ambas tenham sido motivadas por fatores econômicos e políticos, sua influência sobre o mundo contemporâneo foi bem diferente. Os efeitos políticos da revolução inglesa foram bem menores do que sua influência econômica: introduziu o liberalismo econômico que se ampliou nos séculos seguintes. Como observa Eric Hobsbawm, a Grã-Bretanha ofereceu ao mundo "o explosivo modelo econômico que rompeu com as tradicionais estruturas socioeconômicas do mundo não europeu", mas a revolução francesa revelou ao mundo "as ideias [...] o vocabulário e os temas da política liberal" para grande parte das nações presentes no mundo contemporâneo.[4]

O século XIX foi marcado pelo confronto entre duas teses oriundas das revoluções anteriores, fazendo a aproximação entre o ideário político e econômico que lançaram. As novas ideias e os novos projetos no campo social foram marcados pelo surgimento de uma crescente aproximação entre as questões econômicas e as questões políticas – surgindo assim o que foi conceituado como *economia política*. De um lado, pensadores liberais como Jeremy Bentham e John Stuart Mill faziam a defesa de uma política liberal voltada tanto para a redução das penas como das restrições sociais sobre o indivíduo, por entenderem que a liberdade é a fonte geradora da riqueza. De outro lado, Pierre-Joseph Proudhon e Karl Marx desenvolveram uma crítica da economia política de fundo liberal, apoiados na tese de que a liberdade econômica é causadora da concentração da riqueza e das desigualdades sociais.

Ao longo do século XIX, o mundo conheceu, na prática, a difícil conciliação entre os ideais de *liberdade* e de *igualdade* que moveram a Revolução Francesa. O retorno do militarismo à vida política foi acompanhado por uma intensa redução das liberdades individuais. Paralelamente, a intensificação do processo industrial gerou crescentes desigualdades econômicas. Nesse quadro, no qual os efeitos das revoluções anteriores caminhavam em direções opostas, germinou o ideário de uma nova revolução política que só viria a se reproduzir em diversas nações no início do século seguinte por meio de novas formulações das relações entre a liberdade *liberal* e a igualdade *social*. Como decorrência, o século XX assistiu, em momentos diferentes e até mesmo contrapostos, a um sucessivo malogro tanto dos projetos políticos de tipo liberal como do social. As teses políticas liberais assumiram abertamente uma fundamentação econômica sob a designação de *capitalismo*, e as teses econômicas voltadas para o social assumiram abertamente uma fundamentação política sob a designação de *socialismo*.

---

4   HOBSBAWN, E. *A era das revoluções*. São Paulo: Paz e Terra, 1981. cap. 3, I. p. 15.

Na primeira metade do século XX, as teses liberais atravessaram uma fase de grande desprestígio, sendo substituídas por sistemas econômicos fundados no princípio do dirigismo estatal, como ocorreu com a revolução comunista de 1917 e com a ideologia nacional-socialista na Alemanha, na Itália, na Espanha e em outros países onde a concentração de poder resultou em políticas antiliberais. Esse foi um período de crise do liberalismo político que se acentuou com outra crise no campo econômico. Em 1929, os efeitos do sistema econômico liberal revelaram sua fragilidade ao pulverizar as reservas financeiras mundiais, sob o efeito de forte desvalorização dos ativos e o desequilíbrio nas relações monetárias. Essa crise do liberalismo econômico deu motivo para seus adversários intensificarem a concentração do controle estatal das atividades econômicas, por verem nela a confirmação de certas teses de Marx a respeito das sucessivas crises geradas pela ampliação das liberdades individuais nas relações econômicas.

Na segunda metade do século XX, porém, o liberalismo renasceu. Despertou com nova face e com novo rótulo: *neoliberalismo*. Esse seu renascimento deveu-se a dois fatores também ligados à antiga oposição entre os projetos de igualdade social e de liberdade individual. O primeiro foi o trágico malogro dos sistemas políticos apoiados na estatização econômica, nos quais o indivíduo foi violentamente massacrado tanto pela propaganda estatal como pela tragédia das guerras. E o segundo foi a demonstração da capacidade de recuperação econômica do liberalismo com a criação de novos sistemas de poupança inspirados nas teses de John Maynard Keynes e nos acordos de Bretton Woods, nos quais foram criados mecanismos de prevenção contra novas crises em países em regimes de economia liberal. O malogro dos sistemas estatizantes ocorreu, portanto, em duas etapas: a primeira foi decorrente da derrota dos países ligados ao nacional-socialismo e a segunda foi decorrente da lenta autodissolução da União Soviética.

11.3 O renascimento do liberalismo

Antes de reconstituir o processo do renascimento do ideário liberal na segunda metade do século XX, é necessário retroceder ao crescente desprestígio dos sistemas políticos socialistas entre os próprios círculos intelectuais nos quais houve clara contestação ao sistema capitalista durante a primeira metade do século XX. Uma dessas manifestações de maior impacto aconteceu quando Maurice Merleau-Ponty publicou, em 1947, sua denúncia contra o socialismo que vinha sendo adotado na União Soviética. Até aquele momento, acompanhara Jean-Paul Sartre na defesa do stalinismo. Ao publicar o livro *Humanismo e terror*, declarou textualmente: "já não se pode ser comunista nem anticomunista".[5] Embora Sartre tenha persistido na defesa intransigente do marxismo soviético, essa sua postura foi

---

5   MERLEAU-PONTY, M. *Humanisme et terreur.* Paris: Gallimard, 1947. Prefácio. p. XVII.

236 » Filosofia Política

ficando cada vez mais isolada nos meios intelectuais. Outros intelectuais que haviam se posicionado na defesa de um socialismo ocidental revisado foram aos poucos se afastando desse projeto. Basta lembrar a transição ocorrida na Escola de Frankfurt, como se nota na obra de Horkheimer e de Adorno e que se completa no pensamento de Habermas e Marcuse. Horkheimer se posicionou claramente contrário à aplicação do marxismo na União Soviética por posturas que desvirtuaram o pensamento de Marx. Segundo ele, "a ideia de um Socialismo que consiga realizar o conceito de democracia foi deturpada nos países do Materialismo Dialético ('Diamat') e se transformou em instrumento de manipulação".[6] Os principais pensadores da Escola de Frankfurt se tornaram mais voltados a uma crítica da sociedade tecnológica conduzida pelo capitalismo do que defensores da experiência socialista nos países de leste como Hungria, Polônia, Checoslováquia e a própria Rússia, entre outros. Exemplo disso está na obra de Herbert Marcuse, na qual reprova "o caráter político da racionalidade tecnológica" por ser "um veículo totalitário e de dominação".[7]

Outros pensadores menos simpáticos ao marxismo, como Raymond Aron e Daniel Bell, passaram a assumir posturas abertamente contrárias às teses socialistas, acusando-as de terem adotado um caráter totalitário e ultrapassado. Daniel Bell, ao se referir ao "fim das ideologias", lembrava a distinção feita por Max Weber entre uma política fundada em uma "ética de convicção" e uma política baseada em uma "ética de responsabilidade" – para mostrar que as convicções políticas não podem ultrapassar as fronteiras da responsabilidade pela vida humana, como ocorrera no período nazista e no bolchevismo. Ao final de seu livro, Daniel Bell proclamava que "as ideologias estavam exaustas" devido "as calamidades, como os processos de Moscou, o pacto entre nazistas e soviéticos, os campos de concentração e a repressão aos operários húngaros".[8]

Por sua vez, Raymond Aron tornou-se não apenas um áspero adversário dos pensadores socialistas como também um discreto defensor do capitalismo liberal. Em 1964, escrevia ele que "os mais ferrenhos adversários do liberalismo ocidental e do capitalismo já admitem que não mais tem havido grandes crises depois de 1945 e que os proletários explorados vivem melhor do que nunca".[9]

Outro pensador importante a demonstrar sua frustração com o socialismo adotado na União Soviética foi Claude Lefort. Em 1971, publicou uma forte denúncia contra o caráter repressivo e burocrático em que se convertera o socialismo. Segundo Lefort, o partido bolchevista é:

---

6   HORKHEIMER, M. *Teoria crítica*. São Paulo: Perspectiva, 2008. Prefácio. p. 9.

7   MARCUSE, H. *One-dimensional man*. Boston: Beacon Press, 1966. p. 37.

8   BELL, D. *El fin de las ideologias*. Madrid: Tecnos, 1964. Epilogo. p. 546.

9   ARON, R. *Dimensions de la conscience historique*. Paris: Plon, 1964. p. 267.

Capítulo 11 » **John Rawls e o pensamento neoliberal** » **237**

[...] uma fantástica e monstruosa projeção de um fragmento da revolução [...] porque deixou de ser a expressão de um movimento ideológico destinado a proclamar a sagrada missão histórica do Estado e se tornou um aparelho de coerção dominado por uma casta de burocratas. Passou a ser o agente essencial do totalitarismo moderno.[10]

O próprio movimento estudantil de 1968, com sua áspera agressão às instituições, não teve o caráter de uma defesa intransigente do socialismo. Seus principais representantes, como Bernard-Henry Lévy, André Glusckmann e Daniel Cohn-Bendit, tornaram-se tão contrários ao capitalismo liberal quanto ao socialismo soviético. O efeito desse esgotamento crescente da ideologia que sustentava a experiência socialista foi sendo cada vez mais notado como o que Pierre Birnhaum denominou "o fim do político". Segundo ele, o esgotamento das ideologias até então denominadas "de esquerda e de direita" foram sendo substituídas por comportamentos pragmáticos. Disse ele que "essa despolitização também atingiu o corpo eleitoral: já há alguns anos, os indivíduos raramente votam em função de ideologias e sim em função de reivindicações concretas".[11]

Já na década de 1980, os intelectuais estavam totalmente afastados das posturas ideológicas em que haviam se colocado. As teses socialistas cediam lugar ao renascimento do liberalismo. Um retrato bastante realista, embora irônico, foi traçado por Jean-Marie Domenach ao fazer um balanço das ideias daquela década. Escreveu ele: "hoje, a ideologia socialista agoniza; naturalmente, quem mais sofreu foi a esquerda, pátria dos intelectuais [...] porque o marxismo, uma das grandes ideologias do Século XIX, perdeu sua força mobilizadora".[12] Com efeito, a década de 1980 foi marcada não apenas pelo esgotamento das teses que haviam mobilizado as esquerdas como também pelo início de manifestações populares claramente hostis aos desdobramentos do sistema político de inspiração socialista, como ocorreu em Berlim em 1989. O desmoronamento do regime soviético, já anteriormente pressentido no mundo intelectual, ocorreu, de fato, logo a seguir. Como no dizer de um historiador contemporâneo, o desaparecimento da União Soviética – líder do modelo de organização política de inspiração marxista – não resultou de uma guerra ou de uma catástrofe: "o maior país do mundo saiu de cena, sem protestar [...] pela inesperada facilidade com que isto se desenrolou."[13]

Ao lado do descrédito com relação à experiência socialista no mundo, despontaram, entre os intelectuais, bem antes do fim dos regimes socialistas, diversas manifestações em defesa do liberalismo político. Tais manifestações surgiram

---

10 LEFORT, C. *Elements d'une critique de la bureaucratie*. Genebra: Droz, 1971. p. 155.

11 BIRNBAUM, P. *La fin du politique*. Paris: Seuil, 1975. p. 40.

12 DOMENACH, J. M. *Enquête sur les idées contemporaines*. Paris: Seuil, 1981. p. 122.

13 JUDT, T. *Pós-guerra*. São Paulo: Perspectiva, 2008. p. 650.

ainda no fim da Segunda Guerra Mundial e se avolumaram à medida que os regimes socialistas se enfraqueciam. Aos poucos, um novo conceito de liberdade política foi tomando corpo, na segunda metade do século XX, por oposição aos diversos regimes autoritários e centralizadores que prevaleceram durante a primeira metade desse século. Esse novo conceito de liberdade veio substituir as ideologias de caráter estatizante e assumiu também um significado não menos ideológico, sob a designação de *neoliberalismo*.

Um dos principais precursores do neoliberalismo foi Friedrich Hayek. Em sua obra denominada *O caminho da servidão*, publicada em 1946,[14] imediatamente após o fim da Segunda Guerra Mundial, faz considerações sobre os inconvenientes da estatização que, para a época, teriam certamente parecido bastante extemporâneas ou até mesmo retrógradas. Dizia ele, naquela ocasião, que "não pode haver incompatibilidade entre a intervenção do Estado – quando se trata de garantir a segurança – e a liberdade individual". Ao contrário, cabe ao Estado assegurar a liberdade econômica, intervindo apenas para impedir "situações que acarretam desemprego em massa [...] que acabariam suprimindo o mercado."[15] Hayek se colocou, desde o início, como um defensor das mesmas teses iniciadas por Adam Smith, no século XVIII, para quem o mercado é o grande regulador das forças naturais que interferem na economia, por oposição a quaisquer tentativas de planejamento estatal nas quais se tenta suprimir ou controlar a lei da oferta e da procura.

O neoliberalismo nasceu, portanto, como uma reação aos vários regimes nos quais a estatização dos meios de produção estava ancorada em novos sistemas de planejamento econômico visando reduzir as crises e as diferenças entre as classes. Para Hayek, o único planejamento admissível seria aquele que visa "proteger indivíduos ou os grupos contra a redução de suas rendas [...] desde que não haja qualquer risco para a livre concorrência". Expondo o pensamento de Hayek, Guy Sorman assim define a tese neoliberal: "são liberais somente aqueles que admitem que o mundo obedece a leis que estão fora de nosso controle".[16] Lembra ainda que o neoliberalismo surgiu em defesa das iniciativas individuais, combatendo tanto as esquerdas socialistas como as elaborações conservadoras de uma "velha direita autoritária [...] que acreditava em decretos da Providência"[17] que visavam controlar as leis do mercado. Por fim, lembra Sorman a constante referência de Hayek à famosa "fábula das abelhas", de autoria de Bernard de Mandeville, na qual se faz supor que os interesses privados são mais frutíferos para a ordem pública do que as vias racionais elaboradas pelo ideário político para assegurar o equilíbrio social.

---

14 HAYEK, F. *La route de servitude*. Paris: PUF, 1946.
15 HAYEK, F. *O caminho da servidão*. 6. ed. São Paulo: Instituto Ludwig von Mises Brasil, 2010. p. 129.
16 SORMAN, G. *La solution libérale*. Paris: Arthème Fayard, 1984. p. 62.
17 SORMAN, 1984, p. 62.

11.4 Noção neoliberal de justiça: Hans Kelsen e John Rawls

A filosofia política de orientação neoliberal tem suas raízes em um conceito de justiça calcado nas leis que regem os interesses e as necessidades humanas. Sem recorrer à antiga teoria tão combatida por Platão, segundo a qual "justiça é simplesmente o interesse do mais forte",[18] surgiu no século XX uma versão atualizada da tese de Trasímaco, segundo a qual *justo é o que corresponde ao que foi definido por um poder legitimamente constituído*. Esta foi a tese principal de uma importante corrente do pensamento jurídico, denominada *positivismo jurídico* segundo o qual deve-se entender como *justo* aquilo que é definido por uma norma jurídica promulgada por um poder político legalmente instituído. Segundo esta concepção, a justiça equivale à norma, nunca podendo estar acima da norma.

Como a teoria positivista do direito serviu para justificar os crimes contra a humanidade praticados pelo nazismo e pelo stalinismo, o neoliberalismo procurou afastar-se dessa concepção de justiça e foi buscar referências no pensamento político dos séculos XVII e XVIII.

A obra de John Rawls denominada *Uma teoria da justiça* insere-se neste contexto no qual a filosofia política procurava evitar um conceito puramente institucional de justiça e ser uma alternativa para o impasse entre os regimes políticos nos quais a *igualdade* econômica estaria baseada em um planejamento estatal e os regimes políticos nos quais a *liberdade* de produzir e empreender deveria estar baseada nas leis do mercado. Explicando seu projeto, diz Rawls que teve a intenção de construir uma teoria da justiça "superior ao utilitarismo tradicional", por meio de sua aproximação com "a teoria tradicional do contrato social apresentada por Locke, Rousseau e Kant".[19]

Na realidade, o ponto de partida do pensamento político de Rawls remonta a Hobbes. É o que se deduz de sua definição de uma sociedade política: "uma reunião de cooperações visando obter vantagens mútuas de modo a superar os conflitos e os interesses individuais".[20] Até esse ponto, seu pensamento está voltado principalmente para uma justiça que represente o equilíbrio de interesses individuais. O interesse geral ou mesmo o interesse público resultariam de uma noção contratualista segundo a qual é necessário que toda a sociedade retroceda a "uma posição original de igualdade correspondente ao estado de natureza".[21] É nessa "posição original" que Rawls aproxima sua ideia de *igualdade* a seu conceito de *liberdade* – como algo inerente ao que entende por uma "sociedade justa". Esta

---

18   PLATÃO. *A República*. Trad. Enrico Corvisieri. São Paulo: Nova Cultural, 1997. p. 20.

19   RAWLS, J. *Uma teoria da justiça*. Brasília: Universidade de Brasília, 1981. p. 22.

20   RAWLS, 1981. p. 28.

21   RAWLS, 1981. p. 33.

vem definida desde o início como a sociedade na qual "as liberdades dos cidadãos são iguais à tomada como estabelecida".[22]

Desde o início, portanto, nota-se que o projeto de Rawls converge para uma conciliação entre as metas liberais nas quais a prioridade é concedida à *liberdade* com as metas socialistas nas quais a prioridade é atribuída à *igualdade*. Seu pressuposto é de que "originalmente" – isto é, em estado de natureza –, liberdade e igualdade coexistiam, sendo, portanto, esse estado livre e igualitário a origem de toda e qualquer sociedade política. Segundo essa "posição original" – que o autor admite como meramente hipotética –, a justiça distributiva era inexistente, por ser ainda desnecessária porque se presume a coexistência entre a igualdade e a liberdade. Com o desenvolvimento das sociedades, o princípio da utilidade no qual se apoiam os interesses individuais tende a se "tornar incompatível com o conceito de cooperação social",[23] gerando assim a dificuldade em estabelecer um critério de reciprocidade sobre o qual seja possível fundar um conceito de justiça. Em outras palavras, a vida social tende a gerar reduções de liberdade ou de igualdade entre os cidadãos – o que torna necessário buscar uma nova "teoria da justiça".

A solução encontrada por Rawls para substituir a justiça em estado natural por outra posterior à criação do contrato social consiste em substituir a posição inicial na qual liberdade e igualdade estão totalmente presentes, sem qualquer interferência recíproca, por outra, na qual dois outros princípios se hierarquizam entre si. Esses dois novos princípios assim são definidos: **1)** deve haver uma igualdade de direitos e deveres entre todos os cidadãos; **2)** as desigualdades sociais e econômicas, entre as quais se incluem as desigualdades de riquezas e de autoridade, são justas desde que resultem em benefício de todos.[24] Nessa hierarquia, admite-se que as desigualdades podem surgir e até prevalecer, desde que colocadas sob o ângulo do interesse de todos.

Explicitando esses seus dois princípios da justiça, de início, Rawls atribui à igualdade o papel de servir à liberdade, isto é: a liberdade deve ser *igual* para todos. A seguir, atribui aos interesses individuais a tarefa de definir se as desigualdades trazem "vantagens para todos" e que todos tenham "igual acesso" às mesmas posições.[25] Explicando melhor o significado dessas duas noções, Rawls recorre a uma nova formulação. No caso do primeiro princípio, a atribuição dos mesmos direitos e deveres a cada indivíduo significa que, a cada um, deve ser atribuída uma *liberdade igual* à liberdade dos outros. Neste caso, o "igual acesso" significa que a igualdade está a serviço da liberdade: assegura a todos o mesmo acesso à liberdade. Até esse ponto, Rawls não estaria inovando a noção clássica do contratualismo inglês, no qual se admite que o direito de cada um "termina onde começa o direito do outro". Em outras palavras: o sistema político *deve* assegurar a todos a *mesma* liberdade.

---

22 RAWLS, 1981. p. 27.
23 RAWLS, 1981. p. 35.
24 RAWLS, 1981. p. 35.
25 RAWLS, 1981. p. 28.

No caso do segundo princípio, no qual se estabelece uma hierarquia entre a liberdade e a igualdade, Rawls opta por priorizar a liberdade. Por mais que atribua certa importância à igualdade, como fundamento da justiça, afirma ele que é impossível preservá-la quando se trata de reconhecer as *diferenças* naturais. Referindo-se ao que denomina "prioridade da liberdade", lembra Rawls que "as desigualdades de nascimento e os dons naturais são imerecidos", devendo ser compensados por uma "igualdade de oportunidades econômicas e condições sociais".[26] Sem pretender suprimir as diferenças entre as classes, propõe introduzir o critério da *utilidade* para estabelecer aquela hierarquia. Essa alternativa o leva a solucionar o impasse, afirmando que "as desigualdades sociais e econômicas devem ser dispostas de tal modo que possam proporcionar as maiores expectativas de benefícios 'aos menos favorecidos'".[27] Segundo ele, isto só pode ser obtido se for respeitado, antes de tudo, o primeiro princípio que se apoia sobre a "igual liberdade para todos".

Em outras palavras: embora igualdade e liberdade sejam indispensáveis para a fundamentação de uma sociedade justa, sem liberdade não há igualdade. A utilidade da liberdade é, portanto, socialmente maior do que a utilidade da igualdade. Peremptoriamente afirma que "a liberdade só pode ser restringida em favor da própria liberdade".[28] Admite, conforme as circunstâncias, a existência de alguns graus maiores ou menores de liberdade, tendo em vista que "os menos beneficiados" também são detentores de menor liberdade. Por isso, conclui seu segundo princípio instaurando a prioridade da liberdade sobre a igualdade ao dizer que "uma liberdade menor do que a igual é aceitável para os cidadãos com liberdade menor". Em decorrência, Rawls estabelece estes dois princípios sobre as relações entre liberdade e igualdade:

> 1. Cada pessoa deve ter um igual direito ao total sistema mais extensivo de iguais liberdades básicas, compatível com um sistema de liberdades para todos. 2. Os princípios de justiça devem ser alinhados em um ordenamento léxico e, portanto, a liberdade só pode ser restringida por amor à liberdade.[29]

Até esse ponto, torna-se claro que a liberdade não só é o princípio dominante na teoria da justiça proposta por Rawls como também que sua noção de liberdade está mais próxima do pensamento político de Locke do que de Rousseau. Para Locke, a liberdade pressupõe as *diferenças* naturais, motivo pelo qual a liberdade de opinar fica restrita aos limites instaurados pelo contrato social. Em decorrência, Locke admite que o critério do justo e o do injusto emergem do confronto

---

26 RAWLS, 1981. p. 30.
27 RAWLS, 1981. p. 35.
28 RAWLS, 1981. p. 192.
29 RAWLS, 1981. p. 196.

momentâneo dos interesses individuais, podendo variar conforme as circunstâncias e as formas de organização do poder. Já para Rousseau, a liberdade não tem por pressuposto as diferenças naturais e sim uma *igualdade* essencial, pela qual todos são capazes de conhecer as diferenças entre o justo e o injusto. Como em Locke, a noção de justiça de Rawls submete a igualdade à prioridade da liberdade, o que não coincide com o pensamento de Rousseau. Para este, a igualdade é o princípio que determina a liberdade: por nascerem *igualmente livres*, todos têm *igual* capacidade de saber distinguir o justo do injusto. Se, para Rousseau, a força não gera o direito, isto não se deve à liberdade com que o mais forte oprime o mais fraco e sim à igualdade essencial que o une.

Essa opção pela liberdade, no conceito de Locke, aproxima a noção de justiça de Rawls do liberalismo inglês, segundo o qual a liberdade tem a mesma origem natural que a igualdade resultante do jogo de interesses com que as leis do mercado restabelecem o equilíbrio entre os indivíduos. Sendo proveniente da natureza– e não da razão –, a liberdade pleiteada por Rawls sofre as injunções das necessidades e dos interesses momentâneos dentro do corpo social. Afastando-se de uma concepção racional – como a de Rousseau –, resta a indagação a respeito do critério institucional pelo qual as desigualdades decorrentes das diferenças naturais podem ser compensadas ou restabelecidas, ainda que parcialmente. Nesse ponto, por se afastar de Rousseau, Rawls recorre a Kant. Trata-se agora de encontrar um critério pelo qual "as vantagens sociais" possam se sobrepor às vantagens individuais, quando se tratar de reduzir ou ampliar as liberdades sociais. Como esse critério não pode ser fornecido pela natureza, seria então necessário recorrer à razão. É o que Rawls vai buscar em Kant.

Nesse ponto, surge na teoria da justiça de Rawls o recurso a um "véu de ignorância" que preside as decisões relativas à ampliação ou à redução das liberdades individuais. Rawls indica que a noção de véu de ignorância está implícita na ética de Kant por ser um conhecimento superior às partes em confronto, para introduzir uma racionalidade superior aos interesses das partes, de modo a preservar o conjunto institucional sobre o qual a sociedade repousa. Esse véu de ignorância seria relativo a uma imparcialidade na decisão dos conflitos decorrente de uma propriedade inerente à condição humana que a torna capaz de conhecer *por si* – isto é, sem qualquer recurso à experiência – como se deve agir para ser justo. Em outras palavras, Rawls refere-se ao imperativo categórico pelo qual Kant introduz uma universalidade possível tanto nas ações individuais como também no comportamento social que se relaciona à prática do direito.

O véu de ignorância seria o fator que elimina a interferência de interesses particulares nas decisões sobre o justo e o injusto – por meio da participação de um "observador imparcial", que seria "uma pessoa que assume uma posição na qual os interesses não estejam em jogo"[30] para restabelecer o interesse geral. Desse

---

30 RAWLS, 1981. p. 121.

Capítulo 11 » **John Rawls e o pensamento neoliberal** » **243**

modo, a aplicação da justiça seria assegurada pela interferência dessa figura que não poderia ser encontrada em uma interpretação utilitarista, na qual os conflitos de interesses só podem ser superados por meio de recursos materiais em que a força tende a prevalecer. Esse observador imparcial só poderia ser encontrado no imperativo categórico, por meio do qual Kant atribui à razão humana – e, portanto, a todo e qualquer ser racional – a capacidade de distinguir o justo do injusto, afastando-se dos imperativos hipotéticos.

Ocorre, porém, que o conceito de liberdade alcançado por Rawls não coincide com a liberdade obtida pela razão prática de Kant e sim por uma restauração da "posição original" na qual os interesses das partes se identificam com as leis da natureza. São as condições naturais presentes nas relações sociais e não uma lei puramente racional como patamar sobre o qual se apoia esse observador imparcial para restabelecer, quando necessário, o equilíbrio dos interesses em jogo.

Essas considerações indicam o afastamento de Rawls de seu objetivo inicial – obter uma noção de justiça que aproximasse Locke de Rousseau e de Kant. Por mais que procure encontrar em Kant um critério para fundar uma fonte para a justiça como princípio superior aos interesses individuais, Rawls se recusa a admitir a diferença que Kant estabelece entre o hipotético e o categórico. Ele também não adere efetivamente ao conceito de liberdade de Rousseau por entender a liberdade não como um princípio universal da vontade humana e sim como a ausência ou a redução dos impedimentos para a ação de acordo com a tradição empirista. Sua visão da liberdade está inteiramente atrelada ao liberalismo clássico, para o qual não há a liberdade em si, mas *diversas liberdades* – conforme os interesses políticos, religiosos, econômicos ou legais. Enquanto para Kant e Rousseau a igualdade é o fundamento da liberdade, para Rawls a igualdade depende da liberdade para ser alcançada. Assim sendo, a teoria da justiça apresentada por Rawls não consegue efetivamente aproximar e muito menos superar as divergências existentes entre racionalistas e empiristas a respeito dos fundamentos sobre os quais é possível distinguir o justo do injusto. Sua posição com relação à justiça permanece próxima às concepções do liberalismo quanto à clássica interpretação da liberdade como redução dos impedimentos sociais para a manifestação das inclinações individuais. A igualdade é apenas um complemento eventual da liberdade natural.

11.5 Neoliberalismo, individualismo e desestatização

A justiça do neoliberalismo conceituada por Rawls visa, sobretudo, preservar a liberdade do indivíduo perante a ação do Estado. Sua noção do Estado de Direito se prende muito mais às garantias legais para a liberdade do cidadão do que às eventuais coerções ou interferências do poder público sobre as liberdades individuais. Segundo sua própria definição, somente em nome do princípio da liberdade é lícito restringir as liberdades. Essa prioridade total atribuída à liberdade é o que lhe permite aderir a questões relacionadas à desobediência civil como recusa do indivíduo diante de uma lei que considere injusta. Segundo Rawls, como no entender do liberalismo clássico, o Estado existe para proteger o indivíduo e não o indivíduo para assegurar a estabilidade do Estado. Essa será tanto mais preservada quanto mais o indivíduo estiver garantido em seus direitos.

O neoliberalismo se insere em um contexto histórico no qual são contestados os modelos políticos concentrados em personalidades de forte apelo popular capazes de reunir unanimidades ou de impor projetos pessoais de longa duração, como foram aqueles que governaram os principais países do mundo na primeira metade do século XX. Nesses regimes, o Estado tinha prioridade sobre o indivíduo. Este devia entregar sua vida ao Estado, servindo àqueles que o comandam, colocando seus interesses individuais e até mesmo sua vida a serviço de uma causa maior, indicada pelos que tinham a seu cargo defini-la. Esse modelo exigia o sacrifício do indivíduo, em nome de uma igualdade ideológica que lhe cobrava sua dedicação e sua submissão, em nome de um projeto de uma total identificação entre o Estado e a Nação.

Esse modelo foi progressivamente abandonado na segunda metade do século XX. Grandes chefes de Estado, como Hitler, Churchill, Mussolini, Roosevelt, Stalin e Mao Tsé-Tung, foram, pouco a pouco, substituídos por governantes menos expressivos e menos centralizadores. Como efeito complementar, os direitos individuais assumiram uma crescente importância na vida social. Os modelos democráticos de substituição dos responsáveis pela administração pública adquiriram progressivamente o perfil projetado pelo liberalismo iluminista sob a forma e o padrão requeridos por sua versão atual, como o neoliberalismo.

A segunda metade do século XX abriu espaço para o declínio do ideal de igualdade por meio da destruição progressiva das grandes figuras humanas que assumiram o papel de encarnação pessoal da imagem do Estado. Movidos sempre por alguma missão relacionada à construção da identidade nacional de onde emergiram, essas figuras foram sendo, pouco a pouco, dissolvidas sob o rótulo de *populismo*, com o que perderam seu encanto e seu poder. Ascenderam ao pináculo da glória por viverem momentos nos quais representaram a face viva de uma identidade nacional para, em seguida, caírem fulminados pela frustração popular.

A desilusão com os políticos trouxe à tona o clima propício aos ideais de liberdade, que são a base do individualismo político, do qual foi crescendo, de modo irresistível, o neoliberalismo. Este encontrou espaço em um período no qual a humanidade foi perdendo sua confiança na arte da política, que foi assumindo cada vez mais um caráter burocrático, mecanizado e impessoal. Foi nessa atmosfera de desapego a tudo que é *político* que o caráter social da vida coletiva foi se fragmentando nas multidões de individualidades. Ainda no final da primeira metade do século XX, Norbert Elias indagava: "que se entende por sociedade?" e respondia: "uma multidão de indivíduos que se reúnem para viverem juntos, de modo

Capítulo 11 » **John Rawls e o pensamento neoliberal** » **245**

contínuo". Em geral, omite-se a importância do indivíduo, porque a sociedade não se vê: "o que se vê são os indivíduos".[31]

O individualismo venceu todas as propostas e variantes dos projetos socialistas. Com essa nova atmosfera criada pelo desencanto com a política e com os políticos, o mundo contemporâneo abriu espaço para o nascimento de uma "teoria da justiça" como a de Rawls, na qual a liberdade individual está acima dos compromissos do indivíduo com a sociedade a que pertence. Como nos tempos de Hobbes, passou a ter significação a recomendação do autor do *Leviatã* para que o cidadão, em caso de risco, procure, antes de tudo, salvar-se.[32] O neoliberalismo veio dizer também que as revoluções sociais estão sempre limitadas ao seu momento inicial, confirmando o descrédito no qual mergulham as revoluções realizadas em nome de uma igualdade política. Aplica-se às revoluções contestadas por Rawls o que das mesmas escreveu Merleau-Ponty, "as revoluções são verdadeiras como movimento e falsas como regimes".[33]

A vitória do individualismo não representou apenas a vitória do indivíduo, representou também o desencanto com o *social*, que veio propiciar afirmações bombásticas em torno do "fim da história" na qual a sociedade prevalecia sobre o indivíduo. Em nome do "desaparecimento das guerras e das revoluções sangrentas", aponta-se o esgotamento de todos os projetos ideológicos – por vezes também denominados "populistas" – nos quais eram feitas previsões para um futuro social capaz de mudar a face do mundo.[34]

O neoliberalismo é uma filosofia política fundada em uma visão individualista da natureza humana. O individualismo parte do princípio de que o indivíduo deve lutar para preservar sua autonomia, ainda que com o risco de se tornar inteiramente solitário. A era das massas converteu-se na era do individualismo como alternativa para a sobrevivência diante das transformações avassaladoras produzidas pela tecnologia. Afinal, "ser individualista é bom ou mau?"[35] – perguntava Victoria Camps já no final do século XX. Não há como recusar o individualismo contemporâneo diante do descrédito nos projetos sociais nos quais a igualdade entre os indivíduos perdeu importância, paralelamente ao crescimento de sua autonomia. O declínio do social veio reerguer o valor do indivíduo como alternativa de sobrevivência para o caráter humano da existência.

> O declínio dos ideais voltados à igualdade com a ascensão de projetos políticos voltados à liberdade – como o de Rawls – faz pensar na solidão e a irresponsabilidade política do indivíduo. É assim que Victoria Camps define a liberdade do

---

31   ELIAS, N. *A sociedade dos indivíduos*. Rio de Janeiro: Jorge Zahar, 1994. p. 13.

32   "Cada homem possui a liberdade de usar a próprio poder da maneira que quiser, para a preservação de sua própria natureza" (HOBBES, T. *Leviatã*, 1691, Cap. XIV).

33   MERLEAU-PONTY, M. *Les aventures de la dialectique*. Paris: Gallimard, 1955. Epílogo. p. 279.

34   FUKUYAMA, F. Le fin de l'histoire. *Revista Commentaire*, n. 47, 1992.

35   CAMPS, V. *Paradoxos do individualismo*. Lisboa: Relógio D'Água, 1993. p. 209-210.

individualismo "por ser ambivalente: tanto leva o indivíduo a pensar em sua própria sobrevivência como também a desertar de sua responsabilidade moral".[36]

O crescimento do individualismo também gerou o isolamento do indivíduo. Se já é possível lutar contra o poder do Estado e todas as formas de estatização, nada mais resta à liberdade do indivíduo além de *cuidar de si* – não no sentido socrático, mas no sentido proposto por todas as filosofias de fundo anarquista. Deixar "a César o que é de César" significa também que cada um deve encontrar dentro de seus próprios limites alguma oportunidade para se salvar. Se o Estado solidário foi substituído pelo Estado burocrático, os valores relacionados à pessoa ficam relegados às sombras nas quais a sociedade se esquece de si mesma.

Por esse motivo, o neoliberalismo parece ser, antes de tudo, uma filosofia política de transição, como alento para uma fase de refluxo das aspirações sociais mais profundas da natureza humana. Em tempos de aceleração tecnológica, nos quais a adaptação do indivíduo a constantes mudanças em suas relações com os outros, a liberdade do mercado acaba as teses cooperativistas ou comunitárias. Como diz ainda Victoria Camps:

> O mercado é o paradigma da liberdade [...] mas não se atém a critérios morais, mas apenas em perdas e ganhos. [...] Gera injustiça. [...] o mercado não é ético e nem pretende ser [...] mas a liberdade que oferece acarreta a desigualdade que cria. [...] No mercado tudo é permitido. As regras do jogo podem ser sujas, desde que os vícios privados possam gerar virtudes como nas normas de Mandeville.[37]

Enfim, o neoliberalismo moderno se insere entre um sentimento de ingresso na "era do vazio" que, segundo Gilles Lipovetsky, se caracteriza por ser "uma era individualista que abre a possibilidade da violência total da sociedade contra o Estado tendo por consequência a violência não menos ilimitada do Estado contra a sociedade",[38] evocando o retorno aos ideais iluministas quando estiveram em campos opostos os ideais de liberdade e de igualdade, cuja convivência teve um incalculável custo humano. O individualismo coloca em dúvida se vale a pena morrer pela igualdade social. Em lugar da ênfase no valor da vida humana, cada um passa a lutar pela sua própria sobrevivência.

A teoria da justiça construída por Rawls situa-se claramente em um período de transição entre o declínio das ideologias igualitárias, enquanto já configurava o processo ascensional das ideologias individualistas do neoliberalismo. Sua intenção de fundar a justiça em "liberdades iguais" deixa claro ao identificar seu

---

36 CAMPS, 1993. p. 209-210.
37 CAMPS, 1993, p. 210 e 214.
38 LIPOVETSKY, G. *A era do vazio*. Lisboa: Relógio D'Água, 1983. p. 201.

conceito de sociedade justa: "pessoas livres e racionais reunidas pelos mesmos interesses adotam os mesmos princípios, como se estivessem em posição de igualdade, para definirem os termos fundamentais da associação que estão fazendo".[39]

Sua visão das sociedades humanas desconsidera as diferenças de classe porque está baseada em uma "igualdade" de interesses entre todos os indivíduos por serem pessoas igualmente racionais e aptas a definirem individualmente seus compromissos recíprocos.

11.6 Textos para análise

TEXTO 1

Os dois princípios da justiça

Os dois princípios da justiça [...] podem ser assim formulados: 1) – cada pessoa deve ter a mais ampla liberdade, desde que esta seja igual à liberdade dos outros indivíduos; 2) – as desigualdades econômicas e sociais devem ser combinadas de tal modo que a) – possam trazer vantagens para todos e b) – estejam ligadas a posições e órgãos abertos a todos. [...] Estes dois princípios devem ser colocados em sequência, de modo que o primeiro anteceda ao segundo: partindo-se da liberdade igualitária [...] a distribuição de bens, de renda e as hierarquias sociais devem ser compatíveis tanto com a liberdade de cidadania quanto com a igualdade de oportunidades. [...] As desigualdades sociais terão que ser dispostas de modo a A) – proporcionar maior benefício aos menos favorecidos e B) – estar ligadas a cargos e posições acessíveis a todos, em equitativa igualdade de oportunidades. [...]

A ideia original consiste em estabelecer um procedimento equitativo, de tal modo que sejam justos todos os procedimentos em que tais princípios intervenham. O objetivo consiste em utilizar a noção de uma pura justiça processual, como base da teoria. Devemos invalidar, de qualquer modo, os efeitos das contingências específicas que colocam os homens em oposição, entre si, ou permitam vantagens a uns em detrimento de outros. Para isso, presumo que as partes se coloquem atrás de um véu de ignorância, sem saber como as várias alternativas afetarão seu caso particular, sendo obrigadas a avaliar os princípios somente a partir de considerações gerais. [...] As desigualdades deverão ser autorizadas, enquanto possam permitir melhorias para todos, desde que compatíveis com a liberdade igual para todos e uma justa igualdade de oportunidades. [...] A prioridade da liberdade

---

39 RAWLS, 1981, p. 5.

significa que [...] não se poderá trocar a redução da liberdade em relação à desigualdade ou a desigualdade com relação à liberdade, em nome de uma melhoria no bem-estar econômico.[40]

TEXTO 2

O véu de ignorância

A ideia da posição original consiste em estabelecer um procedimento equitativo de modo que sejam justos quaisquer que venham a ser os princípios acordados. O objetivo é usar a noção de pura justiça processual como uma base da teoria. De algum modo, precisamos anular os efeitos das contingências específicas que embaraçam os seres humanos e os tentam a explorar circunstâncias sociais e naturais em vantagem própria. Então, a fim de fazê-lo, presumo que as partes se situam atrás de um véu de ignorância. Não sabem como as várias alternativas afetarão seu caso particular e são obrigadas a avaliar os princípios tão só à base de considerações gerais. Presumo que as partes não sabem certos tipos de fatos particulares. Antes de mais nada, ninguém conhece seu lugar na sociedade, sua posição de classe ou *status* social; nem sabe sua fortuna na distribuição dos dotes e habilidades naturais, sua inteligência e sua força e assim por diante.[41]

TEXTO 3

A prioridade da liberdade

A prioridade da liberdade significa que, sempre que as liberdades básicas tenham sido efetivamente estabelecidas, não podem ser reduzidas nem trocadas por uma redução da desigualdade, em nome de alguma melhoria de ordem econômica. Isto somente pode ser admitido quando as circunstâncias sociais possam autorizar eventuais limitações destes direitos; mesmo assim, tais restrições sociais só seriam admissíveis para preparar o momento em que deixem de ser justificáveis. A igual liberdade para todos só é admissível, como condição para que todos possam dispor de igual liberdade, por ser esta essencial para as mudanças de condições da civilização. [...] A precedência da liberdade [em relação à igualdade] significa que a liberdade só pode ser restringida em favor da própria liberdade. Há dois tipos de casos. As liberdades básicas podem ser menos extensas embora ainda iguais ou desiguais. Se a liberdade for menos extensa, o cidadão representativo deve

---

40 RAWLS, 1981, p. 11.
41 RAWLS, 1981, p. 24.

Capítulo 11 » **John Rawls e o pensamento neoliberal** » **249**

considerá-la um ganho para a sua liberdade em equilíbrio; e se a liberdade for desigual, deve ser assegurada a liberdade daqueles com menos liberdade. Em ambas as instâncias, a justificativa procede por referência a um sistema conjunto das liberdades iguais.[42]

Conceitos-chave

No Texto 1, temos a apresentação dos dois princípios fundamentais para o contratualismo de John Rawls, o primeiro, de igualdade da liberdade de cada um dos participantes do contrato, e o segundo, de prioridade de liberdade ou igualdade de oportunidades. Em seguida, Rawls mostra como esses dois princípios aparecem hierarquizados relativamente à sua noção de uma posição original por trás de um véu de ignorância.

No Texto 2, temos uma maior explicitação da posição original. A posição original por trás de um véu de ignorância é, na verdade, uma hipótese formulada por Rawls para representar o momento do estabelecimento do contrato.

No Texto 3, temos a declaração do princípio de prioridade da liberdade, o qual, na verdade, pode ser formulado em forma dúplice: primeiro, que todas as pessoas têm direitos iguais a liberdades políticas básicas, cujo valor equitativo é garantido pelos princípios expressos no Texto 1; e, segundo, as desigualdades sociais e econômicas devem estar ligadas a oportunidades iguais para os menos favorecidos, bem como essas oportunidades equitativas devem representar o maior benefício possível para esses mesmos menos favorecidos.

11.6.1 Estudo dos textos

Para melhor compreensão, faça os exercícios propostos.

» Estabeleça a relação entre a noção de liberdade política em John Rawls e John Locke, ressaltando semelhanças e diferenças.

» Indique as condições de possibilidade de desobediência civil no conceito de justiça de John Rawls.

» Estabeleça uma linha divisória entre neoliberalismo, desestatização e anarquia.

11.7 Proposta de tema de dissertação

Tema: Distinção entre a noção de justiça no pensamento de Rawls e a noção de justiça no pensamento dos principais pensadores do liberalismo no século XVIII.

---

42 RAWLS, 1981, p. 32-39.

John Rawls
Biografia e principais obras

John Rawls nasceu em Baltimore, estado de Maryland nos Estados Unidos em 21 de fevereiro de 1921. Foi um professor de filosofia política na Universidade de Harvard e, em 1971, lançou sua primeira obra *Uma Teoria da Justiça*, em plena Guerra Fria, período em que se debatia os projetos liberais e projetos igualitários dos países capitalistas e socialistas, respectivamente. Na obra, Rawls defendia que o sistema econômico está interligado ao conceito de justiça, ou seja, o homem deve-se guiar na medida em que o sistema é melhor para ele. De acordo com ele, não podemos separar à justiça da moral ou da política ou do sistema econômico.

Rawls faleceu aos 81 anos na Lexington em 24 de novembro de 2002. Entres as principais obras podemos citar ainda: *Liberalismo Político* (1993), *O Direito dos Povos* (1999), *História da Filosofia Moral* (2000) e *Justiça como equidade: uma reformulação* (2001).

Referências

ARON, R. *Dimensions de la conscience historique*. Paris: Plon, 1964.
BELL, D. *El fin de las ideologias*. Madri: Tecnos, 1964.
BIRNBAUM, P. *La fin du politique*. Paris: Seuil, 1975.
CAMPS, V. *Paradoxos do individualismo*. Lisboa: Relógio D'Água, 1993.
DOMENACH, J. M. *Enquête sur les idées contemporaines*. Paris: Seuil, 1981.
ELIAS, N. *A sociedade dos indivíduos*. Rio de Janeiro: Jorge Zahar, 1994.
FUKUYAMA, F. Le fin de l'histoire. Revista "*Commentaire*", n. 47, 1992.
HAYEK, F. *La route de servitude*. Paris: PUF, 1946.
_____. O caminho da servidão. 6. ed. São Paulo: Instituto Ludwig von Mises Brasil, 2010.
HOBSBAWN, E. *A era das revoluções*. São Paulo: Paz e Terra, 1981.
HORKHEIMER, M. *Teoria crítica*. São Paulo: Perspectiva, 2008.
LEFORT, C. *Elements d'une critique de la bureaucratie*. Genebra: Droz, 1971.
JUDT, T. *Pós-guerra*. São Paulo: Perspectiva, 2008.
LIPOVETSKY, G. *A era do vazio*. Lisboa: Relógio D'Água, 1983.
LOCKE, J. *Carta sobre a tolerância*. São Paulo: Abril, 1973.
_____. *Segundo tratado do governo*. São Paulo: Abril, 1973.
MARCUSE, H. *Ideologia da sociedade industrial*. Rio de Janeiro: Zahar, 1967.
_____. *One-dimensional man*. Boston: Beacon Press, 1966.
MERLEAU-PONTY, M. *Humanisme et terreur*. Paris: Gallimard, 1947.
_____. *Les aventures de la dialectique*. Paris: Gallimard, 1955.
PLATÃO. A República. Trad. Enrico Corvisieri. São Paulo: Nova Cultural, 1997.
RAWLS, J. *Uma teoria da justiça*. Brasília: UnB, 1981.
SORMAN, G. *La solution libérale*. Paris: Arthème Fayard, 1984.
STRAWSON, P. F. *Individuals*. Londres: Routeledge, 2003.

CAPÍTULO 12

Sloterdijk

EDUARDO HENRIQUE ANNIZE LIRON

12.1 Introdução

À primeira vista, pode parecer curioso que, num momento em que – segundo grande parte das interpretações – o modelo institucional democrático está consolidado em um número extremamente abrangente de Estados nacionais, conferindo um cenário inédito das formas de ação na esfera política global, encontremos, nas ciências políticas e na filosofia, a ascensão da temática da apatia política. De fato, parece contraditório que, após um longo processo histórico de emancipações coletivas em busca de acesso às esferas de comando governamentais, os indivíduos simplesmente percam a confiança na efetividade dos atuais modelos democráticos de governo como mediadores credíveis das relações sociais e políticas. Basta, contudo, conferir as estatísticas de participação das eleições de qualquer Estado democrático que preveja, em sua legislação eleitoral, o sistema de voto facultativo para perceber que não são fictícios os fantasmas que assombram alguns estudiosos da atualidade.

As perguntas que emergem desse fato são evidentes: Como explicar a perda generalizada de interesse de participação democrática dos cidadãos contemporâneos? Quais os prováveis fatores que levam ao descrédito das instituições governamentais frente a seus cidadãos e como, se possível, lidar com eles? Em outras palavras, frente à apatia política manifesta, seria possível imaginar que nossas instituições democráticas estariam fadadas a um iminente fracasso?

É sobre perguntas semelhantes a essas que têm se focado diversos autores da teoria política contemporânea, dentre os quais Peter Sloterdijk se apresenta como um dos nomes mais proeminentes. O presente trabalho busca desenvolver uma análise da filosofia política desse autor tendo como foco os debates relativos à apatia política em países democráticos. Ao adotarmos uma certa narrativa moderna da elevação política das massas como parte da construção argumentativa do presente trabalho, buscamos em realidade explicitar os conceitos que permeiam a filosofia política de Sloterdijk em um cruzamento de conceitos e apontamentos encontrados em vários de seus textos. A adoção de um método em parte progressivo pareceu melhor atender às necessidades de explicitação aqui propostas e em nenhum momento este trabalho tem a pretensão de delinear uma leitura narrativa histórica baseada na sequência de fatos aqui levantados simplesmente como um mapeamento relacional. Da mesma forma, o uso de textos de outros autores e filósofos não tem por objetivo representar, de forma fidedigna, seu pensamento ou oferecer uma leitura sistemática daquilo por eles proposto. Busca, pelo contrário, apenas auxiliar pontualmente a compreensão dos conceitos e leituras apontados por Sloterdijk e, desta forma, explicitar conceitos e processos políticos fundamentais trabalhados pelo autor frente à esfera política moderna.

12.2 A época nacionalista e a ascensão de um novo homem político

"A história da política moderna (pós-classica) é, até então, a história de erros de formato."[1] Com esta afirmação provocativa, Peter Sloterdijk nos propõe observar com desconfiança as transformações da esfera política ocorridas nos tempos modernos. Do ponto de vista deste pensador, o processo de desenvolvimento da política moderna deve ser compreendido como uma sucessão de distintas formas de se relacionar entre o coletivo e o Grande, ou seja, de as instâncias institucionais de pertencimento levarem os indivíduos ao contato com a esfera decisória política. São uma sucessão de tentativas de "organizar os laços ou forças de ligação que abrangem grandes grupos de até milhões de membros, e para além disso, numa esfera de elementos comuns".[2]

Em outras palavras, desde que os humanos, reunidos em enormes grupos, se libertaram de sua minoridade política – libertando-se da necessidade de tutores dotados do direito de tomar decisões e tomando, finalmente, as rédeas da carruagem política para si –, pôs-se em marcha uma sucessão de tentativas institucionais de equilibrar um paradoxo político constante, formado pela coexistência política de vontades e necessidades.

Neste sentido, a modernidade não poderia ser entendida limitando-se aos moldes do iluminismo de Kant, ao tema da emancipação. Pelo contrário, Sloterdijk considera o pensamento filosófico de Hegel como o mais sugestivo em relação ao que se delinearia, em termos políticos, o projeto moderno:

> O que Hegel havia apresentado como seu programa lógico, a saber, desenvolver a substância como sujeito, se comprovou ao mesmo tempo como a mais poderosa máxima política da época que parece ainda ser a nossa — desdobrar a massa como sujeito. Ela afirma o conteúdo político para aquilo que, na modernidade, pode ser projeto.[3]

Sloterdijk aponta, portanto, que, na base da filosofia política da modernidade, não se pode subestimar a importância da evolução do papel das massas e dos processos do projeto moderno que levariam à sua promoção a sujeito histórico autodeterminado.

---

1   SLOTERDIJK, Peter. *No mesmo barco*: ensaio sobre a hiperpolítica. São Paulo: Estação Liberdade, 1999. cap. 3. p. 81.

2   SLOTERDIJK, 1999, cap. 1, p. 31.

3   SLOTERDIJK, P. *O desprezo das massas*: ensaio sobre lutas culturais na sociedade moderna. São Paulo: Estação Liberdade, 2002b. cap. 1. p. 11.

Acima da terceira classe não devem estar mais a primeira e a segunda – a nova era mundial quer fazer valer universalmente a equação entre homem e cidadão. Se houvesse nobreza, como eu suportaria não ser um nobre? Portanto, não há nobreza! – a doutrina política do homem no tempo burguês tem seu fundamento nesse silogismo de afeto.[4]

De modo tal que é a formatação de uma esfera política ao alcance das massas que, na modernidade, se concretiza enquanto projeto político. Esse "começar de novo" conquistado pelas massas dá origem a uma nova política que redefine por completo as formas de convívio humano coletivo. E é importante ressaltar que, para Sloterdijk, até hoje se propuseram dois modelos gerais de resposta a esse paradoxo: uma forma nacionalista e um modelo social-democrata, no qual vivemos até hoje. Independentemente das especificidades de cada formato segundo o ponto de vista do autor, a sucessão histórica dessas formas são ainda tentativas de equilíbrio político para um novo homem criado no início desta recém-formada "era burguesa". O que nos cabe analisar de início, contudo, é o fato de que a adoção de uma política de massas cria uma nova realidade política que pulveriza o acesso político e o convívio de muitos em uma escala sem precedentes. E desse novo contato, entre os muitos e suas recém-adquiridas instâncias de pertencimento, três facetas precisam ser evidenciadas.

Em primeiro lugar, os mecanismos de distinção vertical são substituídos pelas diferenças horizontais. Os homens passam a *viver a desigualdade de outra forma* que não a das boas e velhas diferenças inatas. Agora que já não mais valem distinções de cunho metafísico e não se aceitam com bons olhos descendentes dos deuses ou homens santos, também perdem sua credibilidade os clamores por diferenças de berço. Cabe, pois, aos próprios homens a responsabilidade de fazerem-se diferentes por meio de seus próprios esforços. Eis o mito fundador da era burguesa: a substituição da *nobreza de sangue* pela *nobreza de espírito*. E aqui entra em cena a *cultura* – no sentido de "cultivo do espírito" – como ferramenta de distinção. Na gênese da era moderna, o conhecimento passou a significar poder. É importante notar que essa nova forma de ascensão individual ao poder se manifesta, ao menos imageticamente, de forma democrática numa lista hierárquica constantemente apta à revisão. Apoiando-se numa premissa, nem sempre verdadeira, da existência de um espaço aberto para a ascensão dos talentosos – que, no limite, conseguiriam facilmente tomar o lugar dos distintos de ontem –, legitima-se uma desigualdade baseada em premissas igualitárias: uma verdadeira "democratização da distinção". Neste sentido, a adoção – mesmo que não imediata – do regime democrático como forma de governo do projeto burguês não acontece casualmente. A democracia é também um regime regido pela lógica da simetria, propõe-se como ruptura em relação ao ideal hierárquico verticalizado. Ouve a todos igualmente – de forma horizontal – antes de decidir uma manifestação ativa, que, por sua vez, não atende

---

4   SLOTERDIJK, 2002b, cap. 4, p. 86.

igualmente a todos os interesses expressos. Isso significa que a democracia é, também, uma nova forma mais igualitária de se viver a desigualdade.

A segunda faceta da nova época política a ser explicitada é o fato de que na gênese desta nova era burguesa nasce, como elemento central da política, a figura do cidadão. Isso significa que, ao ser humano, não basta apenas vir ao mundo para fazer parte da humanidade. Agora ao humano cristalizado sob a figura do cidadão, vir ao mundo significa ser incumbido da responsabilidade de criar-se. E nisso podemos encontrar um duplo significado. Em primeiro lugar, o homem deve criar-se como indivíduo dotado de um projeto próprio. Claro que "de início não se fala de diferenças entre os facilmente e os dificilmente nascidos na fixação dos discursos dos sujeitos burgueses", aponta Sloterdijk. "Nascimento é nascimento – com tal convicção os atores das coisas vindouras arrombam a porta de acesso ao futuro da espécie".[5] Em segundo lugar, se formata um novo e extremamente eficiente mecanismo de reprodução do homem pelo homem. Agora, na arte humana de pertencer à sociedade, exige-se a capacidade de partilhar valores comuns – e isso só seria possível por um sistema que propiciasse a leitura comum dos clássicos por jovens de ambos os sexos. "Toda criança se origina de uma mãe," diria Sloterdijk, "mas nem toda mãe se chama Atenas".[6] Para fundamentar esta nova psicopolítica, tornou-se necessário o nascimento de grandes homens – pois "a nação é sobretudo um posto de genialidade"[7] – e de professores aptos a reproduzir essa grandiosidade, compartilhando-a pela via da pátria a todos seus conterrâneos. O Estado toma, portanto, para si os dois mecanismos fundamentais de reprodução social de homem: a escola e a política. A partir daí, o homem deve criar-se enquanto reprodução – de certa forma voluntária – como condição *a priori* do pertencimento. Em outras palavras, o *homo politicus*, em seu processo de autocriação, tem liberdade para gerar-se em qualquer forma que deseje conquanto que essa forma seja a de cidadão, aos moldes exigidos por seu respectivo Estado.

> Lá, onde pela primeira vez na história da humanidade, a democracia inclusiva deve ser ousada, ela evidentemente não pode renunciar às suas garantias ginecológicas. Título hereditário e direitos exclusivos ficaram de lado onde médicos burgueses assumem o trabalho. [...] A época burguesa começa [...] como era mundial dos grandes coletivos de natalidade, nos quais as pessoas entendem sua igualdade como igual-partejados, como recém-nascidos naturalmente idênticos no mesmo espaço natal. [...] Uma nação é antes de tudo um posto de maternidades, depois disso, primeiro uma rede de reservistas, em seguida uma rede de escolas primárias e secundárias, e por fim de bancas de jornal e teatros.[8]

---

5   SLOTERDIJK, 2002b, cap. 4, p. 88-89.
6   SLOTERDIJK, P. *No mesmo barco*: ensaio sobre a hiperpolítica. São Paulo: Estação Liberdade, 1999. cap. 2. p. 40.
7   SLOTERDIJK, 2002b. cap. 4. p. 92.
8   SLOTERDIJK, 2002b, cap. 4, p. 90-92.

Como última faceta da nova estrutura política, por fim, temos uma alteração fundamental da esfera política em si: o que se põe em marcha nos governos – os postos de comando da coletividade – é a formação de uma arena de criação de projetos coletivos. Isso se explica, sobretudo, pelas consequências da crescente participação do homem comum nas questões do Estado.

> O exercício político encontra-se, desde então, mais sob pressão da aprovação vinda de baixo do que sujeito a uma luz vinda de cima. Esta alteração na base de legitimação é acompanhada por uma profunda mudança do modo de atuar do poder e da soberania, que se manifesta como despersonalização crescente do poder, como burocratização da política e como anteposição dos procedimentos de decisão relativamente ao afluxo premente dos problemas. Por este caminho, o poder torna-se, por um lado, mais difuso e mais indireto, por outro lado, mais penetrante e mais onipresente.[9]

Nesse sentido, desde a fase regicida da Revolução Francesa podemos observar uma dispersão social do poder, de forma que cada cidadão retém agora uma parte igual do poder soberano para si sob a forma do voto. Isso significa que, na sociedade moderna, todo indivíduo é um ser político e, além disso, todo cidadão uma autoridade. Aí se fundamenta aquilo que seria "a doutrina rousseauniana da 'vontade geral' e hegeliana do 'Estado ético', que permitem conferir um valor totalitário ao antigo princípio da soberania absoluta":

> O Estado [...] acaba sendo legitimado não apenas como ordem civil e racional, mas, no primeiro caso, é também identificado como o "corpo moral e coletivo" de todos os cidadãos e, no segundo, é sublimado como "substância ética e espírito do mundo".[10]

E se, por um lado, todo homem tem voz na esfera política, construindo-a e modificando-a, não apenas essa esfera se altera como também se exige de todos, enquanto povo, uma forma específica de se manifestar dentro dela.

> O espaço político passou a ser, desde então, um prosaico local de trabalho e de luta. Nele se movimentam aqueles que conseguem reduzir as suas paixões existenciais ao formato de interesses práticos.[11]

---

9 SLOTERDIJK, P. *A mobilização infinita*: para uma crítica da cinética política. Lisboa: Relógio D'Água, 2002a. cap. 4. p. 161-162.

10 FERRAJOLI, L. *A soberania no mundo moderno*: nascimento e crise do Estado Nacional. São Paulo: Martins Fontes, 2007. cap. 2. p. 29.

11 SLOTERDIJK, 2002a, cap. 4, p. 161-162.

Eis, segundo o ponto de vista de Sloterdijk, a mudança mais fundamental ocorrida na transição do papel político do súdito ao cidadão: o homem comum, elevado ao status do *homo politicus*, torna-se um sujeito de interesses. Todas as suas paixões devem ser relegadas aos setores privados da existência – religioso, estético, erótico etc. Isso, porém, não basta para que esse novo homem interfira nos postos de comando coletivos. Se "o cidadão é a figura política, a cujo 'próprio interesse' corresponde ter interesses políticos e não paixões",[12] então é necessário que se possa transformar os interesses em ações mobilizadoras da esfera política. Para isso ocorrer segundo as formas de ação previstas na práxis democrática, essa ação deve se manifestar sob a forma de um projeto coletivo. E a evidência gráfica do reconhecimento se manifestaria sob a forma de direitos conquistados.

> Não há como não ver que a história dos tempos modernos apresenta uma se-quência de revoltas de grupos antes aparentemente desinteressantes contra o desprezo ou não-atenção. A história social mais recente tem sua substância – melhor dizendo, seu roteiro – numa série de campanhas para a elevação da dignidade na qual sempre novos coletivos ousam tomar a dianteira com suas reivindicações de reconhecimento.[13]

Cabe ressaltar que, segundo o raciocínio desenvolvido até aqui, aquilo que se põe em marcha na esfera das relações sociais é o surgimento de uma economia simbólica das buscas por aceitação coletiva baseadas num mecanismo de desprezos recípro-cos. À esfera de comando coletivo adiciona-se um caráter político-psicológico, em que relações timóticas (de ira e desprezo) e eróticas (de amor e respeito) passam a mediar as relações de pertencimento social e a decisão de políticas públicas. Decorre daí, na arena política, um constante processo de busca pela elevação do "desinteres-sante ao plano do interessante".

No campo das ideias, segundo propõe Sloterdijk, foi Karl Marx quem formulou de maneira mais clara o processo da política moderna enquanto mercado político de desprezo e reconhecimento controlado pela burguesia industrial:

> A crítica da religião termina com a tese de que o *homem seria o ser supremo* para o homem, portanto com o *imperativo categórico de derrubar todas as relações* nas quais o homem é um ser rebaixado, servil, abandonado, desprezível. [...][14]

---

12 SLOTERDIJK, 2002a, p. 163.
13 SLOTERDIJK, 2002b, cap. 2, p. 57.
14 MARX, K. Die Frühschriften. Alemanha: Stuttgart, 1968. p. 216, apud SLOTERDIJK, P. *O desprezo das mas-sas*: ensaio sobre lutas culturais na sociedade moderna. São Paulo: Estação Liberdade, 2002. cap. 2. p. 63. (Grifos do autor.)

Assim sendo, o pensamento de Marx busca abolir todos mecanismos de domínio que se dão nas relações entre os homens de forma que, depois disso, toda diferença humana deva, no máximo, dar-se na horizontal. Se uma antropologia dos nascimentos humanos havia eliminado todas as diferenças inatas, as diferenças criadas não restariam intactas por muito tempo. E se por um lado o pensamento marxista tem papel fundamental na alteração das dinâmicas políticas da modernidade, influenciando sobretudo as classes intelectualizadas urbanas, em direção a uma ampliação do espaço de participação popular, é também verdade que na estruturação de um Estado de bases democráticas com uma sociedade civil mobilizada, a mobilização e as reformas sociais passam a ser pensadas a partir do Estado.

Em outras palavras, aquilo que se formulou como modelo institucional capaz de atender aos pré-requisitos básicos para a sustentação de um sistema político capaz de incluir as massas no seio das populosas e heterogêneas sociedades modernas, no que concerne às demandas psicopolíticas dos grupos em busca de reconhecimento, seria democracia representativa organizada sobre uma lógica de representação partidária. Com a consolidação de um sistema de partidos definidos, ideologicamente distintos e de alinhamentos facilmente identificáveis, cabe à sociedade direcionar os Estados no sentido do progresso. Sobre isso, Sloterdijk aponta que:

> Não se compreende o suficiente acerca do conceito de "partido", com o qual os atores de coletivos políticos se autodenominam o mais tardar desde o século XIX, se forem entendidos apenas como partidos de interesses. Os grupos autenticamente políticos são sempre ao mesmo tempo campos de força nos quais se formam paixões da dignidade.[15]

Isso significa que os partidos se estruturam sob uma lógica de identificação de interesses em torno de um projeto – quando não, antidemocraticamente, de um líder – que, de certa forma, se aplicaria como uma microfísica daquelas relações identitárias apontadas por Freud e outros autores da psicologia social. Segundo esse ponto de vista, o que se daria enquanto dinâmica político-partidária nos regimes constituídos por democracias representativas poderia ser entendido como manifestação dos processos de autovalorização das *diferenças feitas* no campo dos interesses pela via de mecanismos sociais de adulação e desprezo.

Quando as massas alcançam a arena política, portanto, altera-se o próprio papel do Estado. Agora, mais que um substituto artificial do soberano político, passa-se a exigir do Estado o desenvolvimento de um conjunto de reformas que, inclusive, proponham programas de bem-estar social. Até mesmo os clássicos acordos liberais que dominavam a política do começo do século acabariam sendo

---

15 SLOTERDIJK, 2002b, cap. 2, p. 40.

Capítulo 12 » **Sloterdijk** » **259**

minados em consequência dessas novas demandas. Claro que, grosso modo, essas reformas tenham se manifestado inicialmente mais como medida visando impedir o fortalecimento de movimentos revolucionários do que como preocupação genuína com o bem-estar da população.

O problema, todavia, era mais amplo. Seria possível incutir uma nova legitimidade, em relação aos regimes dos Estados às classes dominantes, na mente das massas democraticamente mobilizadas? Grande parte da história de nossos tempos consiste na tentativa de dar resposta a esta pergunta.[16]

12.3 A era social-democrata e os dois niilismos

O período entre os anos 1910 e 1945 marca um processo de mudanças fundamentais em diversos aspectos da vida dos modernos, que levaria gradualmente a uma generalizada reestruturação do sistema político. Se, por um lado, foi no decorrer das duas guerras mundiais que encontramos o auge do projeto nacionalista, com as mais assombrosas demonstrações de sua capacidade de mobilizar as multidões, por outro, foi também esse o momento em que, pela primeira vez, se abateu sobre o mundo um grande mal-estar causado pelo Estado. Este mal-estar, proveniente da manifestação de um potencial destrutivo, até então imprevisto, incubado em cada um dos pilares do projeto moderno, abala de forma profunda os valores até então legitimados do nacionalismo, resultando num processo que redefiniria, em seguida, as bases do convívio coletivo. A organização racional da política promovida pelo Estado seria capaz de mobilizar para a guerra contingentes humanos e recursos materiais em quantidades incomparáveis. Por consequência, também o racionalismo científico é questionado. A Revolução Industrial, ao aliar-se aos esforços bélicos, desmascarou de forma categórica o caráter destrutivo das ciências. Por fim, abate-se sobre os homens a percepção de que também a assimetria e a dominação poderiam emanar da "vontade geral". Em outras palavras, o período que marca as duas guerras mundiais e, em seguida, os inúmeros conflitos conhecidos como Guerra Fria, trazem à tona a percepção de que as luzes postas em cena pelo Iluminismo gerariam também, inevitavelmente, suas sombras.

Assim, abate-se sobre a esfera política uma primeira forma de niilismo, que já desde o início do século dava sinais de ascensão. Aquilo que se manifesta como a crise do ideal do nacionalismo seria, de fato, uma crise de confiança na capacidade decisória do Estado enquanto ente autônomo. E se neste momento que o Estado se vê enfraquecido enquanto mediador institucional do convívio coletivo,

---

16 HOBSBAWM, E. *A era dos impérios*. São Paulo: Paz e terra, 2009. cap. 4. p. 169.

uma nova estrutura de pertencimento e mediação política se faz necessária. Nesse sentido, Sloterdijk aponta que "mesmo assim, o gênero órfão tentou formular outro princípio do pertencer-se coletivamente num horizonte moderno de unidade – os direitos humanos".[17] Isto teria ainda maior importância tendo-se em vista a consolidação de sistemas padronizados para o intercâmbio interestatal de moeda, pessoas, objetos e informações. Em outras palavras, com a consolidação de um sistema internacional de trocas e a ampliação e diversificação da produção industrial, e a redução do papel do Estado na vida dos indivíduos, põe-se em marcha um segundo e fundamental processo de mudanças na arena política dos modernos:

> Os participantes do novo jogo mundial da era industrial não se definem através de "pátria" e solo, mas de acessos a estações ferroviárias, terminais aéreos, possibilidades de conexão. O mundo para eles é uma hiperesfera conectada.[18]

Neste sentido, a própria percepção do mundo passa a estar atrelada à mobilidade:

> Na medida em que nós, enquanto sujeitos modernos, entendemos a priori, liberdade como liberdade de movimentos, o progresso é apenas concebível para nós como aquele movimento que leva para a capacidade de movimentos mais elevada. [...] Antes de qualquer distinção entre ser e dever, o sentido de "ser", na Modernidade, é entendido como dever ser e como querer-se a si mesmo de mais mobilidade. A modernidade é, ontologicamente, puro ser-para-o-movimento.[19]

Nesse sentido, a política contemporânea define-se não mais em termos territoriais, mas por suas características *cinéticas*. Isso significa que também se estruturariam mudanças fundamentais à esfera da política, até então altamente influenciada por delimitações territoriais. Todas as estruturas de convívio coletivo passariam a ser compreendidas sob os termos e preceitos da modernidade: não mais o território, mas a velocidade se tornaria o objeto por excelência do poder – mobilidade, informação, etc. Seria icônico desse processo a tendência à internacionalização de empresas e os processos ditos de globalização, que com considerável grau de independência em relação às amarras estatais se multiplicariam de forma espantosa, sobretudo nesses pós-guerras mundiais, e mesmo os estados seriam obrigados a se inter-relacionar por meio de organizações internacionais, mesmo que isso não fosse de seu interesse imediato.

---

17   SLOTERDIJK, 1999, cap. 3, p. 59-60.
18   SLOTERDIJK, 1999, cap. 3, p. 60.
19   SLOTERDIJK, 2002a, cap. 1, p. 33.

O significado desses fatores, ao que concerne à esfera do pertencimento, configura-se pelo ponto de vista de Sloterdijk como a consolidação do individualismo no interior da política de massas. Isso não significa que o fato tenha se dado de uma hora para outra, nem que as massas tenham se desarticulado em uma mera soma de indivíduos – *a priori* – distintos. O individualismo é um fenômeno que esteve intensamente presente pelo menos desde o início do projeto moderno, mas que só agora se tornaria mais evidente em seus efeitos políticos.

> A luta geral por reconhecimento, ou somente por lugares privilegiados, produz um engajamento vão por um soberano banal que não oferece reconhecimento algum além de um aplauso ocasional – por aquela opinião pública não específica que se denomina geral e sobre a qual sabemos ser composta como plenário imaginário dos não diferenciados.[20]

Seria esta, portanto, à característica fundamental que, para Sloterdijk, define a era social-democrata em sua estrutura política cinética: as massas tornaram-se coloridas e moleculares.

> A massa de ajuntamento tornou-se uma massa relacionada a um programa – e esta se emancipou, de acordo com a definição, da reunião física num local comum a todos. Nela, como indivíduo, se é massa.[21]

E só podemos compreender essa afirmação de Sloterdijk se vermos nela dois aspectos do novo modelo do existir coletivo: em primeiro lugar, ela se relaciona com um programa, o que significa que o indivíduo, enquanto sujeito de interesses, posiciona-se na massa por meio de uma espécie de política de coalizão, da qual se subdivide a massa em grupos de interesse mais ou menos afins entre si – portanto, multicolorida. Em segundo lugar, ela, enquanto massa, é não reunida e não reunível, pois se forma pela união dos distantes e não mais pela aglutinação unificadora anteriormente apontada – molecular.

> As massas atuais pararam essencialmente de ser massas de reuniões e ajuntamentos; elas entraram num regime no qual o caráter de massas não se expressa mais na reunião física, mas na participação de programas de meios de comunicação em massa.[22]

---

20 SLOTERDIJK, 2002b, cap. 5, p. 109.
21 SLOTERDIJK, 2002b, cap. 1, p. 20.
22 SLOTERDIJK, 2002b, p. 19-20.

A massa colorida é aquela que apenas aceita que nos diferenciemos entre nós sob o pressuposto de que nossas diferenças não façam diferença.

> O princípio da identidade, no qual se baseava a filosofia clássica, continua existindo, visto por esse ângulo; chega até a adquirir validade mais poderosamente do que nunca, só que mudou de nome e parece mais secundário, mais negativo, mais reflexivo em uma dimensão. Onde havia identidade, deve aparecer indiferença, ou melhor, indiferença diferente. Diferença que não faz diferença é o título lógico da massa. De agora em diante, identidade e indiferença devem ser entendidos como sinônimos.[23]

Nesse sentido, podemos compreender que:

> [Se] produz um individualismo como que pós-social que tanto produz quanto reivindica uma grande medida de privilégios sociais como pressuposto para a renúncia, por parte do indivíduo, do sistema de sua produção. Para a construção da sociedade a terceira onda [de insularização política] precisa de indivíduos que necessitem cada vez menos da sociedade.[24]

Não deixaria de ser simbólico o fato de haver ocorrido, nesse contexto, uma segunda popularização da filosofia de Nietzsche depois do fracasso da leitura panfletária realizada pela propaganda nazista. Agora "a sua força de sedução como marca ou como etos e atitude no campo do individualismo, constitui seu maior sucesso".[25]

O último quarto do século XX seria, do ponto de vista de Sloterdijk, um momento de redefinição das bases sociais que permanece – em sua instável estabilidade – até o momento atual: condições de acesso material nunca igualadas e o fim da Guerra Fria enquanto cenário político. Seu produto seria um novo *ethos* global, em que o capitalismo de consumo tomou o lugar das economias de produção. Isso significa que:

> Hoje a grande oportunidade está no consumo não fundamentado de si mesmos. Sentimos o espaço vazio escancarar-se a nosso redor e todas as instituições como que erguidas sobre areia movediça, mas não porque, como após o massacre europeu, os mortos pareçam estar em maioria. Ficamos inseguros porque a lista de opções que se apresenta por toda parte deixa-nos aturdidos. [...] Em sua qualidade de consumidor, o Europeu do fim do século XX apercebe-se de que

---

23 SLOTERDIJK, 2002b, cap. 5. p. 107.
24 SLOTERDIJK, 1999, cap. 3. p. 87.
25 SLOTERDIJK, P. *O quinto evangelho de Nietzsche*. São Paulo: Tempo Brasileiro, 2004. p. 85.

está situado no vazio; está condenado não mais à liberdade, mas à frivolidade. Frívolo é aquele que, sem um fundamento sério na natureza das coisas, deve decidir-se por isto ou aquilo [...]. Tudo é feito com a plena consciência de que poderia perfeitamente bem ser ao contrário.[26]

A importância dessas mudanças se tornaria clara, sobretudo, pela abertura de uma *lacuna de credibilidade* em diversos dos principais pilares do pertencer coletivo deste estágio da política moderna.

A repetição do homem pelo homem, que através de todos os tempos deve permanecer um assunto das hordas e suas formações formais e informais em épocas de grandes civilizações, é cada vez mais mal-entendida pelos povos modernos como assunto do povo.[27]

Gradualmente instala-se na arena política – a arena do pertencer ao coletivo por excelência – um segundo niilismo: uma sensação generalizada de incapacidade de pertencimento. Em número cada vez maior de lugares, mais se tolera do que se admira o Estado.

O símbolo cinético do pertencer ao coletivo que se daria daí em diante até o século XXI, nos termos da cinética política moderna, não poderia ser mais bem representado – e Sloterdijk se refere a isso mais de uma vez – que pela imagem do engarrafamento automobilístico dos horários de pico das grandes cidades:

Onde ainda acontece que os muitos esbarrem fisicamente em si mesmos, como massa de horário de pico e engarrafamento, [...] eles mostram em cada um de seus átomos a tendência de passar apressados por si mesmos como por um obstáculo, e se amaldiçoar, qual uma impertinência, um excesso, como matéria no lugar errado. Aqui eles são dominados pela evidência da desgraça de serem muitos.[28]

---

26 SLOTERDIJK, P. *Se a Europa despertar.* São Paulo: Estação Liberdade, 2002. cap. 2. pp. 25-27.

27 SLOTERDIJK, 1999, cap. 3, p. 74.

28 SLOTERDIJK, 2002b, cap. 1, p. 23-24.

264 » Filosofia Política

12.4 Apatia política: democracia e Estado

> Cada época tem o seu próprio estilo de estar insatisfeita com o mundo. Cada descontentamento com o mundo, que tenha tomado consciência de si, traz consigo o germe de uma nova cultura.[29]

Toda escolha de formato engloba, já em seus moldes, os mecanismos de descontentamento com o modelo. E a atual época já tomou consciência de uma certa insatisfação com o mundo, que se manifesta sob a forma de um pânico em relação ao sentido de seu movimento.[30] Isso ocorre, para Sloterdijk, por um motivo claro: "a modernidade, enquanto complexo tecnopolítico, desequilibrou por completo a antiga ecologia da potência e impotência humanas".[31]

> Na medida em que, atualmente, muitos pontos do edifício mundial começam a estalar ao mesmo tempo, já não é possível esconder as dúvidas em relação à solidez da modernidade enquanto mobilização.[32]

Isso significa que, se da utopia cinética da modernidade resulta desequilíbrio, isso se deve ao fato de que no decorrer do último século tornou-se cada vez menos compreensível aos contemporâneos o moderno curso do mundo:

> As coisas acontecem de modo diferente do que se pensou, porque se fez as contas sem movimento. [...] Ao invocar pelo pensamento e ao suscitar aquilo que há de vir, sempre se põe também em movimento algo que não se pensou, que não se quis, que não se teve em conta. E isso, depois, anda por si mesmo com perigosa obstinação.[33]

Não faltariam exemplos desse fenômeno durante o século XX: crise ambiental, diversas crises econômicas, desastres nucleares e outras terríveis experiências atômicas, o horror e violência dos conflitos locais etc.

Nesse sentido, no momento em que os sujeitos modernos se definem enquanto seres para o movimento, este mesmo movimento passa a ser gradualmente compreendido como uma "heteromobilidade catastrófica". Ao tomar o controle

---

29 SLOTERDIJK, 2002a, cap. 2, p. 67.
30 SLOTERDIJK, 2002a, cap. 2, p. 69.
31 SLOTERDIJK, 2002a, cap. 1, p. 24.
32 SLOTERDIJK, 2002a, cap. 4, p. 156.
33 SLOTERDIJK, 2002a, cap. 1. pp. 25-26.

da carruagem, aprendemos a pô-la em marcha – mas não sabemos como freá-la nos pontos que nos seriam necessários. Isso significa que, ao livrar-se da submissão a seus destinos, os homens tornaram-se reféns de sua própria escolha: todo movimento traz consigo, como reação natural, um outro movimento imprevisto e indesejado, de forma que, agora, o futuro que deveria conservar seu passado (o nosso presente) como uma origem, passa a ser compreendido potencialmente como um não futuro, fazendo de nós pouco mais que uma não origem. Isso significa que, para Sloterdijk, a atual "insatisfação com o mundo não pode ser senão um estilo pânico"[34] calcado na incerteza histórica, no sentido de que, precisando cada vez menos do social e vendo sempre piores previsões de futuro, os indivíduos renunciam ao sistema coletivo de sua própria reprodução social. E a consequência desse fato – enquanto tomada de consciência – se manifesta como uma lacuna sem precedentes no projeto moderno.

> Por isso, o tema do niilismo deve penetrar no ponto fulcral da moderna autorreconciliação cultural no momento em que se tornou quase completo o triunfo das inibições sobre os movimentos, das pressões sobre as iniciativas, da comparação das formas de vida sobre a resolução a favor de uma delas.[35]

O que se quer dizer, nesse sentido, em relação à apatia política é que não se pode compreender sua manifestação no seio da esfera política contemporânea se não diagnosticarmos suas raízes como parte desse grande niilismo cinético da modernidade recente. E podemos compreender esse niilismo pânico sob um duplo sentido: no campo político, enquanto apatia; no campo filosófico, enquanto cinismo.

> Desde que a sociedade burguesa começou a lançar uma ponte entre o saber dos que estão em cima de tudo e o dos que estão em baixo de tudo, e desde que anunciou a sua ambição de fundar inteiramente a sua imagem de mundo no *realismo*, os extremos confundem-se. Hoje, o cínico surge como tipo de massa: um caráter social médio na superestrutura elevada. É um tipo de massa – e não só porque a civilização industrial avançada produz o solitário amargo como fenômeno de massa. As grandes cidades tornaram-se elas próprias amontoados difusos que perderam a força de criar *public characters* universalmente aceitos. A coerção para a individualização diminuiu no clima das cidades e dos *media* modernos.[36]

---

34 SLOTERDIJK, 2002a, cap. 2. p. 69.
35 SLOTERDIJK, 2002a, cap. 4, p. 115.
36 SLOTERDIJK, P. *Crítica de la razón* cínica. Lisboa: Relógio D'água, 2011. cap. 1. p. 31. (Grifos do autor.)

266 » Filosofia Política

Não há, aqui, mais espaço para figuras públicas generalizadamente aceitas, capazes de confluir interesses e atenções. Frente a essa cínica massa multicolorida que se põe em campo no cenário da política contemporânea, Sloterdijk aponta que os intelectuais e os políticos profissionais se encontram relegados ao papel de mediadores.

> Quando nada está conforme e nada se ajusta bem, quando nada acerta e nada remedeia, chega a hora dos diplomatas. O seu ofício é empreender alguma coisa em situações nas quais não há nada mais a fazer.[37]

No desenvolver da modernidade, o homem santo passa a estadista e, agora, a atleta do Estado; o pecador passa a eleitor e, agora, a espectador. E do atual espetáculo político de atletismo de Estado, cujas regras no interior da política global ainda não nos parecem bem definidas, resta um sentimento de incompletude e incapacidade de lidar com os desafios postos:

> Mesmo que ainda não se soubesse indicar detalhadamente o que este ou aquele político deveria fazer de diferente, todo observador do movimento nas capitais sente que não pode ser suficiente os representantes do povo, com uma espécie de disponibilidade de trabalho cega e ofuscada pelo funcionalismo, deliberarem em comissões durante longos dias de trabalho.[38]

Para Sloterdijk, se os modernos homens políticos não podem sentir-se representados, isto se dá por uma inevitável dissonância entre o que a classe política considera fundamental e o que na vida da população se faz urgente. Em outras palavras, se a política moderna se defronta na atualidade com a crise do mito da mobilidade autogeradora; "o que dá que pensar é a desproporção incomensurável que se cava entre as competências da política e as exigências do real".[39]

> Explicar a lacuna de credibilidade pelo alheamento entre políticos e população, pelo contrário, é apenas uma dimensão secundária. Ninguém negará que esta também tem as suas insídias e que pode ser uma das fontes do mal-estar com a política. Contudo, as circunstâncias de não poder haver uma verdadeira correspondência entre os chamados mandatos dos eleitores e os cargos políticos, porque a renitência dos cargos frustra a pura representação, é um fenômeno relativamente inofensivo, se comparado com a transformação, grave em termos antropológicos, de indivíduos em sujeitos políticos com interesses.[40]

---

37 SLOTERDIJK, 2002a, cap. 5, p. 185.
38 SLOTERDIJK, 1999, cap. 3, p. 63.
39 SLOTERDIJK, 1999, cap. 4, p. 155.
40 SLOTERDIJK, 2002a, cap. 4, p. 165.

A política, isolada em seu praticismo, afastou-se da capacidade de formular "uma consciência avançada dos problemas"[41] e passou, de maneira oposta, a fazer parte deles. Resultante desta já apontada alquimia antropológica, que levaria o "*homo sapiens sapiens* a *homo politicus* pela via da neutralização das paixões, a política se tornaria a arte do que há de mais importante em segundo lugar".[42]

> Posto que, na cultura política dos tempos modernos, as paixões devem ser privatizadas e neutralizadas, os sujeitos políticos correspondentes são constitucionalmente abstratos. Neste estado de coisas, a proeza política da Modernidade coincide com sua maior fraqueza: embora suas ordens sociais estejam edificadas sobre a abstração das paixões, veem-se obrigadas, de maneira profundamente paradoxal, a produzir uma paixão pelo abstrato [...].[43]

E, nesse aspecto, as campanhas eleitorais só podem – independentemente dos comuns clamores pela ética – calcar-se na demagogia:

> Não são as candidaturas os períodos poéticos da vida política, quanto mais não seja porque, enquanto elas duram, não se pode ainda cometer os pecados que estão de antemão programados na prosa do exercício do cargo?[44]

E apenas nesse sentido podemos entender por que nos parece passada a época dos grandes estadistas:

> Quem governa em nome do povo tem a razão de ser do seu mandato em algo indefinível, instável, flutuante, desinteressado por tudo, exceto por interesses que, periodicamente, dão uma expressão à sua confusão em votações gerais, livres, iguais e secretas.[45]

As consequências institucionais dessa sensação de não pertencimento político se dariam no sentido de que, sob um modelo democrático determinado pelo voto, resta à classe política o papel de tentar promover a propaganda mais efetiva para que se coloque no poder e, uma vez ali, receba as críticas decorrentes da incapacidade de cumprir – quando não da *capacidade* de cumprir – o programa proposto.

---

41 SLOTERDIJK, 1999, cap. 4, p. 158.
42 SLOTERDIJK, 1999, cap. 4, p. 162.
43 SLOTERDIJK, 2002a, cap. 4, p. 163.
44 SLOTERDIJK, 2002a, cap. 4, p. 154.
45 SLOTERDIJK, 2002a, p. 166.

268 » Filosofia Política

> Eles dão-nos a impressão de que o diálogo político é meramente sinônimo de
> concurso de eloquência entre pessoas com perturbações na fala. [...] Se trata, em
> última instancia, menos de um problema psicológico que de lógica do poder. É
> que se o sujeito político encarna realmente alguma coisa, não são tanto os seus
> princípios morais, mas antes a razão de ser do seu país, do seu partido, do seu
> sistema, da sua parte do mercado.[46]

E o que resta ao outro lado da equação é uma contida manifestação de voz
chamada *voto*.

> Essa voz é rigidamente monossilábica, nada diz para além de sim e não; nunca fala
> espontaneamente da sua vida, reage a propostas eleitorais, faz sua cruz e perma-
> nece lacônica, limitando-se ao mínimo de sinais de aprovação ou desaprovação.[47]

O debate, aqui, permanece limitado ao espetáculo midiático. Apenas ao especialista é dado espaço para manifestar maior extensão de seu léxico – restringin-
do-se, naturalmente, ao seu tema de domínio se (e somente se) for, eventualmente,
convidado a ocupar sua parte naquele "espaço público" que se chama jornal,
rádio, televisão etc. Por consequência, pode-se compreender como, segundo
Sloterdijk, na atualidade torna-se possível identificar a existência de uma crise da
voz política. Aqui, onde a massa midiática, colorida e molecular, é convidada a se
manifestar sobra a arena política, não há como evitar o sentimento de que pouco
ou nada lhe valera o esforço.

> A voz política é tão intimamente aparentada com o mutismo que a sua absten-
> ção diz às vezes mais do que a sua expressão [...]. Mas, quer o direito de voto se
> exprima por um monossílabo ou por dois monossílabos, ele implica em todo o
> caso para os indivíduos, na sua expressão política, a exigência discrepante de
> desafinar ou silenciar todas as outras cordas no campo sonoro da existência.[48]

Dessa forma, mais que uma deslegitimação dos representantes políticos, na
passagem da massa sólida à multicolorida, as próprias instituições democráticas
tornaram-se completamente ineficazes em cumprir a pretensão política de formação de projetos. Isso significa que o próprio sistema democrático representativo é
um dos elementos que alimentam a apatia política devido a sua incapacidade de
suprir as demandas, ao mesmo tempo dissonantes e simultâneas.

---

46 SLOTERDIJK, 2002a, p. 170.
47 SLOTERDIJK, 2002a, p. 167.
48 SLOTERDIJK, 2002a, p. 167.

O problema essencial não é as instituições tornarem-se independentes e separarem-se dos interesses da base, mas a base separar-se de si própria para tomar parte, como sujeito político, no projeto de mobilização dos tempos modernos. Por isso a credibilidade não é, em primeiro lugar, um tema da ética política, mas uma questão de antropologia política.[49]

Em outras palavras, "se os políticos são quase sempre impopulares, não é por estarem alheados do povo, mas por serem exatamente iguais a ele":

Quando o povo com representantes de interesses olha para os seus representantes políticos, é como se olhasse para um espelho, e quando aquilo que, por sua vez, o encara do espelho não lhe suscita entusiasmo, é porque intervém o seu conhecimento de si próprio [...]. [E o] povo raramente está ofuscado a ponto de achar a si próprio popular.[50]

Neste momento, atingimos o ponto central do tema da apatia para Sloterdijk. O indivíduo moderno de massas, tornado figura dotada de interesses práticos, vê que estar afastado de suas paixões e dos próprios interesses específicos é a única maneira instituída de poder se mobilizar na arena política. Deste modo, ao cidadão comum, o acesso à arena política seria tão raramente permitido e com tamanhas restrições que nada surpreendente seria o desenvolvimento de uma apatia em relação a essa esfera. E seria importante adicionar que essa exigência, pontual e periódica, pressupõe comprometimento tal que tornaria até mesmo a parcela da população ativamente interessada vulnerável à incerteza quanto à forma adequada de seu uso.

Democracia até significa soberania popular, mas que intrinsecamente seria um disfarce para uma fatalidade ainda não compreendida que procura pela destruição daquilo que supostamente seria dominante, do povo no sentido tradicional [...].[51]

Neste sentido, torna-se evidente porque, para Sloterdijk, a política atual, enquanto busca irrealizável de pertencimento ao Grande,[52] é também um erro.

---

49 SLOTERDIJK, 2002a, p. 164-165.
50 SLOTERDIJK, 2002a, p. 164-165.
51 SLOTERDIJK, 2002a, cap. 3. p. 84.
52 Ver item 12.6.3 deste capítulo.

270 » Filosofia Política

> Quando hoje os ocidentais se descrevem facilmente como democratas, na maioria das vezes o fazem não porque reivindicam carregar a coletividade em esforços diários, mas porque, com razão, consideram a democracia uma forma social que lhes permite *não* pensar no Estado e na arte do pertencer-se.[53]

Isso significa que, ao isentar os homens de sua necessidade de pensar no pertencimento ao coletivo, o atual estágio político da era social-democrata encontra no modelo institucional da democracia a ordem por excelência da isenção, de forma que, enquanto a escolha da massa se apoia na "indiferença diferente" da frivolidade econômica instituída, podemos compreender como se degenera a importância das escolhas democráticas. O voto – tão indiferenciado como uma escolha entre o verde-claro e o carmesim – acaba por recair no campo da frivolidade niilista: tudo é feito com a plena consciência de que poderia perfeitamente ser ao contrário.

Mas aqui caberia uma importante ressalva: não seria por toda a extensão das massas que se veria manifesto, por igual, esse niilismo cinético. Além do político profissional, há na atualidade outra figura mobilizada com a total extensão de sua voz e que não se permite separar de suas paixões para atuar na esfera política: os movimentos sociais. Estes, mantendo-se na situação de leigos, empenham-se apaixonadamente e ativamente a questões que considerem pertinentes.

A organização dos movimentos sociais oferece uma importante forma de oposição ao monossilabismo eleitoral, mas que, enquanto oposição, é uma medida necessariamente antidemocrática, uma vez que representa interesses organizados de forma *extraleitoral* com a intenção de evocar, sempre que possível, o regresso do "mais importante" à arena política: uma espécie de vertente política do martírio. O fato de os movimentos sociais existirem de forma legítima e fazerem-se necessários na atual forma política instituída aponta, de forma inquestionável, o caráter insatisfatório dos atuais mecanismos democráticos em garantir a isegoria nos processos de decisão coletiva. Em outras palavras, os movimentos sociais são entendidos por Sloterdijk como uma segunda forma não apática, ainda que individualista, de reação manifesta àquela lacuna de credibilidade instalada.

Tendo isso posto, podemos prosseguir com a questão: Frente ao que nos foi até aqui proposto, seria correta a hipótese de que estamos diante de uma iminente falência desse modelo, que abriria espaço a uma nova tentativa de conviver entre os muitos?

A resposta deve ser dada por uma dupla interpretação da questão.

Se pelo uso propositalmente impreciso do termo **modelo** compreendermos que estamos tratando aqui do projeto moderno, poderíamos considerar que, do ponto de vista de Sloterdijk, só se poderia responder de forma negativa. Para o

---

53 SLOTERDIJK, 2002a, p. 85. (Grifos do autor.)

autor, aquilo que aqui tratamos sob o título de "projeto moderno" estaria sim em um momento de redefinição. Isto, contudo, não deve ser compreendido como um chamado por seu abandono:

> Visto desse ponto de vista, o justa ou injustamente assim denominado "Projeto da Modernidade" é definitivamente o mais admirável empreendimento observado na história da humanidade. É sempre bom lembrar que a democracia apela, de modo inédito, para a discrição dos seus membros – para a discrição no duplo sentido da palavra: como força de diferenciação e como sentimento de compasso, como sentido para inescritas relações de categoria e como respeito por ordens informais do bom e do menos bom – em constante consideração às necessidades de igualdade e hábitos de comparação.[54]

Se apontamos aqui o caminho em direção ao fim daquela utopia cinética da modernidade, de forma que "desde que o progresso passou a ser automático o otimismo quanto ao futuro se transformou em melancolia do processo",[55] seria antes para evidenciar a importância dessa melancolia cinética frente à esfera política que para proclamar um alarmismo pós-moderno de qualquer sorte. Efetivamente, por consequência do fato de que uma das características fundamentais da modernidade é a "convicção, tácita e incorrigível, de ser ela própria a última era",[56] a atual insatisfação global em relação à automobilidade desvelada não pode ser senão a origem de uma primeira autocrítica moderna em relação a seus próprios mecanismos.

> Quando se tenha tornado o evidente caráter acósmico das aliciantes imagens utópicas [da modernidade], pode-se, então, descobrir o engano em termos de lógica do tempo, em que assenta a ontologia do ainda-não-ser.[57]

E se isso ocorre de tal forma, cabe-nos agora uma segunda interpretação da questão: se compreendemos que tratamos por **modelo** a ser reconstruído o modelo democrático representativo como formatado até agora, a possibilidade de uma resposta afirmativa não poderia ser descartada – tomando-se as devidas ressalvas.

> Há um desconforto no poder de escolha, e em breve será uma opção pela inocência recusar-se explicitamente a exercer o poder de seleção que de fato se obteve.

---

54 SLOTERDIJK, 2002b, cap. 5, p. 114.
55 SLOTERDIJK, 2002a, cap. 6, p. 203.
56 SLOTERDIJK, 2002a, cap. 6, p. 217.
57 SLOTERDIJK, 2002a, cap. 6, p. 245.

272 » Filosofia Política

> Mas tão logo poderes de conhecimento se desenvolvam positivamente em um campo, as pessoas farão uma má figura se – como na época de uma anterior incapacidade – quiserem deixar agir em seu lugar um poder mais elevado, seja ele Deus, o acaso, ou os outros.[58]

Desta forma, Sloterdijk entende que o atual estágio da modernidade precisa de *novas* estruturas, aptas a apresentar uma arena política capaz de conduzir os muitos para o Grande. Essas estruturas, contudo, não devem ser fantasmas das velhas estruturas do passado e do presente:

> Quando a atividade política começa a parecer um espetáculo fútil, seria uma infelicidade meter velhos princípios nos novos espaços ocos. Pouco teria de lhe acontecer para que a cavidade fosse uma receptividade. Se o primado da receptividade penetrar o mundo político, torna-se concebível uma política com o ouvido posto no inevitável. Essa política à escuta não seria uma charlatanice ao serviço de grupos de interesse. A relação medianímica com o urgente é um êxtase, no qual os indivíduos são mais do que os seus interesses e o mundo é mais do que o seu triste estado. Aí reside, mesmo para os políticos, uma perspectiva fascinante. Com um pouco de sorte, eles tornar-se-iam contemporâneos credíveis, se passassem a ser não só alvos, mas também autores da sátira que se escreverá seja como for.[59]

12.5 Texto para análise

Desde a era do absolutismo, mais nitidamente ainda desde a fase regicida da Revolução Francesa, que no mundo ocidental moderno o poder político é dessacralizado de ponta a ponta. O exercício do poder político encontra-se, desde então, mais sob a pressão da aprovação vinda de baixo do que sujeito a uma luz vinda de cima. Esta alteração da base de legitimação é acompanhada por uma profunda mudança no modo de atuar do poder e da soberania, que se manifesta como despersonalização crescente do poder, como burocratização da política e como anteposição dos procedimentos de decisão relativamente ao afluxo premente dos problemas. Por este caminho, o poder torna-se, por um lado, mais difuso e mais indireto, por outro lado, mais penetrante e mais onipresente. São trivialidades, que explicam por que passou a ser difícil ver os processos políticos a uma luz transfigurante ou, de algum

---

58 SLOTERDIJK, 2000, p. 45.
59 SLOTERDIJK, 2002a, cap. 4, p. 178-179.

modo, «superior». A secularização do universo político liquidou as reservas de lealdade romântica e de dedicação patriarcal que possam ter existido na era da soberania diretamente exercida pelas autoridades sobre a população. Enquanto nenhuma personalidade carismática vier alterar o curso das coisas, a Modernidade não permite, em conformidade com a sua característica principal – secular e racional –, qualquer restauração sacral da política.

O espaço político passou a ser, desde então, um prosaico local de trabalho e de luta. Nele se movimentam aqueles que conseguem reduzir as suas paixões existenciais ao formato de «interesses» práticos. Nos tempos modernos, entende-se que a política é aquilo que resta, quando as paixões são postas de parte e podem ser relegadas para os setores religiosos, estéticos ou eróticos do «privado». É somente graças a esta modificação decisiva que os homens podem ser transformados em sujeitos políticos de tipo moderno: só quando, de seres com paixões, se reduzirem a sujeitos com interesses, obterão o estatuto de pessoas políticas. É lícito supor que se deva procurar na estilização antropológica do *homo politicus*, enquanto moderno sujeito de interesses, as raízes de qualquer desconforto com a «incredibilidade» da política. Pois o indivíduo só pode tornar-se sujeito político na medida em que for capaz de abstrair daquilo que confere à sua existência a feição «autêntica», «credível». É unicamente pela neutralização do que há de mais importante no plano existencial que nasce aquilo a que, modernamente, se chama o político. Resultante de um recalcamento, a política tem. Ao mesmo tempo, de se impor como o mais importante sucedâneo do que há de mais importante. E só o pode conseguir na medida em que possa cuidar de que nada se tome mais importante do que ela própria. Por isso, a política não e tanto a arte do possível, como dizia Bismarck, mas a arte do que há de mais importante em segundo lugar: a sua paixão e a neutralização das paixões.

Posto que, na cultura política dos tempos modernos, as paixões têm de ser privatizadas e neutralizadas, os sujeitos políticos correspondentes são constitucionalmente abstratos. Neste estado de coisas, a proeza política da Modernidade coincide com a sua maior fraqueza: embora as suas ordens sociais estejam edificadas sobre a abstração das paixões, veem-se obrigadas, de maneira profundamente paradoxal, a produzir uma paixão pelo abstrato – caso contrário, logo se despedaçariam os grampos psicossociais que se destinam a manter coesos os grandes sistemas.[60]

---

60 SLOTERDIJK, P. 2002a, cap 4, p. 161-163.

274 » Filosofia Política

12.5.1 Estudo do texto

Em um lacônico apontamento, Sloterdijk diz que "a hiperpolítica – seja lá o que mais ela for – é a primeira política para os últimos homens".[61] Nessa referência à alegoria de Nietzsche sobre homem moderno herdeiro do Iluminismo, Sloterdijk aponta que o individualismo levou os homens a assemelhar-se àqueles descritos por Nietzsche: o último homem é aquele que encarna aquela vontade de nada presente no seio da cultura como parte inegável de si.

Assim sendo, ao tratar a política contemporânea como a primeira política para os últimos homens, Sloterdijk aponta para a questão central da atual estrutura de massas enquanto mecanismo principal de mobilização política.

> O último homem aos olhos de Zaratustra é desprezível porque quis parar nos "desejozinhos" profanos, finitos, esgotados na horizontal. E uma política para os últimos homens não poderia ser apontada senão como uma política que perdeu, não apenas a capacidade de autorreprodução dos homens, mas que também esvaziou sua capacidade de elevá-los a participantes daquilo que é Grande: "Eles vivem com o sentimento do não retorno; o indivíduo individualizado até o limite quer uma vivência que se autorrecompensa; ele leva a vida como consumidor final de si mesmo e suas chances".[62]

12.6 Estudo das noções

12.6.1 A noção de pertencimento político

Resultado de um conjunto de imagens, sensações, ideias e imaginações compartilhadas pelos indivíduos integrantes de uma mesma coletividade capazes de gerar um sentido de identidade que permite levantar valores comunitários, mesmo dentre os muitos. A manutenção do pertencimento político é, na visão de Sloterdijk, característica fundamental de legitimação de qualquer estrutura política que, enquanto permanece capaz de realizar a reprodução do homem pelo homem, garante a continuidade de suas bases institucionais.

12.6.2 A noção de hiperpolítica

O ser humano, na visão de Sloterdijk, é um animal de pequenas hordas adaptado ao convívio em pequenos grupos. Com o início da era industrial, contudo, esse animal de pequenas hordas passa a ser superexigido ao convívio em cidades com

---

61 SLOTERDIJK, 1999, cap. 3, p. 92.
62 SLOTERDIJK, 2002b. cap. 2. p. 67.

milhares de pessoas. Essa nova forma de conviver entre os muitos exige novos mecanismos políticos e novas formas de organizar o Estado – o posto de comando da coletividade. Ao adotar o termo *hiperpolítica*, Sloterdijk se refere todas as formas políticas aplicadas até agora com a intenção de mediar o pertencimento político das sociedades humanas pós-clássica, ou seja, os modelos institucionais – de governo, segurança, educação etc. – com a função de sustentar a difícil tarefa humana de pertencer-se entre os muitos.

12.6.3 A noção de Grande

Termo baseado na teoria Nietzchiana que poderia ser compreendido como aquilo a que se dá maior valor. O Grande, nos termos políticos postos por Sloterdijk, é aquilo que a política encarna no sentido das escolhas: é uma mediação das urgências daqueles que vivem em coletivo. Opõe-se, portanto, ao que seria considerado fundamental para a política, ou seja, a uma moralidade ou uma verdade essencial que supostamente regeria a política.

12.6.4 A noção de apatia política

É o desprezo pela efetividade política. Em outras palavras, é a descrença na capacidade de uma estrutura institucional política em realizar a ligação entre o indivíduo e o Grande. Um rompimento nos processos que realizam o pertencimento político.

12.6.5 Argumentos

Na visão se Sloterdijk, as próteses institucionais criadas para mediar o pertencimento político dos humanos na era da hiperpolítica criam um paradoxo político entre aquilo que é fundamental e aquilo que é urgente.

Esta visão, contudo, não pode ser resumida como uma característica institucional pontual, mas como elemento imprevisto e inseparável do caminhar do projeto moderno segundo seus moldes desenvolvidos até a atualidade.

Como resultado da incapacidade das instituições modernas em fazerem os indivíduos pertencer naquilo que é Grande, surge na esfera política a apatia.

12.7 Proposta de tema de dissertação

Ouvimos com frequência afirmações que acusam toda a classe política como corrupta, ineficiente ou mesmo interesseira. Seria possível considerar, segundo o ponto de vista de Sloterdijk, que a responsabilidade pela percepção de ineficiência de nossas instituições políticas recai exclusivamente sobre os políticos?

12.8 Proposta de temas para estudo

» O que se quer dizer com o termo "apatia política" e como ele se apresenta no cenário político atual do seu país?
» Qual é o papel do voto na ligação entre cidadão e o Estado?
» Qual é a relação entre isegoria e isonomia, e qual sua função nas estruturas democráticas?
» O que são os partidos políticos modernos do ponto de vista de Sloterdijk? Eles são eficientes para garantir a representação dos interesses dos cidadãos?
» Qual é o papel dos movimentos sociais na arena política?

Peter Sloterdijk
Biografia e principais obras

Peter Sloterdijk é um pensador que oferece grandes contribuições à filosofia política contemporânea ao levantar fortes críticas ao sistema democrático representativo como aplicado em diversos países hoje, além de formatar uma forte teoria da apatia política manifesta nesses mesmos sistemas democráticos. Nascido em Karlsruhe, em 1947, Peter Sloterdijk estudou filosofia, germanística e história em Munique e Hamburgo. É considerado um dos mais importantes renovadores do pensamento filosófico da atualidade e tornou-se amplamente conhecido ao publicar sua *Kritik der zynischen Vernunft* (*Crítica da Razão Cínica*), que acabou por tornar-se o mais vendido livro de filosofia na Alemanha no último meio século. Notabilizou-se por defender o retorno a um maior rigor filosófico e, como bom iconoclasta, posiciona-se contra os nivelamentos por baixo reinantes na academia e na vida pública. Tornou-se um dos mais polêmicos autores da atualidade, sobretudo devido ao debate sobre a colonização do corpo, no livro *Regras para o parque humano*,[63] e a opiniões consideradas por alguns como eurocêntricas em *Se a Europa despertar*.[64]

---

63 SLOTERDIJK, P. *Regras para o parque humano*: uma resposta à carta de Heidegger sobre o humanismo. São Paulo: Estação Liberdade, 2000.
64 SLOTERDIJK, P. *Se a Europa despertar*. São Paulo: Estação Liberdade, 2002.

Sloterdijk tem forte presença pública, realizando importantes debates entre arte e política. Ironizou o atual culto à democracia promovido pelos Estados Unidos ao criar uma instalação artística que consistia em um parlamento inflável, capaz de ser lançado via aérea, a fim de instaurar a democracia com a maior rapidez possível nos "Estados delinquentes" que tenham acabado de ser subjugados. Também apresenta na TV o programa *Das Philosophische Quartett* (O quarteto filosófico), em que, reavivando a tradição sofista de poder participar de qualquer debate, dá ao público acesso a temas filosóficos e à filosofa sobre assuntos que movimentam a opinião pública.

Referências

SLOTERDIJK, P. *A mobilização infinita*: para uma crítica da cinética política. Lisboa: Relógio D'Água, 2002.

_____. *Crítica de la Razón Cínica*. Trad. Miguel Ángel Vega. Madrid: Siruela, 2003.

_____. *Crítica da Razão Cínica*. Trad. Manuel Resende. Lisboa: Relógio D'Água, 2011.

_____. *Crítica da Razão Cínica*. Trad. Marco Casanova e outros. São Paulo: Estação Liberdade, 2012.

_____. *Ira e tempo*: ensaio político-psicológico. São Paulo: Estação Liberdade, 2012.

_____. *No mesmo barco*: ensaio sobre a hiperpolítica. São Paulo: Estação Liberdade, 1999.

_____. *O desprezo das massas*: ensaio sobre lutas culturais na sociedade moderna. São Paulo: Estação Liberdade, 2002.

_____. *Regras para o parque humano*: uma resposta à carta de Heidegger sobre o humanismo. São Paulo: Estação Liberdade, 2000.

_____. *Se a Europa despertar*. São Paulo: Estação Liberdade, 2002.

278 » Filosofia Política

Crédito das imagens de capa e aberturas de capítulos

CAPÍTULO 1

© Colnect.com/ Selo comemorativo Série *Ancient Greek Authors*, dez. 1998, Grécia, Plato (philosopher/ mathematician) 429-347 B.C.

CAPÍTULO 2

© Getty Images Plus/ iStock / Imagestock.

CAPÍTULO 3

© Colnect.com/ Selo comemorativo Série *30 years Dante Alighieri Association of Monaco*, jun. 2009, Mónaco, Niccolò Machiavelli (1469-1527), Italian philosopher and pol.

© François Stuerhelt, ilustração da obra *Illustres d'Anjou* de Claude Ménard (avant 1620) [domínio público].

CAPÍTULO 4

© Getty Images Plus/ iStock/ Denisk0.

© Wellcome Collection / *Thomas Hobbes*, line engraving by William Faithorne, 1668.

CAPÍTULO 5

© Getty Images Plus/ iStock/ Popovaphoto.

© Getty Images Plus/ iStock/ PictureLake.

CAPÍTULO 6

© Getty Images Plus/ iStock/ Traveler1116.

CAPÍTULO 7

© Getty Images Plus/ iStock / Andrey_KZ.

CAPÍTULO 8

©Colnect.com/ Selo comemorativo Série *Artigo Filatélico: 150 Geburtstag Max Werber*, abril. 2014, Alemanha – República Federal. Karl Emil Maximillian Weber, 1864-1920, by design Stefan Klein & Olaf Neumann.

© adaptado de Gorka Lejarcegi. In: HERMOSO, B. Jürgen Habermas: "Não pode haver intelectuais se não há leitores" (entrevista). *Brasil.elpais.com*, maio 2018. Disponível em: https://brasil.elpais.com/brasil/2018/04/25/eps/1524679056_056165.html. Acesso em: abr. 2019.

© adaptado de Marcuse.org.

CAPÍTULO 9

© adaptado de Labsaal by S. Ruehlow.

© Selo comemorativo do centenário de Adorno, 2003. *S.U. Website der Deutschen*. Disponível em: <https://philatelie.deutschepost.de/philatelie/art/informationen/jahrgaenge/03/ph030903_max.jpg> (Descr.) [Domínio público]. In: <https://commons.wikimedia.org/w/index.php?curid=5206444>. Acesso em: abr. 2019.

CAPÍTULO 10

© adaptado de Ozkok-Sipa.

CAPÍTULO 11

© adaptado de David Levine.

CAPÍTULO 12

© adaptado de Siegfried Woldhek (*Peter Sloterdijk* / New York Review of Books 12-10-2017 / techniek watercolour and ink afmetingen 23x23 cm).